认证理念下的
研究型课程改革

北京理工大学课程案例

林 海 朱元捷 刘 畅 主编

北京理工大学出版社
BEIJING INSTITUTE OF TECHNOLOGY PRESS

版权专有　侵权必究

图书在版编目（CIP）数据

认证理念下的研究型课程改革：北京理工大学课程案例/林海，朱元捷，刘畅主编．—北京：北京理工大学出版社，2020.12

ISBN 978 – 7 – 5682 – 9294 – 8

Ⅰ.①认… Ⅱ.①林… ②朱… ③刘… Ⅲ.①高等学校 – 课程改革 – 案例 – 北京 Ⅳ.①G642.0

中国版本图书馆 CIP 数据核字（2020）第 238025 号

出版发行／	北京理工大学出版社有限责任公司
社　　址／	北京市海淀区中关村南大街 5 号
邮　　编／	100081
电　　话／	（010）68914775（总编室）
	（010）82562903（教材售后服务热线）
	（010）68948351（其他图书服务热线）
网　　址／	http：//www.bitpress.com.cn
经　　销／	全国各地新华书店
印　　刷／	保定市中画美凯印刷有限公司
开　　本／	710 毫米 ×1000 毫米　1/16
印　　张／	30.25
字　　数／	582 千字
版　　次／	2020 年 12 月第 1 版　2020 年 12 月第 1 次印刷
定　　价／	96.00 元

责任编辑／徐艳君
文案编辑／徐艳君
责任校对／刘亚男
责任印制／李志强

图书出现印装质量问题，请拨打售后服务热线，本社负责调换

前　言

2018年，习近平总书记在全国教育大会上指出，教育是国之大计、党之大计，培养德智体美劳全面发展的社会主义建设者和接班人是教育的根本任务。高校要形成更高水平的人才培养体系，本科教育在人才培养工作中占据基础地位。2019年，教育部印发《关于一流本科课程建设的实施意见》，对一流本科课程建设明确了总体要求、建设内容和认定办法，提出课程要提升高阶性、突出创新性和增加挑战度。

北京理工大学围绕立德树人根本任务，聚焦人才培养中心工作，全面落实"以本为本、四个回归"，深植"延安根、军工魂"红色基因，以培养"胸怀壮志、明德精工、创新包容、时代担当"的领军领导人才为目标，不断加强思想创新、理念创新、方法创新和模式创新，深入推进教育教学改革，努力培养堪当民族复兴大任的时代新人。

近年来，学校实施"SPACE+X"（寰宇+）计划，构建"价值塑造、知识养成、实践能力"三位一体人才培养模式，激励学生学精学深，促进学生有价值的成长。为此，学校以高质量课程改革为抓手，构建科学、先进、有特色的课程体系，鼓励高水平教师引领本科教学改革，产生一批具有影响力和示范性的教学团队和教学成果，形成崇尚教学、追求卓越的文化氛围。教务处试点推进"研究型教学"模式改革，自2006年以来，陆续支持建设了200余门研究型课程。为进一步提高课程质量，2016年启动了"以学生为中心，以学习成果为导向"的课程体系改革，在课程内容、教学设计、考核评价等各个环节按照OBE（Outcomes-Based Education）理念对课程进行改造和重塑，大力提高课程含金量。2019年，为进一步规范"研究型课程"的建设和运行，推动课程的持续改进，研制了基于OBE理念的研究型课程认证标准，并进行了首批研究型课程认证。多年的教改实践结果表明，研究型课程对于培养学生创造性、批判性、颠覆性思维及从事创新研究的综合能力起到了十分重要的作用。

研究型课程改革坚持"学生中心、产出导向、持续改进"的工程教育认证理念，紧密契合北京理工大学拔尖创新人才培养改革的建设目标。研究型课程已成为激发师生内生动力，建设一流"金课"，推动专业内涵式发展的重要抓手，是学校"双一流"加快建设、特色建设和高质量建设的重要支撑。

2020年是北京理工大学建校80周年，这是学校发展的重要里程碑，也是学校朝着建设中国特色世界一流大学目标奋进的新起点。本书汇编的案例，是首批通过学校认证的研究型课程，但若从课程的教学理念、教学内容、教学策略、考核评价和持续改进等方面对照标准严格推敲，仍有许多不足或不够严谨之处，有些课程，对"学生中心""产出导向"和"研究型课程"的认识也并不到位，有些理念和做法还比较稚嫩。但认证工作使大家达成了一项共识：通过认证并不能代表课程完善和工作结束，而是持续改进和下一轮认证的起点。将这些课程案例汇编出版，不仅可供校内的教师相互借鉴学习，取长补短，还便于高校同行批评和建议，以帮助我们持续改进，不断提高课程质量。

编　者

2020年5月1日

目 录

北京理工大学研究型课程认证标准 …………………………………………… 1

第1篇 机械与运载学部

基于团队项目和产出导向的"飞行力学"研究型课程教学／林海　王晓芳
　…………………………………………………………………………………… 5

"绿色能源飞行器总体设计"研究型课程案例／刘莉　贺云涛 …………… 18

"材料与结构力学"课程研究实践辅助理论教学／霍波　周萧明　刘刘　刘晓宁
　马沁巍 ………………………………………………………………………… 24

体系及融合导向的"非线性动力学导论"研究型课程教学／岳宝增　靳艳飞
　李永 …………………………………………………………………………… 30

"弹性力学A"课程的研究式思维教学方法探索／魏雪霞　牛少华 ……… 41

"计算机网络技术"研究型课程案例／穆成坡　龚鹏　栗苹　徐劲祥 …… 50

基于产出导向的"含能材料有机化学基础"研究型课程教学／张建国　张同来
　李志敏 ………………………………………………………………………… 61

"武器含能系统安全性设计与评估"研究型课程案例／聂建新　郭学永　闫石 …… 68

目标驱动、应用导向的"人因工程学"研究型课程教学／薛庆　刘敏霞　王武宏　蒋晓蓓 …… 72

"装甲车辆设计"研究型课程案例／闫清东　魏巍 …… 85

"内燃机原理"研究型课程案例／赵振峰　张卫正　孙柏刚 …… 99

"生产计划与控制"研究型课程案例／胡耀光　敬谦　刘敏霞 …… 112

"热流体仿真与应用"研究型课程设计与实践／黄彪　吴钦 …… 123

"系统创新理论与方法"研究型课程案例／宫琳 …… 135

"运筹学"研究型课程案例／郝佳　薛庆　明振军 …… 141

第2篇　信息与电子学部

"光学系统设计与工艺"研究型课程案例／李林　黄一帆 …… 153

"光电测控系统专项实验"研究型课程案例／周雅　胡摇　赵跃进　董立泉　刘明　孔令琴　张韶辉 …… 159

理论实践结合，开展"光电成像系统设计与实践"教学／何玉青　曹峰梅　白廷柱　李力 …… 169

"激光原理与技术"研究型课程案例／王茜蒨　高春清　崔小虹　刘莉　高明伟 …… 179

"信息系统安全与对抗技术"跨界整合研究型教学方法／罗森林　潘丽敏　吴舟婷　高平 …… 189

"信号处理理论与技术"研究型课程案例／陶然　辛怡　石岩　赵娟　郇浩 …… 200

"数据结构与算法设计A（C++描述）"研究型课程案例／高飞　白霞　胡进　吴浩 …… 214

"微波技术基础 A"研究型课程案例／吕昕 …………………………………… 227

基于项目中心的"工程测试技术"研究型课程实践／彭熙伟　王向周　郭玉洁
　　郑戍华　李怡然 …………………………………………………………… 232

"软件工程导论"研究型课程案例／高琪　潘峰　李位星　冯肖雪　高岩
　　……………………………………………………………………………… 241

"网络与信息安全"研究型课程案例／嵩天 ………………………………… 256

基于开源社区的"编译原理"研究型课程构建／计卫星　王贵珍　李侃
　　……………………………………………………………………………… 264

"软件工程基础训练"研究型课程案例／黄天羽　嵩天 …………………… 271

"软件工程专业实训"研究型课程案例／赵小林　王勇　马锐　单纯　张继
　　李红松　刘振岩 …………………………………………………………… 277

"互联网应用开发基础训练"的研究型游戏化教学设计／赵丰年　黄天羽
　　罗霄 ………………………………………………………………………… 287

基于项目开发的"软件工程综合实习"课程实践／陈朔鹰　赵小林　张春霞
　　王崇文　屈少杰　李志强　马锐　高春晓 ……………………………… 297

第3篇　理学与材料学部

成果导向，通专融合的"先进复合材料"研究型课程建设／陈煜　金韶华
　　姚维尚　许兴燕 …………………………………………………………… 307

"有机合成路线设计"研究型课程案例／佟斌　董宇平 …………………… 316

"微纳加工技术"的实践浸入式课程案例／翟华嶂 ………………………… 322

"生命分析化学"研究型课程案例／张小玲　敬静 ………………………… 329

"高分子化学与物理"理论与实验协同的研究型课程／支俊格　叶彦春 … 339

研究型"生物技术综合实验"的课程设计与实践／赵东旭　范翠红 ……… 345

"数学分析"研究型课程案例／曹鹏　方丽萍　魏丰 ……………………… 353

"数学建模"研究型课程案例／王宏洲　李炳照　李学文　姜海燕 ………… 359

"数学物理方程与特殊函数"研究型课程案例／闫桂峰　张琼　陈晔悠　姜海燕 …………………………………………………………………… 369

OBE 理念下"普通物理Ⅲ（电磁学）"研究型课程的实践／胡海云　韩俊峰 …………………………………………………………………………… 380

"物理科研实训"研究型课程案例／"物理科研实训"课程组 ………… 387

"固体物理"研究型课程案例／王志　江兆潭　吴汉春 ………………… 395

第4篇　人文与社会学部

"微观经济学（全英文）"研究型课程案例／刘岭 ……………………… 403

"国际商务环境（全英文）"研究型课程案例／李京 …………………… 414

基于产出导向的"营销原理与决策模拟"研究型课程教学／杜向荣　刘瑞红 ……………………………………………………………………… 423

"中国社会问题研究"研究型课程案例／郑佳然 ………………………… 434

大类培养背景下的"法理学"研究型课程／于兆波　齐延平　陈姿含 … 441

基于学科交叉与融合的"科技日语"课程体系建设／谭峥　郭玉杰 …… 449

基于学生中心的"北京历史地理"研究型课程探索／张祖群　张帆　于小川　黄晓云 ……………………………………………………………… 460

"计算机辅助设计"研究型课程案例／李光亮 …………………………… 470

北京理工大学研究型课程认证标准
（BIT YJXKB – 2019）

本标准适用于北京理工大学研究型课程认证和研究型课程建设指导。

研究型课程集系统的理论知识和综合应用于一体，以团队式、讨论式、项目式等形式开展教学，既强调理论学习，也强调理论应用，更强调在解决复杂问题的过程中完成有深度的研究型学习，旨在通过"在研究中学习，在学习中研究"，培养学生的创造性、批判性、颠覆性思维以及从事创新研究所需要的综合能力。课程以能力产出为导向设计教学内容、教学策略以及评价体系，并基于产出导向的评价进行持续改进。

认证标准具体如下：

（1）课程必须坚持正确的政治方向和价值观引领，将思想政治教育和知识体系教育有机统一，落实立德树人根本任务。

（2）课程目标应与人才培养目标和学校办学定位相符合，有明确的、公开的、可落实、可评价的预期学习成果（Intended Learning Outcomes，ILOs），并与课程目标协调一致，设计依据充分，对毕业要求中相应的能力指标有重要支撑作用。

（3）将最新的科研成果、行业技术引入课程，将理论学习与项目研究深度结合，以专题讲授、问题研讨、项目研究、报告答辩、论文撰写等形式开展基于学生团队项目的研究型教学。

（4）课程有相对独立和完整的概念、原理、方法等作为课程的理论知识体系，以跨学科复杂问题相关的项目或案例作为主要载体承载知识体系，促进学生通过项目和案例的研习拓展学习的深度和广度。

（5）课程针对每项ILOs为每个学生设计并提供了必要的训练环节，课程的教学内容、教学策略、组织形式、实施过程和管理手段能保证每个学生按照设计要求完成研究和学习，能够有效地帮助学生达成各项ILOs。

（6）课程针对每项ILOs设计了形成性评价模式和评价标准，试卷形式的期末考试在总评成绩中的占比不超过50%。课程对学生个体的ILOs达成情况和课程整体的ILOs达成情况进行了评价。

（7）课程能够根据评价结果，以ILOs为核心，进行"设计、实施、评价、改进"等环节的持续改进，并有完整的、连续三个轮次的课程教学文档作为支撑。

（8）有科研经历、工程实践经验和教学经验丰富的师资队伍参与课程的设计和教学工作，可从企业、科研院所聘请工程经验丰富的研究人员、工程师作为兼职教师联合补充师资队伍。

（参研人员：林海　肖烜　朱元捷　刘畅　刘媛　宋佳）

第1篇

机械与运载学部

基于团队项目和产出导向的"飞行力学"研究型课程教学

授课教师：林海　王晓芳　　开课单位：宇航学院

一、课程概要

飞行力学是研究飞行器运动规律的一门学科，是联系系统总体、制导与控制、气动外形设计、发射与动力装置等的桥梁和纽带，是研究和设计飞行器的理论基础。课程主要内容包括飞行力学的基本原理、概念和常用方法，对飞行器设计中的建模与仿真、运动学分析、稳定性与操纵性分析等进行系统的阐述和总结，是航空航天类专业的核心课程，是相关专业本科生的必修课程。

课程设计了 5 个训练项目，其中 4 个为团队项目。以这些项目为载体，覆盖本科层次飞行力学课程的常规内容。除了使学生达成常规教学模式的预期学习成果，还增加了学术写作、沟通交流、领导协作等方面的预期学习成果。课程对每一项预期学习成果，均设计了相应的教学内容、教学策略、考核办法和评价标准，是一种于基于团队项目和产出导向的研究型教学。课程结束时不仅给出每个学生的终评成绩，还要对每个学生的每一项预期学习成果给出评价。

课程教与学的工作量、难度和强度均远大于常规的本科层次飞行力学课程，但课内学时与常规教学的飞行力学课程相同。除个人项目外，采用组员固定制和组长轮值制，每个学生都要以组长、组员和个人三种不同身份，以带领团队、参与团队和独立工作三种方式完成 5 个训练项目。为保证教学质量，在进行教学安排时，建议师生双方的时间投入不低于常规课程的 4 倍。

二、课程教学目标及预期学习成果

（1）基本能力（基本内容相关能力）：掌握飞行力学的基本原理、概念和常用方法，能对飞行器的建模与简化、弹道设计、导引规律与运动学分析、稳定性与操纵性分析等问题进行初步研究，并能理解常用的建模与研究方法的优点及其局限性。

（2）学术写作：了解学术写作的基本规范和要求，能够撰写符合基本规范和要求的研究报告，并能通过研究报告有效表达学术观点和总结研究成果。

（3）讨论交流：理解讨论交流对于项目研究的意义，能够以不同身份和多种形式进行讨论、交流进而达成学术理解。

（4）自主学习与终身学习：理解课程和教育的有限性和局限性，能够通过多种形式的自主学习克服项目研究过程中面临的这种有限性和局限性，进而理解自主学习与终身学习的意义。

（5）领导能力与团队协作：能够比较有效地组织完成和参与完成相关问题或项目研究。

其中第（1）项，是与飞行力学常规课程内容对应的基本能力。课程在设计时充分考虑了对该项能力的支撑，可以确保用本课程无缝替代北京理工大学飞行器设计与工程专业培养方案中的飞行力学课程。第（2）~（4）项，是国际工程教育十分重视的毕业要求相关能力，这些能力多为支撑学生可持续发展的、非常重要的非技术能力。相比专业性、技术性能力，非技术能力的培养和评价更为复杂，更为不易，因此一些常规课程并不主动、积极地承担对这些能力的培养和评价。

三、课程内容及教学策略

课程内容全部进行了项目化重构，以国内外先进飞行器为背景，设计了5个研究项目。课程在进行项目化重构时，建立了每个项目与其常规飞行力学课程内容的对应覆盖关系，确保以这些项目为载体，不仅可以承载原飞行力学课程的全部内容，更有利于通过研究型教学，拓宽和加深课程的广度与深度。除第一个项目为个人项目，要求每个学生独立完成之外，其余4个均为团队项目，学生必须组成团队通过"在研究中学习，在学习中研究"达成预期学习成果。

为达到更好的教学效果，在教学过程中需要根据每届学生的具体情况，对项目进行适当调整并不断完善。各项目的简要情况如下：

项目一：飞行器建模的若干问题研究

主要研究内容：在不同坐标体系下建立描述飞行器运动的6DOF数学模型，并进行简化和比较。

覆盖原课程内容：作用在导弹上的力和力矩、苏联和欧美常用坐标系的定义、刚体动力学建模的基本方法、坐标系之间的关系与矢量的投影变换、方向余弦与转移矩阵、飞行器姿态角及其他主要角度的定义、几何关系方程的建立、控制关系方程、飞行器运动的纵侧向分解、瞬时平衡假设与质心运动方程组的建立、过载与运动的关系。

项目二：铅垂面内弹道设计、解算与分析

主要研究内容：以某飞行器为背景，设计铅垂平面方案弹道和弹道成形控制方案，编程解算弹道并分析之。

覆盖原课程内容：作用在飞行器上的力和力矩、纵向平面弹道数学模型、飞行器运动数学建模与数值解法、铅垂平面弹道仿真与分析、方案飞行弹道的设计与实现、飞行器稳定回路、飞行器姿态运动的自动稳定与控制，飞行高度的稳定与控制，编程计算与分析。

项目三：导引弹道运动学的若干问题研究

主要研究内容：建立运动学研究模型和计算程序，研究典型导引弹道的运动学特性，将制导律引入项目二，建立动力学模型和计算程序，与其他团队协同完成虚拟的"链式追逃演习"。

覆盖原课程内容：导引弹道、运动学分析的有关假设和常用方法、相对运动方程、绝对弹道与相对弹道，常见制导律的相关知识，包括基本概念、设计原理、弹道特性、需用法向过载、速度比限制及其原因分析、允许攻击区、工程实现难度等优缺点分析。

项目四：导弹纵向动态特性分析

主要研究内容：以某飞行器为背景，利用项目二的弹道解算数据，对飞行器在爬升、平飞、俯冲阶段的稳定性和操纵性进行计算、分析，给出定性定量评价。

覆盖原课程内容：飞行器动态特性分析的基本方法、假设、原理，包括基于小扰动法的扰动运动建模方法、飞行器运动方程的线性化、扰动运动的纵侧向分解、系数冻结法；飞行器纵向扰动运动分析及其一般特性，包括特征点的选取与动力系数计算、特征方程与特征根、特征根与稳定性之间的关系、稳定性判定方法、振荡周期与衰减特性、特征根计算方法、纵向扰动运动分解与简化、纵向短周期运动及其意义、长短周期运动出现的物理原因；飞行器纵向传递函数、短周期运动对应的传递函数、拉氏变换法求解阶跃响应与自由扰动运动、衰减程度与振荡频率、过渡过程分析、导弹传递系数、过渡过程时间、固有频率、最大偏差与超调量计算与分析。

项目五：飞行器横侧向动态特性分析

主要研究内容：以某超声速面对称型飞行器为背景，对飞行器在不同飞行状态下的横侧向动态特性稳定性进行计算、分析，定性定量研究横向、航向静稳定度和飞行状态对稳定边界的影响。

覆盖原课程内容：飞行器动态特性分析的基本方法、假设、原理，包括基于小扰动法的扰动运动建模方法、飞行器运动方程的线性化、扰动运动的纵侧向分解、系数冻结法；飞行器横侧向扰动运动分析及其一般特性，包括侧向扰动运动方程、动力系数、特征方程与根、侧向扰动运动的一般特性、横侧向稳定边界图、螺旋模态、荷兰滚模态、副翼反逆、气动外形与横侧稳定性、常见气动外形、垂尾的非对称作用、侧向稳定性对外形的要求。

这些项目（特别是团队项目）一般都涉及建模、编程、仿真、评价、分析、综合等多个环节，要通过讲授、自学、答疑、研究、讨论、报告、答辩、简报、论文等多种方式才能完成。必须注意的是：上面所列的这些原课程内容，很大程度上仅是知识层面的东西，而本课程特别设计的教学方式和环节所涉及的内容，才是承载预期学习成果和相关能力的主体。因此，课程内容并不限于上述项目本身，还包括：

（1）5篇学术论文写作；
（2）$5 \times n$ 次广泛的文献查阅和深度的自主学习体验；
（3）以组长、组员和独立完成人三种不同身份研究解决5个跨学科复杂工程问题；
（4）4次答辩展示研究成果；
（5）$4 \times n$ 次评价别人（同行）的研究成果和表现；
（6）4×2 学时（课内）小组讨论、沟通交流；
（7）4×2 次主持答辩交流会；
……

在课程内容设计方面，非常注意与预期学习成果之间的对应支撑关系，这是基于产出导向的研究型课程在内容设计时必须坚守的原则。

为了保证"飞行器设计与工程"专业课程体系的完整性，本课程通过项目与讲授的互补，可以完全覆盖常规飞行力学课程所支撑的基本能力。这些基本能力所对应的常规课程内容在前文每个项目的"覆盖内容"中已有详细说明，此处不再赘述。各项目和各种训练环节对课程ILOs的对应支撑关系矩阵见表1，其中H、M、L、N所代表的支撑强度分别为"强""中""弱""无"。

表1 课程内容与预期学习成果的对应支撑关系矩阵

课程内容		预期学习成果				
		基本能力	学术写作	讨论交流	自主学习与终身学习	领导能力与团队协作
项目	一	H	H	L	H	N
	二	H	H	H	H	H
	三	H	H	H	H	H
	四	H	H	H	H	H
	五	H	H	H	H	H
训练环节	讲授	H	L	L	N	N
	答疑	M	L	H	M	N
	自学	H	M	L	H	M

续表

课程内容		预期学习成果				
		基本能力	学术写作	讨论交流	自主学习与终身学习	领导能力与团队协作
训练环节	研究	H	H	H	H	H
	讨论	M	L	H	H	H
	报告	L	M	H	M	H
	答辩	M	M	H	M	L
	论文	H	H	H	H	M
	简报	M	M	H	H	H
	评价	M	L	M	H	N
	主持	N	N	H	H	H

注：表中"研究"环节包含建模、编程、仿真、分析、综合等多种项目研习环节；"主持"环节不做全覆盖要求（仅作为对个别学生的沟通交流、领导能力与团队协作能力培养的补充和加强），4个项目共8场报告只有8个学生有此机会。

领导能力与团队协作可以算作一种重要的支撑学生可持续发展的非技术能力，按照北京理工大学的人才培养定位，应该是未来"双领"人才必须具备的核心能力之一，也是需要多门课程协同支撑才有可能达成的能力。"领导能力"和"团队协作"既相对独立，也相辅相成。飞行力学研究型课程力图在这方面有所贡献，但显然不可能仅靠这一门课程来独立承担"领导能力与团队协作"能力的培养。因此课程组给出的该预期学习成果的具体描述是——能够比较有效地组织完成和参与完成相关问题或项目研究。以此项ILOs为例，所设计的教学策略见表2。

表2 针对"领导能力与团队协作"设计的教学策略

序号	教学策略	作用
1	设计足量（分量和数量）的项目，涉及若干跨学科复杂工程问题，让学生必须以团队方式研习才有可能完成。	提供足量的项目载体，承载表1中的各训练环节，确保团队项目的广度、深度、难度能够为学生达成该项ILOs提供足够的历练机会。
2	分组机制：（1）组员固定＋组长轮值。（2）组员数量、分组数量与项目数量匹配。（3）小班（30人）单组长制、中班（60人）双组长制。	每个学生都能以组长身份带领团队完成至少一个项目，并以组员身份参与完成若干项目，确保支撑该项ILOs的各种训练环节全员覆盖。

续表

序号	教学策略	作用
3	进度与节奏：每2个团队项目构成一组项目，项目交替启动，串并结合，交叉进行。	每个项目从启动到完成答辩历时4周，从启动到提交论文历时5周。项目周期从平均3周延长至平均5周。项目组需要串并交替进行研习，组长和组员以不同身份同时研习不同项目，增进理解协同。
4	设立个人讨论简报、组内互评、小组讨论简报、小组研究简报规则，记录分工与完成情况、研习讨论情况等，随论文一并提交。	确保组长和组员按照分工合作的原则，在组长的带领下，相互配合，完成项目研究工作，形成相应记录，作为组长和组员贡献考查的重要依据。督促项目全体成员履行各自职责，确保"研究""讨论"等强支撑环节正常发挥作用。
5	两名本学科研究生助教＋课程专用微信群＋定时预约答疑机制＋团队项目研习指导手册（英文版）。	为学生通过团队项目研习达成该项ILOs提供方便、灵活、专业的帮助与辅导。
6	和而不同的项目绩效分配办法。组长与组员共享项目成绩，但有不同的权重和个人表现调节系数。	督促项目组全体成员对项目研究结果和最终论文负责，对自己的分工、投入和贡献负责。

四、课程考核办法及教学效果

自2016年起，在成绩评定的基础上，飞行力学研究型课程增设并实施了针对课程整体和学生个体的ILOs达成情况评价方法和标准。自2017年起每次课程结束之后，都向学生反馈了ILOs达成情况评价结果。

自2016年以来，向学生公开ILOs已成为飞行力学研究型首次课的必选动作；通过无记名问卷形式收集学生对ILOs达成情况的定性自评已成为末次课程的必选动作。

评价采用了定性、定量相结合的办法。表3给出了各项ILOs的评价点和定性评价标准。

表3 "飞行力学"ILOs的评价点及定性评价标准

ILOs	基本能力
评价点（依据）	通过项目研究报告和答辩进行评价。评价点包括研究报告和答辩展示的完整性与正确性。

续表

ILOs		基本能力
定性评价标准	A	研究报告和答辩展示完整正确，存在极少数弱/缺项或错误
	B	研究报告和答辩展示大部分完整正确，存在少数弱/缺项或错误
	C	研究报告和答辩展示基本完整正确，存在一些弱/缺项或错误
	D	研究报告和答辩展示基本不完整，存在较多弱/缺项或错误
	E	涉嫌抄袭剽窃，研究报告严重残缺、错误或未提交研究报告，或未进行答辩展示。
ILOs		学术写作（规范性）
评价点（依据）		通过研究报告进行评价。研究报告中的语言文字、图表、公式、文献引用、参考文献著录等是否符合公开发行的中文学术期刊的基本规范和要求。
定性评价标准	A	全文只有极少处不符合基本规范和要求。
	B	全文有较少处不符合基本规范和要求。
	C	全文有较多处不符合基本规范和要求。
	D	全文有多处不符合基本规范和要求，或涉嫌轻微抄袭。
	E	涉嫌抄袭剽窃，研究报告严重残缺或未提交研究报告。
ILOs		学术写作（有效性）
评价点（依据）		通过研究报告进行评价。研究报告能否全面、清晰、简练地表达学术观点和总结研究成果，包括：摘要（要素齐全、简练明确）、综述（要素齐全、简练明确）、正文（陈述清楚、逻辑清晰）、结论（明确简练、总结到位）、总体（相互呼应、前后一致）。
定性评价标准	A	满足各项要求，有极少数弱/缺项。
	B	较好地满足各项要求，有少数弱/缺项。
	C	基本满足各项要求，有较多弱/缺项。
	D	全文支离破碎、自相矛盾，涉嫌轻微抄袭，有多处弱/缺项。
	E	涉嫌抄袭剽窃，研究报告严重残缺或未提交研究报告。
ILOs		讨论交流
评价点（依据）		通过讨论简报、组内讨论和答辩交流进行评价。评价点包括学术理解的达成，主要考查：提问（数量与质量）、报告（展示与表达）、讨论（组织与参与、原则与妥协）、评判（理解与评价）。

续表

ILOs		讨论交流
定性评价标准	A	能够达成学术理解，有极少数弱/缺项。
	B	能够较好地达成学术理解，极少缺席交流讨论，或有少数弱/缺项。
	C	基本能够达成学术理解，较少次缺席交流讨论，或有较多弱/缺项。
	D	基本不能达成学术理解，较多次缺席交流讨论，或有多处弱/缺项。
	E	不能达成学术理解，多次缺席交流讨论，或有多处弱/缺项。
ILOs		自主学习与终身学习
评价点（依据）		通过项目完成情况进行评价。主要关注点包括：与项目研究密切相关的课程、教育有限性与局限性的关联点。
定性评价标准	A	能够通过自主学习解决关联问题，能对关联问题进行独立思考并形成独立见解，有极少数弱/缺项。
	B	能够通过自主学习解决关联问题，能对关联问题进行独立思考，有少数弱/缺项。
	C	基本能够通过自主学习解决关联问题，有一些弱/缺项或错误。
	D	能够通过自主学习解决少部分关联问题，有较多弱/缺项或错误。
	E	基本未能够通过自主学习解决关联问题，有严重弱/缺项或错误。
ILOs		领导能力与团队协作（组长）
评价点（依据）		通过讨论简报、组内讨论和答辩交流和项目完成质量进行评价。评价点包括组织和参与研究的有效性。
定性评价标准	A	项目完成质量和答辩质量高，小组简报无弱/缺项，组员简报有极少弱/缺项，本组极少人次缺席交流。
	B	项目完成质量和答辩质量较高，小组简报有极少弱/缺项，组员简报有较少弱/缺项，本组有较少人次缺席交流。
	C	项目完成质量和答辩质量一般，小组简报有少数弱/缺项，组员简报有较少弱/缺项，本组有较少人次缺席交流。
	D	项目完成质量和答辩质量较差，小组简报有一些弱/缺项，组员简报有较多弱/缺项，本组有较多人次缺席交流。
	E	项目完成质量和答辩质量差或未完成，小组简报有较多弱/缺项，组员简报有弱/缺项严重，本组缺席交流情况严重。
ILOs		领导能力与团队协作（组员）
评价点（依据）		通过讨论简报、组内讨论和答辩交流和项目完成质量进行评价。评价点包括组织和参与研究的有效性。

续表

ILOs		领导能力与团队协作（组员）
定性评价标准	A	个人简报有极少数弱/缺项，且无缺席交流。
	B	个人简报有少数弱/缺项，或有极少次缺席交流。
	C	个人简报有一些弱/缺项，或有较少次数的缺席交流。
	D	个人简报有较多弱/缺项，或有较多次数的缺席交流。
	E	个人简报严重缺失或未提交，或有过多次数的缺席交流。

无记名问卷针对每一项 ILOs 进行满意度调查，在课程结束之后，由学生无记名填写，样表详见《飞行力学课程改革试验 2019 年度教学档案》。这份调查问卷要求学生从两个不同方向分别给出评价，一是对自己各项 ILOs 达成情况的满意度（从学生角度评学生），二是对课程 ILOs 达成情况的满意度（从学生角度评课程）。每一项的评价分为 6 档，从高到低分别为"很满意、满意、基本满意、不大满意、不满意、很不满意"。收齐问卷之后，将 6 档评价赋予一定分值再结合评价人数转化为 ILOs 的量化评价结果。

课程结束后，教师除了给出每个学生的课程终评成绩，还对每个学生个体给出了每一项 ILOs 的达成情况量化评价结果。最近一次飞行力学预期学习成果达成情况量化评价采用的方法和数据如下：

1. 基本能力

采样数据：研究报告与答辩环节中的完整性和正确性。其中研究报告占 70%（个人项目和 4 个团队项目贡献力相等），答辩环节占 30%。不考虑组长与组员之间的区别。

2. 学术写作

采样数据：研究报告的有效性和规范性（个人项目和 4 个团队项目贡献力相等），各占 50%。不考虑组长与组员之间的区别。

3. 讨论交流

采样数据（4 个团队项目贡献力相等）：提问交流（20%）、答辩环节中的"报告、展示、答辩"（20%，只计组长项目）、小组简报（10%，只计组长项目）、个人简报（10%，只计个人）、理解达成与贡献（20%）、组内互评（20%）。

对每个项目的提问交流部分，在计算每个组员的贡献力时，考虑了以下因素：项目组在某个项目中的折算提问次数之和，该项目中的组均折算提问次数；项目成员在某个项目中的折算提问次数，该成员所在项目组内的人均折算提问次数；项目组的整体活跃程度，某个成员在该项目组内的相对活跃程度。

个人简报部分，根据学生在每份个人简报中的得分率来计算，考虑了学生个人在某项目的个人简报中被扣去的分值以及个人简报最大可能被扣去的分值。

小组简报部分，根据组长在小组简报中的得分率来计算，考虑了组长在某项目的小组简报中被扣去的分值以及小组简报最大可能被扣去的分值。

理解达成与贡献部分，根据对小组成员所提出问题的评价值（包括自评和互评）进行计算。评价等级说明详见表4。

表4　理解达成与贡献的评价等级

项目	分级	含义	项目	分级	含义
理解达成情况	1	理解达成，完全被接受。	对团队的贡献	1	非常有帮助。
	2	理解达成，大部分被接受。		2	有较大帮助。
	3	理解基本达成，部分被接受。		3	有一定帮助。
	4	理解基本未达成，大部分未被接受。		4	基本无帮助。
	5	理解未达成（或未提出问题）。		5	无直接关系（或未提出问题）。

将小组的每个成员给出的个人独立评价值取平均值，记为该学生的某项目评价值。然后，将该学生在4个团队项目中取得的评价值进行平均，将平均值记为讨论交流中"理解达成与贡献"部分的最终计算结果。

组内互评部分，体现"整体和过程的交流"。根据学生在整个项目中的总体参与情况、对项目整体推进的贡献、对重点难点问题的贡献、论文撰写与答辩展示的参与情况计算，即"组内互评表"中每个项目成员的得分率。先计算每个学生在某个项目中的表现，取其自评和互评结果的平均得分率作为项目得分率，对该学生在4个团队项目中取得的4个项目得分率进行平均，将平均值记为讨论交流中"组内互评"部分的最终计算结果。

4. 自主学习与终身学习

采样数据：个人项目报告的完整性和正确性、团队项目的完整性和正确性。其中个人项目占70%，团队项目占30%。

5. 领导能力与团队协作

采样数据：研究报告与答辩环节的完整性和正确性、小组简报与个人简报。

领导能力（对组长）：研究报告与答辩环节合计占50%，小组简报得分率占30%，个人简报（统计全部组员总体情况）得分率占20%。以上内容只对组长项目进行统计。

团队协作（对组员）：研究报告与答辩环节合计占40%（统计全部团队项目）、个人简报（统计全体组员个体情况）占40%、组长和组员互评（统计全部团队项目）占20%。

领导能力与团队协作各按50%计入该项ILOs达成情况评价结果。

对ILOs达成情况的课程整体评价，是将学生个体ILOs达成情况评价结果的平均值作为课程 ILOs 达成情况的整体评价。图 1 为 2019 年飞行力学课程结束后用雷达图给出的部分评价结果。

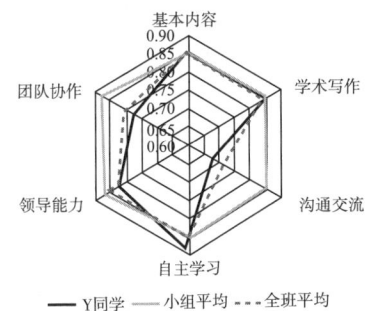
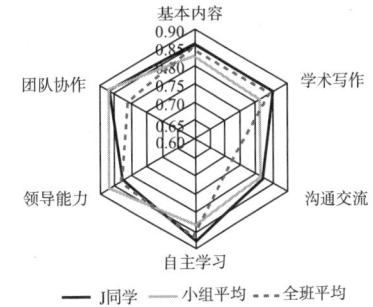
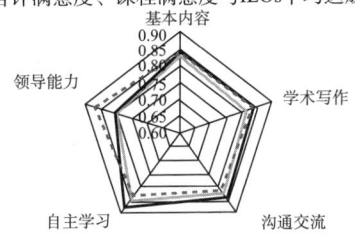

图 1　2019 年飞行力学课程 ILOs 的部分评价结果

五、课程特色和创新之处

1. 基于产出导向原则，以 ILOs 为核心形成闭环反馈循环

将 ILOs 作为课程内容、教学策略、教学实施、考核模式、评价反馈、持续改进的设计依据，使课程在设计、实施、评价、改进四大环节围绕预期学习成果形成反馈闭环。这样，从课程教学的开始，师生双方就清楚地知道课程的预期学习成果；全部的教学活动包括考核评价，也都能围绕 ILOs 来组织；课程结束时，以适当方式公开结果，使师生双方都知道预期学习成果的达成情况；而后面的持续改进，自然也就有了基于 ILOs 的评价基础。

2. 基于团队项目的研究型教学设计与组织模式

采用以团队项目为主，个人项目与团队项目相结合的方式进行教学设计和组织实施，对小班设计了"组员固定制 + 组长轮值制"的单组长模式，对中等规模教学班设计了"组员固定制 + 组长轮值制"的双组长模式，确保课程对中小两种规模的教学班，都能使必要的训练覆盖到每一个学生，都能为每一个学生达成每一项预期学习成果提供必要的训练。

3. 课程内容的项目化重构

以国内外先进飞行器为背景，设计了 5 个研究项目。课程在进行项目化重构时，建立了每个项目与其常规飞行力学课程内容的对应覆盖关系，确保课程以这些项目为载体，能够兼容原飞行力学课程的全部内容，并能通过研究型教学，拓宽和加深课程的广度与深度。每一个项目，除规定的基本任务要求之外，均设计了若干不断丰富、完善的选做内容与挑战内容，通过项目引导学有余力的学生和团队，完成更有广度和深度的研究性学习。

4. 兼顾个人与团队表现的考核与评价模式

在以团队形式组织教学时，常会出现这样两种情况：一是有些团队由一两位学霸以"大神"的身份完成了绝大部分甚至全部工作，而其余的队员却在整个研究过程中始终扮演"打酱油"的角色；二是团队成员形成默契，将"组员固定制＋组长轮值制"的团队研学模式，演变成了"组员集体'打酱油'＋组长轮流独立负责制"的轮流单干模式。这两种情况无论出现哪一种，都会失去团队研习模式的本来意义，导致教学质量的严重下滑。为了防止这种现象，课程设计了个人与小组讨论简报、小组研究简报、组员与组长互评、小组互评、个人与团队的双罚双奖制、责权利关联的奖励与权重调节机制等多种措施，用于对学生实施兼顾个人与团队表现的形成性考核评价，避免了同组学生学习成果差异明显但获得的成绩相同、预期学习成果达成评价也相同的尴尬。

5. 围绕 ILOs 开展多方评价，提出教与学的平衡理念

课程设计了针对课程 ILOs 的评价办法，在课程结束之后，都要针对每一项 ILOs 开展学生的自评满意度、对课程的满意度和 ILOs 平均达成度调查和分析。根据评价结果的分离度（即三种评价结果之间的最大差异的绝对值），对三种评价结果进行一致性分析，以此考量教学双方在投入、期望和结果上是否达到了完美的平衡。再通过学生对课程的相对满意度（即学生对课程的满意度与学生的自评满意度的差值），以及满意度溢出值（即学生对课程的满意度与教师给出的 ILOs 平均达成度之差），进一步分析教学双方可能存在的问题。由于所有评价都是指向课程预期学习成果的，因此这种办法可以帮助教师针对每一项 ILOs，厘清不平衡的原因究竟在教与学的哪一方，进而找到持续改进的正确方向。

6. 基于评价进行持续改进

课程自 2013 年采用研究型教学模式以来，每次课程结束之后，都要进行一次课程习毕学生问卷调查分析和对课程持续改进的思考，既有根据学生反馈的问卷分析而做的改进，也有对照工程教育认证标准进行的"从专业认证角度对课程持续改进的思考"，7 年下来各种分析与改进报告已有 10 万字之多。改进的依据都源自对课程的评价，并且从 2016 年试行针对 ILOs 进行评价之后，课程的改进更多地依靠对预期学习成果达成情况的评价。通过对学生自评满意度、课程满意

度和平均达成度连续两年数据的综合分析，结果表明，教学双方的投入、期望和最终结果均达到了较为完整的平衡。

六、课程教材

课程配套了两部教材，一部是由钱杏芳、林瑞雄、赵亚男编著的《导弹飞行力学》，适用于理论学习；另一部是由林海、王晓芳编著的《飞行力学数值仿真》（北京理工大学"十三五"规划教材），适用于通过仿真实验进行研究型学习。

《飞行力学数值仿真》获评了2019年"北京高校优质本科教材课件"。教材以通过计算机仿真实验就能开展研究的项目为载体，内容涉及飞行器建模、古典和现代制导律、动态特性分析、图像导引头建模、导弹-目标攻防对抗建模及仿真等，覆盖面广，系统性强。教材还给出了研究型课程教学设计和考核建议，特别适用于教师开展基于团队项目的研究型教学。教材的主要特色与创新表现在：

1. "知能并重"的编写理念和组织模式

在阐述知识的基础上，教材以项目为载体，聚焦学生多种能力的培养，包括：应用飞行力学的基本原理、概念和方法解决相关问题的能力；撰写符合基本规范和要求的研究报告，并通过研究报告有效表达学术观点和总结研究成果的能力；以不同身份和多种形式进行讨论、交流、沟通，进而达成学术理解的能力；较为有效地组织完成和参与完成专业问题或专业项目研究的能力；自主学习与终身学习能力。

2. 明确的预期学习成果有助于面向产出开展教学和评价

教材明确给出了每一章和项目的ILOs，便于教与学双方在一开始就非常清楚地了解课程ILOs，明确"教"和"学"的责任。在此基础上，利用不同的项目组合，对重要的"非技术能力"（如自主学习与终身学习能力）开展教学和形成性评价。

3. 教材内容和组织模式有助于研究型课程改革

教材特别适用于针对不同层次的教学对象开展基于团队项目的研究型教学，培养学生多种可持续发展核心能力。

4. 大量使用启发式、探索性问题引导学生自主研习、学深悟透

教材将启发式的问题和探索性问题贯穿每个项目，引导学生层层递进，在专题性实验的基础上，强调通过自行提炼问题、自行设计实验，进行自主探究。

"绿色能源飞行器总体设计"研究型课程案例

——面向国家新能源高端装备人才需求的课程建设与实践

授课教师：刘莉　贺云涛　　开课单位：宇航学院

一、课程概要

面向国家新能源装备重大发展需求，刘莉教授团队从 2009 年起开始了新能源飞行器技术的研究工作，在新能源飞行器总体设计与能源管理等方面取得了丰硕的研究成果，研制了"蒲公英"系列太阳能、氢能无人机（如图 1 所示）。本着科研反哺教学的理念，2014 年刘莉教授主持建设绿色能源飞行器总体设计实践训练通识课，2015 年正式上课，2019 年被学校认定为研究型课程。2015—2020 年，本课程共开设了 5 次，全校 27 个专业、140 余名学生参加了课程学习。

图 1　团队设计与研制的"蒲公英"系列绿色能源无人机

绿色能源飞行器总体设计是一门面向全校工科专业三、四年级学生开设的实践训练通识课，课程共计 48 学时，其中理论学习 12 学时、实践环节 36 学时，课程的教学方式为课堂讲授、基础实验和项目设计。课程内容主要包括：绿色飞行器发展前沿和关键技术进展情况、总体设计流程和相关基础知识、绿色能源相关的基础实验、依托任务的绿色能源飞行器总体方案设计。经过 6 年来的教学实践，已经建设了一支由教学名师牵头、多专业/多系列教师参与、研究生助教的课程教学团队，建成了先进的教学实验平台，编写了实验说明书。

二、课程教学目标及预期学习成果

1. 课程教学目标

课程以绿色能源飞行器设计任务为牵引，通过实践使学生理解飞行器总体设计方法与基本流程，掌握绿色能源性能与实验测试方法，完成绿色能源飞行器总体方案设计，培养学生的实践能力和团队精神。

2. 预期学习成果

到本课程结束时，学生将能够：

（1）知悉和了解绿色能源飞行器的发展历程、前沿及其关键技术；

（2）理解和掌握飞行器总体设计方法和流程；

（3）理解和掌握气动、结构设计与分析的基本方法；

（4）理解和掌握绿色能源与动力系统的设计与选型方法；

（5）完成太阳能电池、氢燃料电池基本性能实验测试；

（6）完成项目开题报告、制订项目实施计划；

（7）组织或参与组内研讨、表述看法、聆听意见；

（8）分析计算结果、进行设计迭代；

（9）完成项目总结报告、现场汇报、回答疑问。

三、课程内容及教学策略

本课程将理论学习与项目研究深度结合，以知识讲授、基础实验、项目设计、报告撰写、报告答辩等形式，开展基于学生团队项目设计的研究型教学实践。

1. 绿色能源飞行器发展历程、前沿及其关键技术（3 学时）

教学策略：采用课堂讲授方式进行。针对该部分内容新、信息量大的特点，以大量认真选取并经过统计和分析的图片、图表形式进行介绍，提高学生的兴趣和信息量接收能力；同时，在选材方面，切实体现国家在航空航天领域的丰硕成果，提升学生的爱国情怀和报国志向。

2. 飞行器总体设计的基础知识以及设计流程（9 学时）

教学策略：采用课堂教学讲授方式进行。由于飞行器总体设计涉及的基础知识广泛，在有限学时情况下，通过凝练和梳理，以专题的形式进行介绍，主要分为总体设计方法与流程、气动与结构系统、能源与动力系统。在通用知识介绍的基础上，将科研相关成果转化为课程内容，重点介绍选用绿色能源为飞行器设计带来的影响以及针对性的流程。为了保障学生对知识的了解和掌握，为学生选择参考书籍和相关的分析工具。

3. 绿色能源性能测试的基础实验（6 学时）

教学策略：采用现场实验的方式进行。这部分内容主要是进行太阳能电池、氢燃料电池的性能测试实验。对科研项目建设的实验条件进行了改造，建设了适用于本课程实验教学的实验平台（如图 2 所示），编制了实验说明书。学生以分组的形式开展相应的测试实验。为了提高实验参与程度，达到实验锻炼效果，对学生的实验岗位进行了细致分工。根据实验情况，撰写实验报告，并在下一次上课时进行实验报告分析。

4. 绿色能源飞行器项目设计（30学时）

教学策略：采用以小组为单位独立完成的方式进行。学生根据下发的任务分组，组内分工。具体如下：

（1）根据能源的不同，课程设置若干项目设计任务。任务内容密切跟踪国家的需求、领域的发展、科研的进展情况，不断进行更新。

图2　太阳能电池实验平台

（2）在学生根据兴趣自主选择项目的基础上，进行分组。

（3）组长作为负责人，带领小组完成设计任务：

1）小组内部，根据总体与性能、气动、结构、能源与动力等任务进行细致分工，分头开展各部分的设计与分析工作；

2）在形成总体方案的过程中，组内学生需要相互协调、互相支撑、不断迭代；

3）各组以《项目总体方案设计报告》作为成果。

（4）为保障实践教学质量，项目设计期间，主讲教师、教师团队、助教研究生等深度参与指导和研讨，并设有以下环节：

1）开题答辩；

2）中期检查；

3）期末答辩：

①主讲教师、教师团队、助教研究生组成答辩委员会参与答辩环节，并视情况邀请外校老师参加；

②答辩前，要求项目组撰写设计报告，装订成册，并准备答辩PPT；

③答辩以项目组为单位依次进行：

a. 项目组长汇报项目背景、过程基本情况，以及项目总体方案；

b. 组员们按照任务分工情况汇报各自负责的工作情况（如图3所示）；

c. 答辩委员会对项目答辩内容进行提问，答辩人员进行解答（如图4所示）；

d. 学生互相提问、质疑、讨论、建议；

e. 主讲教师及校外教师对答辩项目进行点评，并提出合理建议（如图5所示）。

图3　学生分组汇报

图4　答辩委员质疑

图5　主讲教师及外校教师点评

④项目小组根据答辩意见，修改《项目总体方案设计报告》，并提交。

四、课程考核办法及教学效果

1. 预期学习成果达成情况的评价体系

（1）对于ILOs（1）、ILOs（6）达成情况评价的方法和标准。根据下达的项目设计任务，划分不同的设计小组。设计小组首先进行项目开题。通过开题报告撰写和答辩的情况和水平，来评价课程整体和学生个体ILOs（1）和ILOs（6）的达成情况。

（2）对于ILOs（5）达成情况评价的方法和标准。根据实验项目情况，开展现场实验。实验中各有分工，做到全体参与、人人动手，最后每人完成实验报告。通过小组实验的整体完成情况、每个学生发挥的作用、实验报告完成情况，来评价课程整体和学生个体ILOs（5）的达成情况。

（3）对于ILOs（2）、ILOs（3）、ILOs（4）、ILOs（7）、ILOs（8）、ILOs（9）达成情况评价的方法和标准。根据总体设计要求，设计小组中成员有分工、有合作，分专业进行设计、计算和分析，在此基础上，进行迭代综合设计。为了完成设计任务，需要进行多次的小组研讨活动，并以小组为单位进行开题、中期检查、最终答辩。通过项目方案设计全过程的参与及结果情况，来评价课程整体和学生个体 ILOs（2）、ILOs（3）、ILOs（4）、ILOs（7）、ILOs（8）、ILOs（9）的达成情况。

2. 预期教学成果达成情况评价

2015、2016、2017、2018 年、2020 年上课的学生，按照教学计划完整地完成了学习、实验和设计任务，并通过开题答辩、中期检查、结题答辩等环节和设计报告等形式展示了教学效果，达成了全部的预期教学成果。其中，面对 2020 年突遇的疫情情况，教师团队积极开展适用于网络教学的课件、多种形式的教学平台、可视化的教学实验视频等教学手段的探索与实践。通过不同小组之间方案设计进程的竞争，调动了学生的创新积极性；通过不同小组之间设计软件工具的互学，培养了学生的团队协作精神。同时，加大教师团队的指导力度，坚持开题、中期、结课答辩等环节的实施，确保了高质量的教学效果。

3. 学生的学习收获反馈

每次课程结束后，采用书面和座谈等形式，对学生的参与及其感受进行调查。学生的反馈主要涉及以下几方面的内容：

（1）对于课程总体的评价，认为是一门创新性强的综合实践课程；

（2）对于课程内容提出建设性意见，如建议增加设计工具的培训、加强专业知识的讲授等，这些建议均在后续课程实践中得到了落实和改进；

（3）对于教学方式提出建设性意见，如建议由组长一人汇报的形式改为由组长牵头、组员按照分工汇报的形式，后续课程中对此进行了改进，既增加了每位学生的压力，也提升了每位学生的参与感和成就感。

4. 客观反馈

经过本课程训练的学生，自主学习和自主创新能力得到了提升。后续多人次参加了各种创新竞赛，并取得了优异的成绩。如：葛佳昊（2015 上课）和廖鑫森（2016 年上课）同学参与完成的"多种起飞方式的近耦鸭式翼身融合太阳能无人机"获得第四届中国研究生未来飞行器创新大赛三等奖；李顺同学（2018 年上课）参与完成的"'太阳鹰'——一种长航时大载重高效率太阳能无人机"在 2019 年北京理工大学第十六届"世纪杯"学生课外学术科技作品竞赛中获得二等奖。

五、课程特色和创新之处

飞行器设计与工程是一个典型的传统工科专业，在大力开展新工科建设的紧迫形势下，如何紧密结合国家重大发展需求，面向未来、谋划未来、引领未来，焕发传统工科专业的青春是一个十分重要的课题。本课程就是在新工科建设需求背景下开展的课程改革探索与实践。

1. 课程特色

本课程面向国家新能源装备重大发展需求，秉承"学生中心、产出导向、持续改进"的教育理念，坚持科研反哺本科教学和人才培养，融"两弹一星"精神于课程教学过程，是一门"交叉、前沿、协同"的跨学院、跨学科、跨门类的新工科实践训练通识课。

经过本课程学习，在精神层面上，学生能提升爱国情怀和奉献精神；在知识层面上，学生能掌握绿色能源飞行器总体设计基本流程、气动/结构/能源与动力等分系统的设计与分析方法、典型绿色能源基本性能及实验测试方法；在能力层面上，学生具有高端的视野和领域前瞻能力、运用基础和专业知识进行综合设计的能力、良好的团队协作精神和自主创新能力。

2. 创新之处

（1）坚持立德树人根本任务。课程建设瞄准国家重大发展需求和国际发展前沿，课程内容充分体现多学科交叉融合，教学模式完整体现团队协同，深度体现"前沿、交叉、协同"核心理念。

（2）坚持科研反哺人才培养。课程设计项目、实验教学平台均来自教学团队的科研成果转化，课程面向全校工科学科学生开放，是跨学院、跨学科、跨门类的新工科实践训练通识课。

（3）坚持以本为本的根本要求。教学名师主持课程建设，实验师助力实验实践环节，研究生深度参与项目设计，这支层次高、系列全、有能力的教师团队，使课程质量得到了充分的保障。

（4）坚持学生创新能力培养。教师团队领航、学生深度参与的教学模式，保障了学生解决多学科知识交叉融合的途径，给予了学生自主学习和自主创新的空间，锻炼了学生的团队协作精神。

（5）持续改进教学内容与方式，坚持体系化的发展理念。依托课程建设的实验条件，本课程教学团队又面向全校工科学生开放了"新能源飞行器能源管理与控制"实践训练通识课，助力新能源飞行器领域高端人才培养。

"材料与结构力学" 课程研究实践辅助理论教学

授课教师：霍波　周萧明　刘刘　刘晓宁　马沁巍
开课单位：宇航学院

一、课程概要

教学对象：本课程是徐特立学院明精计划英才班机械类专业的一门必修基础课。

课程内容：位移和应变、应力、本构关系、力学边值问题、平面问题等基本概念和理论；杆件在基本变形时的内力、应力、应变的计算以及强度条件、刚度条件的应用；组合变形杆件的受力分析及强度计算方法；应力应变状态的分析方法，用能量法计算结构位移，用力法求解静不定结构，以及压杆的稳定性分析和动载荷作用下杆件强度刚度和稳定性的分析方法；单轴拉伸实验、平面板双轴拉伸实验等力学实验方法；有限元基础理论和软件应用，可以针对圆杆单轴拉伸和平面板双轴拉伸等开展数值模拟；初步的基础科研以及工程实践应用能力。

二、课程教学目标及预期学习成果

1. 课程教学目标

整合弹性力学、材料力学、结构力学、实验力学、实验应力分析、计算固体力学、科研训练等课程，通过课堂讲授力学基础理论以及工程材料力学的理论与方法，以及训练力学实验和数值分析等具体技能，并通过具体的科研课题及工程实践项目综合应用以上力学理论与技能，最终实现力学基础知识的掌握及创新能力的培养。

2. 预期学习成果

a. 学生深入了解力学的基本概念和理论，掌握力学实验和数值模拟的方法，形成由工程实践中提炼力学问题、建立力学模型以及开展基础科研的能力，完成徐特立明精计划班英才教育的教学和培养目标。

b. 学生结束课程中的科研训练环节后，可以在导师指导下继续开展科研工作，最终形成科研报告等研究成果。

三、课程内容及教学策略

1. 课程内容

（1）讲授准确、精练的工程力学理论。在本课程中，为学生讲授弹性力学和材料力学中位移和应变、应力、本构关系、力学边值问题、平面问题等基本概念，深入理解这些概念在弹性体中的准确定义，并阐明在具体工程问题中如何加以运用。针对弹性力学、材料力学、计算固体力学等课程中的基本理论内容分别有部分重叠且各有侧重的问题，按照"由一般到特殊"的原则对基本力学理论加以整合，面对具体的工程应用则按照"由简单到复杂"的原则加以梳理，从而使学生易于从整体上把握当代工程力学基础理论体系的脉络。以上课程内容支撑预期学习成果 a。

（2）培养学生扎实的力学实践技能。配合理论课程内容的讲授，并为了提升学习兴趣、明确理论知识的应用对象和目标，本课程专门设置了力学实验和数值模拟等具体技能的教学环节，使学生掌握固体力学实验的基本原理和技术、计算力学的基本原理和软件使用技术，以便为本课程后续的研究实践环节以及学生的本科科研训练打下基础。以上课程内容支撑预期学习成果 a、b。

（3）培养学生突出的创新能力。基于明精计划英才班中大部分学生有继续深造攻读研究生的情况，本课程的设计中增加了科研与工程实践训练环节，整合了本专业科研团队的具体的基础科研问题以及工程实践课题，帮助学生进行力学问题的提炼和建模工作，培养学生的创新能力和解决具体问题的能力。以上课程内容支撑预期学习成果 a、b。

（4）持续深化课程教学改革。在既有教学基础上，本课程教学团队不断总结教学经验，提炼和完善教学内容，组织编写讲义，并在内容成熟时出版教材。

2. 教学策略

针对以上预期学习成果，设计了如下的教学策略：

（1）由工致理。目前力学教学中普遍存在的问题是，学生通常对工程应用背景缺乏了解，不容易明白所学基础理论的意义。为解决此问题，本课程在教材中和课堂上提供大量来自工程实践的力学问题，指导学生逐步建立力学模型；同时，配合课堂教学的理论知识，指导学生以小组形式进行讨论与合作，设计相关的力学实验，并在实验过程中学习如何针对实验结果开展理论分析。因此，"由工致理"是"格物致知"这一认识论命题在工程力学学科的具体体现。

（2）以理精工。本课程整合的弹性力学与材料力学两门主要课程，在理论体系上是连贯的，弹性力学为弹性固体的一般性数学理论，而材料力学是弹性力学针对特定工程材料和特定力学状态的简化。本课程通过教材中的习题及课堂例题，同时辅之以有限元数值模拟，讲解如何由基本弹性理论出发，改变材料的结构形式，优化其应力应变状态，改善其刚度、强度等性能参数。

（3）理工融合。当今中国社会面临产业升级和发展模式的转型，迫切需要理工皆能的创新型人才，要求工科毕业生既能解决实际的工程实践问题，又能从工程实际问题中提炼出基础科学理论。而我们的本科生乃至研究生在毕业参加实际工作后，常常会面临不知如何应用所学书本知识处理实际问题的情况，从而需要花费较多时间去完成从"书生"到"解决问题能手"的转变。本课程体系的设计中优化现有课程内容，侧重讲授基础力学理论的具体应用、实验技能和有限元等数值计算的基本方法，并通过在基础科研及工程实践训练环节，帮助学生在解决具体的力学问题的过程中学习并掌握基本技能，并学会如何从中抽象出基本力学规律，形成基础力学科研课题和学术方向。

四、课程考核办法及教学效果

1. 课堂考核办法

本课程分为两个学期授课，考核评价体系和相关依据如下：

（1）第 1 个学期主要讲授：力学基本概念与基础理论，28 学时；工程材料力学理论（1），共 28 学时；数值模拟，4 学时；力学实验，4 学时。要求学生掌握弹性力学的基本概念、基本方程、边值问题的提法及具体问题的求解方法，了解开展现代力学基础理论研究及工程应用的基本知识体系。另外，学生应掌握弹性力学基本理论在工程材料力学应用时的简化，明确现代力学作为一个较为完整的理论体系由一般到特殊的特点。在此学期中因为主要是理论内容的讲授，因此考核评价以笔试为主，期末笔试成绩占总成绩的 80%，平时作业成绩占 20%。

（2）第 2 个学期主要讲授：工程材料力学理论（2），28 学时；力学实验，10 学时；数值模拟，6 学时；研究实践，20 学时。要求学生能够掌握材料力学中复杂力学状态及复杂结构的基本理论，并能够基于力学基础理论及工程材料力学知识，针对力学科研或工程实践中的具体力学问题，提炼力学模型，应用力学理论加以解决。在此学期中主要为实践技能及创新实践的训练，因此在期末笔试成绩只占总成绩的 40%，而实验技能环节占 15%，数值模拟技能训练环节占 15%，研究实践环节占 30%（书面研究报告及口头答辩）。

2. 学生预期学习成果达成情况评价

从学生卷面答题情况来分析，总体而言理论部分学生掌握得很好，特别是弹性力学基本概念以及材料力学拉压弯扭的基本力学分析都能清晰理解；不足的是截面变形的预测等基础知识运用以及压杆临界载荷扩展理论方面的掌握不是很牢固，应该在后续授课中加强习题的训练。

另外，此课程考核学生掌握基础知识的一个重要指标是，在实践环节能否准确地提出身边及工程中存在的材料与结构的力学问题，并能运用课程学到的基础知识加以解决，最后能够用文字、图表、语言清晰地对结果加以展示。在过去4年的课程中，学生们完成了"飞机机翼的力学性能分析""石油储罐的弹性力学分析""子弹着靶过程的力学分析""梁纯弯条件下力学分布公式的误差分析""竹子力学性能分析""蜗轮蜗杆强度、刚度校核"等46项课题的实践研究，非常好地完成了既定目标。

3. 学生的学习收获反馈

学生对此课程的总体评价很好，近4年的评教平均分在93分以上。特别是实验技能和数值模拟技能训练以及研究实践环节，能够帮助学生更透彻地了解和应用课程中的理论知识。

以下摘取几位同学写的课程体会和评价：

（1）我个人感觉最有意思的两个部分是有限元分析和实践环节，因为这两个环节个人操作性比较大，比较自由，相比被动地听老师讲课，我更喜欢主动发现问题并摸索着寻找结果这种方式；

（2）经过两个学期的力学贯通课的学习，从弹性力学到材料力学，从数学推理、实物实验到数值仿真，我对材料力学相关的理论体系和研究方法有了一定的理解；

（3）实验部分的革新是一个亮点，大家都可以做自己喜欢的实验，脱离了讲义的束缚和固有模式的羁绊，才能更有效地锻炼自己的能力，真正学到知识。

五、课程特色和创新之处

1. 课程特色

本课程的理念为"基本概念准确、理论体系精炼、实践技能扎实、创新能力突出"（如图1所示）。具体内容包括：

（1）基本概念准确。整合弹性力学和材料力学中位移和应变、应力、本构关系、力学边值问题、平面问题等基本概念，深入理解这些概念在弹性体中的准确定义，并阐明在具体工程问题中如何加以运用。

（2）理论体系精炼。弹性力学、材料力学、计算固体力学等课程中的基本理论内容分别有部分重叠，且各有侧重，将按照"由一般到特殊"的原则对基本力学理论加以整合，而对具体的工程应用则按照"由简单到复杂"的原则加以梳理，从而使学生易于从整体上把握当代工程力学基础理论体系的脉络。

（3）实践技能扎实。为配合理论课程内容的讲授，同时为了提升学生学习兴趣，明确理论知识的应用对象和目标，本课程强调力学实验和数值模拟等具体技能的学习和掌握，以便为后续科研训练打下基础。

（4）创新能力突出。基于明精计划英才班的培养目标为研究生这一特点，本课程的设计中增加了科研与工程实践训练环节，将整合本专业科研团队的具体的基础科研问题以及工程实践课题，帮助学生进行力学问题的提炼和建模工作，培养学生的创新能力和解决具体问题的能力。

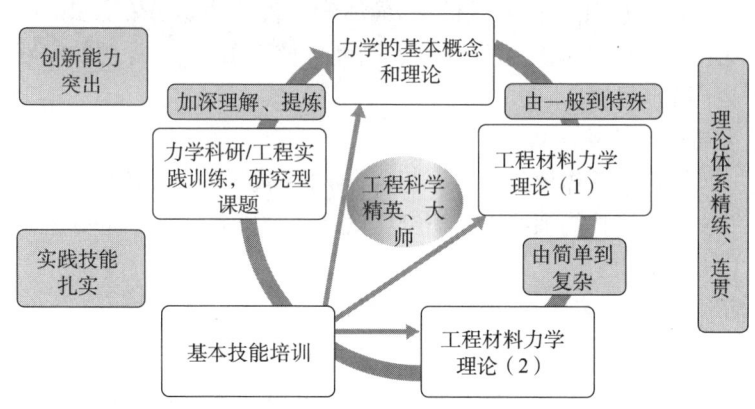

图 1　本课程教学理念示意图

本课程教学内容衔接示意图如图 2 所示。

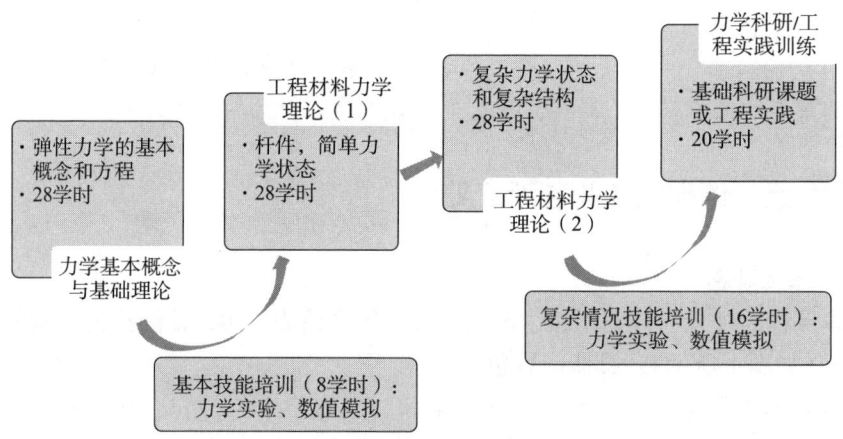

图 2　本课程教学内容衔接示意图

2. 课程教学改革的创新点

基于上述教学理念，本课程做了较大幅度的创新和改革，通过课堂讲授弹性力学、材料力学、结构力学等力学基础理论以及工程材料力学的理论与方法，同时通过实验环节训练力学实验和数值分析等具体技能，并通过具体的科研课题及工程实践项目综合应用以上力学理论与技能，最终实现力学基础知识的掌握及创新能力的培养。在整个课程的设计和实践中，非常注意强化研究性学习，着重提高学生对科学研究的兴趣、解决问题的能力、个性化多样性发展以及团队协作和交流能力。具体措施包括在课程内贯通理论课、习题课、实践课，使教学内容相辅相成，并增加习题课和实践课的学时。此课程的实验、数值模拟技能的训练环节以及实践课环节的课时在总课时中占 1/3。实践课环节，紧密联系课程内容设置实践课题，以学生为主导，分组后在教师指导下学习如何以科研探索的模式逐步对实践问题进行研究并加以解决。这种教学模式注重培养学生的科研意识、探索精神、交流能力和团队协作能力，是培养拔尖人才的重要渠道和方式。经过 4 年的教学实践，形成了"由工致理、以理精工、理工融合"的教学特色和创新人才培养模式。

六、课程教材

[1] 王敏中，王炜，武际可. 弹性力学教程［M］. 2 版. 北京：北京大学出版社，2011.
[2] 韩斌，刘海燕，水小平. 材料力学［M］. 北京：兵器工业出版社，2010.
[3] 戴福隆，沈观林，谢惠民. 实验力学［M］. 北京：清华大学出版社，2010.
[4] 王勖成. 有限单元法［M］. 北京：清华大学出版社，2003.

体系及融合导向的"非线性动力学导论"研究型课程教学

授课教师：岳宝增　靳艳飞　李永　　开课单位：宇航学院

■ 一、课程概要

动力学的基础课程理论力学、振动力学是力学专业基础课，也是工科许多专业的必备基础；而非线性动力学和混沌是力学、物理学、数学和生物学20世纪最重大的科学成就之一。为了完善大学力学专业本科教学的知识结构，适应现代相关学科间交叉、融合的趋势，目前国内许多重点研究型大学都在力学专业开展了非线性动力学知识的普及和基础理论教学。本课题组长期从事非线性动力学及其应用领域的研究，随着课题研究的不断深入发展，愈发觉得在我校高年级力学及相关专业本科生教学中，开设非线性动力学基础知识的教学非常必要；这将进一步完善大学本科生的力学知识体系，提高课程层次，有利于以教学促科研，适应创办研究型大学和培养力学精英人才的需要，并与国际发展接轨。

■ 二、课程教学目标及预期学习成果

1. 课程教学目标

本课程以力学专业高年级学生为主要授课对象。总体目标是：通过本课程的教学活动完善大学力学专业本科教学的知识结构，使学生对经典力学、振动力学等专业课程知识得到进一步的深化和提升，形成开放式的知识结构体系；使学生掌握平衡点、稳定性、分岔、李亚普诺夫指数、混沌及分形等基本概念和方法。

2. 预期学习成果

（1）学生掌握相平面、流形、庞加莱截面、李亚普诺夫指数及混沌等基本概念，以及稳定性理论、分叉理论、自相似及分形理论等基本理论，并具备理解自然界及工程领域中的常见非线性动力学现象的能力。

（2）学生能够应用经典力学、自然科学和非线性动力学的基本原理来区别实际工程领域中的非线性动力学问题，并能够应用所学知识来表达这些问题。

（3）学生能够应用经典力学、自然科学和非线性动力学的基本原理来选择和建立实际工程中非线性动力学问题的数学模型，并能够分析求解数学模型得出结论。学生应能掌握非线性动力学问题计算机数值仿真的基本方法、基本的非线性动力学模型和普适结论。

（4）学生能够了解非线性动力学系统的主要特征、重要学术论文的来源和检索途径，引导学生通过检索获取相关信息，使其有助于开展实际工程领域中的非线性动力学与控制问题的分析。

（5）学生能够应用所获得的非线性动力学与控制的知识，进行相应的理论分析和计算机程序设计、开展数值仿真试验并能通过必要的分析和对照检验结果的合理性。

三、课程内容及教学策略

在对国内外非线性动力学相关研究进展及成果的基础上，对"非线性动力学导论"的教学内容进行了精心设置；在全面调研国内同类课程建设的进展情况的基础上，对教材使用情况、教学改革状况及最新教改成果做全面的了解，并学习和汲取成功的经验和方法，确定了教学内容及参考书，制定了教学计划及教学大纲。通过不断地修订和优化，制定了如下的课堂教学内容：

第一章 绪论（4学时）
1. 经典力学的发展及非线性动力学的产生
2. 动力学系统的非线性现象概述
3. 非线性动力学的研究内容和方法

第二章 二阶系统简介（6学时）
1. 平面齐次系统的解
2. 平面齐次系统的平衡点
3. 非齐次系统微分方程
4. 单摆动力学初步

第三章 线性系统理论简介（6学时）
1. 二阶自治系统及其线性化
2. 二阶系统平衡点及其分类
3. 高阶系统特征矩阵的标准型
4. 线性系统平衡点稳定性判断准则

第四章 稳定性与分岔理论（8学时）
1. Lyapunov稳定性基本理论
2. 一次近似理论简介
3. 分岔的基本概念

4. 分岔的基本类型和特征
5. 全局分岔基本理论

第五章 混沌动力学基本理论（8 学时）
1. 混沌的基本概念
2. 连续系统混沌动力学
3. Poincaré 截面简介
4. 离散系统混沌动力学
5. Lyapunov 指数

第六章 分形动力学基本理论（4 学时）
1. 分形的基本概念
2. 分维的计算
3. 奇怪吸引子的分维

采用"专题式教学"形式，在严格遵循 ILOs 教学目标、学生的认知规律以及统编教材的主要内容和逻辑结构的基础上，打破教材的章节体系，以把相关内容有机结合的"专题"为单位提炼教学内容，把课程内容分成若干专题，一个专题一个主题，每一专题作为一个项目进行教学设计，综合运用算例、讨论、多媒体等多种教学方法和手段把理论呈现出来，注重调动教师和学生双向参与的积极性。这种教学思路可以不必受具体理论的整体性、系统性限制，更加突出课程教学的针对性、实效性，把问题讲深讲透，使教学内容更加贴近生活、贴近实际、贴近学生，真正达到教学目的。例如为了提高学生综合利用所掌握的基本知识进一步解决和分析非线性问题的能力，采用计算机仿真及动画技术并结合单摆的教学内容贯穿整个知识关键点［如稳定性、几何方法、Poincaré 截面（庞加莱截面）、分叉、混沌及分形等］，极大提高了教学效率和课堂教学效果。

四、课程考核办法及教学效果

1. 课程目标 1 的评价方法和标准

课程目标 1：学生掌握非线性动力学的基础知识，了解学科前沿领域，激发学生探索未知的兴趣，培养学生创造性思维的方法；使学生掌握平衡点、稳定性、吸引子、分岔、李亚普诺夫指数、混沌及分形等基本概念和方法，并具备解决实际工程中的非线性动力学问题的能力。其中基础知识内容部分主要概念包括平衡点、相平面、吸引子、庞加莱截面、李亚普诺夫指数及混沌等，基本理论包括稳定性理论、分叉理论、自相似及分形理论。

按照 ILOs 达成情况，相应设置评价方法和标准如下：

（1）不及格的标准制定为：完全不掌握系统的非线性动力学与控制的基本理论和概念、方法、原理，或者仅有碎片化的理解。

（2）及格的标准制定为：基本掌握非线性动力学与控制基本理论和概念、方法、原理，但是知识掌握和能力形成不全面。

（3）良好的标准制定为：较好掌握非线性动力学与控制基本理论和概念、方法、原理以及计算机编程仿真技术，但是知识掌握和能力形成稍有欠缺。

（4）优秀的标准制定为：通过本课程的教学活动力学专业本科生对已有的知识体系不断完善，了解学科发展趋势并对将来有可能开展的科学研究活动增加兴趣，在教学实践培养创新思维。

学生掌握非线性动力学的基础知识，了解学科前沿领域，激发学生探索未知的兴趣，培养学生创造性思维的方法。统计期末考试第 1 大题平均得分率，统计各次作业学生平均得分率，经加权计算可得该课程目标达成度数值。判定学生是否掌握包括平衡点、相平面、吸引子、庞加莱截面、李亚普诺夫指数及混沌等基本概念，作为达到教学目标 60% 的标准，则判定这门课达成对第 1.5 条毕业要求的支撑，达到课程目标 1。

2. 课程目标 2 的评价方法和标准

课程目标 2：学生能够应用经典力学、自然科学和非线性动力学的基本原理来区别实际工程领域中的非线性动力学问题，并能够应用所学知识来表达这些问题。

按照 ILOs 达成情况，相应设置评价方法和标准如下：

（1）不及格的标准制定为：完全不能应用非线性动力学与控制的基础知识对一些基本的动力学系统进行非线性动力学特性分析，不了解平衡点、稳定性、分岔、李亚普诺夫指数、混沌和控制及分形等基本概念和方法。

（2）及格的标准制定为：基本可以应用非线性动力学的基础知识对一些基本的动力学系统进行非线性动力学特性分析，基本掌握平衡点、稳定性、分岔、李亚普诺夫指数、混沌和分形等基本概念和方法。

（3）良好的标准制定为：可以应用非线性动力学与控制的基础知识对一些基本的动力学系统进行非线性动力学特性分析，掌握平衡点、稳定性、分岔、李亚普诺夫指数、混沌和控制及分形等基本概念和方法，知识应用能力稍有不足。

（4）优秀的标准制定为：可以应用非线性动力学与控制的基础知识对一些基本的动力学系统进行非线性动力学特性分析，掌握平衡点、稳定性、分岔、李亚普诺夫指数、混沌及分形等基本概念和方法，知识应用能力优秀。

统计期末考试第 2 大题平均得分率，统计各次作业学生平均得分率，经加权计算可得该课程目标达成度数值。以闭卷考试中表述模型内容为标准，如能准确表述一些典型非线性模型，则达到教学目标 60% 的标准，判定这门课达成对第 2.1 条毕业要求的支撑，达到课程目标 2。

3. 课程目标 3 的评价方法和标准

课程目标 3：通过课堂教学和学生自主学习，能够将非线性动力学的基本知识应用到动力学建模、理论分析及计算机数值仿真过程中，能应用非线性动力学的基础知识准确和全面解释若干重要的非线性动力学现象。

按照 ILOs 达成情况，相应设置评价方法和标准如下：

（1）不及格的标准制定为：完全没有能力将非线性动力学与控制的基本知识应用到动力学建模、理论分析及计算机数值仿真过程中，不能应用非线性动力学与控制的基础知识解释若干重要的非线性动力学现象。

（2）及格的标准制定为：基本能够将非线性动力学与控制的基本知识应用到动力学建模、理论分析及计算机数值仿真过程中，基本能应用非线性动力学与控制的基础知识解释若干重要的非线性动力学现象，但不够全面和准确。

（3）良好的标准制定为：能够将非线性动力学与控制的基本知识应用到动力学建模、理论分析及计算机数值仿真过程中。

（4）优秀的标准制定为：能够将非线性动力学与控制的基本知识应用到动力学建模、理论分析及计算机数值仿真过程中，能应用非线性动力学与控制的基础知识准确和全面解释若干重要的非线性动力学现象。

统计期末考试第 3 大题平均得分率，统计各次作业学生平均得分率，统计各次综合大作业学生平均得分率，经加权计算可得该课程目标达成度数值。以闭卷考试中解释非线性现象内容为标准，如能准确解释自然界及工程领域一些非线性现象，则达到教学目标 60% 的标准，判定这门课达成对第 2.2 条毕业要求的支撑，达到课程目标 3。

本课程将 CDIO（构思—Conceive、设计—Design、实现—Implement、运作—Operate）"基于项目教育和学习"培养模式与方法贯穿于教学实践中，结合科研专题，在讲授非线性动力学基础知识的基础上，适当介绍学科前沿领域，激发学生探索未知的兴趣，培养学生创造性思维的方法。以提炼和整合教学内容为切入点，着力在教材体系向教学体系转化上下功夫，提出专题式教学的新思路。借助 CAI（计算机辅助教学—Computer Aided Instruction）教学手段并结合计算机数值仿真、计算机动态演示以及适当的物理仿真等试验方法和手段，从建立方程（建模）入手，从定性、定量、数值分析三个方面传授基本知识，培养学生创造性思维、动手实践和知识应用能力，使学生尽可能多接触一些非线性动力学学科的近代发展，为今后从事非线性动力学的应用研究架设桥梁。

根据 ILOs 目标要求，近三轮"研究型教学"运行状况良好，由课程设置初期的专业本科生课程教学扩展到公选课教学实践，2017 学年选课人数为 75 人，2018 学年选课人数为 121 人，2019 学年选课人数为 49 人（公选课 47 人、专业课 2 人）。其中 2019 学年李华杨同学结合课堂所学内容，将研究实践内容体现在毕业设计环节"球形贮箱中液体晃动问题研究"，通过物理实验揭示了航天器液体晃动的非线性动力学行为。

2017 学年尹蒙蒙同学结合课堂教学内容，将研究实践内容体现在毕业设计环节"典型动力系统非线性现象研究",取得了非常具有创新意义的成果。由于尹蒙蒙同学在非线性动力学方面所打下的坚实基础,她被推荐到国内优秀非线性动力学团队攻读硕士研究生学位。她通过非线性动力学引论课堂教学的学习,对一些典型的非线性动力学系统产生了探究未知奥妙的强烈愿望和兴趣,并根据自己计算机编程能力强的优势,通过比较非线性动力学系统可视化的主要方法——庞加莱截面法和直接可视化方法,发展了球面着色法并分析了各种可视化方法的优缺点,选择最为合适的球面着色法对非线性动力学系统的拉伸-扭转-折叠机制进行分析,揭示了非线性动力学系统的内在演化规律。在混沌动力学系统中应用上述提出的方法产生了随时间在球面表面上增多的条纹图案,周期系统中则不出现条形图案,表明该可视化方法可以判定系统有无拉伸-折叠机制,还讨论了条纹出现的原因,对系统的扭转机制进行可视化发现扭转集中发生在吸引子的某些地方,部分特色结果介绍如下:

以方程(1)表示的洛伦兹系统为例[图1(a)为洛伦兹动力学系统的混沌吸引子],图1中,初始球面是i,ii是过鞍点扩展后,iii是分裂后。然后,沿着同宿轨道[图1(b)中蝴蝶形状带有箭头的黑线]分裂的球面又混合[如图1(b)中的iii和iv]。在图1(b)的第四步,当分裂的球面的两组点混合时,由于出现了距离球心很近的两个区域,初始球面上就出现了两个红色区域。重复超球面的分裂混合过程,混沌洛伦兹系统的条纹图案就形成了。通过这些结果,我们可以观察初始球面上的条纹图案来探查拉伸-折叠机制[如图1(c)所示]。

$$\frac{dx}{d\tau} = -\sigma(x-y)$$

$$\frac{dy}{d\tau} = rx - y - xz$$

$$\frac{dz}{d\tau} = -bz + xy \tag{1}$$

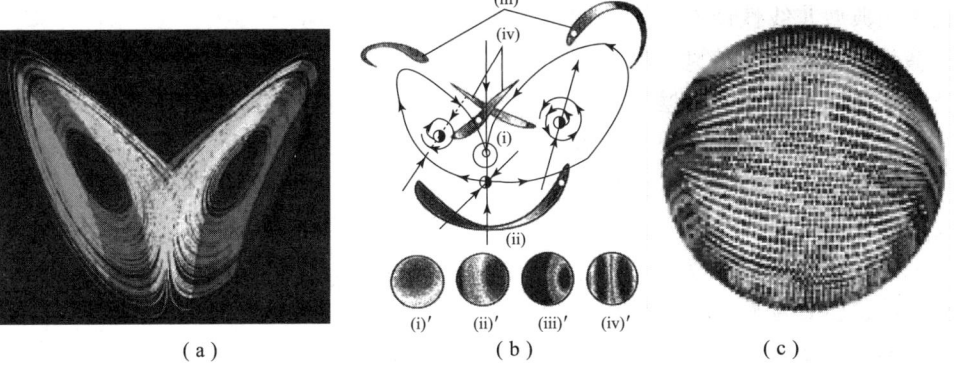

图1 洛伦兹动力学系统混沌吸引子(a)、拉伸折叠过程(b)、可视化效果(c)

五、课程特色和创新之处

本课程最突出的特色是根据现代科学技术迅速发展的趋势,特别是借助计算机技术的广泛应用,采用 CAI 教学手段并结合计算机数值仿真、计算机动态演示以及适当的物理仿真等试验方法和手段,从建立方程(建模)入手,从定性、定量、数值分析三个方面传授基本知识,培养学生创造性思维、动手实践和知识应用能力。通过项目实施,使学生初步形成有关非线性动力学的基本概念、理论和方法;重点培养学生分析问题、解决问题的能力和素质,为我校力学专业特别是动力学与控制学科进一步培养创新型杰出人才打下坚实基础。根据授课时高年级本科生的特征,对课堂教学内容和教学方法进行探索,取得了非常好的教学效果,选课同学对该课程表现出了极大的兴趣和参与的积极性。目前,根据该课程的教学讲义,正在着手编教材,争取出版高水平、有特色的精品教材。

本课程的最大创新性在于在课堂教学过程中,根据教材的要求,结合学生关注的热点难点问题,设置了包括非线性动力学系统的特性分析、状态方程与相空间、Poincaré 映射、奇怪吸引子、分形初步等十个专题;在教学的每一阶段,学生围绕专题开展分组讨论、数值试验和动态演示,从重要物理现象以及工程重大问题入手,引入动力学方程(建模),从定性、定量、数值分析三个方面展开教学内容,教师在整个专题研究过程中既要注意以学生为中心又要根据科研实践经验适当进行引导,调动学生讨论的积极性;最后,进行总结概括、提炼,从而揭示出典型非线性动力学系统的重要演化规律和本质特性。譬如课件及课堂教学中以数学单摆(模型如图 2 所示)、自由单摆动力学方程[如方程(2)所示]、考虑阻尼且受简谐外激励的单摆动力学方程[如方程(3)所示]为例,采用计算机数值仿真动画,举一反三、融

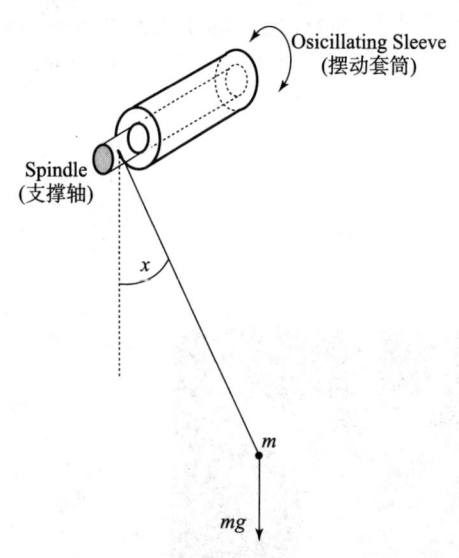

图 2　受带摩擦外激励模型

会贯通地将抽象的动力学概念及非线性动力学现象给以充分展示。

$$\ddot{x} + \omega_0^2 \sin x = 0 \tag{2}$$

$$\ddot{x} + c\dot{x} + \omega_0^2 \sin x = F\cos\omega t \tag{3}$$

1. 关于采用自由单摆进行相平面和相轨迹及平衡点稳定性的教学示例

二阶时不变系统（可以是线性的，也可以是非线性的）一般可用常微分方程来描述。若在所讨论的时间范围内，对于任意给定的时刻，系统的一组状态变量的值都是已知的，则可以掌握系统运动的全部信息。通过相轨迹，就可以做到这一点。以 x 为横坐标，$\dot{x}$ 为纵坐标，构成一个直角坐标平面，称为相平面；在相平面上表示系统运动状态的点（$x,\dot{x}$）移动所形成的轨迹称为相轨迹。相轨迹的起始点由系统的初始条件（$x_0,\dot{x}_0$）确定，相轨迹上用箭头方向表示随参变量时间 t 的增加系统的运动方向。以各种可能的初始条件为起始点，可以得到相轨迹簇，相平面和相轨迹簇合称为相平面图。在教学中通过采用 MATLAB 程序进行计算机模拟可以得到自由单摆的时间演化动画显示（如图 3 所示）。

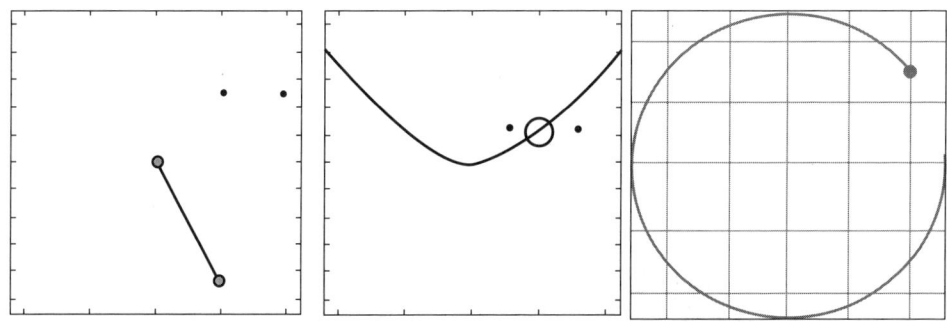

图 3　自由单摆动画、势能变化、轨迹时变演化

通过图 3 所示的自由单摆动画显示、对应的势能变化以及轨迹时变演化可以清楚表明动力学系统的特征及演化规律，从而总结出动力学系统相平面、轨迹和平衡点及其稳定性的重要概念（如图 4 所示）。

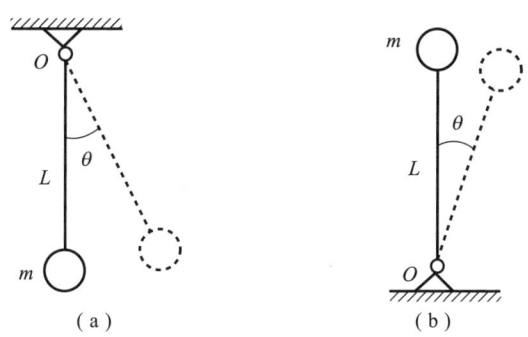

图 4　稳定（a）和不稳定（b）平衡点

在图 3 演示示例的基础上，可以进一步采用几何方法讲解保守系统的一般特性（如图 5 所示）以及高维保守系统的环面动力学及 Hamilton 动力学（如图 6

所示)。通过以上的课堂教学,使学生的知识视野得到极大的扩展并激发起对非线性动力学的浓厚兴趣。

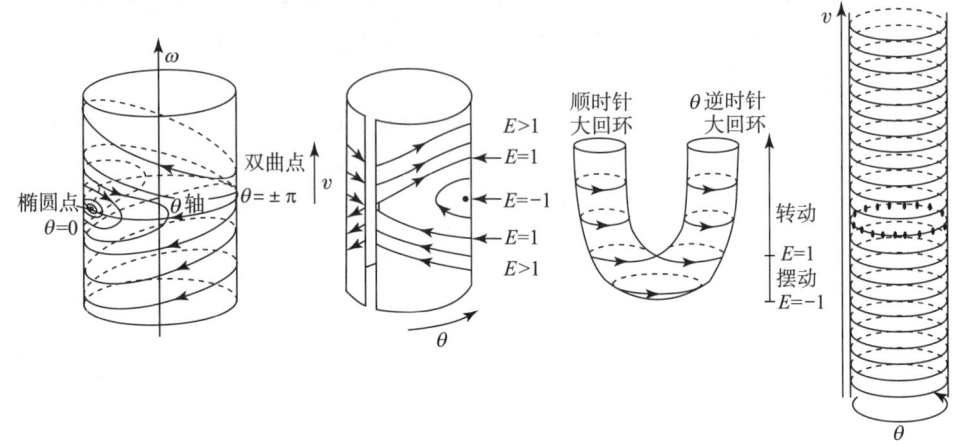

图 5 圆柱相面演化到环面、无势能无平衡点情形

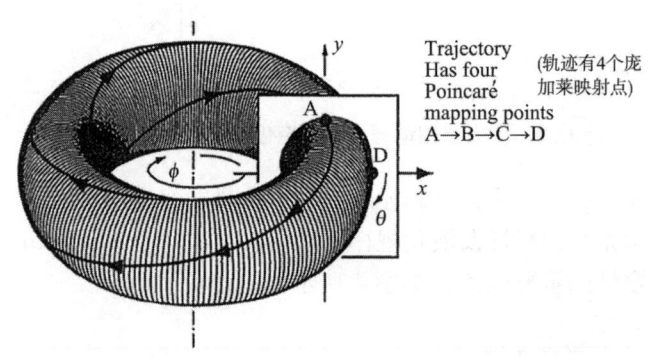

图 6 环面上的保守系统动力学

2. 关于采用自由单摆进行分叉(对称性破缺)及分形相关概念的教学示例

对称性破缺是一个跨物理学、生物学、社会学与系统论等学科的概念,狭义地简单理解为对称元素的丧失,也可理解为原来具有较高对称性的系统,出现不对称因素,其对称程度自发降低的现象。对称破缺是事物差异性的方式,任何的对称都一定存在对称破缺。对称性普遍存在于各个尺度下的系统中,有对称性的存在,就必然存在对称性的破缺。对称性破缺也是量子场论的重要概念,指理论的对称性为真空所破坏,对探索宇宙的本原有重要意义。它包含"自发对称性破缺"和"动力学对称性破缺"两种情形。对称性破缺是非常重要且自然界常见的一种分叉现象,初学者可能觉得这个概念非常抽象难懂,其实通过结合学生在

大学学过的基础知识，只要适当引导就很容易理解相关概念。

教学中首先演示平衡位置的对称性破缺（压杆稳定性问题），如图 7 所示。

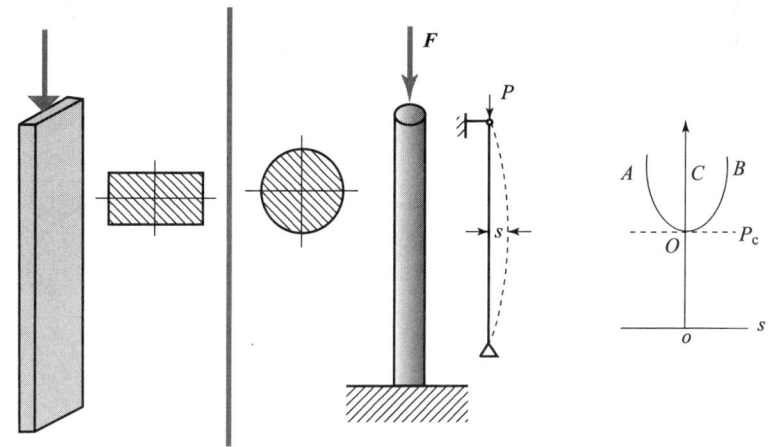

图 7　压杆稳定性与对称性破缺

接着进行动力学问题中的对称性破缺现象的讲解。通过受外激励单摆的动画演示，可以明显观察到对称性破缺现象的发生；对称性破缺发生时，所产生的吸引子分别对应的吸引域如图 8 所示。

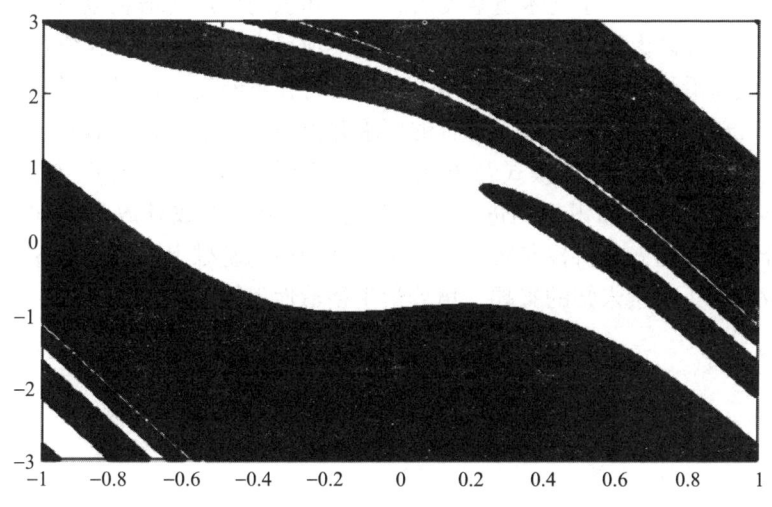

图 8　对称性破缺所产生的吸引子分别对应的吸引域

3. 关于采用外激励阻尼单摆进行倍周期分叉及混沌概念的教学示例

混沌是非线性动力学的一个重要概念，混沌是指发生在确定性系统中的貌似随机的不规则运动。一个确定性理论描述的系统，其行为却表现为不确定性、不可重复、不可预测，这就是混沌现象。混沌是非线性系统的固有特性，是非线性系统普遍存在的现象，牛顿确定性理论能够处理多维线性系统，而线性系统大都由非线性系统简化而来。因此，在现实生活和实际工程技术问题中，混沌是无处不在的。混沌也是非线性动力学导论教学中最重要的概念之一，一般的参考书都是通过洛伦兹系统引入混沌的概念，而本教改项目在教改实践中另辟蹊径，通过受外激励单摆的混沌现象性通俗而从容地引入混沌的概念以及混沌发生的倍周期分叉途径（如图9所示）。

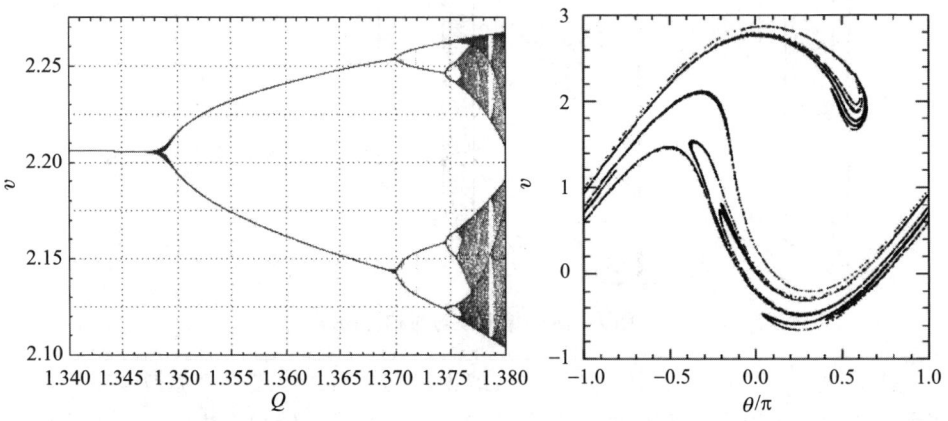

图 9　受外激励阻尼单摆的倍周期分叉图及混沌吸引子

总之，为了适应科学技术迅猛发展、科学知识的爆炸式增长以及教学手段的现代化，为了提高大学生的科学素养，本教改项目在教学实践中探索出有效的途径开展现代前沿科学知识的课堂教学。本项目将在不断完善讲义的基础上，力争经过四到五年的努力，达到精品课程的要求并出版高水平的精品教材。在教改内容上，本项目将 ILOs 培养模式与方法贯穿于教学实践中，使学生对经典力学、振动力学等专业课程知识得到进一步的深化和提升，形成开放式的知识结构体系。结合科研专题，在讲授非线性动力学基础知识的基础上，适当介绍学科前沿领域，激发学生探索未知的兴趣，培养学生创造性思维的方法。

"弹性力学 A" 课程的研究式思维教学方法探索

授课教师：魏雪霞　牛少华　开课单位：机电学院

■ 一、课程概要

弹性力学 A 课程是专门为机电学院工程力学专业大三学生开设的一门重要的专业基础课。课程的主要研究对象是二维平面问题和三维空间问题，为后继相关专业课程的学习及培养高层次工程人才打下坚实理论基础。主讲教师除了讲授弹性力学课程，过去还曾经讲授过高等数学、线性代数、材料力学、理论力学、结构力学和偏微分方程与特殊函数等弹性力学课程的先修课程，以及复合材料力学、振动与控制、钢筋混凝土结构、金属物理学、岩石力学、土力学和智能材料与智能系统等后期专业课程以及本专业研究生课程，因此对弹性力学和这些课程中知识点及其衔接都非常熟悉，对力学学科专业的整个知识体系和结构也有相当深入的认识和理解。主讲教师过去也开展了很多与弹性力学相关的前沿研究，已发表与弹性力学相关的高水平 SCI 论文 50 余篇。这些都为开展弹性力学 A 课程的研究式思维教学方法探索奠定了坚实基础。主讲教师实际上在 5 年前就已经开始探索在弹性力学 A 课程中采用由浅入深地、不断提出问题、分析问题和解决问题的研究式思维教学方法授课，发现确实可以有效激发学生学习此课程的兴趣和积极思考的能动性，使得学生在课堂上能够积极与老师互动，并且主动参与到弹性力学分析问题和解决问题的讨论中，取得了良好的教学效果，得到了学生的认可和一致好评。

弹性力学是力学、兵器科学与技术、航空航天、机电、机械、车辆、化工、材料、建筑等学科和工程领域以及某些新型交叉学科的重要基础课程。

■ 二、课程教学目标及预期学习成果

1. 课程教学目标

弹性力学 A 以培育工程力学专业本科生的专业主体意识、掌握弹性力学知识结构和研究方法、落实立德树人根本任务为宗旨，在授课过程中不仅讲授弹性力学经典理论，而且将学科前沿研究的最新成果实时与学生分享，注重培养、激发和发展学生的研究兴趣。学习本课程后学生应该系统而深入地掌握二维平面问题

的 8 个控制方程和三维空间问题的 15 个控制方程中平衡方程、几何方程和物理方程的建立、应力边界、位移边界和混合问题的数学表达、对应定解问题的多种解析求解方法，以及弹性力学在土木、机械、航空航天、矿业和水利等实际工程领中的典型应用，并充分理解怎样以弹性力学为基础，进一步学习塑性力学、断裂力学、复合材料力学等专业课程。

2. 预期学习成果

（1）ILOs1，能够掌握弹性力学的基本假定和求解方法；
（2）ILOs2，能够提出弹性力学平面问题的定解条件，并运用相关知识求解；
（3）ILOs3，能够提出空间问题的定解条件，并运用相关知识求解；
（4）ILOs4，能够掌握能量原理与变分法，开展相关应用。

三、课程内容及教学策略

1. 主要课程内容

课程分别从静力学平衡、几何变形和材料物理响应三个方面进行系统分析，得到描述二维平面问题和三维空间问题的多变量偏微分控制方程组，考虑边界条件，采用数学解析方法求解多变量控制方程组后，最终得到关于二维平面问题和三维空间问题内应力场、位移场和应变场的解析解，为校核它们的强度、刚度和稳定性奠定坚实的理论基础。课程也简要介绍弹性力学理论的发展历史和在近代工程中的应用。

该课程的课程内容与预期学习成果对应关系如表 1 所示。

表 1　课程内容与预期学习成果对应表

课程内容	课程预期学习成果
1. 弹性力学的发展史； 2. 我国知名力学家钱学森、钱伟长、钱三强和郭永怀等人的杰出贡献，激发学生的爱国热情； 3. 弹性力学主要内容、基本概念和基本假定。	ILOs1
1. 平面应力问题与平面应变问题；推导平衡微分方程、几何方程、物理方程、边界条件；按位移和应力求解平面问题的逆解法与半逆求解方法； 2. 研究典型平面问题如挡土墙、水坝的意义及其工程应用； 3. 平面问题的极坐标问题的提出和求解方法；极坐标中的平衡微分方程；极坐标中的几何方程及物理方程；极坐标中的应力函数与相容方程；应力分量的坐标变换式；圆孔的孔边应力集中问题求解方法；平面问题的量纲分析方法。 4. 平面问题的复变函数研究方法；应力函数的复变函数表示；应力和位移的复变函数表示；边界条件的复变函数表示；保角变换与曲线坐标；孔口问题求解方法。 5. 温度应力的平面问题；按位移求解温度应力的平面问题；位移势函数的引用；用极坐标求解问题。	ILOs2

续表

课程内容	课程预期学习成果
1. 空间问题的基本理论；平衡微分方程、几何方程和物理方程及其推导过程；轴对称和球对称问题的基本方程； 2. 空间问题的解答；按位移求解空间问题；乐普位移函数及伽辽金函数；按应力求解空间问题。	ILOs3
1. 能量原理与变分法； 2. 弹性体的形变势能表示方法； 3. 位移变分方程和应力变分方程； 4. 弹性力学解答唯一性的证明方法。	ILOs4

2. 教学策略

（1）录制了对应的线上网络课程，并在中国大学慕课网公开上线。今后将结合线上网络课程开展授课，充分发挥线上和线下混合式授课的优势，让学生在学习过程中最大限度地达成预期学习成果。

（2）在第一节课中简要介绍弹性力学的发展史时，重点介绍钱学森、钱伟长、钱三强和郭永怀等我国知名力学家的杰出贡献，从而激发学生刻苦钻研的精神和报效祖国的爱国热情。

（3）在讲解平面温度应力时，结合当前国内外社会关心的芯片制造热点问题，阐述研究温度应力具有非常重要的理论意义和工程应用价值。如我们现在每个人都不可缺少的手机，常用的 iPad 及笔记本电脑，还有各个领域都关注的机器人及其 AI 系统，尤其是让全中国人都自豪的中国华为公司在 5G 传输领域掌握的最先进技术制造的传输设备、信号塔等都需要高精度芯片。大家都普遍知道 ASML 光刻机对制备芯片是非常重要的，其实芯片的另外一个瓶颈问题是芯片的散热问题，这一直是一个难以完美解决的技术难题。芯片的散热问题对我们每天都离不开手机的现代人来说并不陌生，很多人都可能有过这样的经历，通话时间过长时或者上网时间过长时，都感受到手机不同程度的发热、发烫现象。所以通过讲解芯片制造问题，说明研究平面温度应力是研究各种散热问题的力学基础，极其重要，从而激发学生的爱国热情和学习兴趣。实际上，在过去几届学生中，的确发现有部分学生学完平面温度应力这一章后对散热问题非常感兴趣。

（4）在讲解平面问题复变函数研究方法时，在学完课程要求的基本内容后，就会告诉学生课本上只涉及直裂纹的求解，但是工程中不仅有直线裂纹，更多的则是曲线裂纹，引导学生思考研究曲线裂纹的必要性和研究方法。然后以专题讲座的形式，引用主讲老师和学生得到的曲线裂纹的保教变换公式，专门详细地讲解怎样得到曲线裂纹周围的应力分布及其在实际工程中的应用，以及怎样以弹性力学知识为基础，怎样拓展知识面，并开展创新性学术研究，进一步激发学生的学习兴趣和刻苦钻研的精神。

（5）给学生讲解怎样建立更复杂问题所涉及的偏微分控制方程，从而促进学生通过项目和案例的研习，达到拓展学习的深度和广度的目的。例如，该课程主要建立二维平面问题和三维空间问题的弹性力学基本方程及其解析求解方法，其中二维平面问题涉及 8 个偏微分控制方程，而三维空间问题涉及 15 个偏微分控制方程。在授课中又特意拓展到了考虑力电磁耦合效应的影响，以跨学科力电磁耦合空间复杂问题相关的研究为案例，给学生讲解怎样建立力电磁耦合空间复杂问题所涉及的 29 个偏微分控制方程，从而促进学生通过项目和案例的研习拓展学习的深度和广度。

（6）在讲二维平面问题复变函数求解方法之前，先详细讲解将二维平面问题转换到二维平面问题复数空间 Z（$=x+\mathrm{i}y$）进行求解的研究背景和必要性。因为在实数空间（x,y）平面中始终存在一个瓶颈问题，即无法得到双调和方程 $\nabla^2\nabla^2\varphi=0$ 的一般解析表达式，进而影响到无法得到应力分布的精确解析解。可是，转换到空间复数空间 Z（$=x+\mathrm{i}y$）进行求解后，就可以有效地解决此瓶颈问题，得到双调和方程 $\nabla^2\nabla^2\varphi=0$ 的用两个解析函数表示的一般解，从而解决了包括含有多个孔口和裂纹的平面问题的最完美的解答。目的是教会学生如何利用学习过的复变函数知识，提高学生理论联系实际、提出问题、分析问题和解决问题的能力。

（7）以小组讨论的形式，让学生讨论怎样求解多个偏微分方程组。例如，在讲解平面问题的应力求解方法和位移求解方法之前，会将图 1 所示的定解问题在 PPT 中列出给学生。

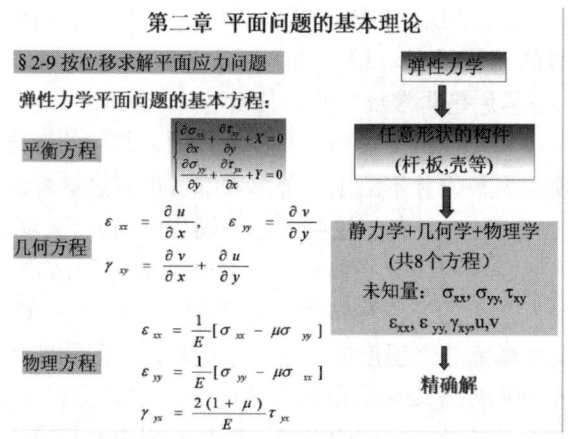

图 1　弹性力学二维定解问题的相关公式

将学生 3~4 个人分成一组，让学生分组讨论怎样求解 8 个偏微分方程组。在课堂上学生非常踊跃，讨论氛围非常好。然后每个组选出一位发言人，讲解组内找到的求解思路及求解方法。最后教师再总结学生的方法。教师还专门给学生绘制了图 2 所示的关于平面问题的位移求解方法和应力求解方法研究路线结构图,从而加深学生对此重要问题的认识和理解,充分发挥学生在课堂上的能动性。这样授课后发现确实取得了非常满意的学习效果。

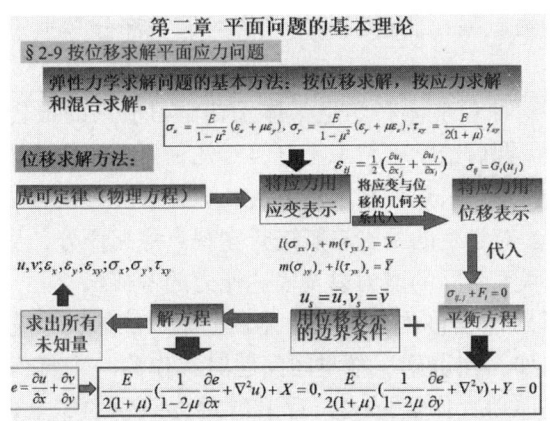

图 2　弹性力学平面问题的位移求解方法路线结构图

总之,本课程坚持正确的政治方向和价值观引领,将思想政治教育和知识体系教育有机统一,落实立德树人根本任务。课程以培育学生的主体意识、完善学生的认知结构、提高学生自我规划和自主选择能力为宗旨,着眼于培养、激发和发展学生的兴趣爱好,开发学生的潜能,促进学生个性的发展和学校办学特色的形成,使得本课程的人才培养目标和学校办学定位相符合,从而对毕业要求中相应的能力指标起到重要支撑作用。

四、课程考核办法及教学效果

(1) 设计能够对课程整体和学生个体预期学习成果的灵活应用所学知识能力的评价方法和标准,还专门设计了能够反映学生灵活应用所学知识能力的研究型考试。例如,弹性力学平面问题中讲了多种平面问题的解法,如直角坐标法、极坐标法和复变函数方法,在考试时,其中一个题是让学生回答什么是直角坐标法、极坐标法和复变函数方法,回答正确的学生得到基本分数;另一个题是让学生举例回答这三种方法的优缺点,以及在什么情况下优先选择直角坐标法、极坐标法或复变函数方法,这道题就是一种考查学生灵活应用所学知识能力的研究型考试,回答正确的学生说明他们对本章的内容掌握得比较好。统计学生答题情况后发现,平时掌握比较好的学生对问题理解较深,证明考核结果取得了预期效果。

(2) 设计能够对课程整体和学生个体预期学习成果的拓展分析能力的评价方法和标准。例如,在弹性力学二维平面问题授课时讲了平面问题刚体位移的 3

个偏微分方程的解析求解方法。在讲三维空间问题刚体位移时,涉及 6 个偏微分方程的解析求解。能够利用平面问题刚体位移的 3 个偏微分方程的解析求解方法,结合求解偏微分方程的知识得到 6 个偏微分方程的精确解析解的一部分学生,其拓展分析能力就强,而得不到精确解的另一部分学生,其拓展分析能力尚有待提高。

(3) 设计能够对课程整体和学生个体预期学习成果的报告答辩能力的评价方法和标准。例如,课后给学生留思考题:对几种典型的位移边界、应力边界和混合边界平面问题,阐述采用位移求解方法和应力求解方法的优缺点,并找出在工程中的应用实例。对学生的报告答辩进行客观点评和评分,从而达到对学生综合应用知识、理论联系实际的能力以及表达能力的考核。

(4) 设计能够对课程整体和学生个体预期学习成果的小论文撰写能力的评价方法和标准。例如,在讲到三维空间问题时,作为一个特例,要求学生以小论文撰写形式,或课后大作业形式,写出球对称问题的 5 个偏微分控制方程,并对在内、外表面上受到均布压力边界条件下空心球的应力分布情况进行分析,最终得到精确解析解,从而加深对三维空间问题求解方法的认识与理解。

(5) 通过让学生及时反馈学习课程后的感受、意见和建议,对课程整体和学生个体预期学习成果达成情况进行评价。此方法在过去五届学生中已经试用,每一位学生都能够积极反馈意见,讲出他们在学习过程中的切身感受,也提出了建议和改进意见,从而不断提升本课程的教学质量和教学效果。

五、课程特色和创新之处

(1) 给学生绘制图 3 所示的由主要课程组成的工程力学专业知识体系结构图,重点说明并强调弹性力学在本科学习的所有课程中所起的承上启下重要作用,从而让学生在开始学习弹性力学 A 这门课时,就能够充分明确弹性力学在整个学科知识体系中的位置、作用及重要性。

(2) 在讲解平面问题的复变函数研究方法时,在学完课程要求的基本内容后,就会告诉学生课本上只涉及直裂纹的求解,但是工程中不仅有直线裂纹,更多的则是曲线裂纹,引导学生思考研究曲线裂纹的必要性和研究方法。然后以专题讲座的形式,引用主讲老师最新的科研成果得到的曲线裂纹的保教变换公式,专门详细地讲解怎样得到曲线裂纹周围的应力分布、应力集中及其在实际工程中的应用。然后告诉学生,和主讲老师一起参与研究此问题的研究生董建已经发表论文,并获得了北京理工大学和北京市力学学会优秀论文,进一步激发学生的学习兴趣和钻研精神。图 4 所示是董建同学所做的关于平面曲裂纹问题理论研究及其解析解的部分 PPT。

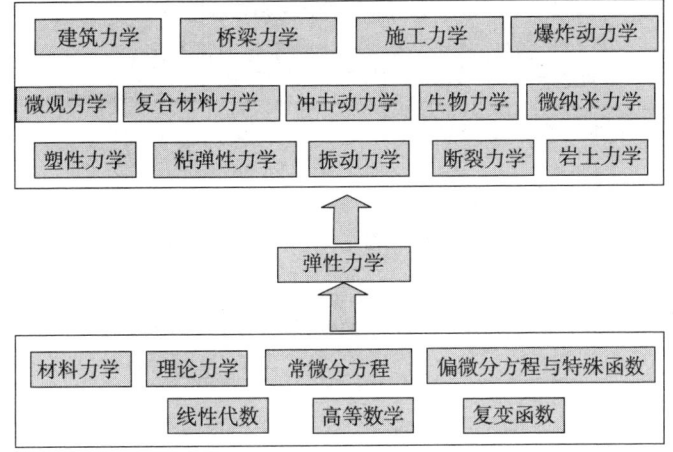

图 3　弹性力学在工程力学专业本科生知识体系中承上启下的重要作用

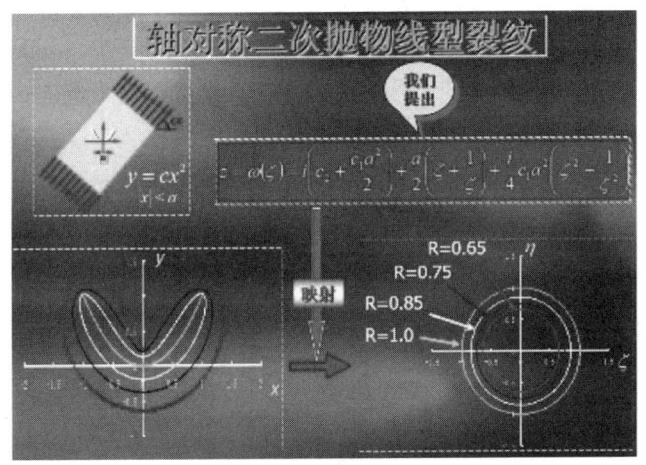

图 4　平面曲裂纹问题的理论研究

（3）由于弹性力学的最大特点就是数学公式非常多，为了增强学生对公式之间关系的理解，在授课时会特别标注公式之间关系，并且在每一章结束时也会给出公式之间关系的结构图，以增加学生对解析研究方法的理解。具体如图 5 中的 PPT 所示。

（4）为了提高学生的专业英文水平和理解力，对弹性力学 A 课程所有内容进行中文讲授后，会用英文总结一遍；如果内容比较简单，则用英文讲授后，再用中文总结一遍。英文 PPT 如图 6 所示。

（5）在弹性力学 A 线上网络开放课程中，专门增加了 4 个专题，以专题讲座形式，具体讲解怎样将最新的前沿科研成果和行业技术引入课程，实现理论学

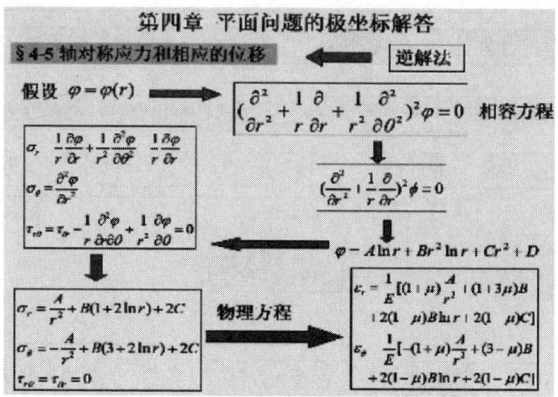

图 5　弹性力学公式之间关系结构图

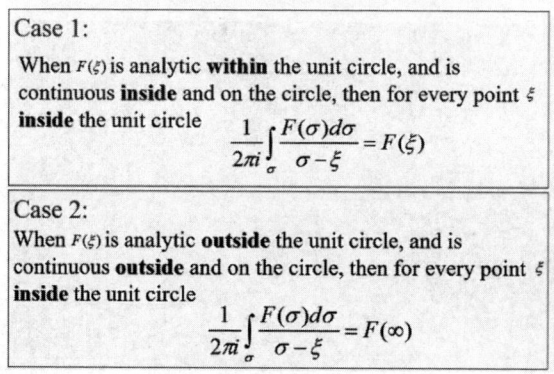

图 6　弹性力学英文版 PPT

习与前沿研究和工程实践的深度紧密结合，及时向学生介绍本专业的最新相关研究成果。在其中的一个专题中，特别邀请了博士生闫林统同学，专门介绍在主讲老师指导下，在关于三维弹性力学空间轴对称问题的课本知识的基础上，拓展性地开展了题为"点载荷作用下两壳层实心球和球状各向同性空心球的精确解析解"的三维空间非轴对称问题的学术研究，通过此专题讲座，希望能够进一步激发学生开展科学研究的积极性和能动性。

（6）请主讲老师魏雪霞教授在香港理工大学攻读博士学位期间的导师周锦添教授给学生英文授课。周锦添教授曾获得香港理工大学最高教学成就奖，并已经发表 300 余篇高水平论文。周锦添教授给本专业学生用英文授课，并且多次与学生交流，受到学生的好评。图 7 所示是他授课时的部分 PPT。

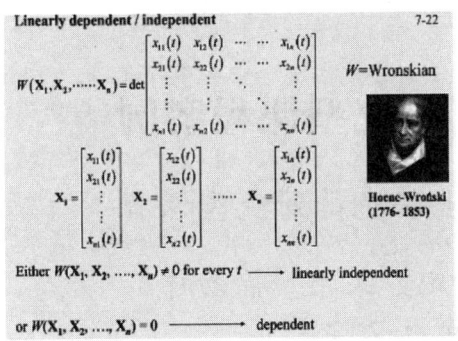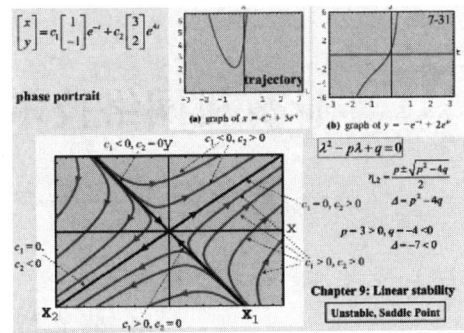

图 7　周锦添教授所做的英文版 PPT

六、课程教材

1. 教科书

[1] 徐芝纶. 弹性力学 [M]. 北京：高等教育出版社，2006.
[2] TIMOSHENKO S, GOODIER J N. Theory of Elasticity [M]. New York：McGraw-Hill Book Company Press，1970.

2. 推荐参考书

[1] 王敏中，王炜. 武际可弹性力学教程（修订版）[M]. 北京：北京大学出版社，2011.
[2] LANDAU L D, LIFSHITZ E M. Theory of Elasticity [M]. Oxford：Pergamon，1989.

"计算机网络技术"研究型课程案例

——建设具有兵器类专业特色的研究型课程

授课教师：穆成坡　龚鹏　栗苹　徐劲祥

开课单位：机电学院

一、课程概要

本课程为机电学院兵器科学与技术学科下各专业（如探测与制导专业、安全专业等）三年级的本科生开设，同时适用于其他军事工程非计算机各类专业。学生已经学习了数字电路、模拟电路、计算机组成原理、信号与系统等基础课，在此基础上我们引入计算机网络技术的课程学习。

计算机网络技术作为一门新兴的信息科学技术，密切结合计算机技术和通信技术，对工科类各专业学生打好专业技术基础，适应当前以及未来研究和发展具有重要意义。通过本课程的教学，学生系统地掌握计算机网络体系结构、计算机局域网的核心概念和工作原理，掌握网络协议的分析和设计方法，了解各种网络传输设备的原理与功能，并对网络管理、网络安全的基本原理、基本方法和相关技术有所了解，初步具有对计算机网络进行分析、设计、开发、应用、维护和管理的能力。

此外，结合兵器科学与技术学科相关专业的特点，本课程增加计算机局域网技术在各类武器平台网络通信中的应用、武器系统数据链的体系结构和协议理论以及特色军事通信网络等知识内容。

二、课程教学目标及预期学习成果

1. 课程教学目标

（1）使学生系统地掌握计算机网络体系结构、核心概念和工作原理，掌握计算机局域网、广域网以及互联网的原理和相关知识，了解这些网络的网络协议分析与设计方法，并对计算机网络管理、网络安全的基本原理、基本方法和相关技术有所了解。

（2）使学生了解计算机局域网技术在各类武器平台通信中的应用情况，掌握武器系统数据链模型和标准体系，了解典型数据链及其在武器平台上的应用，知悉军事通信网络的组成和特点，了解应急通信、战术互联网以及各兵种通信网络等军事特色通信网络知识。

（3）使学生能够理论结合实践，初步具备应用所学计算机网络知识进行相关应用系统的设计和研究能力，能够自主进行计算机局域网络各类实验，具备计算机网络的管理、故障分析和维护能力。

2. 预期学习成果

到本课程结束时，学生将能够：

（1）知悉和理解计算机网络的相关概念、功能、组成和分类；掌握数据通信的概念、介质、编码、复用技术、交换技术以及差错控制技术的基本知识；读懂并正确理解教师指定英文教材的章节。

（2）知悉和理解计算机网络的体系结构、计算机局域网技术、常用网络设备知识；能够根据所掌握的介质访问方法、交换技术以及不同层次的网络设备等知识，对网络中的各种问题（尤其是在武器系统中的应用问题）进行分析，提出解决方案，并可以自己设计和组建适合业务需求的网络；读懂并能正确理解教师指定英文教材的章节。

（3）知悉并理解军事通信网络的特点和组成，了解军事应急通信、区域机动网、战术互联网、军事卫星通信系统、军事通信网的网络管理等知识；知悉和理解军用数据链基本概念、参考模型、典型数据链标准体系及其应用情况；读懂并能正确理解教师指定英文资料。

（4）知悉和理解互联网的基本知识和概念，掌握 TCP/IP 协议族各层的协议及其原理和工作过程，熟悉互联网各类应用服务器工作原理和体系结构，能够设计和建立满足特定需求的互联网服务器；读懂并能正确理解教师指定英文教材的章节。

（5）知悉和理解网络管理、网络安全的基本知识，了解各类网络安全设备的工作原理和部署方法，具备对网络管理和安全问题的分析能力，并能够提出解决方案；读懂并能正确理解教师指定英文资料。

（6）具备独立进行各类计算机局域网络实验的能力，初步具备基于计算机网络的应用系统设计和研究的能力，并且能够以符合学术规范的形式将所做研究工作撰写成报告。

三、课程内容及教学策略

（一）课程内容及学时安排

课程内容分为理论教学部分和实验部分。

1. 理论教学部分（32 学时）

课程的理论部分分为五个单元：

第一单元是引论和数据通信基础知识。这部分主要讲授计算机网络的相关概念、功能、组成、分类与发展历程，介绍数据通信所涉及的基本概念、传输介质、编码方式、复用与交换技术以及差错控制等内容。

第二单元包括计算机网络体系结构、计算机局域网技术、常用网络设备等内容。网络体系结构部分讲授开放系统互连参考模型、OSI 各层功能以及 TCP/IP 体系结构；在计算机局域技术一章中介绍介质访问控制方法、以太网技术、高速局域网技术、无线局域网以及结构化综合布线等内容；常用网络设备部分主要包括对网卡、中继器与集线器、交换机、路由器和网关等网络设备的介绍。

第三单元内容包括网络互联与因特网基础以及因特网的应用。在网络互联与因特网基础的授课中，讲述的内容有因特网接入技术、因特网的链路层与网络层、因特网的传输层协议；因特网应用的内容包括域名服务、远程登录、电子邮件系统、文件传输服务和万维网等。

第四单元内容包括武器系统数据链、军事通信网络。其中，在数据链一章中讲授数据链基本概念、参考模型、标准体系以及典型数据链和应用的内容；在军事通信网络中，讲授广域军事通信网络和特色军事通信网络（军事应急通信、战术互联网、海军通信网络和空军通信网络）等内容。

第五单元的内容包括网络管理和网络安全。网络管理讲授网管功能、管理模型结构和网管协议；网络安全讲授各类网络安全防范措施、网络安全设备的原理、网络安全设备的设置与部署。

2. 实验教学部分（16 学时）

实验部分分为指定实验和自主设计实验两部分。其中指定实验是教师根据课程内容提前已经设计好的实验，学生按照设定的实验目的、内容和实验步骤来进行实验。自主设计实验是学生自己选定题目，自己进行实验设计（包括实验目的、内容、步骤和实验结果分析），自主设计实验大部分内容是在课下完成，学生最后在课堂上展示实验过程。具体情况如下：

(1) 指定实验（8 学时）

a. 局域网组建实验（3 学时）

b. 无线组网实验（2 学时）

c. 入侵检测实验（3 学时）

(2) 自主实验部分（8 学时）

a. 网络拓扑设计（2 学时）

a. 自主设计实验选题讨论（2 学时）

b. 学生自主设计实验课堂展示（4 学时）

（自主实验主要内容由学生课外完成）

（二）教学策略

1. 对应支撑关系

如图 1 所示，我们将计算机网络技术课程的知识体系分为三层，即基础层、核心层和应用层。对应支撑关系为：基础层支持核心层，核心层支持应用层。其中，基础层知识包括数据通信基础和计算机网络基本概念等内容；核心层包括两大模块，模块 A 包括计算机网络体系结构、局域网技术、网络设备、互联网技术基础模块等内容；模块 B 包括数据链和特色军事通信网络，这两个模块之间为相互支撑关系。网络通信协议、网络管理与网络安全贯穿于从核心层到应用层几乎所有模块之中。

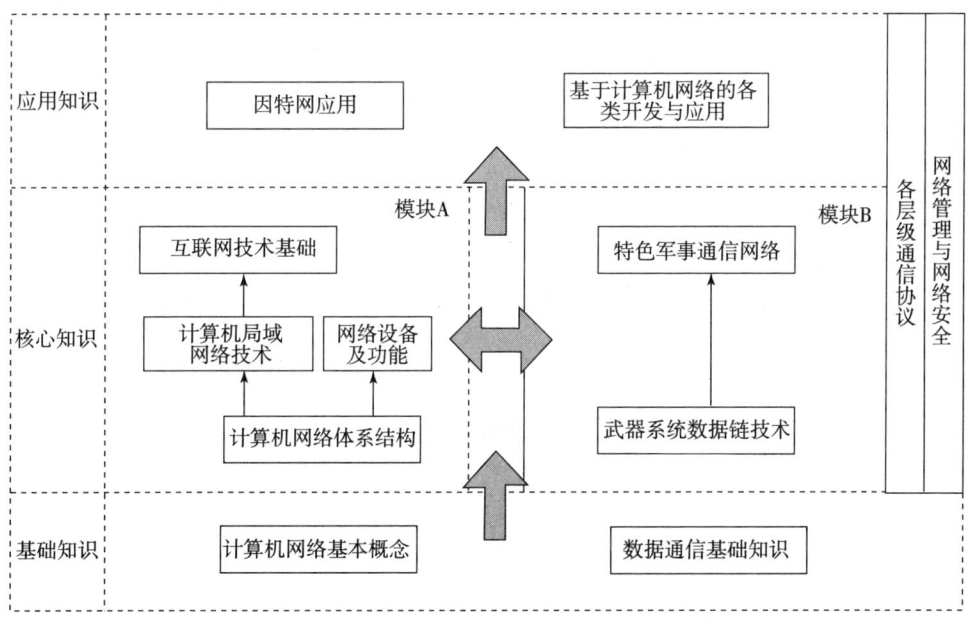

图 1　计算机网络技术课程各个部分内容之间的支撑关系

2. 教学策略

（1）针对预期学习成果（1），采取讲授、提问、课堂讨论、应用图片展示、辅助网络课程资源补充相关拓展知识和完成一次作业评判及单元测验的教学方法与策略。

（2）针对预期学习成果（2），采取讲授、提问、课堂讨论、应用图片展示，辅助网络课程资源补充相关拓展知识，进行机理动画展示，开展无线网组网配置实验的教学方法与策略。以课堂讨论方式，与学生一起研究、探讨以太网是否可以应用到武器系统平台上；完成计算机网络体系结构、局域网、网络互连设备三次作业评判及单元测验，其中的一次测验以英文方式进行，以测验学生对指定英文资料的阅读与理解程度。

（3）针对预期学习成果（3），采取讲授、提问、课堂讨论、应用图片展示，进行视频演示和完成军事通信网络、军用数据链两次作业评判及单元测验的教学方法与策略，并与学生一起研讨通信网络在武器平台上的作用。

（4）针对预期学习成果（4），采取讲授、提问、课堂讨论、应用图片展示，辅助网络课程资源补充相关拓展知识，进行互联网应用案例分析展示的教学方法与策略。进行局域网的设计和组网，开展互联网应用服务器安装配置实验；完成两次作业评判及单元的测试，其中的一次测验以英文方式进行，以测验学生对指定英文资料的阅读与理解程度。

（5）针对预期学习成果（5），采取讲授、提问、课堂讨论、应用图片展示、典型安全问题分析展示，开展网络入侵检测实验，学生自主设计网络实验和完成一次作业评判及单元测验的教学方法与策略，并与学生一起研讨网络安全在政治、经济和军事等方面的重要作用。

（6）针对预期学习成果（6），采取学生分组形式进行指定实验内容和自主实验内容的实施。在指定实验部分实施过程中，教师采取讲授、提问、课堂展示来讲授实验，学生按照指定的实验报告进行实验；自主实验部分采取学生以组为单位自主选题、自主完成实验内容、进行课堂展示并撰写实验报告的方法。

（7）针对所有预期学习成果，加大双语教学的力度，每一部分都会在介绍相关的概念、原理和体系结构中，介绍相对应的英文术语，并指定课外阅读的英文教材和资料。

四、课程考核办法及教学效果

1. 教学效果评价

课程教学目标与教学效果评价如表1所示。

表1 课程教学目标与教学效果评价对应表

课程教学目标	教学效果评价			
	不及格	及格，中	良	优
1. 知悉和理解计算机网络的相关概念、功能、组成和分类。掌握数据通信的概念、介质、编码、复用技术、交换技术以及差错控制技术的基本知识；能够阅读教师指定的英文教材的章节，且内容理解准确。	1. 完全不知道；2. 对计算机网络和数据通信的基本知识只有碎片化的理解；3. 无法读懂教师指定的英文教材的章节。	1. 理解并知悉计算机网络和数据通信的基本知识，但不够系统、不完整；2. 基本上读懂教师指定的英文教材的章节，部分内容理解不准确。	1. 理解和知悉计算机网络和数据通信的基本知识，比较系统，但存在断点；2. 能够读懂教师指定的英文教材的章节，但个别地方理解不准确。	1. 对计算机网络和数据通信的基本知识有着完整、系统的理解；2. 能够读懂教师指定的英文教材的章节，所有知识点理解准确。

续表

课程教学目标	教学效果评价			
	不及格	及格，中	良	优
2. 知悉和理解计算机网络的体系结构、计算机局域网技术、广域网技术以及常用网络设备知识，能够根据所掌握的介质访问方法、交换技术以及不同层次的网络设备等知识，对网络中的各种问题（尤其是在武器系统中的应用问题）进行分析，提出解决方案，并可以自己设计和组建适合业务需求的网络；能够阅读教师指定的英文教材的章节，且内容理解准确。	1. 完全不知道； 2. 对计算机网络体系结构、局域网、广域网和网络设备知识有碎片化理解； 3. 不能对网络问题进行分析，不能设计组建网络； 4. 无法读懂教师指定的英文教材的章节。	1. 对计算机网络的体系结构、计算机局域网技术、广域网技术以及常用网络设备知识能理解，但不完整； 2. 能够对网络问题进行分析，但不透彻；能够进行网络设计与组建，但与业务需求不能很好吻合； 3. 基本上读懂教师指定的英文教材的章节，部分内容理解不准确。	1. 对计算机网络的体系结构、计算机局域网技术、广域网技术以及常用网络设备知识能完整理解，但不系统，存在断点； 2. 能够对网络问题进行比较透彻分析；能够进行网络设计与组建，但与业务需求不能很好吻合； 3. 能够读懂教师指定的英文教材的章节，但个别地方理解不准确。	1. 计算机网络的体系结构、计算机局域网技术、广域网技术以及常用网络设备知识能完整系统地理解； 2. 能够透彻地对网络问题进行分析，可以设计和组建满足业务需求的网络； 3. 能够读懂教师指定的英文教材的章节，所有知识点理解准确。
3. 知悉和理解军事通信网络的特点、组成，了解军事应急通信、区域机动网、战术互联网、军事卫星通信系统、军事通信网的网络管理基本知识；知悉和理解军用数据链基本概念、参考模型、典型数据链情况及其标准体系；能够阅读教师指定的英文教材，且内容理解准确。	1. 完全不知道； 2. 对军事通信网络的特点、组成、军事应急通信、区域机动网、战术互联网、军事卫星通信系统、军事通信网的网络管理基本知识只有碎片化理解； 3. 对军用数据链基本概念、参考模型、典型数据链情况及其标准体系只有碎片化理解； 4. 无法读懂教师指定的英文教材的内容。	1. 知悉军事通信网络的特点、组成、军事应急通信、区域机动网、战术互联网、军事卫星通信系统、军事通信网的网络管理基本知识，但不系统、完整； 2. 知悉和理解军用数据链基本概念、参考模型、典型数据链情况及其标准体系，但不够系统、完整； 3. 基本上读懂教师指定的英文教材，部分内容理解不准确。	1. 知悉军事通信网络的特点、组成、军事应急通信、区域机动网、战术互联网、军事卫星通信系统、军事通信网的网络管理基本知识，比较完整，但存在断点； 2. 知悉和理解军用数据链基本概念、参考模型、典型数据链情况及其标准体系，比较完整，但存在断点； 3. 能够读懂教师指定的英文教材的内容，但个别地方理解不准确。	1. 对军事通信网络的特点、组成，以及军事应急通信、区域机动网、战术互联网、军事卫星通信系统、军事通信网的网络管理基本知识有着完整、系统的理解； 2. 对军用数据链基本概念、参考模型、典型数据链情况及其标准体系有着完整、系统的理解； 3. 能够读懂教师指定的英文教材，所有知识点理解准确。

续表

课程教学目标	教学效果评价			
	不及格	及格，中	良	优
4. 知悉和理解互联网的基本知识和概念，掌握TCP/IP各层的协议及其原理和工作过程，熟悉互联网各类应用服务器工作原理和体系结构，能够设计和建立满足特定需求的互联网服务器；能够阅读教师指定英文教材的章节，且内容理解准确。	1. 具有零碎的互联网基本知识，不掌握TCP/IP各层的协议； 2. 具有零碎的互联网应用知识，完全没能力设计和建立互联网的各类应用服务器； 3. 无法读懂教师指定的英文教材的章节。	1. 知悉和理解互联网的基本知识、概念以及TCP/IP各层的协议，但不系统、完整； 2. 整体上了解各类互联网应用，但不能够设计和建立满足用户需求的互联网应用服务器； 3. 基本上读懂教师指定的英文资料，部分内容理解不准确。	1. 知悉和理解互联网的基本知识、概念以及TCP/IP各层的协议，比较系统，但存在断点； 2. 了解各类互联网应用，能够设计和建立互联网应用服务器，但不能完全满足特定应用需求； 3. 能够读懂教师指定的英文教材的章节，但个别地方理解不准确。	1. 对互联网的基本知识、概念以及TCP/IP各层的协议的理解系统、完整； 2. 完全掌握各类互联网应用服务器的体系结构，能够设计和建立满足用户需求的互联网应用服务器； 3. 能够读懂教师指定的英文教材，所有知识点理解准确。
5. 知悉和理解网络管理、网络安全的基本知识，了解各类网络安全设备的工作原理和部署方法，具备对网络管理和安全问题的分析能力，并能够提出解决方案；能够阅读教师指定的英文教材，且内容理解准确。	1. 具有零碎的网络管理、网络安全的基本知识，基本不了解各类网络安全设备的工作原理和部署方法； 2. 不具备对网络管理和安全问题的分析能力，无法提出初步的解决方案； 3. 无法读懂教师指定的英文教材的内容。	1. 知悉和理解网络管理、网络安全的基本知识，但不系统、完整，基本了解各类网络安全设备的工作原理和部署方法； 2. 初步具备网络管理和安全问题的分析能力，无法提出解决方案； 3. 基本上读懂教师指定的英文教材，部分内容理解不准确。	1. 对网络管理、网络安全的基本知识有着较系统和完整的理解，但存在断点；了解各类网络安全设备的工作原理和部署方法，但存在断点； 2. 具备对网络管理和安全问题的分析能力，可以提出解决方案，但不够理想； 3. 能够读懂教师指定的英文教材的内容，但个别地方理解不准确。	1. 对网络管理、网络安全的基本知识有着系统和完整的理解，了解网络安全设备的工作原理和部署方法； 2. 具备网络管理和安全问题的分析能力，可以提出理想的解决方案； 3. 能够读懂教师指定的英文教材，所有知识点理解准确。

续表

课程教学目标	教学效果评价			
	不及格	及格，中	良	优
6.能够独立完成指定实验内容，可以进行网络拓扑设计，具备自主计算机网络实验选题、设计、实施和实验报告撰写的能力。	1. 不能完成指定的实验内容； 2. 不能独立进行网络拓扑设计； 3. 不能进行实验选题、实验设计和实施，不能撰写实验报告。	1. 基本上能够完成指定的实验内容，部分实验效果不理想； 2. 可以设计简单的网络拓扑，设计细节有一些差错； 3. 在老师和同学的帮助下，基本上可以进行自主网络实验的选题、设计和实施，实验简单，不具备工程意义，实验报告撰写规范性一般。	1. 能够完成指定的实验内容，少部分实验效果不理想； 2. 可以进行较复杂的网络拓扑设计，设计细节有差错； 3. 可以独立进行自主网络实验的选题、设计和实施，实验具有一定难度，具备一定的工程意义，实验报告撰写基本规范。	1. 能够顺利完成指定的实验内容，所有实验效果理想； 2. 可以进行复杂的网络拓扑设计，设计细节无差错； 3. 可以独立进行自主网络实验的选题、设计和实施，实验难度较大并具有很好的工程意义，实验报告撰写规范。

2. 课程考核办法

（1）考核方式：采用平时成绩、实验成绩和期末闭卷考试的综合考核方式。

（2）成绩评定：考试占50%，实验内容占40%，平时成绩占10%，按百分制给出最终成绩。其中，考试内容包括理论教学的一~五单元，考试分值对应教学效果评价表的1~5项的标准进行判定；实验成绩按照评价表中的第6项进行评定；平时成绩综合平时作业、小测验及日常考勤等情况进行评定。

五、课程特色和创新之处

教育部实施的"卓越工程师教育培养计划"（简称"卓越计划"）是贯彻落实《国家中长期教育改革和发展规划纲要（2010—2020年）》和《国家中长期人才发展规划纲要（2010—2020年）》的重大改革项目，也是促进我国由工程教育大国迈向工程教育强国的重大举措，旨在培养造就一大批创新能力强、适应经济社会发展需要的高质量各类型工程技术人才。其中的重要思想就是改革工程教育人才培养模式，提升学生的工程实践能力、创新能力和国际竞争力，构建布局合理、结构优化、类型多样、主动适应经济社会发展需要的、具有中国特色的社会主义现代高等工程教育体系，加快我国向工程教育强国迈进。

本着这一思想，结合兵器科学与技术学科相关专业的特点，我们提出了具有兵器类专业特色的计算机网络技术研究型课程建设这个项目，就是要在本科生的专业基础教育阶段，努力培养学生的工程实践能力、创新能力和国际竞争力。

1. 专业基础课教学需要与专业特点相结合，以满足提升学生专业研究能力的需要

计算机网络技术作为计算机和通信技术的交叉学科，是军队指挥自动化系统（C4ISR）的重要组成部分，是武器系统各部分进行交联的重要方法，也是学生在未来工作中进行武器研发的重要知识环节。为了满足兵器学科学生的培养目标，提升学生在专业领域的研究能力，我们在以下两个方面进行了探索：

（1）在课堂上对选定的章节进行研讨式教学［见教学策略（2）和（4）］，以课堂讨论的方式，引导学生将相关技术应用到武器系统研发中去，激发学生的创新能力。例如：在第一单元的授课中，我们会与学生一起探讨计算机网络在网络中心战中的地位和作用；在第二单元的授课中，我们会与学生探讨以太网是否可以直接应用到武器系统平台、应用中可能存在哪些问题以及如何进行改进等内容；在第五单元中，我们会与学生一起探讨实际的网络安全事件，引导学生思考如何通过网络安全手段和设备，进行网络安全防御。对于研讨式教学的学习成果将以"具备对相应问题分析的能力，并提出解决方案"的形式体现出来。通过在对应内容的评价体系中，进行合理的课堂测验和课后作业设置，来评判学习效果。

（2）深化了计算机网络技术在军事和武器系统上应用的内容。在课程中增加了军事通信网络（战术互联网、特色军事通信网络）和军用数据链的内容，而这些内容有别于其他院校的计算机网络课程。通过这些内容的设置，弥补计算机网络这一通用技术与武器系统应用之间的知识断层。其学习效果体现在"预期学习效果"的第（3）项，并通过评价表中第3项的标准进行评价。

2. 深化实验课内容，增加实验课时，以满足提升学生的工程实践能力、创新能力的需要

实验课程可以有效提高学生的工程实践能力，将理论、技术与科研方法融入本科实验教学内容，可以充分体现科研支持实验教学、服务人才培养的作用。把实践教学作为创新精神与能力培养的重要环节，强化了本科生探索性实践教育。学生通过参与这些实验环节，对课题的研究方法、研究现状及研究内容深入了解，为科研能力提高或进一步深造打下坚实基础。为此，本课程设置了"预期学习成果"第（6）项作为课程建设成果之一。

在课程中，我们设置了两大类实验：一类是教师已经设计好的指定实验，另一类是学生的自主设计实验。在第一类实验中，实验设计是完全面向应用的，其中部分实验内容的设定参考了思科和华为等国际网络设备供应商的工程师认证内容，所进行的实验内容完全可以在实际中应用。例如，在局域网组建实验中，实验内容不仅包括了网线制作、综合布线等实际动手硬件操作，还包括了各类服务

器系统安装、配置等软件操作，使所学内容可以学以致用。在自主设计的计算机网络实验中，学生自我结组，自己确定进行实验的题目和内容，然后以分组的形式完成实验，实验过程贯穿整个课程的课外时间。最后，各个小组进行课堂实验展示，并提交实验报告。教师在整个过程只是进行方法性指导，并对实验效果进行评价。

通过几年自主实验教学摸索，我们发现学生的很多实验都很具新颖性和创新点。自主实验过程不但充分发挥学生的主观能动性，提高了工程实践能力，还激发了学生的独立思考能力和创新激情，培养了团队合作精神。对于实验部分的学习效果评价参考评价表中第 6 项中的标准进行。

3. 将现代工程电子化技能培养融入教学过程中

为国防工业培养优秀的工程师是学校办学的重要目标之一。在信息社会，一个优秀工程师必须能够熟练使用各类计算机软件工具进行产品和工程设计，也就是必须具备各类工程的电子化的能力，才能满足现代国防工业对人才的需求。我们在课程中引入了 SmartDraw 和 MS Visio 等绘图软件，指导学生如何使用这些软件进行计算机网络拓扑结构设计，不但使学生获得了计算机网络的有关知识，还培养了学生的工程绘图能力和工程设计能力。对于此部分的学习效果评价亦可参考评价表中第 6 项中的标准进行。

4. 加大双语教学力度，以满足提升学生国际竞争力和科研能力的需求

现代信息技术起源于以美国为代表的西方国家，我国在计算机网络技术方面仍然需要向这些国家学习。因此，开展研究型双语课程，特别是在武器学科专业，让学生尽早掌握外语专业词汇以及原计原味的国际前沿科学知识，就非常有利于学生在以后工作中掌握专业发展方向，吸收和借鉴国际上先进的专业理论和研究方法，提升学生的国际竞争力。

为了增强双语教学的力度，采取的具体措施包括：

（1）引进了两本原版的英文教材（Andrew S. Tanenbaum 编写的《Computer Networks》和 James F. Kurose 编写的《Computer Networking A Top－Down Approach》）作为参考书。这两部教材也被美国的一些大学在本科计算机网络课程教学中采用。在讲授不同单元内容时，从英文教材中选取对应的英文章节供学生进行课外阅读。

（2）在部分单元内容学习中，推荐给学生一些在此技术领域的英文文章。这样不但可以提高学生的科技英语阅读能力，还可以使他们了解计算机网络技术领域的前沿发展方向。

（3）在课堂教学中，所有重要概念均给出对应的英文术语，部分课堂作业和测试以全英文方式进行。

本课程为每一个教学单元设置了相应的双语教学预期成果，利用对应的教学策略和方法实施，并在评价表项目上列出相应的评价标准。

此外，我们还将思政教育贯穿在计算机网络的课程学习之中，引导学生将自己的青春活力、理想抱负与民族复兴、国家富强的伟大事业相结合，激发学生追求以科学技术的进步获得更高层次意志自由的愿景，培养学生技术报国的爱国主义精神。

六、课程教材

1. 教科书

冯博琴，陈文革，吕军，程向前，李波．计算机网络［M］．2 版．北京：高等教育出版社，2008.

2. 参考书

［1］穆成坡，龚鹏．军事通信网络技术［M］．北京：北京理工大学出版社，2016.（北京理工大学"十三五"规划教材）

［2］JAMES F K, KEITH W R. Computer Networking A Top – Down Approach［M］. 4 版（影印版）．北京：高等教育出版社，2009.

［3］ANDREW S T. 计算机网络［M］．3 版．熊贵喜，等译．北京：清华大学出版社，1998.

［4］ANDREW S T. Computer Networks［M］．3 版（影印版）．北京：清华大学出版社，1997.

［5］张尧学，王晓春，赵艳标．计算机网络与 Internet 教程［M］．北京：清华大学出版社，1999.

［6］DOUGLAS E C. 计算机网络与因特网［M］．6 版．范冰冰，等译．北京：电子工业出版社，2015.

［7］RAYMOND G, ELLEN H. 因特网和万维网的基本原理与技术［M］．郭振波，译．北京：清华大学出版社，2001.

［8］中国军事通信百科全书编审委员会．中国军事通信百科全书［M］．北京：中国大百科全书出版社，2009.

［9］GEORGE F E. 战术无线通信与网络：设计概念与挑战［M］．曾浩洋，田永春，等译．北京：国防工业出版社，2014.

［10］范冰冰，邓革．军事通信网［M］．北京：国防工业出版社，2000.

［11］张冬辰，周吉．军事通信——信息化战争的神经系统［M］．2 版．北京：国防工业出版社，2008.

［12］童志鹏，刘兴．综合电子信息系统［M］．2 版．北京：国防工业出版社，2008.

基于产出导向的"含能材料有机化学基础"研究型课程教学

授课教师：张建国　张同来　李志敏　开课单位：机电学院

■ 一、课程概要

含能材料有机化学基础是兵器类专业大学三年级的一门必修的化学基础课程，更是与含能材料密切相关的一门基础课程。本课程主要内容为有机化合物的组成、结构、性质、反应、合成以及应用等。本课程的教学目的是使学生比较系统地掌握有机化学的基本理论、基本知识、基本实验技能，为后续进一步学好含能材料专业课程打下坚实基础。

含能材料有机化学基础课程以有机化学的基本知识、基本理论和基本反应为主导，结合含能有机化学新进展和含能化学性质新应用，较好地融合了结构与性质的关系，体现出"结构决定性质，性质体现结构"的基本观念，从官能团间的关系与转化来统摄有机化合物的性质及其反应，使有机化合物的性质紧扣有机化学的相关理论，构成了该课程的逻辑结构。

本课程已完成在线课程建设，并在中国大学MOOC网、融优学堂上线。为提高教学质量，课程授课过程中采用线上、线下混合式教学模式，结合专题式教学法、项目教学法，完成本研究型课程的教学任务。

■ 二、课程教学目标及预期学习成果

1. 课程教学目标

在教学过程中将含能材料的最新进展、含能化合物相关知识点等内容，贯穿于相应的含能材料有机化学基础课程相关章节教学过程中，进一步激发学生对本课程的学习兴趣，增加学生对含能材料的专业认知。课程安排上，增加兵器类专业所必需的含能材料结构表征和性能测试内容，以培养学生的实践创新能力。

2. 预期学习成果

（1）知悉和理解有机化学的基本理论、基本知识、有机化合物基本理化性质和基本实验技能；

（2）掌握有机化合物命名、结构、重要有机化学反应、合成方法，能够解决有机化学反应和典型有机实验的基本问题；

（3）能够驾驭含能化合物合成、结构解析方法和反应机理分析，具备良好的系统思维能力和科学素养；

（4）通过开展专题讲座，能够分析最新的科研成果，形成良好的科学思维的行为习惯。

三、课程内容及教学策略

1. 课程内容

与预期学习成果对应支撑的本课程主要内容包括：有机化学的基本概念，有机化合物（烃、醇、酚、醚、醛、酮、羧酸及其衍生物、硝基化合物、氨类化合物、杂环化合物等）的命名、结构、物理性质、化学性质，重要有机化学反应，有机化合物结构解析方法，有机化学反应机理分析，有机合成典型实验操作等。

有关课程内容与预期学习成果的对应支撑关系如表1所示。

表1 课程内容与预期学习成果的对应支撑关系

课程内容	与预期学习成果的对应支撑关系
绪论	对应预期学习成果（1）和（2）。
烷烃	对应预期学习成果（1）、（2）和（3）。
单烯烃	对应预期学习成果（1）、（2）和（3）。
二烯烃	对应预期学习成果（1）、（2）和（3）。
炔烃	对应预期学习成果（1）、（2）和（3）。
脂环烃	对应预期学习成果（1）、（2）和（3）。
芳香烃 芳香性（专题讲座）	对应预期学习成果（1）、（2）、（3）和（4）。
立体化学	对应预期学习成果（1）、（2）。
卤代烃	对应预期学习成果（1）、（2）、（3）和（4）。
醇酚醚	对应预期学习成果（1）、（2）、（3）和（4）。
醛和酮	对应预期学习成果（1）、（2）、（3）和（4）。
羧酸及其衍生物	对应预期学习成果（1）、（2）、（3）和（4）。
含氮化合物 硝基化合物（专题讲座）	对应预期学习成果（1）、（2）、（3）和（4）。
杂环化合物	对应预期学习成果（1）、（2）和（4）。

续表

课程内容	与预期学习成果的对应支撑关系
碳水化合物、氨基酸	对应预期学习成果（1）和（2）。
有机波谱分析	对应预期学习成果（1）和（3）。
含能化合物性能测试技术 感度测试技术（专题讲座） 热分析测试技术（专题讲座）	对应预期学习成果（1）、（2）、（3）和（4）。
实验部分：熔点测定、蒸馏及沸点测定、乙酰苯胺的制备、乙酸正丁酯的制备	对应预期学习成果（1）、（2）、（3）和（4）。

2. 教学策略

为实现课程预期学习成果，拟采取用理论教学、实践教学、自主探究、项目研究有机结合，开展专题讲授、问题研讨、项目研究、报告答辩、论文撰写等教学策略，具体如下：

（1）在讲授课程内容之前，让学生熟知整个课程的教学计划，包括教学目标、教学内容、教学方式、教学活动安排和教学评价方式等。提供预习素材，让学生了解相关背景知识，以提高课堂教学的效率。

（2）在讲授过程中，以问题为导引，强化知识主线，适当侧重于重要知识点和拓展知识点的讲解。通过启发，增强学生主动探索学习和研究性学习的能力。另外，教师在网络讨论区里对学生进行课堂答疑解惑，及时辅导学生，提升教学效果。

（3）将项目研究引入课堂中，让学生熟悉在具体完成项目过程中会面临的问题，让学生提出疑问，进行讨论，自主寻求解决方案，充分调动学生的主观能动性，培养学生的实践能力。

（4）将最新的科研成果展示在课堂中，与学生分享科研产出的快乐，让学生体会科研带来的成就感，培养学生的科研兴趣，分析成果中的关键科学问题，培养学生良好的科学思维的行为习惯。

四、课程考核办法及教学效果

1. 课程考核办法

课程考核能够对整体和学生个人预期学习成果达成情况进行评价。如：学生能够独立思考，自主选题。在乙酰苯胺的合成中，找到合成方法，自主解决可能出现的问题，并形成自己的研究报告，完成口头答辩；不同学生间互相提问，形成最终的研究报告；教师根据学生掌握知识点的准确性、解决问题的能力、讨论的活跃度等对学生个体以及小组团队预期学习成果达成情况进行评价。

具体评价标准如表2所示。

表2 学生个体以及小组团队预期学习成果达成情况评价标准

预期学习成果	评价标准			
	不及格	及格，中	良	优
(1)	完全不掌握有机化学的基本理论、基本知识、有机化合物基本理化性质和基本实验技能等基础知识，或者仅有碎片化的理解。	对有机化学的基本理论、基本知识、有机化合物基本理化性质和基本实验技能等能理解，但是知识掌握和能力形成不全面。	对有机化学的基本理论、基本知识、有机化合物基本理化性质和基本实验技能等能完整理解，但不系统，存在断点。	可系统地理解有机化学的基本理论、基本知识、有机化合物基本理化性质和基本实验技能。
(2)	完全没能力解决有机合成、结构解析及典型有机实验的基本问题。	整体上具备解决有机合成、结构解析及典型有机实验的基本问题的能力，但缺乏系统性。	整体上具备运用有机合成、结构解析及典型有机实验的基本问题的能力，但系统性方面存在断点。	具备系统运用有机合成、结构解析及典型有机实验的能力。
(3)	完全没有掌握有机化合物命名、结构、重要有机化学反应、合成方法。	基本掌握有机化合物命名、结构、重要有机化学反应、合成方法。	整体上掌握有机化合物命名、结构、重要有机化学反应、合成方法，部分内容掌握稍有不熟。	熟练掌握有机化合物命名、结构、重要有机化学反应、合成方法。
(4)	完全无能力运用基本有机化学反应进行有机合成设计、结构解析和机理分析。	基本有能力运用基本有机化学反应进行有机合成设计、结构解析和机理分析，但设计方案不够科学合理。	有能力运用基本有机化学反应进行有机合成设计、结构解析和机理分析。	完全有能力熟练运用基本有机化学反应进行有机合成设计、结构解析和机理分析。
(5)	完全无能力分析专题讲座和最新科学成果中的科学问题。	基本有能力分析专题讲座和最新科学成果中的科学问题。	有能力分析专题讲座和最新科学成果中的科学问题。	有能力分析科学问题，并提出问题和展望。

2. 教学效果

通过以上课程考核办法，能够较好地对学生个人及班整体的预期学习效果达成情况进行评价。学生在教师的指导下,能够积极主动参与课堂教学,完成项目研究,在学习过程中,不仅学会了该课程的相关基础知识,同时还锻炼了独立思考能力,培养了团队协作精神。

五、课程特色和创新之处

在本课程的教学过程中,从教学内容、教学方法、教学模式等方面实施教学改革。认真梳理和组织教学内容,将最新科研研究成果转化为课堂教学内容,做到教学内容实时更新;积极探索新型教学模式,努力打造线上、线下混合式教学新方式,切实提升学生的学习兴趣;注重案例实践教学,全面培养学生的动手能力,切实提高学生的实践创新能力。

1. 教学内容实时更新,将最新科研成果贯穿于课堂教学

结合学生反馈的信息,将本专业的科研成果、学科前沿、相关专业知识点等内容,贯穿于相应的含能材料有机化学基础课程教学过程中,进一步提高学生对本课程的学习兴趣,增加学生对本专业的专业认知。在教学内容的选取、教案的组织、MOOC 的录制过程中,做到教学内容的实时更新。

结合最新科研动态和科研成果设计的部分教案页面展示如图 1~图 3 所示。

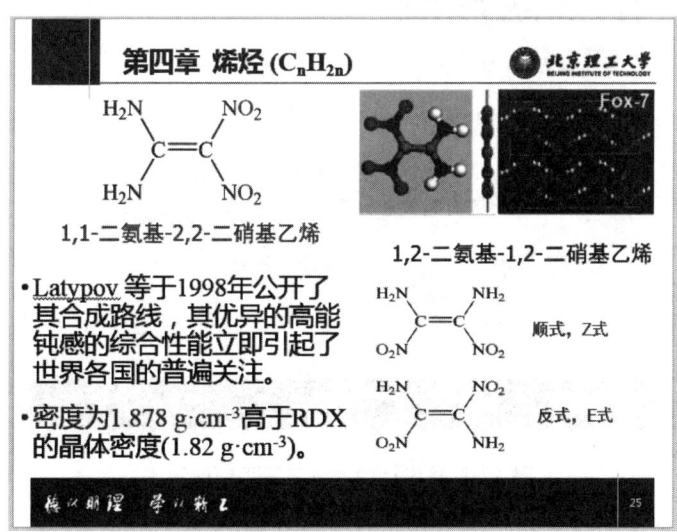

图 1　课程设计的部分教案页面展示 1

结合我校办学国际化的工作思路,在原有中文版讲义的基础上,对章节目录以及部分重点章节采用中英双语教学。将有机化学专业词汇、术语及化合物名称给出中英文注释,讲授有机化学专业词汇和术语;指定部分英语学习资料,方便学生自学和查阅,为学生后续英文专业文献阅读和专业科技论文撰写奠定基础。

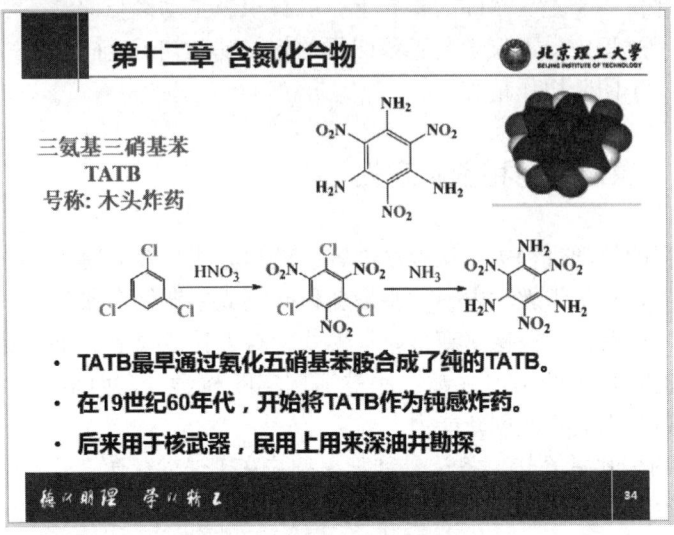

图 2　课程设计的部分教案页面展示 2

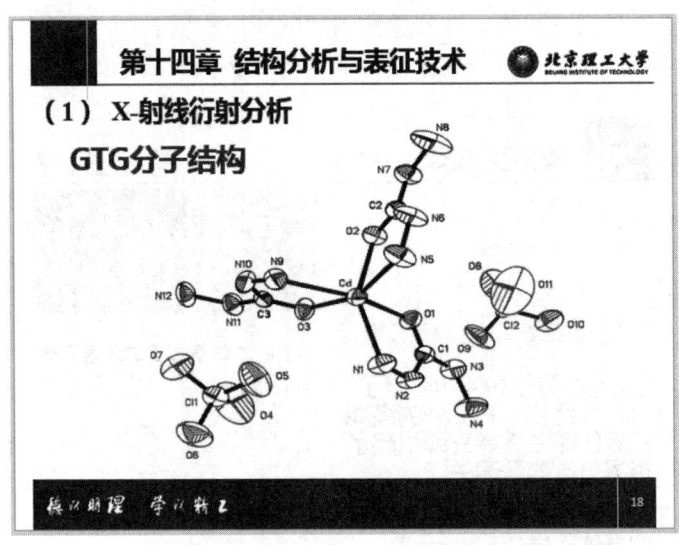

图 3　课程设计的部分教案页面展示 3

2. 教学模式丰富多样，将专题讲座、项目案例研究引用课堂

通过专题讲座、案例教学等教学模式，利用现代仿真技术、网络技术、多媒体技术，通过设计虚拟仿真实验，使学生在模拟环境中能够亲身进行操作等实践，从而了解理论在实际过程中的具体应用，加深理论知识与实践教学的认识和理解。改变传统以"讲授式"为主的填鸭式教学，确实让学生全程参与到课堂教学中，从而提高教学效果。此外，教师在网络讨论区里对学生进行课堂答疑解惑，及时辅导学生，提升教学效果。

努力打造线上、线下混合式教学新方式,在实验设计和动手操作过程中,以"综合试验项目"形式培养学生的协作能力和创新能力。强化"基于综合试验项目的素质培养模式",让学生提出疑问,进行讨论,自主寻求解决方案,充分调动学生的主观能动性,培养学生的主动思考能力。通过"综合试验项目"凝聚学生团队,在教师指导下,学生以团队形式共同完成项目,让学生能亲身体验到团队协作的力量、项目实施带来的成功与失败,从而培养学生具有系统、严谨、协作等专业素养,从而实现学生独立科学思维的培养。

3. 充分利用国家级实验平台,培养学生的实践创新动手能力

本课程的相关教学实验项目充分利用爆炸科学与技术国家重点实验室含能材料研究部的相关科研平台及试验条件,利用有机含能化合物的分子设计、合成制备、结构表征、性能测试等相关实验装置与仪器设备。爆炸科学与技术国家重点实验室含能材料研究部及课程组团队内的相关科研平台和实践教学条件很好地满足了教学要求,有力支撑了本课程的实验教学。学生通过实地考察、参观学习、演示验证实验等手段,了解了本专业所涉及的学科前沿,进一步调动了学生学好本课程的积极性。

学生通过线上学习,掌握了本课程的基本专业知识,通过线下的"综合试验项目"的设计、分析、实践的系统性工程实践训练,分析、解决科研过程中的实际问题,获取了新的知识并能系统应用。通过这种重整合、重实践的协同专业教学模式,培养学生工程实践能力和创新能力,提高其综合素质。通过"综合试验项目"学生扮演了一次"研究者"的角色,在研究过程中,学生体验了成功的喜悦,增强了自信,提高了学习的兴趣。同时,设计"综合试验项目"并实施,为学生提供了一个能亲身体会并完成一整套科研项目的研究过程,使学生的实践创新能力得到提升。

"武器含能系统安全性设计与评估"研究型课程案例

——案例式授课模式在研究型课程中的教学实践

授课教师：聂建新　郭学永　闫石　开课单位：机电学院

一、课程概要

本课程紧密围绕武器弹药安全性设计与评估技术的需求，讲授在意外机械冲击、热冲击、爆炸冲击波、电磁和静电等激源作用下武器弹药安全性设计与评估的基本理论和基本方法，主要包括：武器弹药贮存安全性、使用安全性、设计安全性和服役安全性的一般性设计要求和评估原则，安全性试验评估方法和理论评估方法。采用课堂讲授和案例式教学相结合的教学模式，使学生在掌握武器含能系统安全性原理和技术知识的基础上，具备独立开展武器含能系统或子系统安全性设计与评估的研究能力，为我国高安全性武器装备发展培养系统级和高层次的专门人才。

二、课程教学目标及预期学习成果

1. 课程教学目标

含能系统安全性设计与评估技术是提高武器弹药服役安全性的关键，具有明确的军事需求背景。通过课堂讲授，使学生掌握武器含能系统安全性设计的基础理论和系统深入的专门知识，熟练应用武器含能系统安全性评估的基本原理、关键技术和工程方法；通过案例式教学和本领域前沿技术研讨，使学生具备独立开展导弹等武器含能系统和弹头、发动机、火工及烟火装置等分系统安全性设计与评估的研究能力，为我国高安全性武器装备发展培养系统级和高层次的专门人才。

2. 预期学习成果

在课程学习之后，学生应该能够：
(1) 分析任务剖面内的意外刺激类型和强度；
(2) 阐明常规武器含能系统或子系统安全性设计的一般性方法；

(3) 掌握安全性评估的试验和仿真方法，描述安全性评估原理、试验项目、试验条件、试验流程和测试要求等；

(4) 演示某一产品（导弹、火箭弹、鱼雷等武器系统或战斗部、发动机等子系统）安全性设计与评估的实例。

三、课程内容及教学策略

我们在教学实践活动中紧密围绕我国不敏感弹药安全性技术发展的需求，借鉴国外弹药安全性设计与评估方法和理论思想，并及时融入课题组最新的安全性科研成果，开展武器含能系统安全性设计与评估（原课程名称为：现代火工系统理论与技术）的教学活动。在形式上，打破课堂讲授加期末考核的传统教学模式；在内容上，以学生对安全性学术前沿的追踪调研为基础，例如北约钝感弹药安全性会议和最新版的美国军标和北约安全性标准等，结合教师课堂知识讲授，最终完成一个相对完整的案例设计。

以"大口径火箭弹安全性设计与评估"教学研究项目为例，使学生了解大口径火箭弹的总体结构、作用原理、危险源、意外激源条件和安全性基本理论，知悉国内外不敏感性试验技术的发展历史和前沿动态，从不敏感炸药设计、功能防护材料设计、缓释壳体设计、抗殉爆包装隔离设计等方面出发，掌握大口径火箭弹使用安全性设计的一般性原理、关键技术和实现途径，激发学生从事弹药安全性技术研究的兴趣，全面提升学生针对武器弹药系统和子系统开展安全性总体设计、仿真计算和试验评估的实践能力。

四、课程考核办法及教学效果

考核评价体系：通过具体的安全性设计与评估案例考查学生对武器含能系统安全性设计与评估知识的掌握程度。案例研究报告成绩占70%，主要考核学生是否掌握含能系统安全性设计与评估的基本理论、一般性方法和技术，以及在具体产品中的实际运用能力；课程答辩成绩占30%，主要考核学生对专业知识的把握和实际运用，以及逻辑思维和口头表达能力。

1. 案例研究报告评分标准（满分70分）

(1) 选题具有重要的科学意义或实用价值，能够明确研究目的和意义，能够通过文献分析掌握研究现状和发展趋势。（15分）

(2) 能够明确研究内容和研究思路，能够结合具体产品，梳理导弹等复杂含能系统或战斗部、发动机等子系统的发展进程，论述其系统构成、作用原理、危险源分析、意外安全事故、系统安全性设计与评估方法等。（20分）

(3) 对研究的问题能深刻分析或有独到见解，反映出学生很好地掌握了相

关的基础理论和专业知识。（20 分）

（4）论文结构合理，文字表达条理清晰、逻辑性强，图表符合规范。（15 分）

2. 课程答辩评分标准（满分 30 分）

（1）专业知识掌握情况良好，在课程设计中能正确应用本专业知识的基本原理和方法。（9 分）

（2）课程设计的研究目标和研究思路明确，研究方案和技术手段合理可行，结论分析正确。（12 分）

（3）PPT 汇报流畅，能完整准确地表达课程的设计思路、实施过程和研究结果。（3 分）

（4）PPT 制作结构完整，图文并茂，文字清晰，图表美观大方。（3 分）

（5）思路清晰，能正确回答现场提问。（3 分）

五、课程特色和创新之处

（1）课程教学目标瞄准国防装备安全应用急需，着眼于培养航天、兵器等工业部门武器弹药系统或子系统安全性总师。

①面临复杂的战场环境，导弹等含能系统在使用过程中可能遭遇跌落、火灾、雷击或敌方袭击，发生燃烧甚至爆炸反应，进而造成人员伤亡、武器平台损毁等灾难性后果，通过含能系统安全性增强设计，可以显著提高复杂战场环境中武器系统的生存能力。因此，为兵器及相关专业的学生开设含能系统安全性课程具有重要意义。

②本课程紧密围绕新军事变革时期对武器弹药安全性设计与评估的需求，讲授武器弹药安全性设计与评估的基本理论、基本方法和应用技术，为我国高安全性武器装备发展培养系统级和高层次的专门人才。

（2）课程知识体系吸收引进最新安全性研究成果和前沿热点技术，及时更新，不断丰富课程教学内容。

①教研相长，推陈出新。我们在教学实践活动中紧密围绕我国不敏感弹药安全性技术发展的需求，借鉴国外弹药安全性设计与评估方法和理论思想，并及时融入课题组最新的安全性科研成果。

②他山之石，可以攻玉。布置学生开展广泛的文献调研与综述分析，追踪含能系统安全性设计方法与评估技术的前沿性研究成果，并融入课程大作业案例设计中，促进课程知识点在实际应用中融会贯通。

③总结经验，撰写教材。及时总结课程在体系建设和教学模式等方面的探索经验，完成课程的教材撰写和编制，为课程的可持续发展奠定基础。

（3）课程授课模式发挥案例式教学在研究型课程中的优势，调动学生的主动性，在夯实专业知识的同时重点培养实践能力。

①案例式教学法以学习者为中心，通过教师的引导，不断强化学生主动参与学习的行为，切实地帮助学生将课程知识、基础研究和工程应用结合起来。

②尽早选题，学以致用。尽早布置课程大作业，在授课进行到三分之一时，就抛出课程大作业选题方向，指导学生结合专业完成选题，在课程后续教学过程中让学生边学习边思考。

③分组学习，团队作战。完成课程大作业选题后，以研究对象为主将学生分组，每组3~4人，选一人做组长，类似某一产品的安全总设计师，大家集思广益，协同攻关。

④真刀真枪，你说我评。学生通过课程答辩，锻炼口头表达能力和逻辑思维能力；教师通过点评，提高学生对所研究问题的认知和实践能力（如图1所示）。

图1　课程答辩现场

⑤重视反馈，完善不足。课后搜集学生对授课内容、授课形式和作业答辩等教学安排的意见，整理分析课程教学的不足之处，在下学期的教学实践中加以改进。

六、课程教材

[1] 聂建新．武器含能系统安全性设计与评估［M］．北京：北京理工大学出版社，2020.（北京理工大学"十三五"规划教材）
[2]《美国海军不敏感弹药发展历史》，内部讲义。
[3]《美国2105系列安全性军用标准汇编》，内部讲义。
[4]《北约STANDAG系列安全性标准化协议汇编》，内部讲义。

目标驱动、应用导向的"人因工程学"研究型课程教学

授课教师：薛庆　刘敏霞　王武宏　蒋晓蓓
开课单位：机械与车辆学院

■ 一、课程概要

本课程为工业工程专业核心课，自2001级首届开始至2015级，课程名为"工效学"，双语课程，采用外文教材，学时为48（42+6）。课程建设经历了如下阶段：

（1）2001级至2005级：课程内容包括授课、实验及作业、专业翻译、大作业，期末考核方式为1-2-3-4，笔试考试40%，大作业30%，专业翻译20%，实验及作业10%。这个阶段学生大作业选题主要是超市、银行、学校机房、教室的人因分析。

（2）2006级至2009级：取消了专业翻译，改为课堂上或课后作业有文献阅读；大作业要求有企业案例，课程中带学生去工厂参观（例如北京汽车制造厂），大作业的内容也比以前丰富，选题多样化，例如包括汽车装配线的人因分析等。考核方式改为：2+4+4，即：作业及实验报告20%，笔试考试40%，大作业40%。

（3）2010至2015级：课程建设强化了研究能力的提升，课堂上教学活动增多，学生分组做事的内容增多，例如人机界面分析、智能化手动工具设计、人因研究方法文献阅读分析等。其间获批校教改立项重点项目"以企业应用为导向、企业案例为驱动的'工效学'双语研究型课程建设"，学生的大作业选择的研究对象偏向企业项目或以汽车为重点研究。有学生发表了期刊论文。这期间增加了与香港理工大学的交流，课程大作业演讲跟香港理工大学师生一起完成，相互交流，效果很好。

（4）2016级：课程在2016版培养方案中改为中文课程，名为"人因工程学"，采用郭伏教授编写的教材。课程于2018年被评为校首批精品课程，在智慧教室上课，课程采用新的大纲，内容比以前更加丰富，教学活动的形式也更加丰富，学生做研究的积极性更高了。

二、课程教学目标及预期学习成果

1. 课程教学目标

人因工程学科聚焦一切由人制造的、有人参加和利用的产物和系统,研究人与系统的交互关系和规律,以实现系统安详、高效且"宜人"的三大方针。它综合运用生理学、心理学、人体测量学、生物力学、计算机科学、系统科学等多学科的研究方法和手段,致力于研究人、机器及其工作环境之间的相互关系和影响,最终实现提高系统性能且确保人的安全、健康和舒适的目标。

通过课程的学习,达到如下教学目标:

(1) 培养学生建立以人为本的理念,全面了解和掌握人的生理心理特性和行为能力极限。

(2) 培养学生全面了解和掌握人因工程学所涉及的相关理论、方法和工具,能够分析和解决给定系统中人、机、环各自的优化和彼此关系的协调、改善等方面的实际问题。

(3) 培养学生具有从系统的角度,用多学科知识综合分析问题、解决问题的能力,能够通过课程内实践环节提升学生的实践能力并具有实验伦理意识。

2. 预期学习成果

(1) 课堂系统的讲授,丰富的教学素材(特别是教师科研的例子、成果),使学生能够掌握课程大纲规定的内容和系统的思维方式。

(2) 掌握人因工程学的基本理论和研究方法,并用这些知识对人机系统,特别是制造背景下人机系统中的典型应用进行建模、计算和分析;能够具备一定从事研究的能力(发现问题的能力、通过建模描述问题的能力、分析问题的能力、计算以及解决问题的能力)。

(3) 掌握人的生理特性、心理特性和人的信息处理模型,能够应用数学、自然科学和工程科学的基本原理对模型中各个基本要素及相互作用、规律进行分析。

(4) 能够通过测量、测试、仿真和分析,或使用专业软件对人机系统中人的特性、机器物料的特性或其他系统运行中的参数、状态和规律进行分析和评价。

(5) 通过研究型项目的各个环节,学生能够通过理论联系实际,撰写文献综述和研究论文,并能与团队成员进行有效的交流沟通。

三、课程内容及教学策略

1. 课程内容

人因工程学研究的对象是人机环系统。首先介绍人因工程的定义、发展,人因工程的研究方法和一般步骤；然后从系统的角度，基于信息论的基本理论介绍人的信息处理过程和信息处理模型，包括人的感觉、知觉、记忆和注意的特性，重点介绍人的视觉特性、听觉特性以及视觉、听觉显示器的设计；基于作业生理学和人的生物力学特性，介绍人的能量代谢理论、人的运动特性以及以手工物料搬运为典型介绍体力负荷分析，进而介绍系统控制特性和控制器设计；基于人体测量学理论介绍作业空间设计。最后介绍人因工程的典型应用，特别是汽车中的人因工程和智能制造系统中的人因工程。

教学目标与教学内容的对应关系如表1所示。

表1 教学目标与教学内容的对应

能力导向	对应的教学内容	说明
掌握人因工程学的基本理论和研究方法；并对人机系统，特别是制造背景下人机系统中的工程问题进行建模、计算和分析。	1. 人因工程概述； 2. 人因研究方法。	课堂讲授与问题讨论结合，视频、文献等素材支持。
掌握人的信息处理模型，能够应用数学、自然科学和工程科学的基本原理对模型中各个基本要素及相互作用、规律进行分析。	1. 人的信息处理模型； 2. 人机系统； 3. 人机界面设计与评价。	课堂讲授、实验测试分析。
能够通过测量、测试、仿真和分析，或使用专业软件对人机系统中人的特性、机器物料的特性或其他系统运行中的参数、状态和规律进行分析和评价。	1. JACK软件的介绍和应用； 2. 体力负荷与手工物料搬运； 3. 环境因素； 4. 人机系统； 5. 人体测量学及应用。	课堂讲授、例题、计算类的作业和大作业。
能够评价各类人因工程的问题解决方案对社会、健康、安全、法律以及文化的影响，能够理解和评价人的因素在系统运行中对于环境、社会可持续发展的影响。	1. 人机界面的设计； 2. 人体测量学及应用； 3. 人的感觉系统； 4. 环境因素。	课堂讲授、小组作业、实验分析、纸质作业。
掌握人的生理特性、心理特性的一般特点，在人机系统相关项目的设计、分析实施过程中具有良好的交流、沟通能力。	1. 人的感觉系统； 2. 脑力负荷研究； 3. 人机系统。	小组作业、研究型项目、大作业。

2. 教学策略

课程实施多年，始终坚持以学生为中心的思想，注重教学过程的学情分析，了解学生的特点、可能的基础、能做什么事、如何实施教学有利于他们掌握等。通过课程的学习，学生获得知识，提升能力，有自我价值的满足，包括技能方面的价值、情感方面的价值和社会价值。

教学设计始终服务教学目标,将"研究"落在"让学生做事"上,以目标为导向、以案例为驱动,为学生设计不同的教学活动。

教学内容符合大纲要求,针对不同内容采用不同的策略,如表2所示。

(1)"北理在线"的"乐学"上按周提前发布本周内容和要求、上传课件和参考资料(科研文献、国外的素材、部分视频等),近几年每年的课程素材都在"乐学"上;

(2)课程开始后每个学生有个笔记本,随堂记录,教师抽查;

(3)学生4~6人为一组,上课按组坐,随时讨论(2016级在智慧教室);

(4)作业有分组完成的和个人完成的,有纸质的和网上提交的;

(5)课程实践环节有实验(人因实验室)以及其他测试分析等,例如针对某汽车驾驶室布局测试、座椅分析、车载显控的分析等。

表2 教学策略和预期成果之间的支撑关系

教学内容	教学策略	学生做的事
人因研究方法	给出若干个题,每组领一个,讨论如何研究。例如:汽车驾驶室的人因分析、基于人因工程的汽车座椅设计、我校教室的人因分析等。	1. 分组课上限时讨论,从系统的角度分析研究场地,研究变量,如何收集数据、样本量,如何分析数据; 2. 课后阅读文献,分析该文献针对什么问题,采用哪种研究方法,如何选择研究对象,如何获得数据,你是否认同这种研究方法等; 3. 初步选题作为本学期研究型课题,初步确定拟采用研究方法。
人机界面设计或评价	给出如下选题:三款购物网站界面对比分析、校园网的界面、MOOC "C语言程序设计"的界面和学龄前儿童学习软件界面等。	1. 选择题目,课后分组分析或设计; 2. 课上分组展示,学生评分。
脑力负荷分析	1. 每组发一个近年的与脑力负荷相关的文献,让学生阅读; 2. 分析当今哪种职业脑力负荷(心理压力)大; 3. 结合当前大学生的具体情况,分析如何减少心理压力等。	1. 课后阅读文献; 2. 课上每组派一个学生到邻组讲文献的内容、方法,听众给讲的学生评分; 3. 讨论心理压力大的职业; 4. 讨论大学生心理压力(用便笺纸,每人写3个,贴黑板上,汇总前3种)。 5. 用象限图分析最紧迫的和最重要的压力; 6. 讨论如何解决类似的压力。

四、课程考核办法及教学效果

1. 课程考核

多年来课程考核注重过程,采用多环节多方式,过程评价与最终评价相结合,教师评价与学生评价相结合,自我评价与团队评价相结合,定性评价与定量评价相结合,具体做法如表3所示。

表3 课程考核具体做法

考核环节	实施方法	评定方式和参考标准	成绩比例
课堂笔记	教师给每个学生发一个本,上课随时记录,每次课后每组至少交一个本。	教师评分:体现课堂出勤、听课认真程度和善于抓住要点的能力。	
作业	有分组作业和个人作业:分组作业有文献阅读与综述、噪声计算分析、体力负荷计算分析;个人作业有视觉作业、听觉作业、体力负荷概念作业、实验报告等。	个人作业教师评分:按时提交,内容完整正确等;分组作业有的学生互评(例如人机界面的手机与评价),有的教师评分(例如噪声计算分析,体力负荷计算分析等)。	20%
实验报告	在人因实验室完成累计5~6个人的生理心理特性实验,包括视觉反应时、反应时、运动时、时间知觉、动作稳定性、手指灵活性等人的基础特性。	教师评分:按时参加实验、提交实验报告、含数据分析(不仅是自己的数据,包括其他同学的)。	
期末考试	笔试考试,题目包括:名词解释、选择题、填空题、简答题和综合分析题。	教师评分:按答案评分。	40%
研究型课题汇报	全体同学出席,每组汇报20分钟,同学给评分(前两年香港理工大学学生和教师参与了这个活动)。	同学互评:选题新颖,恰当运用基础理论和专业知识,观点鲜明,结构完整,条理清楚,有无创造、新颖和独立见解。	30%
大作业报告(论文)	课题汇报后每组提交一份。	教师评分:报告结构完整、格式规范、论述分析正确。	10%

例如：结合手动工具设计，学生课堂分组作业进行智能产品设计，每组进行课堂展示，学生互评后的评语汇总如表 4 所示。

表 4　学生课程设计完成后的评语汇总（以 20180417 班为例）

序号	特色 1	特色 2	特色 3	特色 4	特色 5	特色 6	特色 7	特色 8	特色 9
吉庆	便捷	新颖	多样	4 种设计, 创新	双向毛, 套式牙刷	多样化	创意	创新	丰富多样
张天为	效率高	周到		特殊刷头, 特殊把手, 音乐	音乐, 三面式	人性化	特色刷头	考虑全面	双头刷有创意
王腾飞	可爱		安全	安全, 实用	系列化, 适应成长	挡圈	可爱	智能	外形有创意
张紫芮	美观实用智能	美观	保护	音乐, 可爱	圆形刷头	实用	实用	漂亮	优秀完美
张番禹	实用		简单	国标, 音乐	语音提示	规范化	多方面	智能	智能度高
赵旭	音乐控制时间		国标	新奇	可爱	自动挤牙膏	电动出膏	挤牙膏	新奇方便 自动挤牙膏有特色
林泽旭	牙膏自动挤出	创意	创意	牙套, 不用牙膏		智能	新型	创新	刷牙方式有创意
帕鲁克	卡通		精细	计时, 安全, 可爱		准时功能	防护	常规	人性化
杨可欣		简洁	可爱	定量牙膏, 安全, 颜色	保证正确引导用量, 纠正力度反馈	美观	朴实护牙	智能	人性化

2. 教学效果

（1）成效显著，学生学业绩斐然。教学实践证明，该教学成果的应用极大地激发了学生学习的主动性、积极性和创造性，拓宽了学生的专业视野，培养了学生的创新思维，提高了学生创新意识、创新实践能力和团队合作能力。学生都能够积极参加创新实践活动，例如学生参加全国大学生机械设计大赛获一等奖，学生发表学术论文多篇。学生积极参加校际本科生国际合作项目，之后继续深造，例如哥伦比亚大学、威斯康星大学、南加州大学、东北大学、乔治华盛顿大学、德国卡尔斯鲁厄大学等。

（2）学生满意度大幅增加。配合新的教学计划，制作了调查问卷，"工业工程专业教学模式及效果调查问卷"面向各届已经毕业的学生发放 100 多份，学生积极配合。其中问题包括：

你认为专业课学习中，对你的哪些能力提升有促进作用（可以多选）：
A）文献阅读的能力　　　　B）演讲的能力　　　　C）沟通交流的能力
D）理论联系实际的能力　　E）分析计算的能力　　F）撰写报告的能力
多数同学选择了所有的选项。

此外还有你认为在曾经课程学习中的哪个环节对你帮助最大：

A）课堂讲授　　　　　B）去工厂　　　　　C）教师提供的文献
D）分组做研究　　　　E）教材　　　　　　F）自学
G）网络资源　　　　　H）课堂讨论

绝大多数同学选择了 D（分组做研究）。

通过采用不同的教学模式，因课程而异地选择不同教学方法，为学生提供了多元化的学习途径，更重要的是锻炼了他们的能力。本专业毕业生非常认同我们的教学模式和我们由此建立的师生和谐的关系，为学生适应专业各类工作打下良好的基础。

特别说明的是，2020 年春季疫情防控期间，课程采取 MOOC + 直播 + 有声 PPT 的方式，每次课有讨论分享，有选做作业（讨论区总结），有研究型作业。

五、课程特色和创新之处

本课程长期以来探索以学生为中心，以教育理念为引领、以教学策略为指导、以教学活动为载体实施教学过程，采用企业案例驱动的学习模式和自主探究求解问题的学习模式，做到课题教学与案例结合、教学与科研结合、国内国外资源结合。

1. 课程特色：探索并建立以学生为中心，激发学习动机和主动性的教学策略

在教育教学理论方面进行深入研究，从教师、学生、教学三者的关系，分析教师的职能应该是给学生创造条件，使他们获得具体行为（活动）的可能性。学生必须进行必要的练习，通过练习学生学会在事物间建立联系。教师在教学的过程中更多的时候是引导者，同时兼顾指导者、管理者、领队、评价者、协调者等多种角色。

（1）作为教师，应首先在教育教学理论方面进行思考，如何体现教师或教学活动的职能：

a. 告知学生教学目的，为学生确认目标；

b. 呈现刺激，对朝向目标的过程进行监控并发出信号；

c. 提高学生的注意力；

d. 对处理的概念给出丰富的例子；

e. 帮助学生唤起先前的经验（长时记忆）；

f. 提供诱发行为的条件；

g. 决定学习的顺序；

h. 通过识别熟悉的、拓展的和新的成分，把新旧概念联系起来；

i. 运用学生已知的原理，对表征反复核查，以及采用令人信服的逻辑使新概念或程序合法化；

j. 激励和引导学生的学习。

(2) 在这样的教学活动中,学生的角色是:

a. 被赋予主动权(自我导向);

b. 以团队的形式从事逼真的、真实世界的任务;

c. 从多种好的方法中选择;

d. 最好利用先进技术的有利方面;

e. 被准许坚持下去,直到达到适当的标准。

(3) 在上述分析的基础上,教学活动应该达到:

a. 清晰的信息:对目标,所需知识以及预期表现进行描述和举出例子;

b. 思考性的练习:无论学习者学习什么,都应该让他们主动地、反思性地投入进去;

c. 信息丰富的反馈:对学习者的表现给予清晰的,全面的建议,帮助他们更有效的发展;

d. 强烈的内部或外部动机:活动本身有趣,学生都能投入进去,这些活动提高了学生的成绩,对活动都要给出充分的奖赏。

因此教学策略的关键就是激发学生的学习动机,使其主动学习,希望学生能够分享我们对知识、对学术的热忱,希望学生对我们讲授的课程产生兴趣,主动甚至满腔热情地投入到学习进程中,投入的学生能够努力理解他们所学到的知识,参加学术任务并能够使用如信息分析、问题解决的高阶思考技能。

2. 创新之处:探索并建立混合教学模式下的研究型课程范式

基于上述策略,本课程创新之处在于:采用案例驱动和自主探究的混合教学模式,建立研究型课程范式。

实施研究型课程教学,要为学生设立清晰的学习目标,为学生提供参加各种练习(研讨、协同实践等)的机会,在教学活动中引导学生明确自己应有的角色,帮助学生充分利用已有的知识和经验,并掌握学习新知识的策略,以促进主动学习的方式组织讲授,同时获得有用的反馈,教师充当学习的促进者,而不是知识的呈现者。探索尝试不同的教学模式,用多元的手段促进教学,重点采用了探究式和案例驱动式。

(1) 自主探究模式:为学生创造条件,把课程的内容转化为探究如何解决学科中的某个问题,例如噪声对工人操作绩效的影响分析。学生往往分成不同的组,团队合作学习。这种模式引导学生面对某一领域的研究,帮助他们在该领域内确定一个问题,鼓励他们设计出解决问题的方案,并实施这个解决方案,进而评价方案的结果。他们获得知识的同时理解知识的应用过程,同时也能发现自己的方案的局限性或可靠性。这种模式给学生带来的影响便是科学探究的精神和合作精神以及技能。教师在这种模式中的核心作用是引导,引导学生寻找问题,引导学生提出假设,建立方案,引导学生深入探究。这要求教师对学术内容和教学两个方面都要进行研究,这样才能取得显著效果。

(2) 案例驱动的教学模式:对于给定的任务要求(例如设计一种产品,改进一种站票),以团队协作式的活动达到解决问题的目的,个人、集体的创新能力可以通过这类活动得到体现。同组学生可以分享他们的经验、他们的体会,从而形成友好的伙伴关系,增加了团队的凝聚力,提升了他们解决问题的能力。在翻转教学中,团队学习是学习型组织中的三个层面——个人学习、团队学习和组织学习中的重要层面,是个人学习和组织学习的纽带,是一个非常重要的研究变量。

在实施教学过程中,立足于教学需求,根据课程、学生自然情况和教学目标采用恰当的教学方法,或多种教学方式融合的形式,将以人为本的理念贯穿到教学过程中,在教学需求、教学过程和教学方法的三个维度中都体现以学生为中心,目标是提升学生获得知识的能力。专业团队经过充分思考,建立了三个维度的模型,如图1所示。

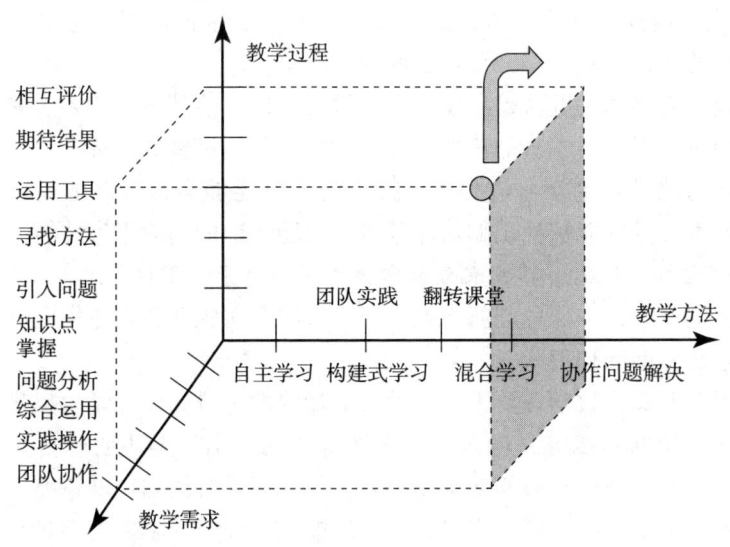

图1 教学需求、教学方法和教学过程的三维模型

当三个维度都处于较高水准时,例如当团队协作进行混合学习,协作问题解决,相互评价学习的成果(效果),能力提升的水平就高。

经过探索和实践,形成了研究型课程的范式,具体包括:结合案例需求的课程内容重组、递进式研究型课程的进程设计、研究过程管理方法和学生成绩评价体系。

课程内容上,课程依据企业案例和科研成果,调整重组课课程内容,建立案例与教材内容的对应,每次课以案例导入,以故事吸引学生,以问题推动学生思考。

课程进度上，按照教学大纲，合理建立研究型课程进程安排，如图 2 所示。

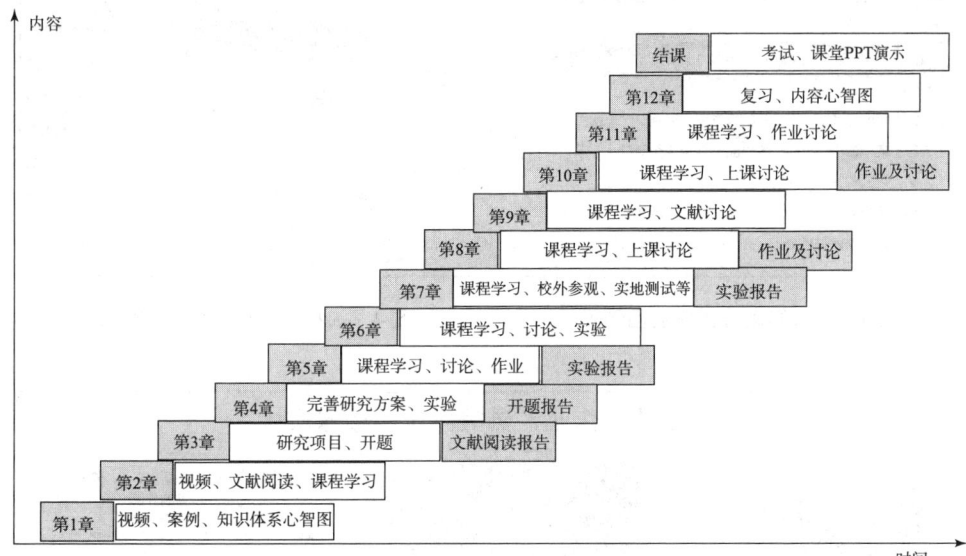

图 2　研究型课程进程安排

课程过程管理上，在案例驱动下，课堂讲授与学生讨论结合、科研文献与教材结合、理论学习与项目研究结合。

课程建设依托教改立项，在实施过程中，都以企业案例驱动，配合文献阅读与讨论，分组项目研究（选题、开题、结题），多环节评价。教学活动中，充分调动学生的主动性。

首先，收集企业案例（视频），学生将视频内容与教材内容对应，每次课的内容对应视频中的内容。学生进入企业考查，寻找问题，建立自己研究的题目。每个阶段对学生考核，例如文献阅读报告、开题报告、实验报告、作业及讨论、最后项目报告。

案例驱动的研究型教学模式，在角色的定位上，倡导学生的主体地位和教师的指导者地位，充分发挥学生的能动性、自主性和创造性；在学习内容的确定上，不仅覆盖该课程知识体系，还促进学生批判思维和创新能力的发展。研究的过程引入科研项目的进程，从阅读文献，文献综述到开题报告，进入研究之后，学生小组或个体和老师之间或课内或课外多次沟通进行讨论，或去企业现场测试、调研，通过一系列的研究活动，学生最终找到解决方法，形成研究报告，通过项目陈述汇报与他人分享自己的研究成果，同时参与对别人的研究成果进行评价。

图 3～图 5 是部分课堂教学活动展示。

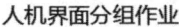

图3 人机界面分组作业图例1　　　　图4 人机界面分组作业图例2

图5 学生课堂活动和报告

3. 课程成效

经过多年的实践,课程取得了一定的成效。体现在:

(1) 理念先进,辐射共享、示范引领效果突出。课程负责人是工业工程专业责任教授,多年来坚持研究型教学模式,包括案例驱动的教学、基于项目的教学、研讨式学习等,丰富课堂教学活动。在教学教改方面成果突出,带领本专业教师,营造了倾心教学、锐意改革的氛围。专业内建立了研究型课程体系,获批了多项学校的教改项目。人因工程学获学校首批精品课程,2019年10月通过了学校研究型课程认证,2019年年底,获批北京市优质本科课程。

课程负责人多年来在推进项目驱动下的研究型教学方面积累大量经验,多次在人因工程（工效学）年会或教学研讨会上做报告，多次在其他高校做"研究型课程体系建设，激发学生学习主动性的教学策略"等报告，深受好评。如图6所示。

图6　课程负责人参加国内外教学研讨活动

（2）教学内容中合理融入学科前沿研究成果。课程负责人在"十一五""十二五"期间作为分系统负责人承担了预研支撑项目"面向任务的人机界面设计与评价""基于情境感知的自适应人机界面技术"，项目的成果有效支持了课堂教学和学生研究型项目的选题，极大提升了学生的学习兴趣。项目组成员与舰船研究院合作，针对舰船不同类别设备（掌上机、笔记本、台式机、大型控制台）的人机界面，根据不同任务、不同信息类别设计和整理了界面要素，形成领域的规范，推广使用。这些成果对学生学习本课程内容起到了非常好的促进作用。

（3）教学模式和策略可以有效保证每条预期学习成果的达成。课程教学采用先进教学理念，以学生为中心，关注学生的学习，了解学生的需求，模式包括：

a. 主要内容的课堂讲授：各个章节主要内容以课堂讲授为主，每次课以故事开头，穿插案例，往往每次课以讨论结束。

b. 教师授课与学生团队学习结合，学生互评与师生互评结合，个人作业与分组作业结合，案例驱动与问题求解结合。

c. 丰富的教学素材，利用双语课程优势，提升学生英语能力。

（4）研究型课程学生团队建设合理、项目设置合理；教与学的组织形式、实施过程和管理手段能够保证每个学生按照既定要求完成学习和研究。

课程充分体现"以人为本"的理念，团队建立以学生自由结合、教师适度调整为原则，全部课堂活动以组为单位进行，例如讨论、现场做海报展示、分组汇报、提交作业（例如文献阅读、研究方法分析、人机界面设计、体力负荷分析等）；课堂讨论中教师参与到学生讨论中，并适度进行指导；每次课后收笔记本（每组提交1个本），便于追踪和评价学生学习状况。

（5）网络课能够合理运用信息技术，以提高预期学习成果的达成度。课程多年来利用"北理在线"平台辅助教学，包括：

a. 每周教师发布本周教学内容、教学目标和学习方法；

b. 发布分组作业及个人作业；

c. 适当加入平时测验考核；

d. 教学资源丰富，教师发布与教学内容相关的文献和教学材料（国外大学的课件等）。

另外，2019年12月在中国大学爱课程MOOC《人因工程学-上》上线发布，在此次疫情防控期间发挥了作用。

（6）其他教学特色及影响。课程负责人于2017年2月、2018年2月两次在台湾大学参加了由校教学发展中心举办的教学精进培训（含高阶班），系统地掌握有效的教学结构设计和实施，按照BOPPPS（即导入、前测、参与式学习、后测、小结）模块进行教学设计，并很好地应用于课堂教学，并在专业团队中推广。

六、课程教材

[1] 2001级~2015级学生采用外文教材 *Human Factors in Engineering and Design*（Seventh Edition）。

[2] 2016级采用《人因工程学》，郭伏主编，机械工业出版社出版。

"装甲车辆设计"研究型课程案例

——深化科教有机互动内涵发展，探索以学生为知识过程建构主体的研究型课程教学

授课教师：闫清东　魏巍　开课单位：机械与车辆学院

一、课程概要

装甲车辆设计是北京理工大学装甲车辆工程专业核心课，授课对象为高年级本科生，采用研究型课程教学模式。课程内容主要包括坦克装甲车辆总体设计、车体与炮塔、传动系统、变速机构、转向机构、操纵系统、悬挂系统、减振元件以及履带推进系统等系统和部件的设计。以坦克设计理论和方法为主，兼顾其他装甲车辆，包括设计的要求、方案的选择和设计、性能和强度计算、结构设计及其分析评价等内容。

二、课程教学目标及预期学习成果

1. 课程教学目标

面向新军事变革时期机械化军事体系向信息化军事体系的装备转型，结合工业4.0和中国制造2025的大时代技术变革背景，突破目前坦克装甲车辆设计课程仍集中于"传统柴油发动机+液力机械综合传动装置+高速履带及其悬架系统"的经典配置方案的讲授，通过以学生为中心的自主研究型设计类课程建设，吸收和运用当前世界军事科技的成果，借鉴发达国家军事变革的成功经验，顺应世界坦克装甲车辆发展的潮流，探讨智能化、全电化和无人化等新概念坦克装甲车辆设计理论及技术，培养学生坦克装甲车辆系统集成化设计理念，开发坦克装甲车辆研究型项目库，打造装甲车辆设计研究型课程，加强新时代国防建设人才队伍，尤其是坦克装甲车辆设计专门技术人才的培养。

2. 预期学习成果

（1）知悉和理解坦克装甲车辆各系统的基本组成，能够综合运用所学知识对各系统建立恰当的数学模型并进行解释。

（2）能够掌握坦克装甲车辆总体及主要底盘部件各系统的设计理论和方法，

并能分析和解决设计过程中的工程问题。

（3）具有根据装甲车辆主要性能测试方法，针对坦克装甲车辆各系统技术标准和规范，设计实验系统并实施的能力，形成坦克装甲车辆各系统设计问题中理论联系实践的思维模式。

（4）知悉和理解坦克装甲车辆发展历史和相关标准规范，技术创新的社会背景与影响，具有追求创新的态度和意识，初步具有参与国际市场竞争与合作的意识。

（5）知悉和理解坦克装甲车辆设计相关工程活动中相关技术信息获取的必要性和基本方法、标准法规等，具有正确认识装甲车辆工程对于环境和社会影响的思维模式。

三、课程内容及教学策略

1. 课程内容

（1）理论教学部分：

第一章：绪论

第二章：坦克装甲车辆的总体设计

第三章：装甲车体与炮台

第四章：传动系统方案设计

第五章：机械变速箱

第六章：离合器

第七章：单流传动转向系统

第八章：双流传动

第九章：传动操纵装置

第十章：履带推进装置

第十一章：悬挂装置

（2）实验教学部分：实验项目可从以下内容选择（每项 2 学时），其中虚拟仿真试验不少于 4 学时。

①车辆换挡特性实验；

②车辆悬挂特性实验；

③车辆通过性能虚拟实验；

④车辆综合电子系统实验；

⑤坦克装甲车辆加速性能测试虚拟仿真试验；

⑥坦克装甲车辆最高车速测试虚拟仿真试验；

⑦坦克装甲车辆转向性能测试虚拟仿真试验；

⑧坦克装甲车辆越野性能测试虚拟仿真试验。

(3) 研究型课程作业：根据设计作业主题，结合所学知识，通过调研、论证，设计一款新颖的装甲车辆。

2. 与预期学习成果之间的对应支撑关系

对应预期学习成果（1）"知悉和理解坦克装甲车辆各系统的基本组成，能够综合运用所学知识对各系统建立恰当的数学模型并进行解释"，教学内容从装甲车辆的总体设计以及防护系统、武器系统、动力传动系统以及行动系统各个分系统进行讲解。

理论教学部分中第四章至第十一章以及实验教学部分对应预期学习成果（2）"能够掌握坦克装甲车辆总体及主要底盘部件各系统的设计理论和方法，并能分析和解决设计过程中的工程问题"，该部分为本课程学习的重点部分；实验教学部分对应预期学习成果（3）"具有根据装甲车辆主要性能测试方法，针对坦克装甲车辆各系统技术标准和规范，设计实验系统并实施的能力，形成坦克装甲车辆各系统设计问题中理论联系实践的思维模式"，学生通过实验了解装甲车辆的测试方法，并撰写规范的实验报告。

教学内容中第一章至第三章以及研究性课程作业对应预期学习成果（4）"知悉和理解坦克装甲车辆发展历史和相关标准规范，以及技术创新的社会背景与影响，具有追求创新的态度和意识，初步具有参与国际市场竞争与合作的意识"，和对应预期学习成果（5）"知悉和理解坦克装甲车辆设计相关工程活动中相关技术信息获取的必要性和基本方法、标准法规等，具有正确认识装甲车辆工程对于环境和社会影响的思维模式"，通过课堂学习以及课外调研，学生进一步了解坦克装甲车辆的发展历史与趋势，并通过研究性课程作业逐步掌握坦克装甲车辆设计相关工程活动中技术信息获取的必要性和基本方法、标准法规。

3. 教学策略

以预期学习成果（5）"知悉和理解坦克装甲车辆设计相关工程活动中相关技术信息获取的必要性和基本方法、标准法规等，具有正确认识装甲车辆工程对于环境和社会影响的思维模式"为例进行说明，开展研究性课程作业，以2016级为例：

本次研究性课程作业的主题为高通过性车辆。以5~6人小组为单位，要求每个小组根据主题设计一款装甲车辆，成果形式包括设计说明书和三维模型。

课程作业周期与本课程教学周期一致，结合课程的安排，进行三次答辩。第一次答辩在讲完坦克装甲车辆的总体设计之后，要求学生结合主题进行调研，进行一次开题答辩，内容包括选题背景、研究意义以及设计方向。

第二次答辩安排在讲完机械变速箱之后，通过答辩一方面检查学生进度，另一方面检查学生在结合所学知识进行设计时出现的一些错误，以便进行及时纠正。

第三次答辩安排在教学内容结束之后。邀请本专业其他教师参与答辩，学生需准备设计海报、设计说明书以及演示文稿，学生答辩结束由教师和学生共同提问与讨论。

整个研究型课程作业进行过程中有研究生助教参与共同指导完成，研究生助教解答学生设计中产生的问题，并对学生阶段性成果进行把关。

四、课程考核办法及教学效果

以研究型课程作业为例，紧紧围绕学生预期学习成果达成效果，要求学生通过调研根据技术背景提出创新想法，并根据所学知识对装甲车辆的各个系统进行详细设计。

1. 考核评价方法

要求学生完成设计说明书、三维建模并进行汇报演示。作业要求：

①追求细节，遵循工程美学原则；

②标准化、系列化、通用化、模块化；

③工作原创，严禁抄袭。

根据实际工作，由学生互评、研究生助教打分、教师打分三部分构成学生本作业的分数。

2. 学习效果达成依据

（1）优秀（90~100分）：设计方案新颖，创新点突出，设计方案，建模内容及设计说明书规范，内容丰富；在设计过程中勤奋好学，有创新思想。并达到如下预期学习成果：

①对坦克装甲车辆各系统的基本组成等主要内容能完整理解，能够综合运用所学知识对各系统建立恰当的数学模型并进行解释。

②对坦克装甲车辆总体及主要底盘部件各系统的设计理论和方法及分析和解决设计过程中的工程问题核心过程能完整系统地理解。

③具备根据装甲车辆主要性能测试方法，针对坦克装甲车辆各系统技术标准和规范，设计实验系统并实施的能力。

④知悉和理解坦克装甲车辆发展历史和相关标准规范，以及技术创新的社会背景与影响，形成了追求创新的态度和意识，初步具有参与国际市场竞争与合作的意识。

⑤知悉和理解坦克装甲车辆设计相关工程活动中相关技术信息获取的必要性和基本方法、标准法规等，形成了正确认识装甲车辆工程对于环境和社会影响的思维模式。

（2）良好（80~89分）：设计方案比较新颖，创新点比较突出，设计模型内容及设计说明书比较规范，内容比较丰富；在设计过程中勤奋好学，有创新思想。并达到如下预期学习成果：

①对坦克装甲车辆各系统的基本组成等主要内容、对坦克装甲车辆各系统建模过程能完整理解，但不系统，存在断点。

②对坦克装甲车辆总体及主要底盘部件各系统的设计理论和方法及分析和解决设计过程中的工程问题核心过程能完整理解，但不系统，存在断点。

③整体上具备根据装甲车辆主要性能测试方法，针对坦克装甲车辆各系统技术标准和规范，设计实验系统并实施的能力，有一定的系统性，但系统性方面存在断点。

④整体上知悉和理解坦克装甲车辆发展历史和相关标准规范，以及技术创新的社会背景与影响，整体上形成了追求创新的态度和意识，初步具有参与国际市场竞争与合作的意识，有一定的系统性，但系统性方面存在断点。

⑤整体上知悉和理解坦克装甲车辆设计相关工程活动中相关技术信息获取的必要性和基本方法、标准法规等，整体上形成正确认识装甲车辆工程对于环境和社会影响的思维模式，有一定的系统性，但系统性方面存在断点。

（3）中等（70~79分）：设计方案一般，创新点一般，建模内容及设计说明书欠规范，内容不够丰富；在设计过程中比较勤奋，创新思想不明显。并达到如下预期学习成果：

①对坦克装甲车辆各系统的基本组成等主要内容、对坦克装甲车辆各系统建模过程能理解，但不完整。

②对坦克装甲车辆总体及主要底盘部件各系统的设计理论和方法及分析和解决设计过程中的工程问题核心过程能理解，但不完整。

③整体上具备根据装甲车辆主要性能测试方法，针对坦克装甲车辆各系统技术标准和规范，设计实验系统并实施的能力，但缺乏系统性。

④整体上知悉和理解坦克装甲车辆发展历史和相关标准规范，以及技术创新的社会背景与影响，整体上形成了追求创新的态度和意识，初步具有参与国际市场竞争与合作的意识，但缺乏系统性。

⑤整体上知悉和理解坦克装甲车辆设计相关工程活动中相关技术信息获取的必要性和基本方法、标准法规等，整体上形成了具有正确认识装甲车辆工程对于环境和社会影响的思维模式，但缺乏系统性。

（4）及格（60~69分）：设计方案不完善，存在一些小错误，建模内容及设计说明书欠规范，内容一般；在设计过程中不够勤奋。并达到如下预期学习成果：

①对坦克装甲车辆各系统的基本组成等主要内容、对坦克装甲车辆各系统建模过程基本能理解，但不完整。

②对坦克装甲车辆总体及主要底盘部件各系统的设计理论和方法及分析和解决设计过程中的工程问题核心过程基本能理解，但不完整。

③基本具备根据装甲车辆主要性能测试方法，针对坦克装甲车辆各系统技术

标准和规范，设计实验系统并实施的能力，但缺乏系统性。

④基本知悉和理解坦克装甲车辆发展历史和相关标准规范，以及技术创新的社会背景与影响，整体上形成了追求创新的态度和意识，初步具有参与国际市场竞争与合作的意识，但缺乏系统性。

⑤基本知悉和理解坦克装甲车辆设计相关工程活动中相关技术信息获取的必要性和基本方法、标准法规等，整体上形成了具有正确认识装甲车辆工程对于环境和社会影响的思维模式，但缺乏系统性。

（5）不及格（0~59分）：设计方案有严重错误，建模内容及设计说明书不规范，内容严重不足；在设计过程中不够认真。并达到如下预期学习成果：

①完全不知道或对坦克装甲车辆各系统的基本组成等主要内容，有碎片化的理解。

②完全不知道或对坦克装甲车辆总体及主要底盘部件的设计理论和方法有碎片化的理解。

③完全没能力解决装甲车辆主要性能测试问题；或能够运用零碎的坦克装甲车辆各系统技术标准和规范，设计实验系统并解决实施中的问题。

④完全没能力知悉和理解坦克装甲车辆发展历史和相关标准规范，以及技术创新的社会背景与影响；或具有零碎的具有追求创新的态度和意识，以及初步具有参与国际市场竞争与合作的意识。

⑤完全没能力知悉和理解坦克装甲车辆设计相关工程活动中相关技术信息获取的必要性和基本方法、标准法规等；或具有零碎的正确认识装甲车辆工程对于环境和社会影响的概念。

3. 学生预期学习成果达成情况评价

以最近一次考试结果为例，2016级装甲车辆工程专业大三学生下学期学习达成情况如下：共68人参与研究型课程考试，最高分95分，最低分60分，平均分77.48分。其中优秀7.35%，良38.24%，中33.82%，及格20.86%。有效地考察了学生对课程的掌握能力、对知识的运用能力以及独立的思考分析能力。学生达到了如下预期学习效果：

（1）知悉和理解坦克装甲车辆各系统的基本组成；能够综合运用所学知识对各系统建立恰当的数学模型并进行解释。

（2）能够掌握坦克装甲车辆总体及主要底盘部件各系统的设计理论和方法，并能分析和解决设计过程中的工程问题。

（3）具有根据装甲车辆主要性能测试方法，针对坦克装甲车辆各系统技术标准和规范，设计实验系统并实施的能力，形成坦克装甲车辆各系统设计问题中理论联系实践的思维模式。

（4）知悉和理解坦克装甲车辆发展历史和相关标准规范，以及技术创新的社会背景与影响，具有追求创新的态度和意识，初步具有参与国际市场竞争与合作的意识。

（5）知悉和理解坦克装甲车辆设计相关工程活动中相关技术信息获取的必要性和基本方法、标准法规等，具有正确认识装甲车辆工程对于环境和社会影响的思维模式。

4. 学生的学习收获反馈

（1）2016级陈瑞虎组：

此课题为专业课程"坦克设计"创新课程内容的一部分。在完成此项课题的过程中，我们课题小组成员经由各种渠道查阅了高通过性坦克装甲车辆相关的许多资料，并首次以装备设计总师、各部分副总师的身份对高通过性车辆进行了思考研究，并对我们的想法进行了一系列的理论验证。经过短短十几周的时间，我们充分利用了我们所学的坦克学知识，对我们的理论知识有了更深层次的认识，通过真正完成对一辆坦克的设计，我们也对一辆坦克的设计过程有了更深的了解。与此同时，在这个过程中，我们参考了许多文献和发明专利，自己的知识面也得到了一定的拓展。

但我们不得不承认我们的作品设计十分的粗糙，我们在理论水平和工程素养上还不具备一个真正坦克设计师所具备的基本素养，在许多方面，我们无法对于细节进行更加深入的设计研究计算。所以通过此次课题，我们更加了解到了自己的不足，认识到了自己目前的能力距离我们所要达成的目标还有很远很远，我们一定会继续努力，不断进取，争取早日成为一名合格的坦克设计师。

最后，我诚挚地感谢魏巍老师和各位老师对我们的悉心教导，以及小组成员的各尽其职，互相协作。

（2）2016级熊晏组：

此课题为专业课程"坦克学Ⅲ（坦克设计）"创新课程内容的一部分，也是严格意义上第一次完全由我们来设计的一个大作业。刚拿到这个题目的时候不知道该从何下手，慢慢地查资料了解以后有了一点想法，再到越来越多的想法在脑中出现。小组讨论的时候，大家互相评价对方想法的可行性，各抒己见，确实感受到了我们是一个团队的氛围。在完成此项课题的过程中，课题小组成员经由各种渠道查阅了坦克装甲车辆相关的许多资料，并首次以战争思想预判者、装备设计总师等身份构想一种新型装备，并对这一想法进行一系列的理论验证。经过短短一学期的时间，我们将所学的多学科知识杂糅在一起，编织成一个体系，极大提升了我们的综合能力。首先我们应感谢魏巍老师不辞辛劳地向我们传授相关知识，其次我要感谢小组里的每位同学各司其职，互相协助，最终使这一作品面世。尽管在业内专业人士看来，此作品可能为一份十分粗糙、不成熟的设计，但它不失为仍处摇篮中的红色工程师的一次大胆尝试与构想。有朝一日，灵感的种子也很有可能迸发出强劲的生命力。

但是我们不得不承认我们在理论水平和工程素养上仍有大量的空缺。车体的模型没有建出来,自然无法做各个系统的尺寸综合和车体的强度分析。做完了履带行驶的 D-v 曲线,却忘了轮式的 D-v 曲线。曲线做完之后,又被加速性、转向性和制动性分析难倒。油气弹簧的设计还可以改进,轮履变形车轮的设计还可以优化。虽然以通过性为主题,但防护和武器也可以细化。此次的课题对于我们认清自己知识、能力仍有欠缺的这一事实有极大的帮助,也警醒我们应更奋发上进。时间还有些赶,合理地安排工作任务和进度对本科生来说很不容易。希望老师今后除了课程知识的讲述,也能对学弟学妹们进行一些进程的辅导。

在此,再次诚挚感谢老师、组员们对"高通过性车辆"课题做出的努力与贡献!

(3) 2015 级吴志强组:

在这次课程设计中,我们在提出了步兵伴随无人载具这个设想之后,结合坦克学课程所学内容主要从战技指标的提出、总体布置方案和模型的建立、装甲防护、直驶动力性计算、传动装置设计和配齿计算、独立电驱动速差转向策略、转向部分计算、"主动"悬挂策略这 8 个方面对该平台进行了设计计算。虽然最终的成果可能不是非常的合理和正确,但我们每一个小组成员都在该设计过程学到了很多课程内和课程外的知识。在此非常感谢老师提供的该次课程设计的机会,同时也非常感谢设计过程中老师的指正和批评,以及助教和每一位小组成员的辛勤付出。

(4) 2015 级曾洺锴组:

此课题为专业课程"坦克学Ⅲ(坦克设计)"创新课程内容的一部分。在完成此项课题的过程中,课题小组成员经由各种渠道查阅了许多坦克装甲车辆相关的资料。经过短短十几周的时间,我们将所学的多学科知识杂糅在一起,形成上述的成果。首先我们应感谢魏巍老师不辞辛劳地向我们传授相关知识,其次我要感谢小组里的每位同学各司其职,互相协助,最终使这一作品面世。但是我们不得不承认我们在理论水平和工程素养上仍有大量的空缺,从无法完整完成油气弹簧设计这一细节上可见一斑。此次的课题对于我们认清自己知识、能力仍有欠缺的这一事实有极大的帮助,也警醒我们应更奋发上进。

十分庆幸能比同级隔壁班的同窗们多一次自我检验、自我学习的机会,但着手工作过程中又往往十分苦恼人手、精力不足而奢望两班同学能携手将这一工作做得更漂亮、精细一些。今木已成舟,但仍十分希望老师们能对后来师弟妹一视同仁,能举专业所有同学之力将往后新课题做得尽善尽美。

在此,再次诚挚感谢老师、组员们对"移动兵站"课题做出的努力与贡献!

五、课程特色和创新之处

1. 具有深化科教有机互动内涵发展特色的研究型课程建设

针对坦克学核心课程知识单向被动传授和研究色彩不足的问题,关注学生对课程相关技术前沿知识的自主把握，推动学生作为认知主体实现对知识主动地获取、分享、应用和创新，提出了基于学生知识过程建构的专业坦克学研究型核心课程教学模式，培养学生及学生研究团队在处理坦克装甲车辆一类复杂系统的工程技术问题时对高深学问的理解能力和运用能力。同时，结合专业所依托兵器科学与技术学科和机械工程学科的主要研究方向和热点问题，合理设置研究型课程题目大致范围，并给予学生一定的选题自由度，采用助教领航式节点课上质疑讨论与课下实践辅导相结合的互补式教学方法，从选题、立项、实践到结题各个节点设置上，将科研活动适当地改造为以学生为中心的教学活动，深化科研教学有机互动内涵发展。

研究型课程"装甲车辆设计"自 2017 年立项以来，已经过装甲车辆工程专业本科生 2014 级、2015 级、2016 级三个轮次总计 144 学时（48 学时×3）的教学实践，取得了一定的成效，实现了对专业学生创新能力、协作能力和表述能力的培养，以及对于装甲车辆等复杂系统开发流程的初步认识，实现了科研活动与教学环节的有机互动。基于本课程学生申请专利 2 项：一种多轮多驱可解锁铰接车辆（201910745697.8）、一种射流推进式垂直起降无人机（201910802939.2）。学生作品如图 1 所示。

图 1　装甲车辆工程专业研究型课程学生创新设计装甲车辆作品

2. 基于学生知识过程建构的兵器类专业核心课教学模式

针对研究型课程缺乏对学生团队机制有效的激励与考核手段问题，通过在研究型课程中设置团队总体系统任务、分系统任务及其对应考核目标，积极探索应用性和开放性的学生创新团队实践模式，由学生根据题库和创新项目拟定课题，自发组建学生科技创新团队，并由团队内部根据兴趣特长自行协调分工和任务分解，由指导教师和研究生助教根据课题制订各节点合理可行的研究计划，并在各节点考核和予以反馈，培养学生科技团队组织领导能力、沟通能力和团队合作精神，激发学生的学术兴趣和创新思维。如图2和表1所示。

图2 研究型课程的选题、立项和答辩环节

表1 研究型课程学生项目答辩评分统计表

项目		评分标准	比重	第一组 张慧敏	第二组 侯岩凯	第三组 王郅	第四组 吴舒婕	第五组 常富祥
A-教师 评分 （30%）	A- 教师1	设计方案	50%	87	85	83	84	86
		创新点	50%	84	85	92	94	90
		A 总计		85.5	85	87.5	89	88
	A- 教师2	设计方案	50%	95	88	90	95	90
		创新点	50%	90	95	95	85	90
		A 总计		92.5	91.5	92.5	90	90
		平均分	30%	89	88.25	90	89.5	89
B-助教 评分 （40%）	B- 教师1	设计方案	50%	91	86	87	90	87
		创新点	50%	87	90	94	89	90
		B 总计		89	88	90.5	89.5	88.5
	B- 教师2	设计方案	50%	85	85	90	90	95
		创新点	50%	85	85	90	95	90
		B 总计		85	85	90	92.5	92.5
	B- 教师3	设计方案	50%	85	95	85	80	90
		创新点	50%	90	95	90	85	90
		B 总计		87.5	95	87.5	82.5	90
	B- 教师4	设计方案	50%	90	88	85	95	90
		创新点	50%	89	85	90	90	88
		B 总计		89.5	86.5	87.5	92.5	89

续表

项目		评分标准	比重	第一组 张慧敏	第二组 侯岩凯	第三组 王郓	第四组 吴舒婕	第五组 常富祥
B-助教评分（40%）	B-教师5	设计方案	50%	98	96	94	98	98
		创新点	50%	98	98	100	100	96
		B 总计		98	97	97	99	97
		平均分	40%	89.8	90.3	90.5	91.2	91.4
C-组长评分（30%）	C-组长1	设计方案	50%	92	92	95	95	93
		创新点	50%	90	90	95	95	92
		C 总计		91	91	95	95	92.5
	C-组长2	设计方案	50%	95	95	95	95	95
		创新点	50%	79	95	95	95	95
		C 总计		87	95	95	95	95
	C-组长3	设计方案	50%	95	90	95	90	95
		创新点	50%	90	95	95	90	90
		C 总计		92.5	92.5	95	90	92.5
	C-组长4	设计方案	50%	90	95	95	95	90
		创新点	50%	95	90	95	100	95
		C 总计		92.5	92.5	95	97.5	92.5
	C-组长5	设计方案	50%	95	90	90	90	90
		创新点	50%	90	90	90	90	90
		C 总计		92.5	90	90	90	90
		平均分	30%	91.1	92.2	94	93.5	92.5
P1-最终得分		A×30% + B×40% + C×30%		89.95	90.255	91.4	91.38	91.01

装甲车辆工程专业核心课之一的"装甲车辆设计"研究型课程，其教学模式在选题、立项、实践和结题各环节，得到专业责任教授和骨干教师的支持和帮助，同时也为坦克学中"装甲车辆构造与原理""装甲车辆行驶原理"等课程的研究型课程改造提供了借鉴。根据2016版《装甲车辆工程专业培养方案》和各专业核心课《课程大纲》，编写了对应研究型课程《课程大纲》，并结合教学实践基于部级规划教材《装甲车辆设计》的初稿（预计2020.12出版）开展了《装甲车辆设计（研究型课程教材）》的编写（北京理工大学"十三五"规划教

材，已立项，预计 2021.12 出版）。

通过制定选题阶段项目的分组分工形式和概念介绍、立项阶段的方案展示、实践阶段的整体设计和分系统设计、结题阶段的整车设计答辩等里程碑节点，进行了课程的学时调整，以预留节点工作研讨时间，规定了助教和研究生助教的职责，并建议其对分组同学的课题指导方式，为后期孕育学生团队借助本课程参与各级大学生创新项目奠定基础。如吴家枫、谢文浩团队参加"全国大学生智能机电系统创新设计大赛"的"Pegasus 陆空智能无人车"项目，刘堂柱、马正团队参加"陆空智能装备专项奖学金创新项目"的"仿生功能表面涵道螺旋桨出口气流分离抑制技术研究"项目（并获第十六届"世纪杯"二等奖）。

3. 坦克学课群研究型课程综合课程资源库建设

针对研究型课程中学生团队自主研究资源欠缺和项目结题展示效果不佳的问题，开展了设计型题库、研究型专业创新项目、机动性虚拟仿真试验等综合课程资源建设，在选题阶段引导学生基于所提供的课程资源，根据兴趣自主选择和确定研究课题并拟定题目，分工合作，由指导教师和助教根据题库和创新项目指导学生制订合理可行的研究计划。以装甲车辆设计课程为例，结合坦克装甲车辆机动性虚拟仿真试验平台建设，开展研究型课程学生创新团队所设计的装甲车辆的外观演示和机动性虚拟测试，促使学生对坦克学（构造、原理、设计）三门专业核心课程知识体系的整体把握和融会贯通，增进学生对研究型课程学习的兴趣和创新实践的积极性。

开展了设计型题库及其研究型项目库的建设，如 2014 级张慧敏组《主战坦克 M1 建模与设计》、侯岩凯组《基于五九式坦克传动系统的概念坦克》、王郓组《未来无人战斗车辆设计》、吴舒婕组《六轮山地作战车辆》、常富祥组《十五吨高原空降战车》，2015 级栗丽辉组《基于 59 式坦克的重型步兵战车变型设计》、曾洺锴组《重型低速 4 轴轮式战斗/运输装甲车辆——"移动兵站"》、吴志强组《步兵伴随无人载具》、张宇航组《高机动性装甲作战平台》，2016 级陈瑞虎组《"毒蛇"铰接式可伸缩坦克》、商赫组《六履带高通过性主战坦克》、熊晏组《4*4 铰接式轮履复合装甲车》（如图 3 所示）、王子琛组《班组支援车系》、赵思原组《履带伸缩式主战坦克》、吴家枫组《车组式高通过性车辆——工蜂》。

另外，专业教师联合地面机动装备国家级教学示范中心开发的坦克装甲车辆机动性虚拟仿真实验（如图 4 所示），被评为北京市级虚拟仿真实验教学项目，并推荐申报国家级虚拟仿真实验教学项目。

通过开展以学生为中心的课程建设机制，探索以学生为知识过程建构的主体，深化挖掘整理并创新实践具有科教有机互动内涵发展的研究型课程教学模式，探索"六卓越一拔尖"计划 2.0 背景下国防拔尖人才培养理念和方式方法，面向现代军事变革和国防建设对装甲车辆及相关行业的人才需求，进一步推动装甲车辆工程专业国防拔尖人才培养质量提升，为兵器类专业核心课程从传统课程

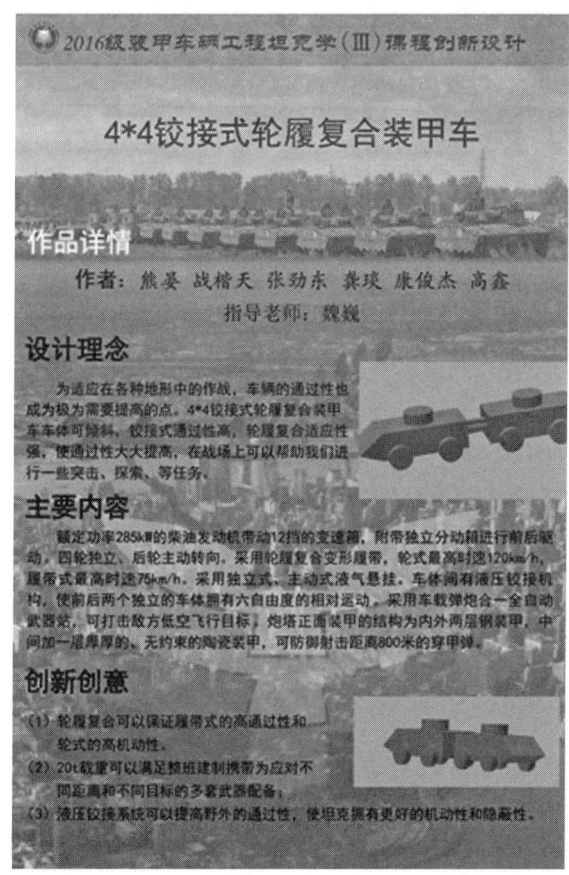

图 3 坦克装甲车辆设计研究型课程项目

图 4 坦克装甲车辆机动性测试虚拟仿真实验平台界面

向研究型课程的升级改造探索了新思路和新举措，对新时代国防建设工程技术人才培养模式的改革创新起到了参考借鉴作用。

六、课程教材

[1] 闫清东,等. 坦克构造与设计(下)[M]. 北京:北京理工大学出版社,2007.

[2] 闫清东,魏巍,董明明. 装甲车辆设计[M]. 北京:北京理工大学出版社,2020.(计划)(北京理工大学"十三五"规划教材)

[3] 魏巍,闫清东. 装甲车辆设计(研究型课程教材)[M]. 北京:北京理工大学出版社,2021.(计划)

"内燃机原理"研究型课程案例

——知识体系构建促进能力达成的研究型教学探索

授课教师：赵振峰　张卫正　孙柏刚

开课单位：机械与车辆学院

■ 一、课程概要

1. 课程基本情况

内燃机原理是能源与动力工程专业车用内燃机方向的专业核心课程，5学分，80学时课内+32学时课外，其中课堂教学64学时、研讨及课内实践环节16学时、课外研究32学时。授课对象为本专业的三年级学生。

内燃机原理以内燃机产品为研究对象。由于内燃机结构复杂，涉及领域包括热、机、流、电等多个学科，课程涉及燃料、燃烧热化学、气流、高压喷雾、燃烧组织、排放控制、性能匹配等众多内容，具有很强的工程性和实践性。本课程的学习几乎涉及所有先修课程，尤其是"理论力学""流体力学""工程热力学"三大力学课程，以及"传热学""燃烧学基础""控制理论基础"等热和电类专业基础课程。

2. 教学模式

本课程自2017年起采用研究型教学模式：小班授课，每章安排一次课堂研讨，研讨环节重视理论与实践相结合，分小组按研究主题进行。

■ 二、课程教学目标及预期学习成果

1. 课程教学目标

（1）通过课堂理论教学，使学生知悉和理解内燃机技术理论的发展历史、重大技术突破的背景与影响。

（2）通过研究型课堂教学，使学生掌握内燃机的工作原理、基本计算方法，能够利用基本知识和计算方法等技能分析和解决内燃机复杂工程问题。

（3）通过主题引导的讨论与研究，使学生掌握能源与动力工程专业重要文献资料的来源和获取方法，培养综合运用内燃机理论和专业技术手段完成项

目研究的能力，培养综合应用各学科知识分析解决复杂实际工程问题的能力。

（4）通过项目研究，使学生具备运用计算机和工程软件解决复杂内燃机性能问题的基本技能，能够完成研究报告和研究答辩，具备通过口头或书面方式表达自己的想法，进行项目规划和项目研究的基本专业素养。

（5）通过课程实验环节，使学生掌握本专业相关实验的具体原理和操作过程，具备实际动手操作、规划实验的能力和专业技能。

2. 预期学习成果

（1）通过课堂理论学习，学生能够阐述内燃机技术理论的发展历史、重大技术突破的背景与影响。

（2）通过研究型课堂内容的学习，学生能够利用内燃机原理基础理论知识分析内燃机的相关现象和基本特性；能够利用基本计算公式和计算方法分析内燃机性能参数之间的关联关系；能够综合应用相关知识解决内燃机的复杂工程问题。

（3）通过讨论主题引导研究过程的学习和锻炼，学生能够查阅并获取能源与动力工程专业重要的文献资料；能够综合运用内燃机理论知识和专业技术手段完成内燃机专题项目的研究；能够综合应用各学科知识分析解决内燃机领域复杂的实际工程问题。

（4）通过项目研究过程的学习，学生可以运用计算机和工程软件解决内燃机的复杂性能问题；能够在小组中有效地工作并与小组中的其他人有效合作；能够撰写结构完整、逻辑合理、内容翔实的专业研究报告；能够创建思路清晰、内容丰富的演示文稿，并能充满自信地完成研究成果答辩；能够准确表达自己的专业想法并顺利与其他人沟通；能够合理规划项目并组织项目研究。

（5）通过课程实验环节的学习，学生能够制订详细的实验计划，并组织和规划本专业相关实验；能够动手操作相关实验仪器设备；能够正确理解实验结果并对实验结果进行合理分析和解读。

三、课程内容及教学策略

本课程教学内容共十一章，包括：内燃机概述、内燃机的工作指标、燃料与热化学、内燃机工作循环、内燃机换气过程、内燃机增压、汽油机燃烧、柴油机燃烧、柴油机燃油供给、内燃机排放与控制、内燃机特性。

研讨内容共十个研讨主题，包括：提高发动机动力性能的途径研讨、替代燃料的应用及其前景研讨、理论循环与实际循环的差异讨论、发动机增压的技术难点与发展趋势讨论、发动机爆震解决措施及其应用研讨、新型燃烧模式探讨、柴油机燃烧优化途径讨论、喷油规律优化途径探讨、内燃机排放控制技术应用讨论、针对应用平台的动力系统综合性能提升研讨。

课内实践共 8 个实践主题，包括：循环功及指示计算分析、内燃机理论循环计算对比研究及内燃机实际因素影响研究、各因素对充量系数影响规律的计算研究、汽油机放热规律计算研究、柴油机放热规律计算研究、供喷油规律计算研究、内燃机性能特性计算研究、内燃机综合经济性计算研究。

实验环节共 5 个实验主题，包括：汽油机性能、柴油机性能、内燃机热平衡实验、供喷油系统喷油参数可视化测试实验、内燃机进气涡流比测试与流场可视化测试实验。

根据本课程的教学内容，建立了各章节与预期学习成果之间的对应支撑关系，并且针对预期学习成果设计相应的教学策略。梳理本课程教学内容的逻辑关系，并提炼了各章节的核心知识点、知识难点等内容。围绕各章节的核心内容，从理论知识和专业技能两方面建立学生学习能力的培养路线。

本课程教学内容与预期学习成果之间的对应支撑关系，以及为完成预期学习成果采取的教学策略详细案例如下：

预期学习成果（1）：通过课堂理论学习，学生能够阐述内燃机技术理论的发展历史、重大技术突破的背景与影响。

所对应的教学内容：第一章内燃机概论。

采用的教学策略：通过对内燃机发展历史、动力系统在人类发展史上的作用、我国的动力技术研发水平等课程内容的讲解，激发学生的专业兴趣，培养学生的专业情怀，通过对当前本领域前沿课题的研究热点分析，引导学生思考未来内燃机的重大技术突破与对社会的贡献。

预期学习成果（2）：通过研究型课堂内容的学习，学生能够利用内燃机原理基础理论知识分析内燃机的相关现象和基本特性；能够利用基本计算公式和计算方法分析内燃机性能参数之间的关联关系；能够综合应用相关知识解决内燃机的复杂工程问题。

所对应的教学内容：第二章内燃机的工作指标、第三章燃料与热化学、第四章内燃机工作循环、第五章换气过程、第六章内燃机增压、第七章汽油机燃烧、第八章柴油机燃烧、第九章柴油机燃油供给、第十章内燃机排放与控制、第十一章内燃机性能。

采用的教学策略：研究型教学贯通全部课程内容，对于每章的核心知识点和难点联系科研实际和当下热点问题等凝练成讨论主题，在课堂上展开讨论，以激发学生理论联系实际的研究兴趣，培养学生利用理论知识分析内燃机的相关现象和基本特性的能力；通过公式讲解和讨论，引导学生推演内燃机性能参数之间的关联关系，培养学生的基本工科素养和应用综合知识解决内燃机领域的复杂工程问题能力。

预期学习成果（3）：通过讨论主题引导研究过程的学习和锻炼，学生能够查阅并获取能源与动力工程专业重要的文献资料；能够综合运用内燃机理论知识和专业技术手段完成内燃机专题项目的研究；能够综合应用各学科知识分析解决内燃机领域复杂的实际工程问题。

所对应的教学内容：本课程全部内容。

采用的教学策略：针对每一章的核心知识点和难点，设计了研讨主题。各章课程内容对应的研讨主题如下：

研讨主题一提高发动机性能的途径研讨（第二章内容）；

研讨主题二替代燃料的应用及其前景研讨（第三章内容）；

研讨主题三理论循环与实际循环的差异讨论（第四章内容）；

研讨主题四增压的技术难点与趋势（第五章、第六章内容）；

研讨主题五汽油机爆震解决途径与应用研讨（第七章内容）；

研讨主题六新型燃烧模式探讨（第七章内容）；

研讨主题七燃烧优化途径研讨（第八章内容）；

研讨主题八喷油规律优化途径探讨（第九章内容）；

研讨主题九内燃机排放控制技术应用讨论（第十章内容）；

研讨主题十汽车节能技术研讨（第十一章内容）。

研讨要求学生根据主题讲授理论知识，自主查阅相关文献资料，分小组做主题发言准备，要求学生综合运用内燃机理论知识和专业技术手段完成研讨课题转向研究，能够在限定范围内分析和解决研讨课题给出的基本要求。研讨旨在激发学生对研究的兴趣，培养学生课题规划、资源协调、小组合作的能力。

预期学习成果（4）：通过项目研究过程的学习，学生可以运用计算机和工程软件解决内燃机的复杂性能问题；能够在小组中有效地工作并与小组中的其他人有效合作；能够撰写结构完整、逻辑合理、内容翔实的专业研究报告；能够创建思路清晰、内容丰富的演示文稿，并能充满自信地完成研究成果答辩；能够准确表达自己的专业想法并顺利与其他人沟通；能够合理规划项目并组织项目研究。

所对应的教学内容：本课程全部内容。

采用的教学策略：针对每一章的核心知识点和难点，设计了针对不同小组的发动机课内实践环节。课内实践环节与教学内容对应情况如下：

实践主题一循环功及指标计算分析（第二章内容）；

实践主题二内燃机理论循环计算对比研究以及内燃机实际因素影响研究计算（第四章内容）；

实践主题三各因素对充量系数影响规律的计算研究（第五章内容）；

实践主题四汽油机放热规律计算研究（第七章内容）；

实践主题五柴油机放热规律计算研究（第八章内容）；

实践主题六供喷油规律计算研究（第九章内容）；

实践主题七内燃机性能特性计算研究（第十一章内容）；

实践主题八内燃机综合经济性计算研究（第十一章内容）。

课内实践环节要求学生至少学会1个专业软件，可以借助专业软件建立内燃机子系统、整机仿真模型，并针对所给课题开展专题研究，以培养学生利用计算机及工程软件解决内燃机复杂性能问题的能力；通过组建小组共同开展项目研究，锻炼和培养学生小组合作能力；通过计算研究，整理成内容、结构合理的研究报告，并且在班里进行汇报答辩，准确表达自己的想法。

预期学习成果（5）：通过课程实验环节的学习，能够制订详细的实验计划，并组织和规划本专业相关实验；能够动手操作相关实验仪器设备；能够正确理解实验结果并对实验结果进行合理分析和解读。

所对应的教学内容为：第四章内燃机工作循环、第五章换气过程、第九章柴油机燃油供给、第十一章内燃机性能。

采用的教学策略：针对实验性强、难以理解的章节设计了相关实验环节。实验环节与教学内容对应情况如下：

实验内容一内燃机热平衡实验（第四章内容）；

实验内容二内燃机进气涡流比测试与流场可视化测试实验（第五章内容）；

实验内容三供喷油系统喷油参数可视化测试实验（第九章内容）；

实验内容四汽油机性能（速度特性、负荷特性等）实验（第十一章内容）；

实验内容五柴油机性能（速度特性、负荷特性等）实验（第十一章内容）。

实验环节重在培养学生规划、组织本专业相关实验的能力，锻炼其动手操作能力。实验环节要求学生观察实验现象，能够用专业知识解释和分析实验结果，并对结果进行详细解读，形成实验报告。

四、课程考核办法及教学效果

本课程采用研究型教学，其核心是转变教学主体，即教学主体由教师转变为学生。因此，本课程的考核评价体系也相应调整，考核占比分别为：平时成绩50%，含课堂讨论环节、仿真实践环节、实验环节等，期末考试成绩50%。

平时成绩考核重点是对预期学习成果（3）（4）（5）的考核。课堂讨论环节要求学生通过讨论主题开展相关讨论，考查学生专业文献查阅和获取能力，通过综合运用内燃机原理理论知识解释、分析、讨论内燃机的核心难点和研究热点话题，考查学生综合知识的应用能力和分析表达能力，对应预期成果（3）的考核；课堂实践环节要求学生通过给定项目的研究，运用计算机和工程软件解决内燃机的复杂性能问题，考查学生在小组中有效地工作并与小组中的其他人有效合作能力，撰写研究报告能力，答辩表达能力，规划项目并组织项目研究等方面的能力，对应预期成果（4）的考核；实验环节考核学生制订详细的实验计划能力，组织和规划实验能力，实际动手操作能力，对实验结果的合理性评价与分析能力，对应预期成果（5）的考核。

为了客观公平地反映学生的学习效果，本课程结合教学内容与科研实践，建立了典型的内燃机研究机型库，涵盖了车用汽油机、车用柴油机、军用柴油机、船用柴油机、无人机动力等不同应用平台的五种发动机。该机型库是从能源与动力工程系教师科研项目中遴选的机型，具有较完善的资料储备、技术基础、性能数据，并且具有代表性。

各小组针对所选择机型开展项目研究和课题研讨，避免了千篇一律导致的评价偏差，同时也激发了学生的学习兴趣与热情。考核评价环节充分考虑每个学生的学习效果，制定了相应的效果考核标准，考核范围涵盖研讨的课堂表现、研究项目的答辩表现、提问及问题回答情况、研究报告撰写质量、上机实践操作情况、实验操作等。

平时成绩汇总折合成百分制取 50% 计入考核成绩。平时的考核更多侧重于研究能力、操作能力、知识的应用能力等方面。

期末考试采用闭卷方式进行考核，重点考核理论知识的掌握情况，包括基本概念、基本原理、基本公式，以及理论知识的应用，采用论述和简答题的形式完成理论知识综合性掌握情况考核。

期末考试成绩的 50% 重点考核基本概念、基础知识的掌握情况，以填空题、计算题、论述题为主。

综合两种考核方式，可以全面、客观地考查学生对本课程的掌握情况。

五、课程特色和创新之处

1. 课程理念及特色

内燃机原理课程的讲授内容是内燃机产品。当前内燃机技术飞速发展，新技术、新理论层出不穷，因此课堂教学内容的动态更新成为必要环节。但是每年进行部分教学内容的更新编写，还是无法实现教学内容与实际应用的完美契合。传统的教学方法侧重向学生输入，学生接受和消化难度较大，往往是被动记忆，并且很快就会忘记，缺乏理解性掌握和灵活应用。

本课程的研究型教学正是在上述背景下开展的教学模式改革。改革的总体思路是：充分发挥本课程所讲内燃机的产品特点，有效结合教师的科研资源，巧妙切入内燃机当前研究热点课题，将本课程核心知识点和难点进行梳理，重新组织教案的逻辑结构，建立完整的课程教学关键点与难点的研究型案例，创建课内案例研讨与课外研究融合的教学及管理模式。

具体操作：从能源与动力工程系的教师科研项目中遴选5款典型发动机作为本课程的研究对象，将各章节的理论知识与发动机系统及性能指标紧密联系，提炼研究项目课题；通过学生对项目自主研究，全面提升学生理论应用、复杂案例分析与研究、解决实际问题的能力，实践自主探索性学习的教学思想；学生课后将研究项目形成小论文，培养学生的论文写作能力。这种指定发动机的贯通式研究，改善了学生专业知识点过度分散的状态，贯通了内燃机基本原理，实现了理论与实践的结合，培养了学生自主学习、研究的能力。

本课程遴选的五款发动机是以能源与动力工程系的实际科研项目为背景，案例与现实科研相贴合，针对科研的实际问题思考，能够让学生充分体会到学以致用，提高学习积极性。同时，课程中的部分优秀案例还可以作为学生后续毕业设计，甚至读研后的课题，一直持续研究下去，从而不断提升案例的研究价值。

2. 课程改革创新点

（1）梳理本课程各章节的知识点，构建课程内容章节逻辑关系图，并提炼了核心教学内容和理论难点，构建了学生能力培养路线图，如图1所示。

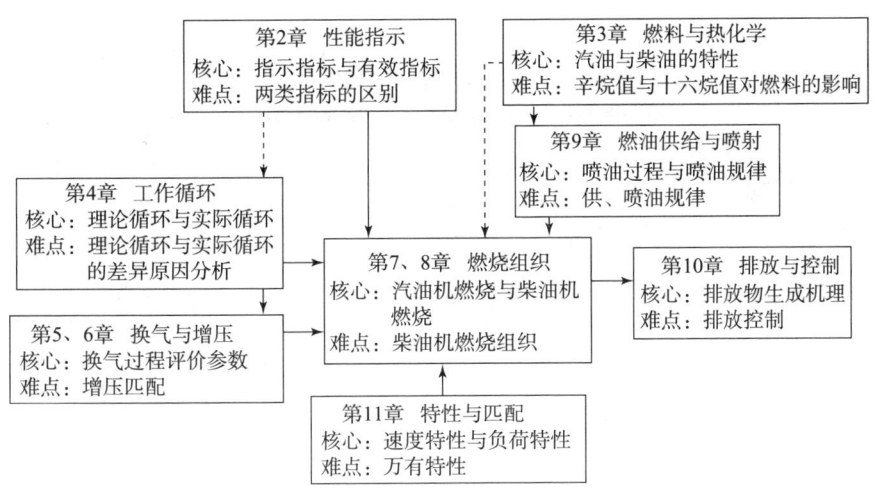

图1 "内燃机原理"课程各章节逻辑网络图与核心内容

围绕各章节的核心内容，从理论知识和专业技能两方面建立学生学习能力的培养路线，如图2所示。

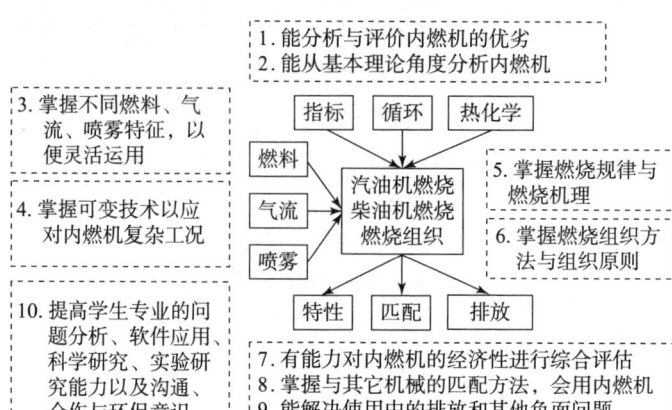

图 2 "内燃机原理"课程理论知识与专业技能能力培养路线

（2）结合教学内容与科研实际，建立和完善了五种典型的内燃机机型库，激励学生的学习兴趣与热情。

根据本课程内容，结合我系多年来在军、民用内燃机方面的科研成果，建立和完善了五种典型的内燃机机型，这些机型作为学生小组研究和讨论的对象，被分配到各组并贯穿全部课程内容，包括课堂讨论、仿真实践、课外研究等各个环节，如图 3 所示。

图 3 应用课程理论知识解决热点问题的途径设计

入选的内燃机机型是典型内燃机，各具特点，涵盖了强调排放性能优越的车用汽油机、经济性能优越的车用柴油机、追求高功率密度的军用柴油机、追求重油和轻量化的无人机发动机、追求大缸径的船用柴油机等。学生通过各自小组机型的研究，锻炼了解决复杂工程问题的能力，通过小组与小组之间的研讨拓宽了不同机型的解决途径。

（3）针对 2016 版培养方案，将原"内燃机原理"与"内燃机性能仿真"课程进行知识点整合与提炼，结合课内实践、课外实践等环节，将课程内容结合研究型案例进行分配与规划，如图 4 所示。

指标	研究方式：研讨、计算、实验	内容（分组研究、代表汇报、按组释疑、组间辩论）
指标	性能评价应用研讨	基于示功图计算各类发动机性能、并进行优劣→辩论
循环	循环分析的计算研究	编程计算各循环效率、循环功、Pmax、Tmax等→汇报
燃料与热化学	代用燃料应用研讨	对各种代用燃料的应用前途进行分组调研→辩论
气流	可变机构设计计算或实验研究	性能软件对可变机构性能提升进行计算或实验→汇报
喷雾	喷雾参数的可视化实验研究	针对喷雾参数，分析因素、设计试验→实验→汇报
汽油机燃烧	过程、机理、规律研讨	由缸压曲线计算放热规律，并进行差别研究→汇报
柴油机燃烧	燃烧过程计算研究	性能软件计算对比燃烧以及参数对性能影响→汇报
燃烧组织	燃烧组织方法研讨	燃烧组织方式、燃烧匹配计算分析→汇报
特性	经济性综合评估计算与实验研究	应用工作载荷谱或实验值，计算综合经济性→汇报
匹配	与车辆的匹配计算研究	为车辆计算匹配动力，评价其动力性、经济性→汇报
排放	排放解决技术研讨	排放解决方案→汇报与辩论

图 4 "内燃机原理"研究型案例课内、课外实践环节规划

研究型教学案例适用于新版教学大纲要求的"内燃机原理"教学日历，如图 5 所示，将课堂教学、课内研讨、课内仿真上机实践、课外实践等各个环节有机结合，充分激发了学生课堂学习、课外实践的主动性，强化了理论知识理解和实践应用，达到了培养学生利用理论知识解决复杂工程问题的目标。

（4）针对各章节的核心要求，结合科研成果，规划了课内上机实践研究型教学案例和课外实践研究内容，如图 6 所示。

对于内燃机性能仿真工具软件的理论知识和实操采用集中授课的模式，采用"边教学边指导"的方法进行实操指导，同时，在实操环节配备了熟悉仿真软件的助教进行指导。该环节重点对仿真工具进行理论教学和软件操作锻炼。

北京理工大学本科生教学日历

课程名称：内燃机原理		2019.9-2020.7学年第（2）学期		学时分配				
主讲教师：张卫正、孙柏刚、赵振峰		机械与车辆学院	计划与执行	总学时	讲授	实验	课内上机	课外实践	周时数
实践环节：韩恺、王字满、杜巍、何旭		能源与动力工程系	教学计划	80	58	6	16	32	6
试验指导：原彦鹏、谭建伟		班级：2017级能源与动力工程专业	实际上课	80	58	6	16	32	6

周次	上课方式	时数	授课内容	课堂研讨	课内实践	课外实践
			第四周			
第4周	讲授/讨论（周一）3月16		第一章 概论（2h）		课堂安排/研讨	
		1	1.1内燃机简史	【1】介绍课程安排情况		
		1	1.2内燃机的发展	【2】学生分五组 【3】为每组学生分配机型		
			第二章 内燃机的工作指标（3h+1h+1h）	【讨论题目布置（1）】：提高发动机动力性能的途径研讨		
		1	2.1内燃机指标体系；	【要求】针对所研究的发动机进行相关指标计算、资料准备，以PPT形式和报告形式准备		
		1	2.2指示性能指标		【研究题目布置（1）】循环功及指标计算研究	
	讲授/讨论（周三）3月18	1	2.3有效性能指标	【讨论题目布置（2）】代用燃料讨论题目		
			第三章 燃料与热化学（3h+2h）	【要求】针对所研究的发动机进行代用燃料文献查阅，每个机型需提出一种最适合的代用燃料，并给出充分理由		
		1	3.1燃料的分类；3.2石油产品的组成			
	第一次实践课		上机实践（4h）			
		1	仿真实践课程介绍：目的、意义、要求			
		1	基础理论：热力学系统、模型、原理和方程			
		2	GT-Power软件基本讲解			
			第五周			
第5周	讲授/讨论（周一）3月23	2	【讨论-1】提高性能的途径分析	【形式】每组选一个成员汇报PPT，其他成员补充 【要求】针对所选机型，汇报内容包含如下几点 【1】计算该发动机的性能指标体系（含循环功） 【2】该机型提高性能指标的主要途径有哪些？难点是什么？ 【3】通过什么手段提高性能指标？能达到什么程度？ 【评价】根据答辩情况和研究结果，教师进行各组评价、学生之间互评。		
			【实践-1】循环功及指标计算研究			
			第三章 燃料与热化学（3h+1h）	【讨论题目布置（3）】理论循环与实际循环差异分析		
		1	3.3燃料的性质	【研究题目布置（2）】理论循环与实际循环计算对比		
	讲授/讨论（周三）3月25	1	3.4燃料的燃烧	【形式】每组选一个成员汇报PPT，其他成员补充 【要求】针对所选机型，汇报内容包含如下几点 【1】分析代用燃料应具备的特点 【2】为所研究机型选一种最可行的替代燃料，并给出理由 【3】分析采用替代燃料后发动机需要做哪些改动？会带来哪些问题？如何解决？ 【评价】根据答辩情况和研究结果，教师进行各组评价、学生之间互评。		
		2	【讨论-2】代用燃料应用			
	第二次实践课		课外上机实践（4h）			
		3	单缸发动机建模过程讲解演示			
		1	模型计算与后处理，模型VV&A方法			
			第六周			
第6周	讲授/讨论（周一）3月30	2	第四章 内燃机工作循环（4h+1h+1h）	【研究题目布置（3）】充量系数计算及影响规律研究		
		1	4.1内燃机理论循环			
		1	4.2内燃机实际循环；4.3内燃机热平衡			
	讲授/讨论（周三）4月1	1	4.4内燃机多变指数分析	【形式】每组选一个成员汇报PPT，其他成员补充 【要求】针对所选机型，汇报内容包含如下几点 【1】针对所选机型，从热平衡、热管理等角度，分析该机型实际循环与理论循环的差异（考虑冷却、润滑等形式对热管理的贡献） 【2】根据分析计算结果，从循环、系统角度探讨该机型提高效率的途径和技术 【评价】根据答辩情况和研究结果，教师进行各组评价、学生之间互评。		
		2	【实践-2】理论循环与实际循环计算对比			
			【讨论-3】理论循环与实际循环的差异			
	第三次实践课		上机实践（4h）			
		2	发动机子系统建模方法讲解			
		2	计算后数据处理方法讲解及结果分析			
			第七周			
	讲授/讨论（周一）4月6	1	第五章 换气过程（5h+2h）			
		1	5.1换气过程与特点；5.2换气过程评价参数			
		1	5.3充量系数解析；5.4影响换气质量的因素	小组上机实践说明：分班进行指导，8次课，32学时，每周		

图5 "内燃机原理"课程课内、外一体化教学日历（部分内容）

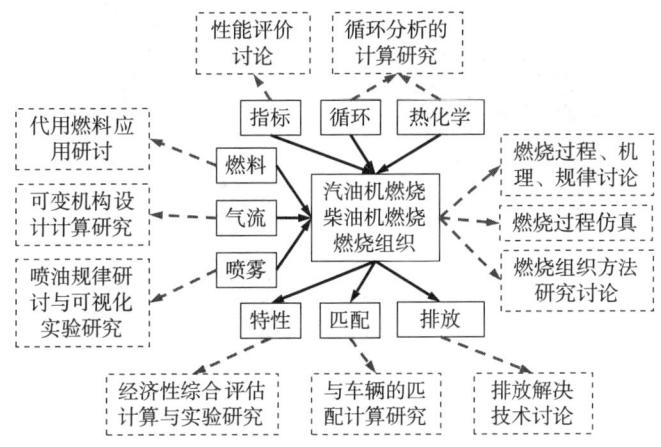

图 6 "内燃机原理"课程各章节课内外研讨、研究规划框架

具体操作：结合五种典型机型，分组进行实践环节的研究型小组研讨，5~6人为一个研究小组，针对选择的内燃机机型根据课堂教学内容开展仿真研究。图7所示为分组研讨题目的研究型案例教学现场。

图 7 分组研讨题目的研究型案例教学现场

（5）结合课堂教学内容，凝练可以发挥学生自主学习空间的课堂研讨主题，并进行课堂研讨，培养学生利用理论知识解决复杂工程问题的能力，同时培养学生学术交流素养。

针对五种典型机型以及各自机型的特点，教师结合课堂教学内容，编写课堂讨论环节对应的讨论方案和大纲，学生根据讨论大纲和选择机型，分组完成资料整理、报告撰写等内容，最后以课堂答辩的形式汇报。分组研讨及研讨答辩如图8所示。

图 8　课堂讨论汇报研究型案例现场

分组研讨主要培养学生利用理论知识分析问题、采用仿真技能解决实际问题的能力，同时，培养学生基本的学术交流、科研表达等学术素养。图 9 所示为预期学习成果。

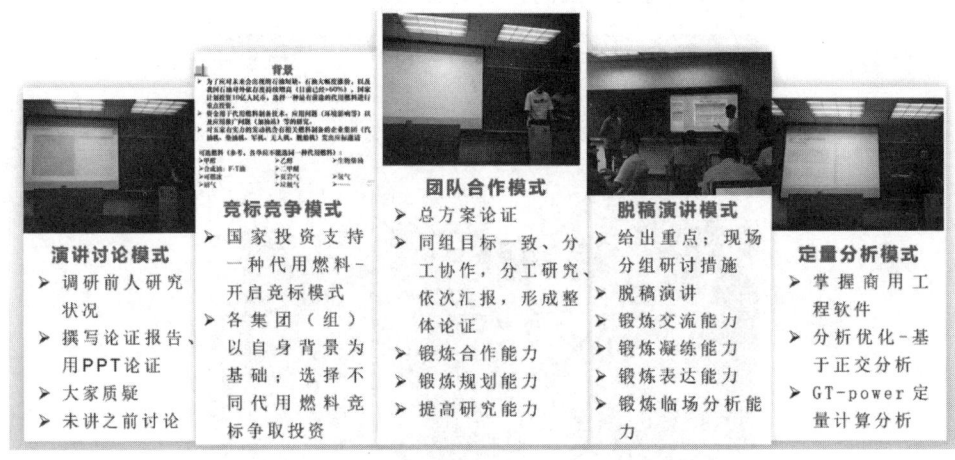

图 9　研究型教学预期学习成果体现

在课堂研讨和答辩环节，教师根据各小组讨论情况和答辩情况对小组及小组成员在该环节的表现给出相应的评价。评价结果将作为平时成绩，最终计入学生总成绩。最后，各小组将研讨内容总结、整理，形成研讨报告。

（6）对研究型教学对学生能力培养的支撑作用进行了分析与研究。针对研究型教学课程改革对学生能力培养的支撑作用，本课程研究分析和构建了课程研究型教学对学生能力的映射关系。

（7）学生专业理论、能力综合水平考核方法研究。针对研究型教学的特点，本课程制定了相应的考核方法。由于本课程改革突出了课堂讨论、课外研究、实

践论文等环节,因此,在学生专业理论学习、综合能力体现、实践环节考核等方面都给予相应的考核办法。具体考核方法如下:

①平时成绩占50%。其中课堂讨论和实验占20%,主要包括考勤、课堂研讨、答辩、实验等方面;实践环节占30%,主要针对课内、课外仿真研究的实践环节,包括仿真实操、研究报告、结课答辩等环节。

②期末考试成绩占50%,主要考核理论知识掌握程度。

图10所示为实践环节最后研究成果答辩现场。以小组为单位进行各组实践研究环节答辩,各小组推荐一名同学作为主要讲解人,其他成员作为老师和其他同学提问答辩人,根据各同学的表现情况,考核组老师进行逐项评分,作为实践环节考核分数计入总成绩。

图10 仿真实践环节答辩现场

(8) 组建并锻炼了一支强大的研究型课程建设队伍。在本课程研究型教学改革过程中组建了与本课程相关的教师队伍,队伍包括担任专业课多年的张卫正、孙柏刚等资深教授,赵振峰、韩恺、杜巍等中年骨干教师,何旭、王字满等具有丰富仿真实践经验负责仿真实践环节教学的青年教师,同时,配备了负责实验环节的原彦鹏、谭建伟等课程实验环节的指导教师。

本课程群不定期进行课程教学经验交流和课程计划研讨,在授课过程中做到每节课课后主讲教师进行课程内容和课程进度交流,不断丰富课程内容、完善课程体系。

六、课程教材

[1] 孙柏刚,杜巍. 车辆发动原理 [M]. 北京:北京理工大学出版社,2015.
[2] 刘圣华,周龙保. 内燃机学 [M]. 4版. 北京:机械工业出版社,2017.
[3] 秦有方. 车辆内燃机原理 [M]. 北京:北京理工大学出版社,1997.

"生产计划与控制"研究型课程案例

——以学生为中心、以能力为导向的研究型课程改革

授课教师：胡耀光　敬谦　刘敏霞

开课单位：机械与车辆学院

一、课程概要

生产计划与控制课程（2009版教学计划名称为生产运作与管理）面向我校工业工程专业大三学生开设，是工业工程专业的核心必修课，自我校2002年成立工业工程专业开始，连续开设至今。

2012年起，本门课程开始开展研究型课程教学模式改革实践，先后获得第十批教改立项项目"项目驱动案例研讨实践创新——'生产运作与管理'研究型课程改革与实践"、优秀青年教师资助计划教学能力提升项目"问题驱动的学生创新思维导入与课堂教学模式改革"、人才培养综合改革试点项目"'生产运作与管理'研究型课程（含研究型课程规范化定义）教改项目"、学校深化教育教学改革专项项目"'生产运作与管理'研究型课程建设"和"基于ILOs的'生产运作与管理'精品研究型课程建设"，2019年入选北京市本科优质课程。

在多年的研究型课程教学模式改革与实践中，本课程持续进行了以学生为中心、以能力为导向的教学创新，形成了基于"问题发现—知识融合—问题解决"的学生自主学习与能力提高的课程教学总思路。按照"内容重构、方法创新、梯度评价"的三位一体研究型课程理论范式，从课程内容的优化重构、教学进程的设计、案例的选择、课堂教学的组织、过程考核及评价体系等方面进行系统化的教学设计。在近三年的研究型教学过程中，教学内容主要围绕生产系统、生产计划体系、库存控制、生产作业排序、计划控制、生产线平衡等基础知识模块，生产计划与控制相关的研究课题模块，生产系统综合实验模块展开。

二、课程教学目标及预期学习成果

1. 课程教学目标

以课程思政为指导，结合高铁、大飞机等典型生产系统，阐述中国制造强国

战略，结合国防军工等制造企业需求，培养学生家国情怀与使命报国的价值导向。以学生为中心、能力为导向，提高学生运用专业知识解决实际问题的能力。通过课程学习，学生能够准确描述生产系统构成、生产计划体系，以及各计划之间的逻辑联系、数据关系；掌握物料需求计划的建模与求解方法；能够解决生产作业计划排产、生产调度、车间物流优化，以及库存管理、控制与优化等问题；具有对生产与服务系统作业瓶颈分析、流程优化、生成与服务能力平衡的专业技能；形成生产与服务系统规划、设计的创新思维，具备解决生产与服务系统方案设计、系统实施与优化控制等实际工程问题的能力。

围绕学生的创新能力培养和创业意识教育，通过"专业课程大纲/知识体系与企业/项目的工程问题相融合、教学内容/知识类型与教学方法/评价体系相融合、课堂教学/分析实验/研究选题与企业实际需求相融合"，实现生产计划与控制研究型课程教学模式的改革创新。

2. 预期学习成果

根据本专业培养目标及课程体系确定本门课程的预期学习成果指标点，并根据 ILOs 设计课程内容/模块、教学策略。

ILOs1：理解生产和生产系统的基本概念，能够准确描述生产系统的构成、生产计划的框架体系；

ILOs2：理解库存管理的基本概念，能够清晰阐述作业控制的基本方法、库存控制的具体指标，能够运用库存控制系统进行库存控制；

ILOs3：理解生产计划的基本概念、原理，准确说明计划之间的逻辑联系、数据关系；掌握物料需求计划的建模与求解过程，能够进行产品物料清单的分析、分解；

ILOs4：掌握生产计划控制的基本内容、方法，能够根据具体的生产计划实施生产进度控制与过程分析；

ILOs5：能够根据生产计划控制的基本内容、方法，利用现有计划排序、生产调度、库存管理与控制的理论及方法，解决生产作业计划排产、生产调度与库存管理、控制与优化的问题；

ILOs6：理解准时制、精益生产、智能工厂等先进生产系统理念，能够根据所掌握的先进生产系统理念、生产计划与控制技术，针对各种社会需求提出相应的生产系统管控方案；

ILOs7：具有生产系统作业瓶颈分析、流程优化、生产线平衡的能力，形成对生产系统进行规划、设计、优化与控制的思维模式。

三、课程内容及教学策略

1. 课程内容

为了将企业或项目中的实际工程问题进行系统化梳理，融入"ILOs—指标点"矩阵中，重构教学内容，将教学内容调整为三大模块：基础知识模块、实验讨论模块和研究课题模块，形成"问题－知识－方法"案例库；优化各专业课程的课堂教学、分析实验及研究选题在教学过程中所占比例，将学生的创新能力教育与科研项目结合，并体现在"课堂讲授—课下实验—课外研究"的各个环节中。

在基础知识模块，针对课堂教学内容保留该门课程核心的知识点作为基础性教学内容，具体包括生产系统、生产计划体系、作业计划排产、车间物流优化、库存管理与控制等内容。

在实验讨论模块，围绕课程核心知识点，设置乐高精益生产实验和汽车生产线平衡实验，设计从订单—计划—生产—库存—检验—发货等各个环节业务活动，学生分组实验，深刻理解生产运作、生产计划与控制的知识体系；针对生产线平衡问题，先布置学生自学流水生产线相关知识，再组织学生到工训中心的智能生产系统进行认知实验，然后进行生产线平衡实验。在上述实验内容基础上，课程安排了两个课堂研讨专题，分别是丰田生产系统（Toyota Production System，TPS）与生产线平衡，以及制造执行系统（Manufacturing Executive System，MES），这两个专题是紧跟当前智能工厂和智能生产领域的研究热点而设置的。原有课程中的其他知识点作为学生自学的内容以课后作业的方式布置。

在研究课题模块，设置了研究型课程选题指导的专题教学内容，启发学生从观察现象入手，分析现象背后的技术，进而提出具体的研究问题；同时，也指导学生结合课程教学知识点及生产实际，提出研究问题。

具体课程内容分解如下：

Unit 1　生产与生产系统

1.1　生产和生产系统

1.2　生产管理

1.3　生产类型

1.4　生产系统构成

Unit 2　生产计划体系

2.1　生产计划体系框架

2.2　综合生产计划/生产大纲

2.3　主生产计划

2.4　物料需求计划

2.5　生产能力计划

Unit 3　库存系统与库存控制

3.1　库存系统

3.2　库存管理原理（定量＋定期）

3.3　库存控制方法（EOQ 模型等）

3.4　JIT 与零库存

3.5 报童模型 + VMI

Unit 4 生产作业排序

4.1 生产作业计划

4.2 生产作业排序与调度

4.3 生产线平衡

Unit 5 车间物流与作业控制

5.1 车间物流概述

5.2 AGV 及路径规划

5.3 作业执行进度控制

Unit 6 精益生产与智能工厂

6.1 丰田生产系统与精益生产

6.2 智能工厂与智能生产

Unit 7 综合实验

7.1 汽车生产线平衡实验

7.2 乐高精益生产实验

Unit 8 研究选题指导

8.1 观察现象选题

8.2 实际项目需求选题

课程内容（Units）和预期学习成果（ILOs）之间的对应支撑关系如表 1 所示。

表 1 课程内容和预期学习成果之间的支撑关系

内容	基本目标达成				创新能力养成		
	ILOs1	ILOs2	ILOs3	ILOs4	ILOs5	ILOs6	ILOs7
Unit 1	√					√	
Unit 2			√		√	√	
Unit 3		√		√	√		
Unit 4			√	√	√	√	
Unit 5				√	√		
Unit 6						√	√
Unit 7	√	√	√	√	√	√	√
Unit 8					√	√	√

2. 教学策略

以问题驱动、案例研讨为核心的研究型教学模式研究是开展研究型课程教学的重要内容，结合研究型课程教学内容设计，以 CDIO 工程教育模式为参照，改革传统课堂讲授的教学模式，提出"实地调研与现场访谈、课堂总结与交互讨论、方案设计与实验研究、咨询答辩与评价总结"的研究型教学过程，探索学生为主、教师为辅的创新思维导入方法，形成"问题－知识"相互融合、教学相长的教学模式并进行教学实践。

具体按照研究型课程的教学进程全局视图（如图1所示），分别开展课堂教学与讨论、实验讨论与总结、研究选题与辅导等教学方式方法的探索。

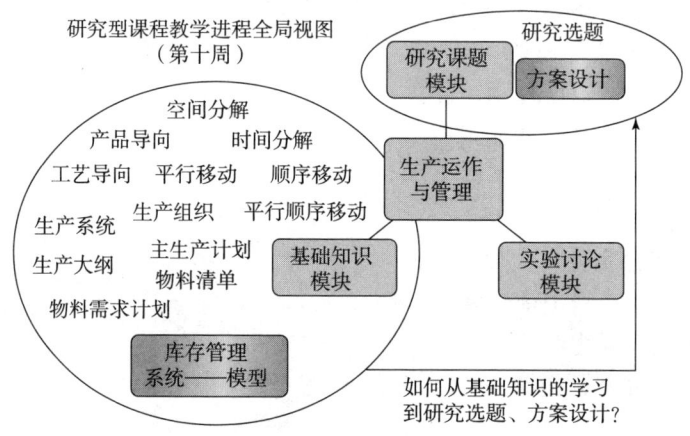

图1　研究型课程的教学进程全局视图

按照"基础知识教学类、综合运用实验类、问题驱动研究类"三类课程内容，分别采用研讨式、案例式和项目式进行研究型课程教学。

（1）通过研讨式教学方式，使学生知悉和理解生产和生产系统的基本概念，生产系统的构成，生产计划的框架体系，生产作业控制、库存系统等的基本概念。

（2）通过综合试验与案例式教学，使学生知悉和理解生产计划体系内各种计划的基本概念、原理，计划之间的逻辑联系、数据关系；掌握物料需求计划的建模与求解过程，能够进行产品物料清单的分析、分解；掌握生产计划控制的基本内容、方法和典型的库存控制系统。

图2所示为本课程课堂教学的基础性问题：以生产计划体系为核心，为学生建立起生产计划与控制课程的核心知识体系，并与教学实验、实际问题研究解决相结合，实现本科生研究型课程的"教学—实验—应用"连贯性与一体化。在研究型问题的教学过程中，针对学生情况进行分类指导、因材施教，上课期间每天下午5：00—6：00对学生开放，通过"选题指导、中期检查、结题答辩"三个阶段，对学生进行实践创新能力培养。

（3）通过项目式教学模式，使学生能够根据生产计划控制的基本内容、方法，利用现有计划排序、生产调度、库存管理与控制的理论及方法，解决生产作业计划排产、生产调度与库存管理、控制与优化的问题。

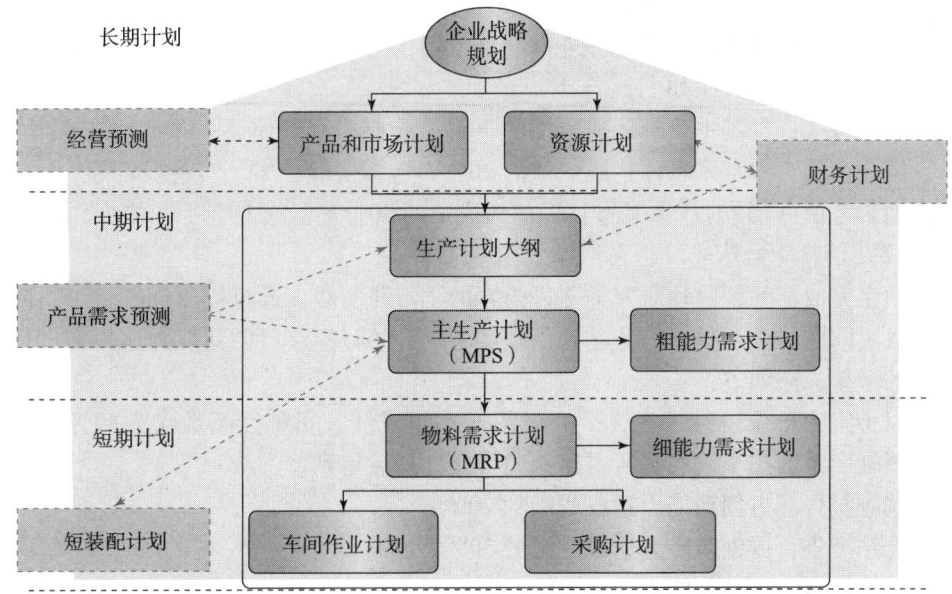

图 2　生产计划与控制的核心知识点：生产计划体系

（4）通过生产线平衡综合试验教学和项目式教学，使学生能够针对各种社会需求提出相应的生产系统管控方案，具有生产系统作业瓶颈、流程优化、生产线平衡的能力，形成对生产系统进行规划、设计、优化与控制的思维模式。

（5）针对研究课题模块的选题指导，紧密结合课程知识点与当前新技术发展趋势，引入京东、亚马逊等企业的物流 AGV 应用视频（京东：http://www.iqiyi.com/w_19ruwqxhux.html；亚马逊：http://www.iqiyi.com/w_19rti2oauh.html），启发学生思考，指导学生进行选题并分组开展研究。

四、课程考核办法及教学效果

按照基本目标达成（包括基础知识和综合运用实验）和创新能力达成对学生进行综合评定。通过设计基本目标达成的评价表，考查学生掌握基础知识并进行综合运用，完成实验研究的情况；通过设计创新能力养成的评价表，考查学生完成问题驱动研究类课程的情况。按 ILOs 逐条考评课程实施及学生成绩评价，兼顾团队、个人，并突出研究型课程教学过程评价、学生能力的形成性评价。

按照基础知识教学类（40%）、综合运用实验类（20%）、问题驱动研究类（40%），设计不同的考核方法，并遵照"基本目标达成（包括基础知识和综合运用实验）"和"创新能力达成（主要针对问题驱动研究类）"对学生进行综合评定。

（1）基本目标达成（占总成绩的60%）

学生掌握了基础知识并能够进行综合运用，完成实验研究。对基本目标达成类设计相应的考核方法如下：

平时考查：占基本目标达成成绩的30%，包括考勤、作业、课堂讨论等。

综合实验：占基本目标达成成绩的20%，包括实验方案、实验报告等。

期末考试（闭卷）：占基本目标达成成绩的50%。

（2）创新能力达成（占总成绩的40%）

学生完成了问题驱动研究类课程内容的学习与实践，通过提出问题、分析问题、解决问题的全过程训练，达到创新能力提升的目标。对创新能力达成类设计相应的考核方法如下：

以小组为单位进行考核，个人成绩＝小组成绩×贡献度系数×教师评价系数，贡献度系数按小组成员所占比例归一化处理后得到。

选题报告：占创新能力达成成绩的20%；

总结报告：占创新能力达成成绩的30%；

结课答辩：占创新能力达成成绩的50%。

按照布鲁姆教育目标分类法，将教育目标按照学生学习达到的层次由浅入深分为"知道、领会、应用、分析、综合、评价"六个层次。学校教发中心组织的课堂教学中期反馈报告结果显示：该课程学生积极参与、认真听讲、互动比例高；学生通过学习，已超越知道、领会、应用的浅层次学习，达到分析、综合、评价的高层次能力水平。学生学习目标达成度情况如图3所示。

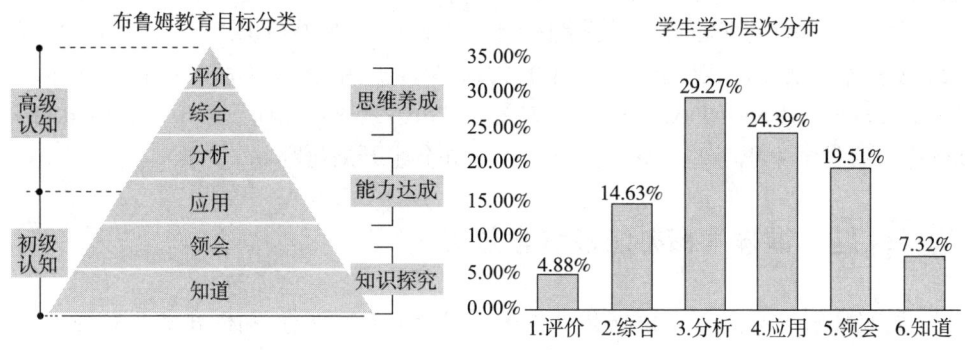

图3　学生学习目标达成度统计

学生对课程总体评价好，普遍认为通过分组完成研究选题任务，提高了团队协作能力、解决实际问题的能力，促进了创新思维发展。50%的同学认为课程有难度，研究型课题、小组研究任务分担等活动耗时较多。

专家评价：课程改革形成的"三位一体"研究型课程理论范式、教学改革的思路方法，拓展应用到了工业工程专业人因工程学、应用统计学等课程改革，对学校其他专业课程改革具有示范作用。

五、课程特色和创新之处

1. 以学生为中心、以能力为导向，构建三位一体的研究型课程理论范式

本课程基于"内容重构、方法创新、梯度评价"的三位一体研究型课程理论范式，从课程内容的优化重构、教学进程的设计、案例的选择、课堂教学的组织、过程考核及评价体系等方面形成研究型课程的范式定义，提高了课程的科学性、高阶性和挑战度。

结合多年的教学改革，提出"以学生为中心、以能力为导向，构建三位一体的研究型课程理论范式"，如图 4 所示。

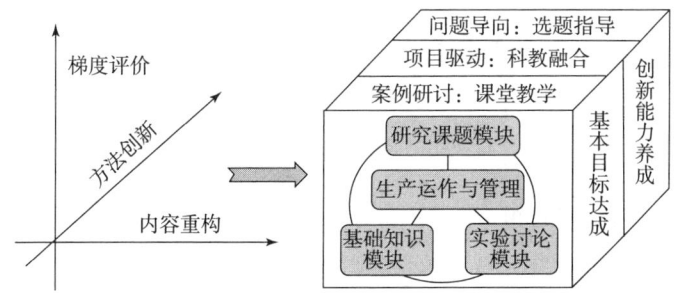

图 4　三位一体的研究型课程理论范式

在方法创新维度，围绕"学生创新能力和创业意识教育"的核心目标，提出以科研项目为支撑、课程知识体系的创新重构为重点，开展系统式融合创新与一体化工程培养相结合的研究型课程改革与实践（如图 5 所示），重点解决了以下问题：

（1）如何实现基础知识与研究课题模块的结合？即在基础知识讲授、讨论的基础上，以学生为中心，引导学生开展研究选题。

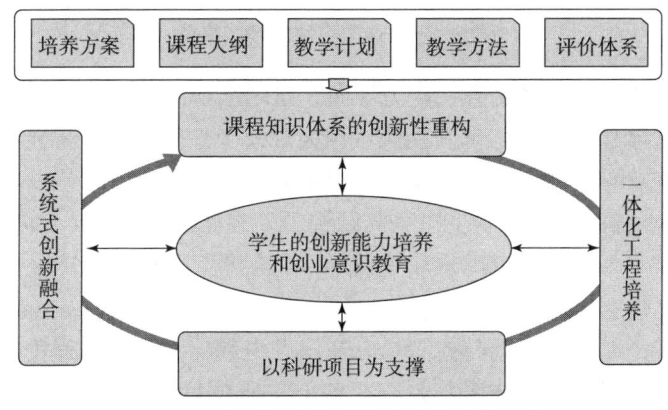

图 5　研究型课程教学模式改革总体思路

(2) 如何实现科研项目支撑下的学生创新能力培养？将国家项目、企业合作项目的最新研究成果与实际需求，作为学生研究选题的重要参考，拓展学生思维，拓宽学生研究视野。

(3) 如何实现传统课堂教学模式向研究型课程教学模式的转变？强化对学生创新意识、创新精神和创新能力的培养，让课堂成为学生充分发挥独创精神的空间。

(4) 如何进行研究型课程教学模式下的学生成绩评定？建立与"问题－知识"相融合、一体化工程培养模式相匹配的学生考评体系。

2. 多种教学方式融合创新，按照"研究选题、方案设计、研究开发、研究总结"教学策略，开展研究型课程教学模式的创新实践

多种教学方式融合创新，例如课堂讲授与讨论、角色体验式课程实验，以及分组协作的研究课题，按照"研究选题、方案设计、研究开发、研究总结"教学策略（如图6所示），开展研究型课程教学模式的创新实践。

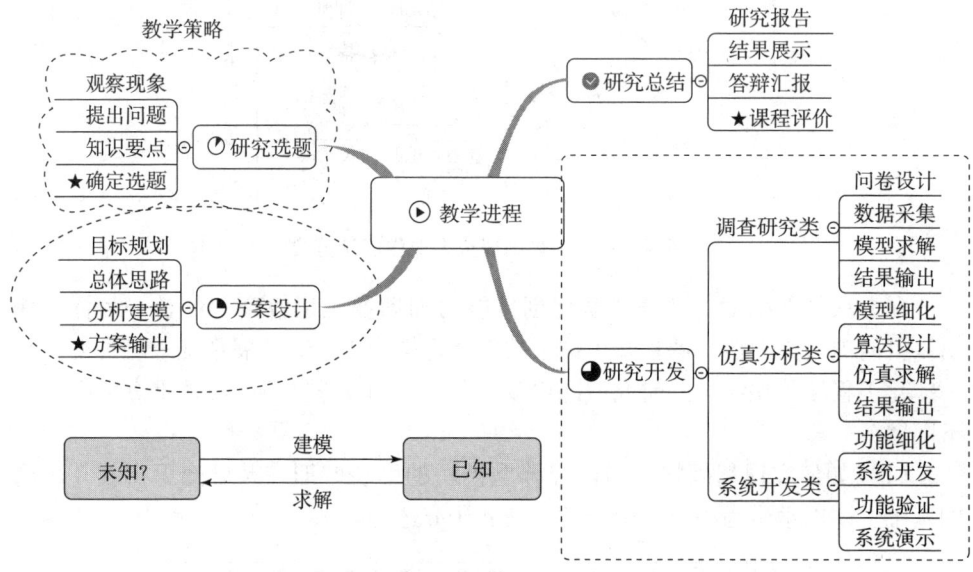

图6 研究选题模块的教学策略

课程充分体现了科教融合、能力导向、研用结合的教学特色，以实际承担的科研项目为支撑（包括工信部新能源汽车大规模个性化定制的智能制造新模式项目、科技部重点研发计划重型拖拉机智能制造技术研究与系统研发、大兴机场停车机器人系统项目等），为学生拓宽选题视野。在团队指导下，学生也开展了一些自主选题工作，如针对车间现场物流 AGV 的路径规划、地铁服务资源配置等方面的研究。

科教融合：以生产计划与控制核心知识点为基础，结合课程负责人承担的科技部、工信部等智能制造技术与系统相关的科研项目，以实际科研项目为支撑，将最新科研成果、技术、方法等融入课程内容中，实现课程内容的持续更新。

能力导向：课程坚持按照以学生为中心、能力为导向的研究型课程教学改革，教学过程集成了研讨式、综合试验与案例式、项目式等多种教学方式，变学生对课程知识的被动接受为主动思考、学用结合，教学活动注重分析、评价、创造等高层次思维能力的发展，实现以问题驱动学生创新思维导入。

研用结合：课程围绕基础知识、科研项目、企业应用等方面，指导学生团队协作分组完成研究选题，特别注重研究性和实用性相结合，提高学生运用科学方法解决实际工程问题的能力。

3. **课程内容持续优化、教学模式不断创新，形成可持续改进的教学创新理念**

经过多年的研究型课程教学模式改革实践，基于北理工"乐学"网络教室平台，逐步建设并形成了"问题－知识－方法"案例库；将学生的创新能力教育与科研项目结合，并体现在"课堂讲授—课下实验—课外研究"的各个环节中。结合对 2013～2015 级学生学习结果反馈及评价，针对实验与研究选题的内容进行持续改进。通过 2014～2016 级三届学生在汽车流水线平衡实验中不同方案对比，学生在理解生产线平衡问题本质、掌握平衡方法等方面 2016 级明显高于 2015 和 2014 级。根据教学内容及大规模个性化定制的智能制造新模式的发展，2016 级新增了"乐高精益生产实验"，取代了前两届较为简单的"用 Excel 自带工具 Solver 求解器解生产计划问题"的实验，突出学生的动手能力、生产系统的设计规划能力的锻炼。实验模块的主要内容如表 2 所示。

表 2　2014～2016 级学生实验模块的主要内容

序号	实验项目	2014 级	2015 级	2016 级
1	Solver 求解生产计划	用 Excel 自带工具 Solver 求解器解生产计划问题。	用 Excel 自带工具 Solver 求解器解生产计划问题。	未开展。
2	汽车流水线平衡实验	先讲生产线平衡基础知识，再指导学生开展实验，运用 Flexible Line Balancing 软件进行仿真实验。	先布置学生自学流水生产线相关知识，再组织学生进行生产线平衡实验，最后组织生产线平衡专题讨论。	先布置学生自学流水生产线相关知识，再组织学生到工训中心的智能生产系统进行认知实验，然后进行生产线平衡实验，最后组织生产线平衡专题讨论。
3	乐高精益生产实验（2019 年新开发的实验）	未开展。	未开展。	设计从订单—计划—生产—库存—检验—发货等各个环节业务活动，学生分组实验，深刻理解生产运作的知识体系。

综合 2013~2015 级学生的研究选题情况及评价反馈,注重引导学生选题多样化,增大知识点的覆盖度。通过智能制造等最新科研项目融入教学内容,实现研究选题的持续改进。具体选题情况如图 7 所示。

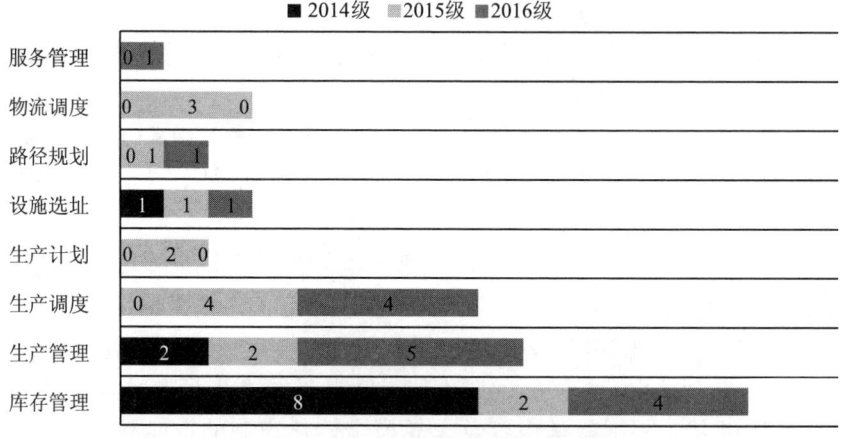

图 7　2014~2016 级学生研究选题类型对比

后续将在前期研究型课程教学改革的基础上,强化课程思政,重点结合翻转课堂模式,开展线上线下混合式的研究型课程改革。

"热流体仿真与应用"研究型课程设计与实践

授课教师：黄彪　吴钦　　开课单位：机械与车辆学院

■ 一、课程概要

热流体仿真与应用课程作为能源与动力工程专业的学科基础选修课程，是学生工程知识背景学习的必不可少的组成部分。本课程面向相关专业本科三年级学生，以流体力学 I 和数理方程与特殊函数为基础，以研究流体流动规律为目标，主要讲授计算流体动力学的基本原理及流体动力学软件的使用方法，让学生初步掌握流体力学方程组求解的基本方法，学会使用计算流体动力学软件研究流体流动和传热基本问题，为学生以后从事利用计算流体动力学进行有关产品的设计、开发研究等方面的工作奠定必要的基础。

■ 二、课程教学目标及预期学习成果

1. 课程教学目标

（1）通过课堂教学，学生知悉和理解计算流体力学的基础知识，能够利用基本知识和计算方法等技能对流动的现象和流动规律进行分析。

（2）通过研究型课堂教学，学生掌握计算流体力学基础知识在机械工程和动力机械系统、过程、工艺中进行建模、表达、分析的方法。

（3）通过研究型课堂教学和课内外项目研究，学生熟悉能源与动力以及工程机械材料特性和各类物理现象、规律，掌握利用计算流体力学等基础知识进行设计和实施实验的能力，并能够对工程机械与动力机械系统的特征流动参数和运行参数的计算及实验结果进行分析。

（4）通过课内外问题研究，学生掌握机械工程及能源与动力工程专业与流动计算相关领域文献资料的来源和获取方法，培养综合运用流体力学基础知识完成项目研究的能力，培养综合应用各学科知识分析解决复杂实际工程问题的能力。

（5）通过课内外项目研究，学生能够运用计算机和工程软件解决复杂流体动力学问题，能够完成研究报告和研究答辩，具备通过口头或书面方式表达自己

的想法，进行项目规划和项目研究的基本专业素养。

2. 预期学习成果

（1）能够运用流动力学的专业知识对能源与动力领域复杂工程问题进行计算机建模、表征、解释。

（2）能够综合应用数学、自然科学和工程科学的基本原理对流动的现象和流动规律进行分析。

（3）能够通过测量、测试、仿真和分析，对动力机械系统的流动控制参数、状态参数和工艺规律进行研究。

（4）能够对动力机械系统的特征流动参数和运行参数的计算和实验结果进行分析。

（5）具备提出问题、解决问题的能力，并能够综合应用流体力学基础知识及计算机和工程软件进行创新实践，解决工程技术问题。

（6）能够参与课程项目，具备团队合作的意识；能够通过口头或书面方式表达自己的想法，进行项目规划。

三、课程内容及教学策略

在课程的实施过程中，从课程目标、课程内容、授课模式、配套实验/实践等方面结合 OBE 理念完成课程教学改革顶层设计。以达到专业培养标准所规定的学生学习效果为目标，所形成的课程内容和 ILOs 之间的对应支撑关系如表 1 所示。

表 1　课程内容和 ILOs 之间的对应支撑关系

毕业要求	课程学习成果	课程内容
具有运用数学、物理、化学知识对能源与动力工程相关问题进行建模、表达、分析、计算、求解的能力。	能够运用流动力学的专业知识对能源与动力领域复杂工程问题进行计算机建模、表征、解释。	第一章　计算流体力学简介 课堂作业：阅读经典文献《A Gallery of Fluid Motion》，着重描述一副最感兴趣的图片，并对相关现象进行建模与表征，并加以展望。
具有运用计算工具对能源与动力工程相关问题进行编程计算分析的能力。	能够综合应用数学、自然科学和工程科学的基本原理对流动的现象和流动规律进行分析。	第二章　流体力学基本方程介绍 第三章　CFD 商业软件的基本结构 课堂作业：观看《军工记忆》相应片段，描述导弹研制具体工作，并借用 CFD 的优势，详细规划计算安排与分析工作。

续表

毕业要求	课程学习成果	课程内容
具有运用力学、热学基础知识对动力机械系统、过程、工艺进行建模、表达、分析、综合的能力。	能够通过测量、测试、仿真和分析，对动力机械系统的流动控制参数、状态参数和工艺规律进行研究。	第四章 冷、热混合器内部二维流动 第五章 空气绕流机翼空气动力学分析 第六章 三角翼的可压缩外部绕流 第七章 三角翼不可压缩外部绕流。
熟悉机械零件、结构、装置、系统的工作原理，具备对机械零件、结构、装置、系统的特征参数和运行参数进行测量和测试的能力，并能够对实验结果进行分析。	能够对动力机械系统的特征流动参数和运行参数的计算和实验结果进行分析。	第八章 船舶行驶阻力特性数值模拟 第九章 喷管内二维非定常流动。
具备计算机应用基础知识及计算机和工程软件解决复杂工程技术问题的基本技能。	具备提出问题、解决问题的能力，并能够综合应用流体力学基础知识及运用计算机和工程软件进行创新实践，解决工程技术问题。	第十章 创新性综合课程设计计算。
了解团队组织、管理方法，能够参与项目管理，具备团队合作的意识；能够通过口头或书面方式表达自己的想法，进行项目规划。	能够参与课程项目，具备团队合作的意识；能够通过口头或书面方式表达自己的想法，进行项目规划。	贯穿整个课程内容，包括平时作业和大作业的小组汇报等。
对能源与动力工程专业的技术现状和发展趋势有比较明确的认识，具有不断学习和自主探索的动力。	能够对能源与动力工程专业与流动相关领域的技术现状和发展趋势具有比较明确的认识，具有不断学习和自主探索的动力。	第十一章 创新性综合课程设计计算研讨。

在热流体仿真与应用课程研究型教学中，既要照顾到流体力学课程的基本原理，又要反映现代实验技术和计算技术在流体力学中解决实际问题的新发展。因此，本课程以"夯实知识基础，拓宽应用视野，提高工程能力，引领工程创新"为指导思想，坚持"精品"课程标准，以 OBE 理念着力进行课程建设。在教学实施过程中，申请者基于对于 OBE 理念的理解，将最新的科研成果、行业技术

引入课程，将理论学习与项目研究深度结合，以专题讲授、问题研讨、项目研究、报告答辩、论文撰写等形式开展基于学生团队项目的研究型教学。

在教学活动中，以"夯实知识基础，拓宽应用视野，提高工程能力，引领工程创新"为指导思想，创立以学生为主的课堂教学模式，促进学生自主学习能力和系统思维养成；不断培养学生如何通过理论结合实际探究事物的本质、严谨的理论推断和预测等创新性思维方式；建立来源于科研实际的项目课题及课题答辩、结果演示加书面报告的综合评价方式，提高学生创新实践能力和交流合作等综合素质。

（1）建立以学生为主的课堂教学模式，进一步确定学生在教学过程中的主体地位。注重在以探索和研究为基础的教学过程中培养学生的研究能力和创新能力。譬如在数值模拟计算中需要正确地设置边界条件和初始条件，合理地选择数学模型，恰当地划分网格和进行迭代计算，最后还需要判断计算结果是否可用，并进行必要的调整和修改。因此，要求学生对问题的发生、发展直至达到平衡的全过程进行认真思考和分析，形成独立思考的习惯和能力。此外，通过改变边界条件或初始条件等因素，低成本、高效率地求得在不同条件下的计算解。因此，数值模拟为多角度、多方位地分析问题提供了进行各种尝试的机会，有助于学生养成善于尝试和探求规律的习惯，树立创新意识。

（2）注重培养学生的创新思维、科研实践能力、综合素质，促进学生个性发展。着重贴近目前机械与动力能源领域前沿问题，以机械、动力和车辆学科前沿流体力学问题为基础，探索案例式、研讨式、实践教学等多种途径、多种媒体有机结合的"立体化"教学模式，以利于培养学生的创新思维、科研实践能力、综合素质，促进学生个性发展。教学方法与手段建设方面，探索案例式、研讨式教学等多种途径与多媒体有机结合的"立体化"教学模式。

（3）建立来源于科研实际的项目课题及课题答辩、结果演示加书面报告的综合评价方式。学生最终成绩由"文献综述""提问讨论等课堂表现""课程大作业""课程报告"等部分综合构成。

四、课程考核办法及教学效果

成果导向教学模式的评价系统不同于传统模式的统一测评等方式，应该将其评价焦点放在学生"能力指标"上，通过多方面的评价确保学生达到预期学习目标。因此，在制定热流体仿真与应用课程的考核方式时，我们的基本原则是：要充分激发学生学习的主动性和积极性，制定多方式和个性化的评价机制，使学生充分认识到，学习不在于筛选优劣，而在于真正能力的掌握。

基于上述认识，课程形成了知能并重（按ILOs逐条考评）、兼顾团队个人和综合性的课程评价方式，实行多角度综合考核办法。学生最终成绩由"文献综述""提问讨论等课堂表现""课程大作业""课程报告"等部分综合构成。文献综述反映了学生对课程专业知识的理解深度；提问、讨论、评价等课堂发言体现了学生对相应内容的理解及思考深度，以及课程的参与度；"课程大作业"体现了学生对课堂所学知识的应用程度。这种"多元立体式"的考核方式可以对学生进行客观科学的评价，尊重学生的个体差异，体现对学生多方面综合能力的鼓励和肯定。

热流体仿真与应用课程以学生能力培养为出发点，构建实践课程目标达成度评价体系，建立课程的学习成果、知识点、任务和评价指标，通过收集和评估各个教学环节的实际学习效果，设定评分分值，并与预期的学习结果（课程学习目标）对比、分析，做出正确的判断。通过多元化的评价手段，完成课程教学效果和目标达成度评价分析，并充分利用评价结果，形成反馈，进行持续改进。具体评价办法的制定和实施基于以下准则：

（1）评价内容的多维化：从学生学习的知识和技能、过程和方法、综合素质三个维度进行综合评价。

（2）评价主体的多元化：灵活运用教师评价、学生组间互评、学生组内自评等多种形式。

（3）评价方式的多样化：定量与定性评价相结合，书面考查与实践展示相结合，过程性评价与终结性评价相结合，更加重视过程评价。

（4）关注学生的主观能动性和创新思维，激发学生积极主动的学习态度。

（5）评价的公正性：评价指标和评价方法应尽量细化，各环节评价分数及时公开，接受学生的质疑，若发现错误或疏漏之处，及时更正。

基于上述指导思想，热流体仿真与应用课程教学效果综合评价指标体系建立与评价结果如表2所示。

表2 课程预期学习成果达成评价指标体系

指标点	权重	达标值	评价值		达标情况
			2016届	2017届	
运用流体力学的专业知识对能源与动力领域复杂工程问题的计算机建模、表征和解释。	0.1	0.07	0.089	0.091	√
应用数学、自然科学和工程科学的基本原理对流动现象和流动规律进行分析。	0.2	0.14	0.18	0.18	√
通过测量、测试、仿真和分析，对动力机械系统的流动控制参数、状态参数和工艺规律进行研究。	0.2	0.14	0.18	0.19	√

续表

指标点	权重	达标值	评价值 2016 届	评价值 2017 届	达标情况
运用流体力学基础知识,通过计算机和工程软件解决工程技术问题。	0.25	0.2	0.21	0.23	√
参与课程项目,具备团队合作意识,口头表达或书面方式表达自己的想法,进行项目规划。	0.25	0.2	0.22	0.22	√

在学校组织实施的学生评教活动中,学生普遍评价"注重理论联系实际","注重培养学生分析、解决问题的能力";校教学督导组评价"注重理论联系实际""体现现代教育思想,符合科学性、先进性和教育教学的规律""课程具有基础性、研究性、前沿性,能及时把学科最新发展成果和教改教研成果引入教学"。

五、课程特色和创新之处

在热流体仿真与应用课程教学中,基于国家对创新型人才和能源类专业学科体系建设的需求,围绕以人为本的原则,创新流体力学的教学体系,针对理论教学、实验教学和创新实践的三大环节,从教学理念、教学内容和教学方法等方面进行探索和改革,建设完善流体力学创新型人才课程体系,使学生提高掌握流体力学的基本理论与方法和工程应用能力,以及提出问题解决问题的能力和综合应用所学知识进行创新实践的能力。热流体仿真与应用课程教学方法和教育举措的特色与创新之处主要体现在:

(1)研究建立了理论教学—实验教学—创新实践的能源动力专业的创新性人才课程体系。针对流体力学的基本理论和方法,改革理论教学体系,将课堂教学从重系统、重演绎、重详细推导,转变为重分析归纳、重综合应用;探索如何将创新实践引入流体力学教学过程,并在理论教学、实验教学和课程评价等环节予以具体体现。

热流体仿真与应用课程旨在让学生了解、掌握和应用计算流体力学 CFD 技术解决工程中的相关问题,将 CFD 数值计算模拟方法和部分简单应用的实际上机练习引入教学中,既可以开阔学生视野、使课堂生动,增强学生对流体力学知识的理解,培养解决实际问题的能力,又可以激发学生学习流体力学的兴趣,有助于学生养成善于尝试和探索规律的习惯。

热流体仿真与应用课程具有相对独立和完整的概念、原理、方法等作为课程的理论知识体系,以跨学科复杂问题相关的项目或案例作为主要载体承载知识体系，促进学生通过项目和案例的研习拓展学习的深度和广度。教学内容的设置主要基于以下两点考虑：一是所设专题应基本涵盖本课程的内容体系，能反映教材的初衷；二是基于机车学院的学科背景，增设了贴近机械与动力能源领域前沿问题的新专题，弥补教材偏重理论的不足。两者结合，确保了教学内容既没有偏离总体教学目的，又有所探索和创新。

在课程实施过程中，不断拓宽自己的研究领域和研究深度，并促进教学的内涵与外延发展。将最新的科研成果、行业技术引入课程，将理论学习与项目研究深度结合，以专题讲授、问题研讨、项目研究、报告答辩、论文撰写等形式开展基于学生团队项目的研究型教学，从而在教学中从高层次统驭和把握本专业的知识体系，将研究成果引入课堂，与时俱进地深化教学内容，紧扣时代发展的脉搏，及时将科研能力迁移为教学能力，将科研成果不断转化为教学成果。面对实际问题，引导学生主动尝试从流体力学的角度运用所学知识和方法寻求解决问题的策略，实现教育心理学中的正向"学习迁移"。如图1所示。

【课程实施简介】

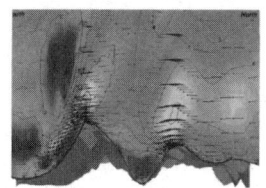
2013级学生：高宇、张赫宣等
地貌风场速度矢量

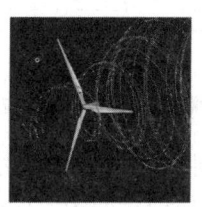
2014级学生：黄天一、黄吕威等
风力机气动结构分析

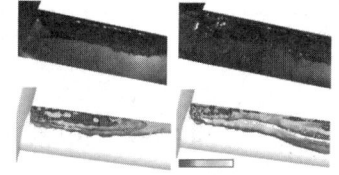
2014级学生：高阳皓、冯宇驰等
供油系统空化数值模拟研究

基于OBE理念，初步构建以能力培养为主线、课内外相结合的教学体系
学习模式——基于个人训练模式和团队学习模式
课程内容——以问题、案例、项目为载体，综合开放
教学实施——讲授、讨论、研究、报告与答辩
考核评价——兼顾团队个人、形成性评价为主

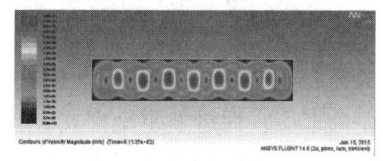
2013级学生：张汉哲、陈欢等
二维瑞利贝纳德对流流动数值仿真研究

图1　课程实施简介

（2）建立并完善了"基于MOOC的翻转课堂"热流体仿真与应用课程教学模式，在具体实施过程中，根据翻转课堂的内涵，进行了系统化教学设计，分析了提高基于MOOC的翻转课堂吸引力的因素和环节，提出"基于MOOC的翻转课堂"教学模式的课程综合评价方式，有效提高了学生的自主学习能力和协作创新能力。

在课程准备阶段，力求严密而又不失流体力学的系统性，要求学生掌握坚实的流体力学理论基础，同时采用启发、讨论的方式将有关流动概念以身边常见的流动问题采用有趣的提问提出，引导学生深入学习内容的问题实质，并以此做好课中讨论的铺垫。针对工科本科生学习的教学特点，我们认为工科本科生的教学内容应在透彻讲解流体力学基本微分方程组的基础上，偏重于联系工程实际，应用基本理论解决各类流体力学问题，而不是片面追求理论体系的完整和抽象的理论推导。在课堂学习环节，以"翻转课堂形式"作为主要授课手段，着重贴近目前机械与动力能源领域前沿问题，以应用研究课题库为依托，开展四到五个专题讨论。专题讨论以清楚阐述一个主题为原则，避免过大的论题造成时间的拖沓。提倡学生之间互相答疑的过程，以纠正错误的理解，让每位学生都能理解问题的本质。如图2所示。

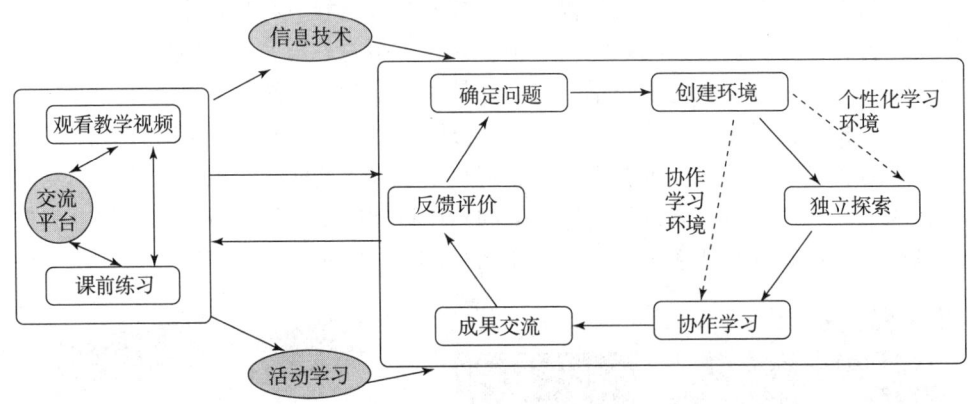

图2　基于 MOOC 的翻转课堂热流体仿真与应用课程教学模式

（3）重培养学生的创新思维、科研实践能力、综合素质，促进学生个性发展。着重贴近目前机械与动力能源领域前沿问题，以机械、动力和车辆学科前沿流体力学问题为基础，探索案例式、研讨式、实践教学等多种途径、多种媒体有机结合的"立体化"教学模式，以利于培养学生的创新思维、科研实践能力、综合素质，促进学生个性发展。教学方法与手段建设方面，探索案例式、研讨式教学等多种途径与多媒体有机结合的"立体化"教学模式。

注重以跨学科复杂问题相关项目或者案例作为主要研究载体，强化学科内涵，协同多方力量，构建了流体工程应用研究课题库，并进一步聚焦行业共性问题、企事业单位的实际问题，在燃烧理论与技术、流体机械及工程、内燃机增压、动力热力循环等方向遴选典型课题，形成了应用研究课题库。如图3所示。

（4）建立了知能并重（按 ILOs 逐条考评）、综合性的课程评价方式。实行多角度综合评价的方式，学生最终成绩由"文献综述""提问讨论等课堂表现""课程大作业""课程报告"等部分构成。文献综述反映了学生对课程专业知识的理解深度；提问、讨论、评价等课堂发言体现了学生对相应内容的理解与思考深度，以及课程的参与度；"课程大作业"体现了学生对课堂所学知识的应用程度。这种"多元立体式"的评价方式可以对学生进行客观科学的评价，尊重学生的个体差异，体现了对学生多方面综合能力的鼓励和肯定。如图4所示。

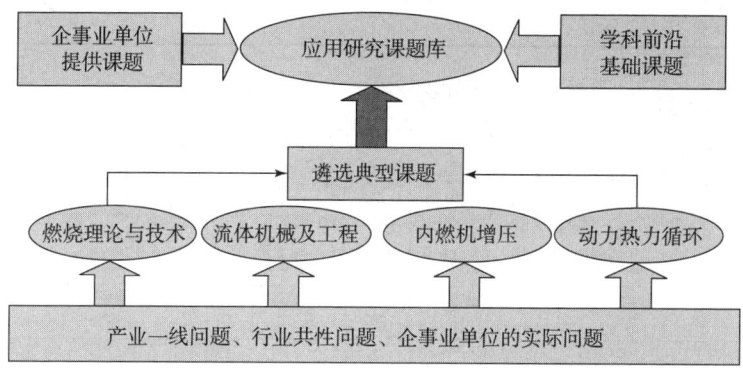

图 3 跨学科复杂问题相关的项目或案例研究课题库

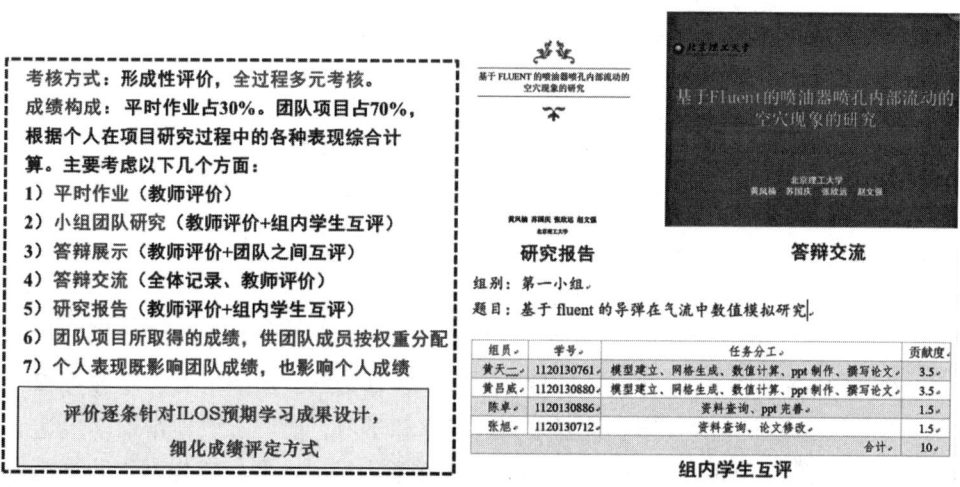

图 4 课程考核方式

热流体仿真与应用教学团队根据课程特点及其在人才培养方案中所处的地位，向行业专家、专业教师、授课学生发放调查问卷，组织专项研讨，设计并实施了教学环节与能力目标方阵，如表 3 所示。

表 3 课程教学环节 – 能力目标方阵

教学环节	获取知识能力		运用知识能力					创新能力			沟通管理能力		
	主动学习能力	终身学习能力	商用软件操作能力	基本计算能力	基本原理理解能力	工程问题分析能力	专业英语应用能力	科学研究能力	知识复合能力	管理创新能力	表达能力	组织管理能力	交往和公关能力
课堂学习		√	√	√	√								
合作学习	√	√										√	

续表

教学环节	获取知识能力		运用知识能力					创新能力			沟通管理能力		
	主动学习能力	终身学习能力	商用软件操作能力	基本计算能力	基本原理理解能力	工程问题分析能力	专业英语应用能力	科学研究能力	知识复合能力	管理创新能力	表达能力	组织管理能力	交往和公关能力
工程实践	√		√		√						√		√
创新训练						√		√	√	√			
课后作业		√		√			√						
文献综述	√							√			√		
课堂提问			√										
线上交流	√												√
案例分析			√	√									
专题讲座					√		√					√	
参与科研								√	√	√			

在课程实施环节，要使课程的教学内容、教学策略、组织形式、实施过程和管理手段保证每个学生按照设计要求完成研究和学习，能够有效地帮助学生达成各项 ILOs。在确定每一年具体的教学方案和教学内容时，我们首先基于计算流体力学的发展趋势和前沿问题，根据选课学生的方向特点和学习兴趣，对教学内容进行调整和优化，不断充实和补充应用研究课题库。另外，在具体授课过程中，我们有若干个单元的教学环节，当某一教学单元结束后，为了渗透新教改理念，适应新课改形势，我们在教学环节引导学生自评互评，以充分了解每个学生的学习效果，完善后续课程的改进思路。

在学生自评环节，主要采用点数统计法和图表填写法。根据授课内容的不同形式，有选择地采用不同的方法，以定量的方式记载学生课堂活动情况，具体如表 4 所示。值得注意的是，对于不同的教学单元，评价内容不是固定不变的，需要根据教学需要或学生的要求不断调整，空格部分由学生自主填写评价内容并作评价，也记入总分，点数统计法可有效地对学生课堂行为进行评价。图表填写法是指学生通过表格填写的方式对自身的课堂学习情况及表现作评价，自评内容中的空格部分可由学生自主填写并做出响应的描述。图表填写法既要求学生对自身作定性的评价，又要求学生作描述性的评价，该方法可用于合作性和探究性比较强的课堂。

表4 学生自我评价表

自评人：	日期： 年 月 日
上课是否准备充分？	③ ② ①
小组合作是否积极参与？	③ ② ①
上课注意力是否集中？	③ ② ①
课堂发言是否积极？	③ ② ①
通过文献阅读是否提出高质量的问题？	③ ② ①
表达是否流利顺畅有新意？	③ ② ①
课外学习时是否与同学合作？	③ ② ①
课后作业是否按时按质完成？	③ ② ①
对所学内容是否感兴趣？	③ ② ①
学习方法是否熟练使用？	③ ② ①
学会哪些方法？	
最大的收获是什么？	
存在什么疑惑问题？	
下节课期望学到什么知识？	
总体自我评价	

此外，热流体仿真与应用课程围绕成果导向教育的核心重点和逻辑设计并开展教学活动，其构成的课程设计是一个循环的闭环结构，不仅要求教学内容以学生的产出为宗旨，而且要求学生在完成学习后，基于产出标准来评价学习效果。如果达到产出要求，则被固定下来，进入下一轮的循环。如果出现问题或有新的产出要求出现，则要重新从源头进行修正，然后再投入新的教学实践。因此，热流体仿真与应用课程设计与实施不是一个重复的循环，而是一个螺旋上升的过程。如图5所示。

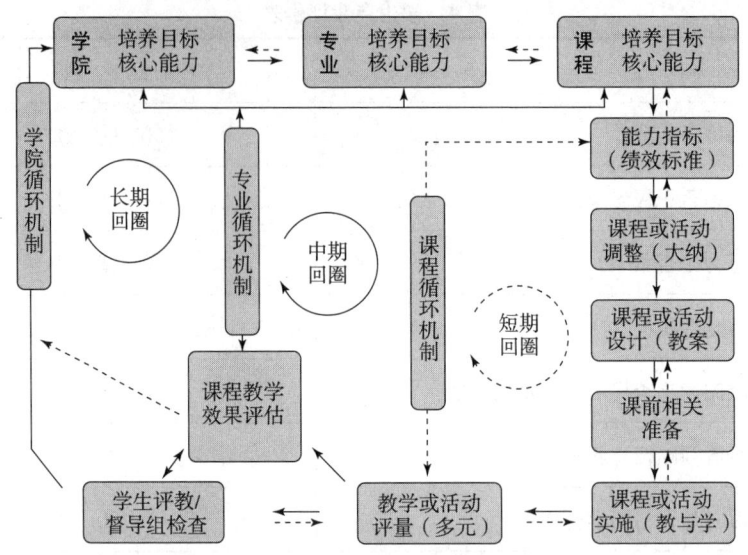

图 5　课程持续改进过程说明

六、课程教材

1. 选用教材

[1] 韩占忠，王敬，兰小平. FLUENT 流体工程仿真计算实例与运用 [M]. 北京：北京理工大学出版社，2005.

2. 参考书

[1] 王福军. 计算流体动力学分析 [M]. 北京：清华大学出版社，2004.
[2] 韩占忠，王国玉. 工程流体力学基础 [M]. 北京：北京理工大学出版社，2012.（北京理工大学"十三五"规划教材）

"系统创新理论与方法"研究型课程案例

——面向学生创新能力培养的多学科融合课程实践

授课教师：宫琳　开课单位：机械与车辆学院

一、课程概要

系统创新理论与方法课程，主要面向工业工程专业三年级本科生开设。

企业竞争中，成功的因素包括长期的规划、研究开发、创新、产品质量及服务、自由贸易、法律及社会环境等。全球化和科技成果快速商业应用的国际环境，激励企业比历史上任何时候都重视技术创新，技术创新因此成为企业建立、维护、巩固与发展竞争优势的核心手段之一。本课程强调创新在创造价值与获得竞争优势所扮演的重要角色。课程从创新简介、创新方法、创新策划、创新概念设计、创新实现等五个方面进行学习，确保学习者能够真正地理解各种创新方法，学会一系列有用的工具来指导现实中的创新。

课程采用混合教学模式，即"在线学习+课上指导+团队讨论"的模式。在线学习主要是让学生学习相关的在线课程（共计约12小时）；课上指导主要是在上课时间，对相关的知识进行详细的说明，并选择实际的项目，逐步展开研究；团队讨论主要是根据学生选择的项目，通过分组进行实践研究，对创新过程中的重要过程逐一讨论并进行详细展示，通过合作的形式完成。最后由全体学生对学习及团队合作成果做出适当的评价，使得整个学习过程构成一个连贯的整体。

课程主要内容包括理论、研究专题及项目。理论内容包括设计理论、设计方法、创新计划、概念设计、详细设计等5大模块，23个知识单元以及71个知识点；研究专题包括10个专题；项目可以从26个项目中选择或者自主拟定。

二、课程教学目标及预期学习成果

1. 课程教学目标

通过课程学习和项目实践，把多种创新方法进行系统化，形成系统性创新思维和方法，并将先进的数据管理和分析等技术加以典型应用，为学生提供创新保障和数据分析技术保障。

2. 预期学习成果

通过本课程的学习，学生可以达到如下的预期学习成果：

（1）能够掌握创新设计的基本概念、不同的设计模型、方法和过程等知识。

（2）能够掌握系统创新中的特定问题以及处理这些问题的系统方法。

（3）能够掌握解决系统创新问题的系统性方法。

（4）具备从社会、经济、商业等综合背景下实现系统创新的能力。

（5）能够掌握扎实的系统创新的基础理论和分析方法，培养创新精神和团队协作精神。

三、课程内容及教学策略

1. 课程的主要内容

本课程主要包括五大部分的内容，创新简介、创新方法、创新策划、创新概念设计和创新系统生成。第一章创新简介，具体包括课程介绍、什么是创新、创新理论框架、创新设计概念和创新能力。第二章创新方法，具体包括创新设计思维、系统设计、公理设计、TRIZ 和其他创新设计方法。第三章创新策划，具体包括创新设计策划、创新点发现、创新研发规划和创新研发系统参数。第四章创新概念设计，具体包括创新概念设计准备、问题提取、功能设计、创新概念生成和创新概念评估。第五章创新系统生成，具体包括系统生成准备、系统实例、实体规则和原则、创新系统评估。

2. 课程内容和预期学习成果之间的对应支撑关系

（1）课程中第一章和第二章的基本知识点，支撑第 1 个预期学习成果，即"能够掌握创新设计的基本概念、不同的设计模型、方法和过程等知识"。

（2）课程中的项目设置，以及具体的贯穿项目各个研究点的设计，支撑第 2 个预期学习成果，即"能够掌握系统创新中的特定问题以及处理这些问题的系统方法"。

（3）课程中的项目设置，以及具体的贯穿项目各个研究点的系统设计，支撑第 3 个预期学习成果，即"能够掌握解决系统创新问题的系统性方法"。

（4）课程中第四章和第五章的内容，支撑第 4 个预期学习成果，即"培养从社会、经济、商业等综合背景下实现系统创新的能力"。

（5）课程中的项目设置和团队运作，支撑第 5 个预期学习成果，即"能够掌握扎实的系统创新的基础理论和分析方法，培养创新精神和团队协作精神"。

3. 教学策略

课程教学中，设计了多项教学策略，而且针对不同的预期学习成果，可以采用不同的教学策略的组合，以期达到学习成果要求。

具体的教学策略主要有以下 5 个方面：

（1）理论体系融合。将技术创新、系统性创新理论、数据处理等理论课程的理论体系进一步融合，基于大数据相关理论和方法，以创新思维的形成为目标，形成基于数据的系统性创新理论体系，并在课堂中进行教学应用。

（2）项目驱动。包括本课程提供的一般设计类、服务设计类、机器人设计类、智慧城市设计类等四大类 20 余个备选项目，这些项目包括来自国家急缺的科学研究、社会服务需求等。

（3）团队协作。在课程中，学生自己组成设计项目团队，并根据自己的兴趣，选择相应的项目开展设计研究。

（4）多种教学模式相结合。针对实践型内容，以翻转课堂为主要形式，以课下学习相关理论、课上进行反馈与训练的形式进行，实现学生的创新能力的提升；针对案例型内容，以团队协作为主要形式，并以问题为导向，在团队讨论与分析中，实现学生的创新能力的提升；针对讲授型内容，以启发创新思维为手段，让学生深入理解理论知识内容，并提升学生基于创新思维进行综合分析的能力。

（5）实践体系阶梯化。将专业课程、生产实习、课程设计等内容进行系统梳理，特别是面向有继续深造可能的学生，将系统创新的教育融入整个实践体系中，并开发后续相关的实验内容、课程设计题目等，实现阶梯化提升。

针对五项教学成果，采用的策略组合具体如下：

（1）针对第 1 项"能够掌握创新设计的基本概念、不同的设计模型、方法和过程等知识"的教学成果，主要采用的教学策略包括"理论体系融合"与"多种教学模式相结合"中的"针对讲授型内容的启发创新思维教学模式"。

（2）针对第 2 项"能够掌握系统创新中的特定问题以及处理这些问题的系统方法"的教学成果，主要采用的教学策略包括"理论体系融合""项目驱动"与"多种教学模式相结合"中的"针对实践型内容的翻转课堂教学模式"。

（3）针对第 3 项"能够掌握解决系统创新问题的系统性方法"的教学成果，主要采用的教学策略包括"理论体系融合""项目驱动"与"多种教学模式相结合"中的"针对实践型内容的翻转课堂教学模式"。

（4）针对第 4 项"具备从社会、经济、商业等综合背景下实现系统创新的能力"的教学成果，主要采用的教学策略包括"项目驱动""团队协作"和"实践体系阶梯化"等。

（5）针对第 5 项"能够掌握扎实的系统创新的基础理论和分析方法，培养创新精神和团队协作精神"的教学成果，主要采用的教学策略包括"项目驱动""团队协作"和"实践体系阶梯化"等。

四、课程考核办法及教学效果

1. 考核办法

课程采用百分制。考核评价体系具体包括学生参与讨论情况、项目开展过程中的阶段展示、学期项目书面报告和最终答辩。学生出勤占比5%，项目开展过程中的阶段展示占20%（教师打分），学期项目书面报告占30%（教师打分），最终答辩占40%（教师打分和学生打分各占一半权重），组内贡献分5%（由组内学生互评）。

日常学习和项目开展，能够有效地达到5个预期学习成果。下面以第1个预期学习成果为例，将具体的达成情况评价的标准和方法加以说明。

预期学习成果（1）：能够掌握创新设计的基本概念、不同的设计模型、方法和过程等知识。

（1）具体的标准：

①不及格：完全不掌握相关知识，或者对以上知识点有碎片化的理解；

②及格：对以上知识能部分知晓，但不能理解完整；

③良：对以上知识点完整理解，但不系统，存在断点；

④优：对以上知识点完整系统地理解。

（2）具体的评价方法：

①课程学习中，设置有对应的设计研究展示，能够对学生的达成情况进行评价；

②学生在讨论过程中，指导教师可以根据讨论的情况进行评价；

③学生之间可以互评，实现团队内的评价。

④通过作业、分组讨论、团队作业、交互评价等方式，对团队和团队中的每个人进行综合考评，实现对线上课程学习、线下课程指导、团队协作的综合能力的评价。

2. 教学效果

通过课程的实践，学生在团队学习中，学习兴致高涨，课堂气氛活跃。而且，每届学生中，都能获得近10项团队成果，均有团队将成果直接用于各类大学生创新创业比赛，并获得多项校级及其他大赛的荣誉。其中，在"2016 第二届互联网+教育新格局"线上+现场融合教学创新实践交流会暨德稻首届创新创意大赛中，课程的相关学生团队获得了两个三等奖、一个最佳团队奖的优异成绩。

五、课程特色和创新之处

1. 教学思路

该课程的教学思路是系统式教学融合，就是在课程教学过程中，根据课程的知识体系和内容，分析培养目标和学生的实际需求，找到其中创新思维和创新设计相结合的部分，选择适当的教学模式，让学生在学习专业知识中，提高了其创新思维的能力，真正将创新理论知识、教学方法和课程需求三维融为一体。具体如图1所示。

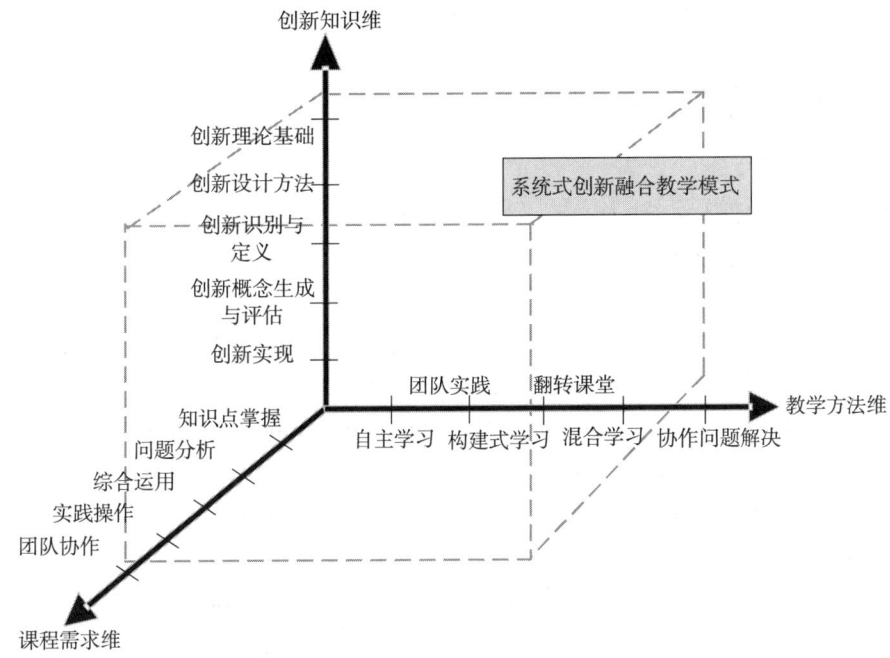

图1 系统式创新融合教学模式

2. 教学特色

（1）学习模式灵活。课程实践了多种教学模式，以开展项目研究为主线，包括"线上+线下"模式、"课上+课下"模式等。线上，学生学习相关的在线课程，包括设计理论、设计方法、创新计划、概念设计、详细设计等内容。线下（课上），由专业教师进行指导，并将学生分成若干小组，通过合作的形式完成课程预习后，进行课前测验、课中的讨论、报告，最后由全体学生对学习及团队合作成果做出适当的评价，使得整个学习过程构成一个连贯的整体。

（2）团队任务协作。课程中会将学生按照4~5人分组，每组在整个学习过程中，分配一个项目执行。该项目的执行过程，涉及所有线上学习的内容，并最终通过设计一个新型产品或服务系统作为整个课程和团队的目标。

（3）综合考评机制。通过作业、分组讨论、团队作业、交互评价等方式，对团队和团队中的每个人进行综合考评，实现对线上课程学习、线下课程指导、团队协作的综合能力的评价。

3. 课程改革创新点

（1）创新知识体系清晰。理论内容包括设计理论、设计方法、创新计划、概念设计、详细设计等 5 大模块、23 个知识单元以及 71 个知识点；研究专题包括 10 个专题；项目可以从 26 个项目中选择或者自主拟定。

（2）项目案例丰富且类型多样。包括课程提供的一般设计类、服务设计类、机器人设计类、智慧城市设计类等四大类 20 余个备选项目。这些项目均精心设计，来自国家重要的科学研究、社会服务需求等。

六、课程教材

1. 选用教材

DAVID U. The Mechanical Design Process [M]. 4th ed. New York：McGraw – Hill Higher Education，2009.

2. 参考书

[1] GERHARD P, BEITZ W, FELDHUSEN J. Engineering Design – A Systematic Approach [M]. 3th ed Berlin：Springer，2014.

[2] NAM P S. Axiomatic Design – Advances and Applications [M]. New York：Oxford University Press，USA，2001.

[3] JOHN T. Step – by – Step QFD – Customer – Driven Product Design [M]. Baca Raton：CRC Press，1997.

[4] 赵敏，张武城，王冠殊. TRIZ 进阶及实战 [M]. 北京：机械工业出版社，2015.

[5] 代尔夫特理工大学工业设计工程学院. DELFT 设计方法与策略 [M]. 倪裕伟，译. 武汉：华中科技大学出版社，2014.

[6] WILLIAM L, KRITINA H, JILL B. 通用设计法则 [M]. 朱占星，等译. 北京：中央编译出版社，2013.

[7] BELLA M, BRUCE H. 通用设计方法 [M]. 初晓华，译. 北京：中央编译出版社，2013.

"运筹学"研究型课程案例

——以综合能力达成为导向的工业工程专业研究型课程建设

授课教师：郝佳　薛庆　明振军

开课单位：机械与车辆学院

一、课程概要

运筹学是一门利用数学模型来解决复杂问题的课程，涉及问题分析、模型构建、模型求解等过程。课程主要面向工业工程专业本科三年级学生，学生人数50人左右。先修课程包括线性代数、微积分、概率论、计算机基础、C语言等。在教学模式方面，主要采用研究型教学和基于游戏的教学模式。一方面在课堂教学过程中引入游戏，通过游戏使学生深入理解其中的数学问题，在此基础上进行建模和求解，加深学生对运筹学模型的理解深度；另一方面，通过组建小组完成研究型课题来强化学生利用运筹学知识解决复杂问题的能力，完成课题的过程中要求学生自主完成问题的识别、数据采集、模型构建、模型求解、形成方案等。课程内容主要以搜索技术为主线，主要包括线性部分和非线性部分。其中，线性部分涵盖线性规划、灵敏度分析、运输问题、网络模型、整数规划、目标规划、动态规划；非线性部分涵盖最优化条件、迭代方法、启发式算法等。在实验方面，覆盖运筹学求解工具和算法编程两部分内容。

二、课程教学目标及预期学习成果

1. 课程教学目标

运筹学的目的就是帮助组织进行科学的决策，其内容不是一成不变的，而是随着社会、技术等的发展而不断演进。当前，我们已经进入了数据与信息时代，大数据分析、人工智能、机器学习成为解决各领域复杂问题的潜在方法。综合运筹学的特点及其时代发展特征，制定了运筹学的总体教学目标，具体如下：

（1）知悉和理解运筹学的不同概念、模型、算法等基础知识；

（2）能够利用已有的运筹学模型和工具解决制造领域的各种优化问题；

（3）拥有利用编程语言对优化算法进行实现和优化的能力，形成利用计算机和数学模型解决制造工程领域问题的行为习惯；

（4）能够驾驭制造工程领域中复杂实际问题的建模、求解、分析过程，具备对复杂问题进行建模和分析的综合素养；

（5）了解利用人工智能与机器学习解决制造工程领域复杂问题的基本思路与方法。

2. 预期学习成果

（1）掌握线性规划、灵敏度分析、运输问题、分配问题、网络模型、动态规划、整数规划、目标规划、排队论、搜索模型、启发式搜索等模型和算法的特点及其适应范围；

（2）掌握线性规划、灵敏度分析、运输问题、分配问题、网络模型、动态规划、整数规划、目标规划、排队论、搜索模型、启发式搜索等模型和算法的具体求解步骤及策略；

（3）能够利用 Lingo、Python 等已有工具或程序包，求解大型运筹学模型（变量数量和约束数量达到 100 以上），并能够对求解结果做出一定的解释；

（4）能够利用 Python 等编程语言独立地实现运筹学中线性规划、灵敏度分析、运输问题、分配问题、网络模型、动态规划、整数规划、目标规划、启发式搜索等算法；

（5）具备利用数学模型描述现实问题的思维习惯，能够争取识别优化变量、约束条件、优化目标，以系统化的思维开展现实问题的分析；

（6）能够有效地开展团队合作，各司其职完成研究型课题的问题分析、数据收集、数据分析、模型构建、模型求解、方案制定、报告撰写、汇报展示等环节。

三、课程内容及教学策略

1. 课程内容

运筹学的课程内容包括讲授内容、实验内容和研究内容三个主要部分。其中讲授内容以"搜索技术"为主线，将线性优化、非线性优化、机器学习基础等所有的知识串联起来，使学生形成完整的知识体系。具体内容如表 1 所示，在各个章节中都设置了研究课题，学生可以自由选择题目开展研究。实验内容以能力培养为主线，涵盖已有运筹学工具的应用、基础算法的编程以及工程问题的建模三个部分，如图 1 所示。研究内容指的是运筹学课程的最终研究型课题，提供了复杂约束下的减脂计划制订、农村太阳能实施方案规划、多约束下企业培训方案制定、多约束下企业厂址方案选择、无人机舱内设备布局方案制定等 5 个题目，学生分组选择。

表1 教学内容及其与预期学习成果之间的对应关系

编号	名称	内容	学时	预期学习成果
1	绪论	• 运筹学的历史 • 运筹学建模方法	3	(1)、(2)、(5)
2	搜索与优化	• 优化的基本要素 • 极值问题 • 最优化条件 • 迭代的基本过程 • 常见迭代方法 • 非线性优化 • 启发式算法 • 研究课题：烟花算法的基本思路及求解过程	6	(1)、(2)、(5)
3	线性规划	• 线性规划模型（生产游戏） • 线性规划的标准型 • 线性规划的图解法 • 线性规划的基本概念及定理 • 线性规划的单纯型法 • 研究课题：大规模线性规划问题的求解——内点法	9	(1)、(2)、(5)
4	灵敏度分析	• 对偶模型 • 对偶的基本性质 • 对偶的经济学解释 • 对偶单纯型法 • 线性规划的灵敏度分析 • 通用的灵敏度分析 • 研究课题：灵敏度分析的发展及新方法	6	(1)、(2)、(5)
5	运输模型	• 运输模型 • 运输模型的特点 • 运输单纯型法 • 运输单纯型法的变异问题 • 分配问题及其解法 • 研究课题：运输问题的灵敏度分析及发展	6	(1)、(2)、(5)
6	网络模型	• 最小支撑树问题 • 最短路问题 • 最大流问题 • 研究课题：学术前沿文章复现及改进——基于改进单纯型法的最大流问题求解	3	(1)、(2)、(5)

续表

编号	名称	内容	学时	预期学习成果
7	整数规划	• 整数规划模型及其作用 • 整数规划的分支定界法 • 整数规划的割平面法 • 0-1整数规划的求解 • 研究课题：大规模混合整数规划的高效求解	3	(1)、(2)、(5)
8	目标规划	• 目标规划的模型 • 目标规划的图解法 • 目标规划的单纯型法 • 研究课题：不确定性下的目标规划求解	3	(1)、(2)、(5)
9	动态规划	• 动态规划的模型 • 动态规划模型的求解 • 动态规划模型的应用 • 研究课题：动态规划求解高维带约束非线性优化模型	3	(1)、(2)、(5)
10	排队论	• 排队论的模型 • 排队论的指标 • 排队论的符号 • 生灭过程与马尔科夫过程 • 排队论的指标公式	3	(1)、(2)、(5)
11	机器学习基础	• 机器学习的发展及其与运筹学的关系 • 机器学习求解问题的基本思路 • 典型的机器学习算法	3	(1)、(2)、(5)
12	求解工具	• Lingo 的基本架构 • Lingo 的基础语法 • Lingo 求解线性规划 • Lingo 求解大规模线性规划	4	(1)、(2)、(3)、(5)
13	算法编程	• Python 编程环境 • Python 语言基本介绍 • Python 语言编写线性规划、运输问题、动态规划、非线性规划算法 • Python 语言编写基础机器学习算法	4	(1)、(2)、(4)、(5)
14	研究型课题	• 复杂约束下的减脂计划制订 • 农村太阳能实施方案规划 • 多约束下企业培训方案制定 • 多约束下企业厂址方案选择 • 无人机舱内设备布局方案制定	平时	(1)、(2)、(3)、(4)、(5)、(6)

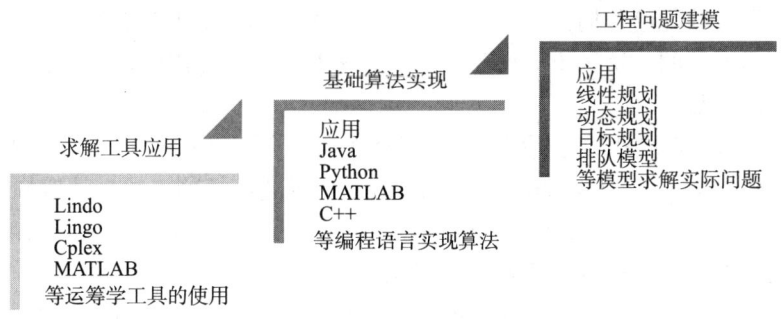

图1　运筹学课程实验内容

2. 教学策略

考虑到运筹学本身包含较多的数学模型、求解算法,部分内容相对来说难以掌握,为了提升学生的参与度,强化学生利用数学模型求解现实工程问题的意识和能力,主要采用基于游戏的教学方法和基于研究型课题的教学策略。基于游戏的方法通过在课堂中引入游戏,使学生在游戏过程中充分理解问题的本质,并引导学生建立数学模型以实现游戏策略的求解。基于研究型课题的教学策略,能够较大程度上激发学生自主学习、探索的意识,在数据收集、建模与求解的过程中将运筹学的思想内化到思维中,增强学生解决实际工程问题的能力。

案例一:通过汉诺塔游戏开展动态规划的教学

动态规划是运筹学非常重要的组成部分,其核心思想是"大事化小、递归求解",但是这种思想较为抽象,教学过程中学生理解有一定的困难。因此,在教学过程中引入了汉诺塔游戏,如图2所示。该游戏要求将最左侧的圆盘全部转移到最右侧,每次只能移动一个圆盘,并且大圆盘不能放在小圆盘之上。汉诺塔游戏规则较为简单,而且很多同学都曾经接触过,比较容易理解。

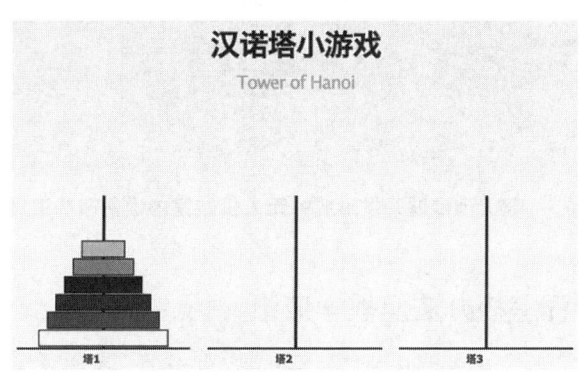

图2　汉诺塔游戏平台的界面

在课堂中，每个学生在网络平台中进行游戏，在既定的时间内完成游戏，并将自己所用步数与座位周围 5 个同学分享。通过分享，学生就能发现每个人所用的步数都是不同的，这种不同使学生开始思考其产生的原因，以及有没有办法来找到最少的步数。

此时，通过对游戏的分析引导学生清晰地定义阶段、状态、决策、策略、指标函数、转移方程等六个核心概念，在此基础上通过递归机制求解该动态规划模型。由于在求解的过程中学生始终带着好奇心，学生的参与度较高，教学效果较好。

案例二：无人机舱内设备布局研究型案例

无人机舱内设备布局是某企业的现实需求，要求是在长、宽、高固定的无人机舱内合理地部署所有的设备。其难点在于无人机仓内部有些地方可以安装设备，有些地方不可以安装设备，要留有人工通道，此外还要考虑连线长度、散热等复杂问题，是一个复杂约束下的优化问题。在研究型课题执行过程中，一组同学通过对问题分析、问题建模、问题求解步骤，不仅解决了该问题，还构建了一套完整的交互界面用于支持动态的构建模型约束，如图 3 所示。

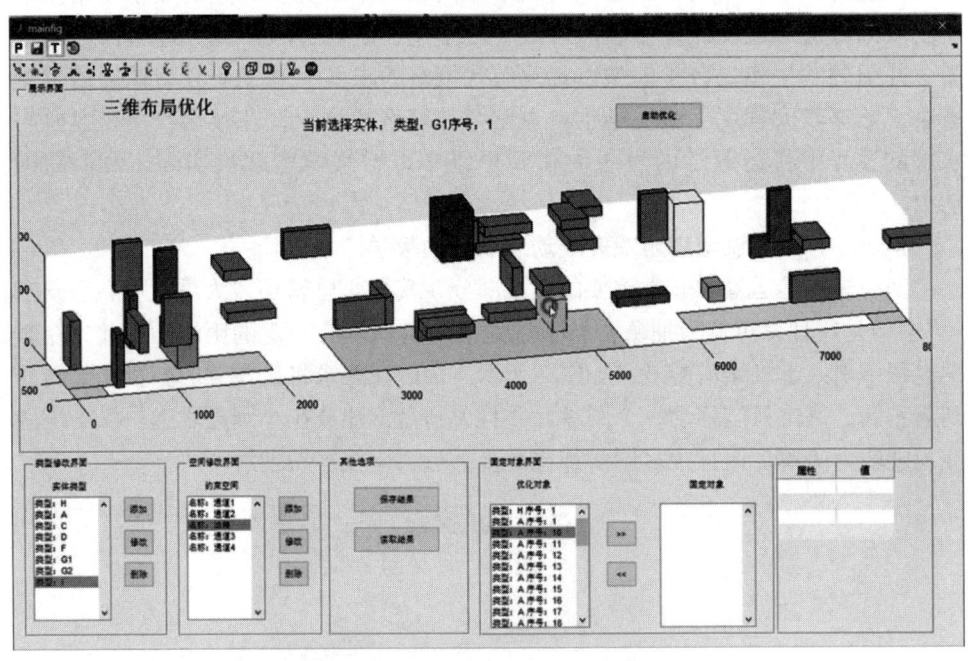

图 3　研究型课题开发形成的无人机舱室内设备布局工具

四、课程考核办法及教学效果

课程考核办法和考核评价体系是研究型课程的重要组成部分。在课程设计之初就考虑了多元的评价体系，并采用教师－学生协同参与的评价方法开展综合评价。评价体系包含三个部分：结课考试，占比40%；课堂教学，占比40%；平时表现及作业情况，占比20%。

结课考试部分，重点考核学生对线性规划、灵敏度分析、运输问题、分配问题、网络模型、动态规划、整数规划、目标规划、排队论、搜索模型、启发式搜索等模型和算法的特点、适用范围、基本步骤、关键环节等，对应预期学习成果的（1）、（2）、（5）。结课考试的成绩是评价预期学习成果（1）、（2）达成与否的主要依据，是评价预期学习成果（5）达成与否的参考依据。

课堂教学部分，重点考核学生综合运用线性规划、灵敏度分析、运输问题、分配问题、网络模型、动态规划、整数规划、目标规划、排队论、搜索模型、启发式搜索等模型的能力，利用已有运筹学工具求解模型的能力，通过编程实现并优化求解算法的能力以及与团队开展协同工作的能力。该部分的考核由教师和学生共同决定。首先教师和学生在聆听各个小组汇报展示的基础上，分别对各个小组打分，打分表如表2所示；其次，各个小组内部的分工和所承担的工作不同，小组内部给各个团队成员给出成绩分配分，以此分衡量学生在开展研究型课程中的团队配合能力及表现。最终，通过综合计算教师和学生的评分得出每个学生最终的得分。研究型课程部分主要对应预期学习成果的（1）、（2）、（3）、（4）、（5）和（6），是评价预期学习成果（3）、（4）、（5）、（6）达成与否的主要依据，是评价预期学习成果（1）、（2）达成与否的参考依据。

表2　课程采用的研究型课题展示评分表（教师－学生协同参与评分）

2019—2020 学年第一学期运筹学课程汇报打分表												
班级：			姓名：					日期：					
打分项	层次	分数区间	组长答辩人第一组	组长答辩人第二组	组长答辩人第三组	组长答辩人第四组	组长答辩人第五组	组长答辩人第六组	组长答辩人第七组	组长答辩人第八组	组长答辩人第九组
演讲表现（20分）	思路清晰、逻辑完整	15~20									
	总体思路清晰、但逻辑欠清晰	10~15									
	总体思路不清、逻辑不清	0~10									
建模准备（10分）	数据收集完整、规范、全面	8~10									
	数据收集欠完整、规范	5~8									
	数据收集不规范、存在错误	0~5									

续表

打分项	层次	分数区间	组长答辩人 第一组	组长答辩人 第二组	组长答辩人 第三组	组长答辩人 第四组	组长答辩人 第五组	组长答辩人 第六组	组长答辩人 第七组	组长答辩人 第八组	组长答辩人 第九组
问题分析 (30分)	思考全面、分析透彻、假设合理	25~30									
	思考全面、假设较为合理	15~25									
	思考不完整、假设欠合理	0~15									
数学模型 (20分)	要素完整、表达清晰、符号明确	18~20									
	要素完整、表达清晰、符号欠明确	10~18									
	要素欠完整、表达模糊、符号混乱	0~10									
求解及分析 (20分)	正确求解模型、程序可靠运行、分析全面透彻	18~20									
	正确求解模型、程序可靠运行、分析较为全面	10~18									
	完成求解模型和程序编制	0~10									
总分											

说明：

1. 上述总分占学生打分成绩的50%，剩余50%的成绩由两周后提交的报告确定（届时会由各个小组组长参与评审）；
2. 各小组的最终学生评分是大家打分的平均值，报告打分是各小组组长打分的平均值；
3. 最终小组的报告成绩由学生打分和老师打分共同决定；
4. 每个同学的得分在小组最终得分的基础上，由小组分配的权重指标决定。

平时表现及作业情况部分，重点考核学生对线性规划、灵敏度分析、运输问题、分配问题、网络模型、动态规划、整数规划、目标规划、排队论、搜索模型、启发式搜索等模型和算法的特点、适用范围、基本步骤、关键环节等的理解程度，以及参与课程的态度等。该部分对应预期学习成果（1）、（2），是评价预期学习成果（1）、（2）达成与否的重要参考。

五、课程特色和创新之处

运筹学课程以OBE为指导，以学生综合能力达成为目标，在专业培养目标的框架下，制定五大课程教学目标和六大课程预期学习成果；以"搜索技术"为主线建立涵盖线性规划、非线性规划、机器学习基础等的教学内容体系；以"问题求解"为主线建立涵盖已有运筹学工具学习、编程实现和优化已有算法的实验内容体系；引入基于游戏的教学，有效地提升教学过程中学生的参与度，强化学生对运筹学模型的理解程度；引入基于研究型课题的教学，促使学生在开展实践项目的过程中自主发现问题、分析问题、学习新知识；开展教师-学生协同参与的预期学习成果达成评价，通过结课考试、研究型课题、平时表现等方面全面评价学生预期成果达成情况。

1. 以搜索技术为主线的内容体系

运筹学教学内容的特点是涵盖的模型种类较多，如线性规划、运输问题、动态规划、网络模型等等，随着教学的推进，学生很容易形成片段化的理解，导致无法学习完整的体系。而且在中国制造 2025 以及教育部发布的新工科建设规划的背景下，课程组对运筹学的教学内容进行了调整，从经典的线性规划模型扩展到了非线性模型和机器学习基础，为学生后续学习专业课程做好铺垫。教学内容的调整与扩展，更加剧了学生产生碎片化理解的情况。

为此，对课程的所有内容进行了重构，通过搜索技术将所有的内容组织起来，将线性规划、运输问题、动态规划、网络模型等作为搜索的一个特例。搜索技术本质上是一种迭代过程，用公式描述为 $X_{n+1} = X_n + t_n P_n$，其中 t_n 是搜索的步长，P_n 是搜索的方向。通过设置不同的搜索步长和搜索方向就形成了线性规划、运输问题、动态规划、网络模型等不同的模型。以搜索技术建立其所有模型之间的关系，使得学生能够建立完整的体系。

2. 以能力培养为主线的实验内容

运筹学教学的另一特点是学生无法通过掌握理论就解决实际问题，必须要掌握相关的工具，或通过编程实现算法才能够解决实际问题。因此，以能力培养为主线设计实际内容，主要包含三个方面：一是讲解和学习包括 Lingo 等在内的运筹学求解工具；二是通过 Python 编程实现线性规划、运输问题算法；三是通过综合利用已有工具和编程实现研究型课题的模型求解。

3. 采用游戏驱动的教学方法

由于运筹学的教学涉及较多的数学模型，仅仅从数学模型层面开展教学难以保证学生的参与度，也难以保证学生对运筹学模型的概念、特点、关键步骤的理解与掌握。因此，在课程教学过程中引入了国际上广泛采用的游戏驱动的教学方法，各个教学内容采用的游戏如表 3 所示。根据学生反馈，采用游戏的方式引出问题、分析问题能够显著地改善学生的课堂参与度，对问题的理解、基本概念的掌握较为顺畅。课程组也在继续深入开发，在所有教学内容中引入游戏驱动的教学方法。

表 3　在课程教学过程中使用的游戏

编号	章节	游戏
1	线性规划	积木游戏与手机生产游戏
2	整数规划	数独游戏、朝圣者之谜游戏
3	动态规划	汉诺塔游戏、劣币问题
4	运输问题	N 皇后问题
5	排队论	医院建设规划游戏

4. 研究型课题驱动的教学方法

研究型课题驱动的教学主要目的是强化学生综合利用运筹学思想与知识解决复杂问题的能力，学生通过自学学习、自主发现问题、解决问题的过程将运筹学知识内化到思维中。课程设计了五个研究型课题，包括复杂约束下的减脂计划制订、农村太阳能实施方案规划、多约束下企业培训方案制定、多约束下企业厂址方案选择和无人机舱内设备布局方案制定。在课程开始时，所有学生自由组合分成 8~10 个队伍，选出组长。由各个组长按照抽签的方式从五个题目中确定选题，每个题目可能会有两个组选择。

教学过程包括 8 个星期，在 8 个星期中学生以团队的形式开展数据获取、数据分析、模型构建、模型求解、方案制定、报告撰写等工作，协同地完成最终的研究型课题。根据学生反馈，基于研究型课题开展教学使学生更深入地理解运筹学模型，开展工作过程中会有更多的思考和讨论，有助于知识的内化。

第2篇
信息与电子学部

"光学系统设计与工艺"研究型课程案例

——结合航空航天及民用课题研究的研究型课程建设与实践

授课教师：李林　黄一帆　　开课单位：光电学院

一、课程概要

课程是测控与光电类本科专业的教育必修课，主要内容包括：①掌握光电仪器设计的理论和实际知识；②学习光学设计的像差理论和像差校正方法；③掌握国际上主流的光学设计软件的基本使用方法；④掌握实际光学系统的设计方法。

本课程的主要任务是：①学习光学系统的像质评价方法和像差理论知识，掌握采用各种像质评价方法评价光学系统的成像质量；②学习光学自动设计原理和程序，并掌握国际主流光学设计软件 Zemax 的使用方法；③掌握各类典型光学仪器的设计方法和步骤。

二、课程教学目标及预期学习成果

1. 课程教学目标

（1）知悉和理解光学系统的像质评价方法和像差理论知识，掌握采用各种像质评价方法评价光学系统的成像质量等内容。

（2）能够利用初级像差理论解决光学系统初始参数求解的问题，解决光学设计软件的初始建模的问题，解决利用光学设计软件评价光学系统成像质量的等问题。

（3）掌握并拥有光学自动设计原理和程序方面的知识，掌握国际主流光学设计软件 Zemax 的使用方法，掌握望远镜物镜、显微镜物镜、目镜、照相物镜等典型光学系统的优化设计方法和步骤，形成一个光电仪器设计、光学系统设计工程师所拥有的光学系统设计与工艺的正确行为习惯、良好意识和思维模式。

（4）能够驾驭光学系统设计和技术领域的工程技术工作，具备公差分析的能力，具备光电仪器设计工程师的基本科学素养。

（5）学生分别完成以下航空航天及民用领域实际的研究型课题设计：①星

载离轴三反光学系统设计；②星载星敏感器设计；③智慧城市半球型超大视场广角监控镜头设计；④直升机舰载助降光学系统设计；⑤防电磁泄漏投影镜头设计。

2. 预期学习成果

（1）对光学系统的像质评价方法和像差理论知识、采用各种像质评价方法评价光学系统的成像质量等主要内容和计算过程能完整系统地理解。

（2）对利用初级像差理论对光学系统初始参数求解、光学设计软件的初始建模、利用光学设计软件评价光学系统成像质量等问题，能完整系统地理解。

（3）具备分析解决对光学自动设计原理和程序，光学设计软件 Zemax 的使用方法，望远镜物镜、显微镜物镜、目镜、照相物镜等典型光学系统的优化设计方法和步骤等问题的能力。

（4）对所学光学设计主要内容、基本信息、核心过程能完整系统地理解，拥有根据所掌握的光学设计知识，针对各种社会需求提出相应的光电仪器系统选择方案，分析影响光学系统成像的能力，整体上形成了光学系统的设计分析的思维模式。

（5）对所学光学设计主要内容、基本信息、核心过程能完整系统地理解，拥有根据所掌握的光学设计知识，针对实际课题需求提出相应的光电仪器系统选择方案，分析影响光学系统成像的能力，整体上形成了光学系统的设计分析的思维模式。

（6）具备团队合作精神和合作技能，能够在团队中充当组织角色，召集团队进行研讨活动。在团队小组中能够进行讨论、分析、表述，给出自己的设计思路和设计结果，与团队共同研判设计方法是否正确，分析设计结果是否满足成像质量要求。

三、课程内容及教学策略

光学系统设计与工艺课程首先介绍光学系统设计与工艺的基础知识和像差理论，然后以国外最先进的光学系统设计与工艺软件 Zemax 作为基础，详细介绍采用 Zemax 设计新型光学系统的方法，包括望远镜物镜、显微镜物镜、目镜、照相物镜等典型光学系统。虽然主要以 Zemax 软件来讨论，但由于不同的光学系统设计与工艺软件虽有差别，却都具有其基本共同点，因此本课程所讲解的内容仍具有普遍性。课程特点是紧密结合当前各应用领域的最新科研成果，例如非球面系统、衍射元件、自聚焦透镜、照明光学系统、液晶投影仪和背投电视、红外光学系统、杂散光分析与计算、环境温度效应分析计算等，既有理论又有实际例子。

针对本课程的特点，课程组改革了授课方式，在课程教学中理论联系实际，实行启发讨论式教学。为此，对每个学生设计并提供了必要的训练环节，课程的教学内容、教学策略、组织形式、实施过程和管理手段能保证每个学生按照设计要求完成研究和学习，能够有效地帮助学生达成各项ILOs。根据所学内容，独立完成望远镜物镜、显微镜物镜、目镜、望远镜系统、显微镜系统、照相物镜的实际设计工作。同时，要求学生分组以团队的形式分别设计以下航空航天及民用领域实际的研究型课题：航天科技集团五院508所的"星载离轴三反光学系统设计"，航天科技集团五院502所的"星载星敏感器设计"，北京恒润科技公司的"智慧城市半球型超大视场广角监控镜头设计"，中国船舶重工研究院的"直升机舰载助降光学系统设计"，北京高普乐光电公司的"防电磁泄漏投影镜头设计"。这些研究型课题既是目前国内光电行业的前沿课题，也是实际需要的应用课题，对于学生来说，接触这些前沿科技的实际课题非常难得，是锻炼学生实际设计能力的非常好的机会。从学生反馈的情况来看，学生兴趣极大，每个学生都以极大的热情投入这些研究型课题的设计实践中，取得了非常好的效果。学生分组以团队的形式完成研究型课题设计以后，需要以组为单位完成制作PPT，并当着全体同学做设计报告答辩，最后撰写完整的设计报告。

在教学策略方面，对课程进行了以下改革：①减少教师课题授课时间，增加教师与学生讨论交流时间；②教师主要采用启发式教学，让学生课后查询相关资料，得出正确的研究思路和研究方案；③所有学生需完成共性研究设计课题，再完成分组研究课题。在完成共性研究课题的基础上，学生实行分组，每组学生分担研究一个实际课题。

四、课程考核办法及教学效果

本研究型课程采用自评、互评和教师点评相结合的方式。学生分组进行分析研究和讨论，分别设计，然后定期开研究讨论会，交流设计经验，最后选择最好的一个设计结果，由组长当着全体进行设计汇报答辩，各位组员进行答辩补充，最后由教师进行设计点评。

（1）学生自评成绩占总成绩的30%；

（2）各组学生互评，成绩占总成绩的20%；

（3）教师点评占总成绩的50%，包括：学生撰写的报告成绩40% + 学生答辩成绩的10%。

课程改革获得了学生的一致好评和欢迎。学生热情高涨，利用课余时间查找资料，进行讨论，都得到了很好的学习、实践、团队、科学研究的锻炼。

最近两个学期课程达成情况如图1-2所示。

下面举一个例子，如图3所示，这个小组设计的结果非常好，已经达到了实用的程度。

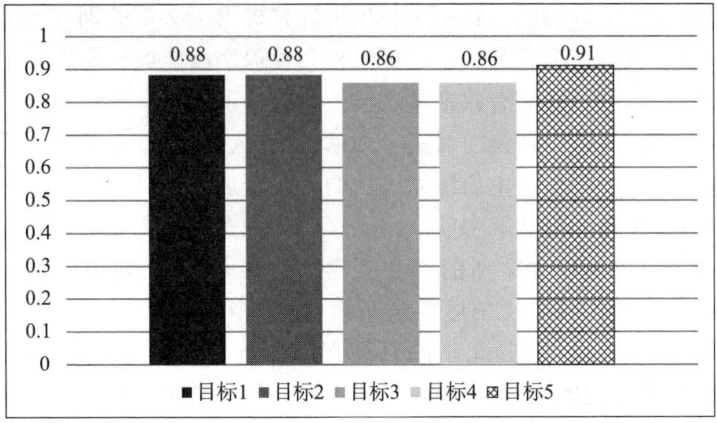

图 1　2018 – 2019 – 2 学期课程教学目标达成情况

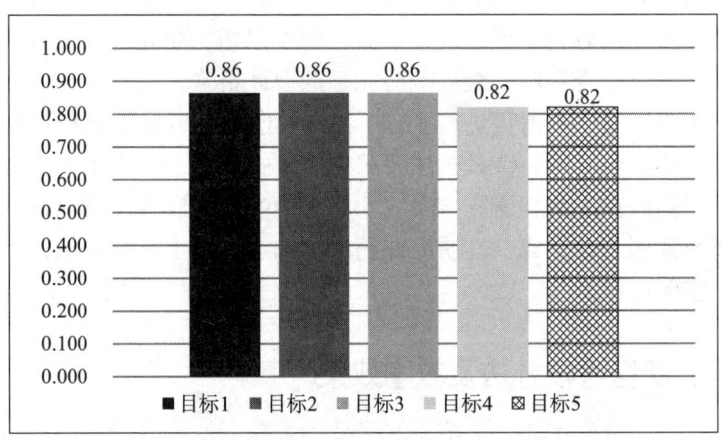

图 2　2019 – 2020 – 1 学期课程教学目标达成情况

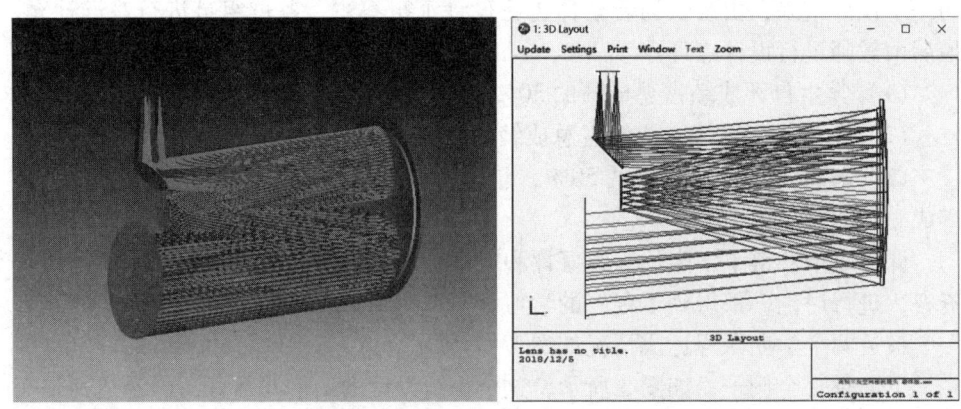

图 3　星载离轴三反光学系统设计小组设计的结果

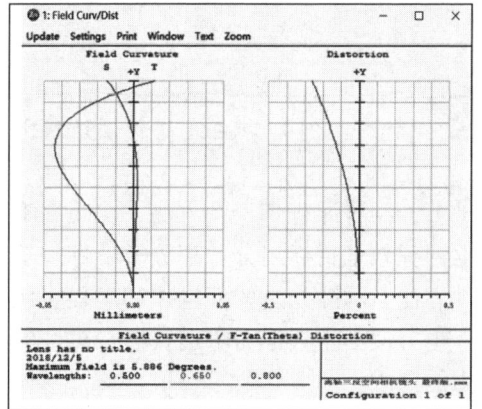
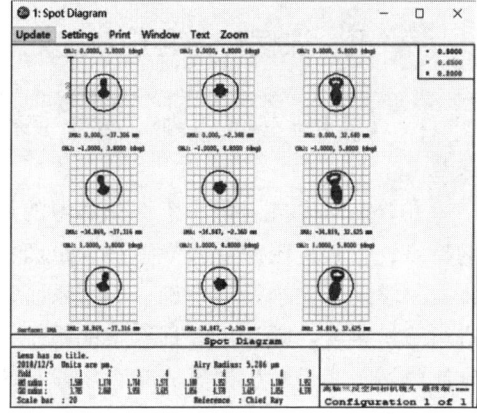
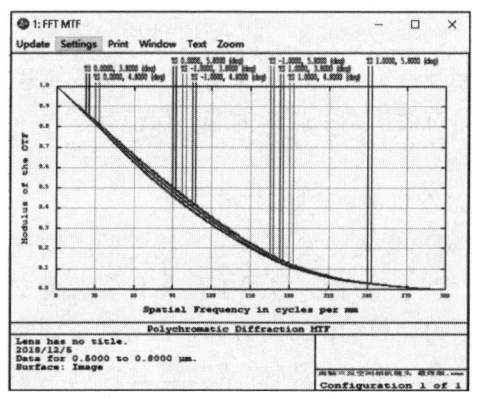
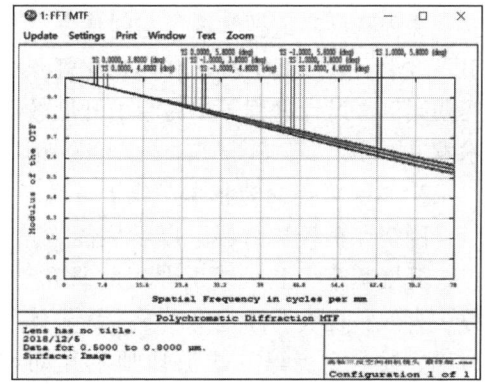

图3 星载离轴三反光学系统设计小组设计的结果（续）

学生小组讨论研究设计的情形如图4所示。

图4 学生小组讨论研究设计的情形

五、课程特色和创新之处

1. 以学生为中心，按照"理论—方法—操作—实例"为主线创新设计线上课程

在尊重学生自主化、个性化学习的基础上，结合课程理论、方法、实践并重的特点，打破传统课堂教学壁垒，重新根据课程教学目标划分各部分教学环节安排，科学地将光学设计理论、典型系统设计方法、国际先进软件操作和工程实例进行有机融合。既注重课程教学的系统性，也方便学生根据需求进行有针对性的定制学习，满足学生提升光学系统设计能力的需求。

2. 以科技前沿和工程实践牵引教学，保持教学的先进性与前瞻性

课程高度注重教学内容与时代发展和技术进步相匹配，及时将科技发展前沿引入教学。利用线上教学和信息化资源的便利性，将在传统课堂难以展现的工程实践案例、设计过程等作为牵引开展教学，有效扩充了教学内涵，保证教学与技术发展同步。

3. 以成果导向为根本，线上与线下相融合推进研究型教学

围绕课程教学目标，以学生能力达成为出发点，发挥线上、线下的不同优点，开展基于线上+线下课程的研究型教学。一方面，以线上信息化资源为支撑，有效实现线下课堂中以学生为主体的研讨型教学，另一方面，通过线下课堂讨论、线上交流等方式加强师生互动和学生互助，不同模式相融合促进教学相长。

4. 建设体系化教学资源，多元化渠道助力教学效果提升

课程具有丰富的教学资源，线上资源包括教师讲解视频、国际先进光学设计软件使用方法、设计实例、习题等。此外，课程组还编著了配套教材《光学设计教程》（校"十三五"规划教材）、《现代光学设计方法》（工信部"十二五"规划教材、第六届兵工高校优秀教材一等奖）、课件和习题集，编著配套参考书籍《应用光学》（中英文版，北京市精品教材，国家"十二五"规划教材）、《工程光学》（北京市精品教材）等。建有国家级精品在线开放课程"应用光学"、国家级精品视频公开课"技术光学"；在国内作为唯一高校与国际光学设计主流软件Zemax公司合作，为学生提供国际最先进的设计软件；开展虚拟仿真教学项目建设等。多种渠道合力提升教学效果。

六、课程教材

黄一帆，李林. 光学设计教程［M］. 北京：北京理工大学出版社，2018.（北京理工大学"十三五"规划教材）

"光电测控系统专项实验"研究型课程案例

——以综合工程实践能力提升为目标的研究型实验课程建设与实践

授课教师：周雅　胡摇　赵跃进　董立泉　刘明　孔令琴　张韶辉　　开课单位：光电学院

■ 一、课程概要

光电测控系统专项实验是光电学院测控技术与仪器专业开设的一门研究型课程，面向的对象是测控技术与仪器本科专业三年级的学生。课程的实施是以项目或者课题的形式开展的。教师结合专业人才培养需求和科研生产实际提出课题任务，学生以组为单位，在教师的指导和帮助下进行文献检索和调研，对任务进行总体分析，设计出总体方案和课题实施技术路线，并分工协作完成整个课题。学生是课程的主体，从最初的方案设计、开题报告答辩、经费预算和实施、材料器件的选型和购买，到项目组内成员分工协作，完成硬件和软件的实际设计、制作和调试，再到最终联调完成整体实物系统，并且组织项目汇报答辩，提交项目设计报告，都是学生以为主完成。教师的作用类似于毕业设计中的导师，提出设计任务，参与学生选题论证和讨论，引导辅助学生正确分析问题，帮助学生完成实验总体方案设计，解决各模块设计中碰到的具体细节问题。我们的目标，是加强学生的动手能力和在实际工作中独立发现问题、分析问题和解决问题的能力，提高学生的综合创新能力，进而提高其全面适应社会需求的能力和就业能力，逐步提高工科大学毕业生工程实践能力。

■ 二、课程教学目标及预期学习成果

1. 课程教学目标

高等教育教学过程是在继承已有知识、学习间接经验的基础上，逐步在实践中巩固所学理论，进而努力使学习过程与实际科学研究工作一致起来，循序渐进地帮助学生从中学阶段培养继续求学的能力逐渐过渡到培养某一专业领域内的独立工作能力。作为综合性高校的理工科专业，对学生的培养应该是综合性全方位

的。光电测控系统专项实验课程的开设，就是希望通过研究型必修课程的设置，让所有学生都能够得到工程实践和训练的机会，争取让所有学生的工程能力都能达到一个合格的水平。

研究型课程的设计依据，是对照工科工程教育体系培养计划的毕业生要求，用"能力"作为培养目标的描述元素，通过培养学生的专业能力，多角度提升学生各方面的素质。这也是光电测控系统专项实验课程预期学习成果的设计依据。

2. 预期学习成果

（1）能够从光电测控实验系统的功能和指标要求出发，进行系统模块划分、硬件选型、软件流程图绘制；

（2）能够分析实验过程中遇到的技术问题，通过自行寻找资料、询问老师制定解决方案，并动手验证解决方案的可行性；

（3）能够与团队成员协商实验分工，能够与团队成员口头和书面沟通光电测控系统的实验方案、实验过程和实验结果，达成实验计划的共识；

（4）理解开题报告和结题报告的主要内容，能够独立撰写开题报告和结题报告；

（5）能够以科技报告的形式，语言规范地口头表述光电测控系统的实验方案、实验过程和实验结果。

课程对预期学习成果的支撑，是通过几个阶段实现的：课堂讲授明确学习目标任务，引入文献检索、资料查询及运用现代信息技术获取相关信息的基本方法；"视频课程+课堂研讨"梳理专业及工程基础知识，深入分析实际光电系统，引导学生逐步掌握工程基础知识，初步学习如何在工程项目设计中综合考虑多方面因素；自主实验过程辅助学生自主分析实验过程中遇到的技术问题，学会自行寻找资料并分析制定解决方案，动手验证解决方案的可行性；选题、开题及结题帮助学生在一定研究实践经验基础上总结提炼问题解决思路，也帮助学生认识到理论与实践的差异，理解终身学习的意义；分组协作实验过程和团队答辩环节逐步培养学生团队合作及表达沟通能力。

三、课程内容及教学策略

创新能力和工程实践能力的培养，和理论基础知识的教学其实是分不开的。然而，从 Project-Based 的教学方式出发，课程基础知识的教学内容和教学模式的选择都与其他基础知识的教学有所不同。我们不再是教授知识点，而是通过合理设计实践任务鼓励学生引导学生自主学习，由"授人以鱼"转变为"授人以渔"。同时，引导学生在掌握知识点的同时，把目光和重心更多地放在分立知识点的融会贯通，这也是工程实践能力培养的一个重要标准之一。

光电测控系统专项实验课程的教学内容，主要包括两方面：一方面是光电测控系统设计的相关基础知识，包括光电仪器设计的基本原则、光电系统设计、机械结构设计、电路设计和光电信息处理基础知识，也包括文献检索、项目模块划分、科技文档撰写和沟通表达等相关非技术知识。另一方面，作为研究型实验课程，教学的相当一部分重心在于借助实际实验课题的完成，帮助学生在动手实践中，学会从光电系统的功能和指标要求出发，进行系统设计和模块划分；学会在文献调研的基础上提出问题和目标，自主分析实验过程中遇到的技术问题并分析制定解决方案；学会动手验证解决方案的可行性并能够对实验方案、实验过程和实验结果进行总结。这部分的教学内容，是通过项目课题的设计实施来实现的。

研究型教学的目的，是从创设问题情境出发，激发学生兴趣和探究激情，引导学生自主探究和体验知识发生过程，培养学生的创新思维和创新能力，这是研究型教学设计的精髓。工科研究型课程的设计，依托项目或课题的选择非常重要。按照研究型教学的特征设计依托项目课题，项目选题应该同时具有挑战性和趣味性；既有科学问题，又有工程设计；既具有涵盖了光机电算基础知识的综合性，又有短期内可实现性；既具备项目整体的系统性完整性特征，又需要考虑实现成本的经济性，尤其在有限的教学经费预算下。从 2009 年课程开设的初期，我们根据实验室实际设备和条件选择了四个来源于实际科研的课题作为实验课题，分别是"面光源均匀性测试仪""光学系统透过率测试仪""主动式光电图像采集与处理系统设计"和"面形测量移相干涉仪"。每个课题都涵盖了光学系统、机械系统、电路设计和计算机软件设计几个方面的内容，突出反映了仪器学科综合性的特点。从 2012 年开始，我们把大学生创新计划部分项目引入了课程中，并且大胆引进了一些新兴领域的热点课题供学生选择，如"人体生物特征光电图像识别装置""光电方法实现道路特征导航""结构光三维空间面形重建"等光电仪器技术应用热点题目，鼓励学生主动思考，积极发现问题，更充分地锻炼学生分析能力和创新能力。同时，将全国大学生光电设计竞赛题目简化设计相关的课题供学生选择，如"激光反射法音频声源定位与语音内容解析""基于光电导航的智能移动测量小车"和"复杂表面物体体积的非接触光学测量"，既给学生提供了一个接触仪器学科科研前沿的窗口，激发学生学习热情和兴趣，也培养了学生的专业热情，增加学生的专业认可度和自豪感。

研究型课程或研究性学习强调做中学、学中做，即学生在真实的问题情境中进行主动的探究。光电测控系统专项实验课程的学习阶段设计，考虑了工程教育大纲中对毕业生工程基础知识、个人能力、人际团队能力和工程系统能力四个层面的能力指标，针对工程教育专业认证的标准中的毕业要求，以综合的培养方式使学生在这四个层面达到预定目标。课程的学习阶段设计本身也是一个在实际工程环境中项目的研发和运行的周期。课程把整个教学实施设计成了一个类似于

CDIO 工程教育模式中的以产品研发到产品运行的生命周期，一个具体而微的科研过程，让学生以主动的、实践的、课程之间有机联系的方式学习工程。课程的教学策略，是尽可能给学生提供一种真实的问题情境，启动学生的研究性学习过程，帮助学生在此过程中逐步获得和促进对工程环境的认知能力，并能够支持和促进学生作为认知主体，积极主动地有效学习。

从研究型课程光电测控系统专项实验的教学组织设计情况来说，学生自主学习阶段设计分为下面几个阶段：

第一阶段是课程开始的 1~2 周，这一阶段的主要工作是：明确课程目标，以光电测控系统的成功设计分析帮助学生理解仪器设计基本原则；引入文献检索、资料查询及运用现代信息技术获取相关信息的基本方法；同时教师团队列出系列选题，模拟实际工程环境中的社会需求。这一阶段可以看作项目式教学中的基础准备工作阶段。混合教学中的视频课程引入也在这一阶段，借助视频课程帮助学生对已有的基础知识和专业基础知识进行一个简单的回顾和梳理。同时完成学生的分组和选题工作，把学生放进这个模拟的工程环境中，开始科研或项目研发进程。

第二阶段是开题阶段，或者可以说是项目论证阶段。这一阶段是学生以组为单位课下进行的，这一阶段可以看作学生自主性研究型学习的正式启动阶段，学生需要以组为单位，对自己的选题进行文献检索和调研，形成初步的方案设计，完成参数计算和预算设计，并以开题报告和答辩的形式进行论证。

第三阶段是正式的实验阶段，这一阶段是项目的研发过程，也是研究型学习的主要学习阶段。在完成开始的项目论证和开题之后，学生在指导教师的帮助下，对项目设计方案进行了修正和细化，然后将纸面上的设计转化实现为实际系统。这一阶段学生需要分工协作完成总体方案细化、分模块方案设计计算，电子光学元器件选型购买，机械零件设计和联系加工，光路设计和搭建，电路设计制板焊接，以及程序设计和实现，并最后实现系统联装联调。学生以组为单位，类似一个课题项目组，分工协作设计完成所有的实验，在提高动手能力的同时还培养了学生的团结协作能力。有时候在整个过程中，所有的过程包括总体方案设计需要反复进行修正几次才能完成，甚至最后会失败。在实际的项目研发过程中，失败也是无法避免的，我们也希望通过这个过程，帮助学生树立对成败的正确观念。这就是我们所说的一个具体而微的科研过程，让学生以主动的、实践的、课程之间有机联系的方式学习工程，帮助学生学会如何运用已有知识在工程实践中发现问题，分析问题和解决问题。

最后的答辩阶段实际上相当于项目研发过程的结题和评审过程，同时也是研究型课程的考核阶段。不管项目完成情况如何，学生都需要以组为单位提交项目结题报告并进行答辩，同时现场演示实验成果。每组独立完成一个综合的报告，包括实验整体方案论证和选择，各模块设计计算选型和实际设计加工调试结果，以及总体实验成果分析。这一环节的设计也与实际工程环境中的实际情况相仿。

通过这四个阶段的进程，学生实际上经历了一个跟实际工程环境下的产品研发过程类似的小型科研周期。在这个周期中各个环节，从最初的方案设计、开题报告答辩、经费预算和实施、材料器件的选型和购买，到项目组内成员分工协作、完成硬件和软件的实际设计、制作和调试，到最终实际完成整体实物系统，并且组织项目汇报答辩，提交项目设计报告。学生在 3 个月的时间内走完一个"具体而微"的科研过程，学习基本工程知识，掌握工程能力的同时，提高了口头和文字的表达能力，具备了一定的团队协作能力。

光电测控系统专项实验课程从建立以来，已经完成了 12 届学生的教学培养，包括 2019—2020 学年疫情期间开展的线上教学实践。在不断的实践教学中，教学团队不断发现问题解决问题，课程的教学目标、课程形式和教学环节和考核指标也经历过几轮论证修改。目前的预期学习成果 ILOs，既有早期课程教学目标的延续，也有针对近年来逐步开展的工程教育认证指标的支撑设计。课程的教学环节，是按照工程项目研究的不同阶段设计进行的，而每个阶段的教学内容，又分别对应了多条课程 ILOs。

课程的预期学习成果（1），主要在第一阶段（课堂理论讲授阶段）进行教学，学生在第二阶段（开题阶段）课题分析和方案设计过程中练习巩固；课程的预期学习成果（2），在课程的第二阶段开题阶段开始引入，而对其不断练习和实践，主要集中在第三阶段（自主实验阶段）；课程的预期学习成果（3），也就是团队合作和沟通能力的训练，从第二阶段的开题开始，贯穿整个课程的第三阶段自主实验和第四阶段结题答辩；课程预期学习成果（4）的教学和训练，体现在第二阶段和第四阶段的开题和结题；预期学习成果（5），则是通过在整个学期与指导教师不断的沟通交流中学习，在第二阶段的开题答辩、第三阶段的中期汇报和第四阶段的结题答辩中实践训练。

四、课程考核办法及教学效果

在预期学习成果评价方面，光电测控系统专项实验课程的考核方式也经历过几次更新。在 2006 版教学大纲中，我们虽然明确了采用非考试的考核方式，但成绩考核的设计仍然沿用了传统实验教学和理论课教学的思路。从 2010 版教学计划修订，到 2016 版教学计划制订的过程中，我们也在不断完善考核方式和评价标准。在 2016 版教学计划中，我们明确了学生成绩的组成方式。

（1）平时成绩评分依据。每名学生的平时成绩主要来源于两个方面：每次课程的平时成绩记录和团队内部的相互评价。每次课程平均每人有 5 分的平时分，由学生在课程结束时组内分配。每学期答辩结束时，各组学生填写团队内部自评互评表，指导教师根据平时成绩记录表和自评互评表给出每名学生的平时成绩。

（2）书面报告评分依据。每组独立完成开题报告和结题报告，并完成小组填写的项目进度管理表格和个人填写的分模块管理表格。报告由各模块负责学生独立撰写并署名，组长负责报告的整合。指导教师根据报告和表格综合打分。

（3）答辩成绩系数计算依据。课程参考毕业设计答辩的形式进行课程答辩。学生以组为单位进行答辩，每名学生都必须主讲及答辩。参加答辩的所有教师（包括任课教师和受邀参加答辩的其他专业教师和实验教师）和其他学生给小组实验按照评价内容分别打出成绩。小组答辩总成绩的计算方法是：按照评价内容分别计算每个评分人给小组打分的平均分，然后按照报告质量×20% + 技术内容×20% + 团队协作×10% + 时间掌控×10% + 总体评价×40%得出小组的答辩分。所有参加答辩教师给出的答辩平均分占70%权重，其他学生给出的答辩平均分占30%权重，综合得出小组答辩总分。将小组答辩成绩归一化作为小组学生的成绩系数。

与课程的教学环节设计一样，光电测控系统专项实验课程的评价指标和考核内容，是按照不同模块设计进行的。而每个模块的考核，分别对应了多条课程ILOs。课程的预期学习成果（1）和（4），主要在书面报告模块中考核，开题报告和结题报告中每位同学负责部分的内容，是这部分ILOs的评价依据；课程预期学习成果（2）的评价考核，主要体现在第三阶段（自主实验阶段）的平时成绩模块，这部分的成绩由指导教师在每节课根据学生实验情况，并参考学生互评给出；课程的预期学习成果（3）团队合作和沟通能力的评价，主要体现在平时成绩模块，是根据每周网上提交的学生自评、团队成员互评（包括每周组内互评和每次课平时成绩分配）和教师评价记录按一定权重计算得到的；预期学习成果（5）的考核评价，体现在答辩成绩打分表（结题答辩打分表包括学生打分和教师打分）。

光电测控系统专项实验课程是光电学院建立的第一门研究型课程，在十多年的发展建设中，教师团队积累了丰富的实践教学经验。课程在工科学生培养方面的成果已逐渐显现，多组学生以课内项目和成果参加了"全国大学生光电设计竞赛""中国（国际）传感器创新大赛"等多项竞赛并获奖。经过课程学习的本科生，在研究生阶段表现出了出色的科研能力和创新能力。

课程教学团队的工作也得到了广泛的认可，先后获得了"北京理工大学第十三届教育教学成果奖三等奖"、第八届"T - more研究讨论型课程奖"和第二届迪文"研究型优秀课程奖"。课程团队先后发表教研教改论文14篇，其中EI已检索9篇；并在多年工作资料基础上，出版普通高等教育"十三五"规划教材《光电测控系统设计与实践》。

五、课程特色和创新之处

1. 课程针对的目标问题

大工程时代的工程活动具有系统性、组织性和协同性特点，体现为解决复杂工程问题的整体配合性，工科学生不仅应该具备必要的工程能力和创新精神，也需要有表达和协作等非技术能力的培养。这已经成为各国工程教育者的重点研究目标。2000 年以来，国内的教育者们推出了各种举措以鼓励大学生投入工程相关的实践领域，例如大学生创新实验计划、各种设计竞赛以及各学科领域的实践教学选修课。但是由于这些活动的容量限制，不是所有学生都有机会得到此方面的锻炼。光电测控系统专项实验课程就是针对这个现象设置的，目标是通过这样一门必修课程的设置，让所有学生都能够得到工程实践和训练的机会，争取让所有学生的工程能力都能达到合格的水平。

光电测控系统专项实验课程是光电学院测控技术与仪器专业的一门研究型必修课程，面向三年级本科学生。我们的目的是以必修的手段使所有学生都能够得到工程训练的机会，迫使所有学生都参与到项目式教学中来，促进大部分学生自学能力、工程能力和创新能力的提高。课程的设置是以加强学生创新精神和工程实践能力培养为主要目标，培养学生的动手能力和在实际工作中独立发现问题、分析问题和解决问题的能力，提高学生解决实际工程问题的能力。

2. 课程的特色教学设计和教学方法

光电测控系统专项实验课程的实施是以项目或者课题的形式开展的。教师结合专业人才培养需求和科研生产实际提出课题任务，学生以组为单位，在教师的指导和帮助下进行文献检索和调研，对任务进行总体分析，设计出总体方案和课题实施技术路线，并分工协作完成整个课题。学生是课程的主体，从最初的方案设计、开题报告答辩、经费预算和实施、材料器件的选型和购买，到项目组内成员分工协作，完成硬件和软件的实际设计、制作和调试，再到最终联调完成整体实物系统，并且组织项目汇报答辩，提交项目设计报告，都是以学生为主完成。教师的作用类似于毕业设计中的导师，提出设计任务，参与学生选题论证和讨论，引导辅助学生正确分析问题，找到解决方案。

研究型课程强调帮助学生在真实的问题情境中进行主动的探究。课程把整个教学实施设计成了一个类似于产品研发到产品运行的生命周期，让学生以主动的、实践的、课程之间有机联系的方式学习工程。图 1 是实际工程环境中项目的提出、研发和运行的周期，也是研究型课程教学学习阶段的设计。

在课程的进行中，学生经历了一个跟实际工程环境下的产品研发过程类似的小型科研周期。在这个周期中各个环节，包括方案设计、开题报告答辩、经费预算和实施、材料器件的选型和购买，以及项目组内成员分工协作，完成实际设

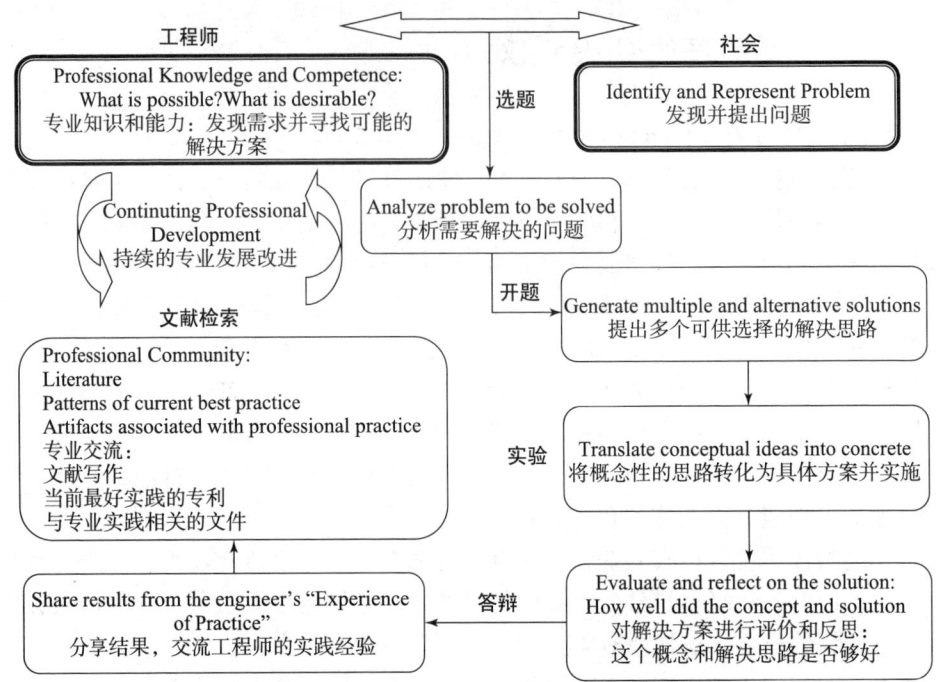

图 1　光电测控系统专项实验的项目式教学周期

计、制作和调试，并且组织项目汇报答辩，提交项目设计报告，都与实际工程研发类似。在 3 个月的时间内走完一个"具体而微"的科研过程，学习基本工程知识，掌握工程能力的同时，提高了口头和文字的表达能力，具备了一定的团队协作能力。同时，课程采用实验课题答辩、实验结果演示加书面报告的综合考核方式。除了考核学生是否如我们预期具备了一定的自主学习能力、创新实践能力和表达能力，也将团队协作情况纳入考核。

3. 课程的不断建设和持续改进

课程已经完成了 12 届学生的教学培养，包括 2019—2020 学年疫情期间开展的线上教学实践。历经了 2009—2012 年的基础建设阶段、2013—2015 年的教学内容和形式完善阶段，2016—2018 年的信息化提升阶段，目前正朝标准化定量化阶段迈进。在不断的实践教学中，教学团队不断发现问题解决问题，先后针对研究型课程教学中的教学设计、考核管理、项目选择、分组方式等方面做出有意义的尝试和改进。

（1）基础建设阶段（2009—2012 年）。课程从 2009 年起开始开设，无论是教学模式还是考核方式都是新方式的尝试。这一阶段，课程组不断在教学内容和实施环节方面进行改进，包括：授课模块内容调整；项目选题不断增多；引入专业领域内新兴前沿课题激发学生兴趣，鼓励同学扩展眼界和思路。

（2）教学内容和形式完善阶段（2013—2015 年）。这一阶段的教学中，我们注意到必修设置带来的一些问题。课程团队学习了 CDIO 和 ABET 的工程教育理念和标准,进一步持续改进:将全国性大学生竞赛的题目引入课程中,培养了学生的专业热情,增加学生的专业认可度和自豪感;设计了学生的自我认识和资质挖掘环节,引导学生认识自身能力,同时初步形成终身学习意识;在教学中引入模块化管理、文献检索和科技文档撰写等内容;团队合作方面,改进分组模式,设计合作促进环节,在团队合作中引入利益分配体制,促进学生对真实工程环境的适应。

(3) 信息化提升阶段(2016—2018 年)。教学团队做出的尝试和改进包括平时成绩考核管理方式、规范开题/中期/结题报告、引入最优评选机制、增加了科技海报制作学习等。在原来研究型实验课程中引入现代化的在线信息化教育手段,设计建设一个"三通道、双反馈、一体化"混合教学模式学习平台,如图 2 所示。在保证课程原有理论实验学时不变的基础上,将课程的总体介绍、各个环节的学习材料,以及一些学科通用的知识模块信息化、片段化,综合运用现有网络教学和手机端交互平台,结合传统课堂和实验室教学,实现授课教师课堂讲授、实际动手实践指导和在线指导多模式工作,学生课堂学习、在线平台自学和实验室实际操作多渠道学习,知识模块化片段视频发布和手机端交互远程互动双向在线反馈渠道结合,给学生提供一个自选自学的线上渠道,让学生在课程进行中随需随学。同时由于这些信息化的知识模块是跨课程的,这个平台将来还可以扩展支持学院学科其他课程的学习,成为课群或者专业学习渠道的补充。

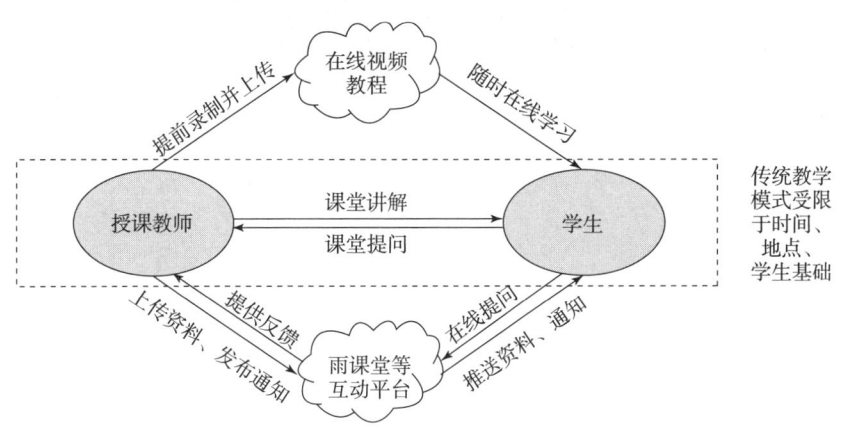

图 2 "三通道、双反馈、一体化"混合教学模式学习平台设计

(4) 标准化定量化阶段(2018 年至今)。为了保证课程的可延续可传递性,2018 年起课程建设进入了标准化定量化阶段。课程中的一些标准化问题,例如课程非技术因素考核和评价的标准考虑,团队领导能力的培养问题,各教学环节评价标准与教学目标对应的问题等,都是我们后面的教学工作中需要持续改进的。

4. 课程的创新点

课程的设计特点和创新点主要有四个：

（1）以素质培养为目标的开放式项目教学设计。课程项目的方案设计和实现是开放式的。学生是课程的主体，以组为单位设计并完成项目，在 3 个月的时间内走完一个"具体而微"的科研过程，同时提高了沟通能力和团队协作。

（2）提高学生参与性的互动式课程组织模式。强调学生的参与性和互动性，采用以学生为主体、理论与实践相结合的研究型教学方式，通过方向命题式工程训练培养学生的设计和工程实践能力。

（3）考虑团队贡献的综合答辩式考核方式。课程采用实验课题答辩、实验结果演示加书面报告的综合考核方式，每个学生的成绩既反映出本人工作的同时也反映出所在课题组的实验综合完成情况，在锻炼学生实践能力学术能力的同时，也促进学生增强团队合作能力和集体精神。

（4）不断求新求变的课程设计模式。在坚持学生为主实践为主的课程教学的基础上，在教学中也引入了文献检索、科技文档规范和科研项目模块化管理的内容，帮助学生初步掌握科研或工程项目中的相关管理以及规范工程文档方面的相关知识。

六、课程教材

周雅，胡摇，董立泉，刘明，赵跃进. 光电测控系统设计与实践 [M]. 北京：电子工业出版社，2017.（北京理工大学"十三五"规划教材）

理论实践结合，开展"光电成像系统设计与实践"教学

授课教师：何玉青　曹峰梅　白廷柱　李力

开课单位：光电学院

一、课程概要

光电成像系统设计与实践课程属于光电信息科学与工程专业的研究型教学与实践教学，从 2009 年开始开设，每年在大四学年开始的小学期 3 周内展开设计。此时，学生已完成了基础理论课程与大部分专业课程的学习，具备了将所学知识链接和进行系统认识的条件。课程实施以项目或课题的形式展开，教师结合专业人才培养需求和科研生产实际提出具体的课题任务和过程要求，学生以组为单位，分工协作共同完成课题任务，在教师的指导和帮助下进行文献检索和调研，对任务进行总体分析，设计出总体方案和课题实施技术路线，并分工协作完成课题实验和设计总结报告。

课程旨在通过对典型光电成像系统结构的认识和设计，进一步巩固、加深学生对光电成像系统的构成、各技术环节的作用和工作原理的认识和理解，明确系统总体性能与各部分参数的关系，使学生掌握光电成像系统的总体设计的思路、步骤和关键环节部件选配方法等。通过实践教学环节，可提高学生对光电成像系统较为复杂工程问题的初步认识、动手能力，以及在实际工作中独立发现问题、分析问题和解决问题的能力，增强学生对科学性、合理性、经济性、可行性、可靠性、可维护性等工程概念的理解，提高学生解决实际复杂工程问题水平的目的。此外，通过该课程的实施，还可以达到提高学生团队意识，选择自己在团队中的角色，自主承担相关工程责任，自主展开针对性的学习，建立知识产权意识和可持续发展意识，了解领域前沿和技术前沿等。

二、课程教学目标及预期学习成果

1. 课程教学目标

课程主要培养学生专业技能及多方面能力与素质。本课程是综合设计类课

程，课程实施以项目或课题的形式展开，教师结合专业人才培养需求和科研生产实际提出具体的课题任务和过程要求，学生以组为单位，分工协作共同完成课题任务，在教师的指导和帮助下进行文献检索和调研，对任务进行总体分析，设计出总体方案和课题实施技术路线，并分工协作完成课题实验和设计总结报告。

除了培养专业技能，课程还能够培养学生的各种关键性非技术能力和素质。课题包含每人分工工作，可以培养沟通交流能力，课程以实际项目方式联系理论知识将其应用于设计，需要学生自主设计便于实际应用与实施的系统方案，学生需要在做中学、学中做。

综合而言，课程目标为培养学生工程知识、问题分析、设计/开发解决方案、研究、使用现代工具、工程与社会、环境和可持续发展、个人和团队、沟通、项目管理等方面的综合能力。

2. 预期学习效果

（1）认知光电成像系统的基本结构及作用，包括：光学成像系统；成像传感器芯片；驱动与信息获取电子学电路；计算机或嵌入式控制及处理系统；数字图像信息处理；图像显示装置。

（2）能够根据光电成像系统的具体需求进行自主学习，进行文献、专利、相关产品的检索、调研、分析、综述等工作。

（3）能够根据光电成像系统的具体性能要求和技术指标要求，利用所学相关知识进行综合分析，完成光学成像系统、成像传感器芯片、驱动与信息获取电子学电路、计算机或嵌入式控制及处理系统、数字图像信息处理、图像显示装置参数的计算及选型。

（4）能够熟练使用办公软件或相应的专业处理软件完成系统设计、文档撰写、图表制作、动画演示等工作并进行报告。

（5）能够根据设计情况自主进行仿真、设计、试验验证工作，检验设计情况并进行分析、完善。

（6）能够在设计过程中考虑国家的相关政策和法令、法规，倡导以人为本的人文精神。

（7）能够在设计过程中体现团队意识和合作精神，明确自己在团队中的位置和作用。

（8）掌握初步的与光电信息科学领域工程技术工作相关的经济和管理知识，以及初步的成本意识，并能够对产品进行初步的成本核算。

三、课程内容及教学策略

1. 课程内容

课程在讲授典型光电成像系统总体设计的方法基础上，学生分组选题并完成一个典型光电成像系统的设计,并进行部分原理验证实验,教师对学生的设计进行指导。

目前课程设计题目主要有 4 类:微光成像系统设计(如光电车载辅助驾驶系统);光电检测、监测系统设计(如车牌抓拍与识别系统、纱线质量在线检测、硬币筛选检测、印刷品质量检测系统等);红外成像系统设计(如门禁体温自动探测、输电线故障检测、电路板故障检测);特种光电成像系统设计(如球场电子辅助裁判系统、火星车立体视觉系统、管道机器人视觉系统、舰载红外警戒系统、智能目标检测追踪等新型成像系统)。

题目给出主要技术指标要求,学生进行整体方案分析与设计,具体题目内容因题目类型要求而不同。例如题目 3 设计要求如下:

题目 3　纱线质量在线检测系统

① 设计要求:纱线水平均匀地向前行进,要求每隔一段距离检测出其直径变化,并将直径值绘制成曲线,以控制生产纱线的合格率。

② 技术要求:

a. 检测环境:晴朗白天的室内,检测区域背景为全白,纱线反射率 0.7;

b. 纱线行进速度:60m/min;

c. 采样间隔:≤0.5mm;

d. 纱线平均直径:1.0mm;

e. 工作电源:220V 市电;

f. 检测精度:±5%。

基于上述课程内容,教师在指导学生进行具体题目设计之外,还包括如下教学内容讲授:课程介绍、光电成像系统设计方法、器材展示操作实验、常用软件的使用方法、文献检索与报告方法。学生进行课题方案设计、设计论证报告及方案汇报、系统设计分析与实验验证、考核答辩报告等。

整个课程中教师全程指导学生,学生按照如下环节(如图 1 所示)开展特定题目的具体设计与实验验证等工作。

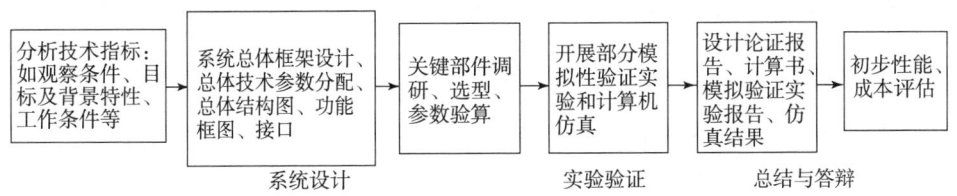

图 1　题目设计分析环节及流程

2. 课程内容和 ILOs 之间的对应支撑关系

学生的课程设计题目全部为光电成像类题目,且都结合工程背景进行实践,属于整体系统分析设计。因此,每个题目的小组学生在设计实践的环节需要对

"光学成像系统、成像传感器芯片、驱动与信息获取电子学电路、计算机或嵌入式控制及处理系统、数字图像信息处理、图像显示装置"进行综合考虑;同时,通过教师指导学生参与"器材展示操作实验",可以实现"认知光电成像系统的基本结构及作用"。

学生根据特定光电成像系统的具体性能要求和技术指标要求,利用所学相关知识进行综合分析,完成光学成像系统、成像传感器芯片、驱动与信息获取电子学电路、计算机或嵌入式控制及处理系统、数字图像信息处理、图像显示装置参数的计算及选型。

在方案设计的基础上,结合实验室的实验器材及实验条件,学生进行部分原理验证实验情况,这些都是由学生自主进行仿真、设计、试验验证工作,检验设计情况,并进行分析、完善。

学生组队分工完成一个题目,具体分工包括总体架构设计、参数分解计算、器件选型、算法软件、机械、电子电路等多种形式,小组内所有成员合作完成相应实验验证,因此在设计过程中需要团队合作,每人在熟悉整体系统结构及模块组成的同时又有个人任务分工侧重,共同完成题目的设计与验证实验。

由于题目仅给出技术要求,学生在设计过程中,需要根据自身题目的光电成像系统的具体需求进行文献、专利、相关产品的检索、调研、分析,在报告中进行综述等工作,这些都是课本中的基础知识所没有包括的,学生需要进行自主学习。

学生在设计过程中,需要利用专业软件如 Solidworks 进行机械设计,利用 MATLAB 或 VC 等编程语言进行算法设计分析等;在进行设计过程与结果展示、总结报告撰写的过程中,需要使用办公软件或相应的专业处理软件完成系统设计、文档撰写、图表制作、动画演示等工作并进行报告。

在题目设计的过程中,考虑工程实践背景以及实际应用,并且需要进行成本核算,选择设计性价比高的系统,因此需要学生在设计过程中掌握初步的与光电信息科学领域工程技术工作相关的经济和管理知识,以及初步的成本意识,考虑国家的相关政策和法令、法规。

3. 教学策略

课程采用理论与实践教学相结合的方式,以学生为主,以实践为主,教师提出设计任务,引导辅助学生正确分析问题,自主学习自主设计并完成实验。

理论上教师进行光电成像系统的总体设计方法与课程涉及的软硬件设计等相关技术的讲解,并且分析特定系统的设计实例,使得学生掌握系统设计的基本方法。

实践方面,教师指导多名学生组成团队进行特定题目的设计与实践。每个实验组都有一名指导教师具体负责,教师的作用类似于毕业设计中的导师,根据设计任务,参与学生选题论证和讨论,引导辅助学生正确分析问题,帮助学生完成实验总体方案设计，解决各模块设计中碰到的具体细节问题。每名指导教师指导 2~4 组学生。

学生是课程的主体，以组为单位组织进行实验，包括最初的组队、题目选择、方案调研与设计、开题报告答辩、经费预算和实施、材料器件的选型和购买、机械结构的设计加工，项目组内成员分工协作，进行相关工作的独立的分析设计，并与团队协调完成整体系统设计，完成部分硬件和软件模块的原理验证实验和测试，并且组织项目汇报答辩，提交项目设计报告。学生分工形式可分为：总体方案、部件选择及设计、机械机构、软件设计与编制、电路设计。每个学生根据选择的题目承担不同分工的设计工作。学生利用 3 个星期走完一个具体完整的科研过程，自主承担工程责任，自主开展针对性的学习，了解领域技术前沿，提升个人能力和专业素质，同时提高口头和文字的表达能力。

四、课程考核办法及教学效果

课程采用多元化模式考核，采用以课题答辩为主的考核方式，在整个课程的实施中，以组为单位引入方案报告和课程结题答辩这些环节。课程采用课题答辩、设计成果演示汇报加书面报告的综合考核方式，同时参考学生组内自评及组间互评。教师基于 ILOs 的八个方面分别对学生进行评价，具体考核指标分配如表 1 所示。

表 1　课程考核指标分配

文献调研	课题分析	计算与设计	整体结果	工具使用	团队合作	报告及PPT展示	创新与成本预测	总成绩
10 分	10 分	20 分	20 分	10 分	10 分	10 分	10 分	100 分

学生组内自评内容包括"课题分析、系统设计、实验结果、使用的工具软件、答辩与报告、团队合作、成本估计及创新设计"等方面。组内互评以整体小组为单位进行分数评价，设计了"光电成像系统设计与实践教师评分表""光电成像系统设计与实践学生自评表""光电成像系统设计与实践学生互评表"分别供教师、学生评价时使用。课程设计了调查问卷，在学生完成课程后发放给学生，搜集学生的反馈，作为进一步教师研讨及课程改进的部分依据。

每个学生的课程成绩，既反映出个人的工作也反映出所在课题组的实验综合完成情况；既考察了知识基础的掌握学习能力，也考核了学生个人的表达能力和团队合作能力；在锻炼学生动手能力、学术能力的同时，也促进学生增强团队合作能力和集体精神。虽然是多名学生组成一组开展一个题目设计，由于学生分工不同及结果的差异，因此，每个学生有自己对应的分数，而且与组内其他同学分数一般都不同。

课程整体达成情况的评价以每个学生的分指标点达成度的评价分数为基础，进行整体课程的评价。首先分配每个指标点的权重 ω_i；其次，计算该指标点下所有学生的平均分数 S_i；然后，结合该指标点的分配分数 Z_i，课程整体达成度公式采用公式 $\Sigma\omega_i(S_i/Z_i)$ 进行计算。

通过课程学习，学生自己也有比较深刻的体会，部分学生总结如下（如图2所示），可看出学生在多方面都有提高。

> 虽然存在很多不足，但我确实从这门课程中学习到许多，无论是从系统思考、解决问题、合作分工、动手操作、知识储备、文献撰写哪一方面，都有一定程度的提高。在此感谢老师不厌其烦的指导和帮助。

> 通过此次设计，收获到了很多。不仅重新回顾了很多光电成像的基础知识，而且通过设计和制定方案的过程，查询了很多资料，拓展了知识面，提高了发现问题和解决问题的能力。和队友不断的沟通合作，一次次修改方案的过程也让我体会到了方案设计的过程和流程，为以后的进一步深入学习打下了基础。

> 小学期的这门课程结束了。在这段时间里，我们体验了科学研究方法的过程，进行了理论和实践相结合的操作和学习，既复习了专业课所学知识，也培养了新的能力，包括动手能力以及系统思考的能力。相信在这门课中获得的显性的和隐性的知识对于今后的科学研究都是大有裨益的。

> 每次何老师都能犀利的点评出我们的问题，指出我们设计的漏洞。起初我们的构想是散点式的，专注于每部分的功能，没有很好的考虑到系统的互联，比如怎样设置延时，数据怎样传输等；后来我们的问题出现在计算上，对一些基本概念的理解有偏差，比如光学系统的构造、摄像机最低照度、帧频的选择等，解决这些参数如何计算的问题花费掉我们好多的时间，而这些其实在我们之前的课程中早都有介绍，说明先前的机械式记忆是存在问题的，没有做到理解式记忆的学习是没有效率的；同时，小组成员一起花掉时间讨论一个小问题也很没有效率，应当做好总体设计后分开完成各自的部分，对于疑难问题和系统互联的问题再集中进行有针对性的讨论；在设计好硬件参数进行市场调研时，又出现了设计参数值和市面器件实际参数值不匹配的问题，因此要重点关注我们所关心的参数，对于其他参数要在计算中修正；

图2　部分学生课题设计总结

五、课程特色和创新之处

1. 课程理念

（1）树立"以学生为本"的理念，引导学生自主开展设计与实践。教学不是唱独角戏，离开"学"，就无所谓"教"，因此，课程明确了学生的主体地位，树立"以学生为本、以教师为辅"的课程设计思想。尊重学生组队及题目选择，学生自主进行方案调研与设计、材料器件的选型和购买、机械结构的设计，进行经费预算和实践实施等工作。教师对每组题目在学生提出的思路上进行具体指导，引导学生自主开展设计与实践，而不是告诉其设计实施方案，有效地锻炼了学生的全方位设计与学习能力。

（2）关注教学效益及教学效果，课程持续改进。教学效益是指通过教师教学，学生在单位时间内所获得的具体进步和发展。对每学期学生的设计结果与学习过程综合考虑，总结当年的教学效果、出现的问题、题目可实施的合理性等方面情况，同时结合学生的调查问卷反馈，教师在学期结课后进行集中研讨。主要对教学内容、教学模式进行持续改进，对设计题目进行整合增补，对下一年度的教学进行完整设计。

（3）遵循多元化模式，实施全方位量化综合评价。课程制定了明确具体的教学目标，题目设计围绕教学目标开展，以遵循 ILOs 的多个指标点分别对每个学生进行评价。评价项目包含了学生从题目分析、方案设计、实践开展、设计结果等设计过程的多个环节，并融入了经济效益、成本核算、团队合作、汇报展示等多项因素，参考教师评价、学生自评、学生互评的情况，对每个学生进行全方位立体综合评价。科学地对待定量与定性、过程与结果的结合，全面地反映学生的学业成就。

2. 课程特色

（1）实践为主，理论与实践结合。课程是国家精品课程及为国家级精品资源共享课程"光电成像原理与技术"理论课配套的研究型课程，可以让学生对所学的理论知识有更深入的认识和掌握，开发了以研究、设计为主体的实践型教学模式。

课程重点着眼于培养学生的动手能力和在实际工作中独立发现问题、分析问题和解决问题的能力。以基于项目的教育思路，独创性开展研究项目课题设计，因地制宜设计和选择课题设计内容，力争使课题选择既有实际意义，又能够较全面锻炼学生光机电算各方面能力，每个课题均涵盖了光学系统、机械系统、电路设计和计算机软件设计几个方面的内容，突出反映了学科综合性的特点。部分学生设计成果及实验验证示例如图 3 所示。

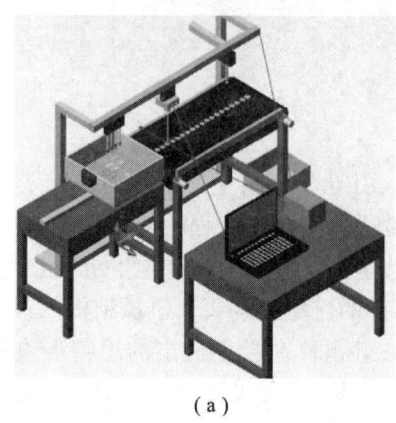 

(a) (b)

图 3　部分学生课题设计及实验验证
(a) 硬币筛选检测系统结构图；(b) 印刷品质量检测实验

（2）基于课题研究设计过程实施教学。以学生为主体开展设计，改变以往教师为主的教与学的模式，基于学生课题研究设计的过程教师开展实施教学。学生以课题开展设计，需要将书本上学到的理论知识综合运用，并需要查询工程化、系统化方面的知识，了解光电成像系统研究现状、产品研发过程以及核心技术动态等，这些过程都是学生以前所没有经历过的。教师在此过程中，通过引导学生设计实施全方位教学，改变了传统的教学模式，也使得学生在实践中发现问题、解决问题，深入掌握所学的知识。通过课题设计，给学生提供一种真实的问题情境，启动学生的研究性学习过程，帮助学生在此过程中逐步获得和促进对工程环境的认知能力，并能够支持和促进学生作为认知主体，积极主动地有效学习。

（3）题目设置广泛、贴近实际，提升学生学习兴趣。题目设置结合当今主流的光电成像系统进行任务目标设计，将学生所学习到的零散知识结合起来，融入综合的系统设计，锻炼提高学生对光电成像系统复杂工程问题的解决能力。如目前课程设计题目光电车载辅助驾驶系统、车牌抓拍与识别系统、纱线质量在线检测、硬币筛选检测、印刷品质量检测系统等均是以现在实际可用的工业场景实时在线检测或为基础进行任务要求；门禁体温自动探测、输电线故障检测、电路板故障检测系统设计基于红外热成像进行设计；球场电子辅助裁判系统、火星车立体视觉系统、管道机器人视觉系统、舰载红外警戒系统等新型成像系统是以特殊专用场景开展。题目的设计考虑锻炼学生解决复杂工程问题的能力，例如不同检测系统应考虑所处的复杂环境或者考虑实际应用的环境，如考虑并减少抖动、反光等给成像检测带来的影响。

学生组队后自由选择题目设计，一组一题，教师单独指导。学生对自己的选题兴趣高，且题目贴近现实生活实际，能够对应进行合适的场景应用，使学生对自己的设计有成功感及可实用化的目标,课程设计达到较好的学习效果。

3. 课程创新

(1) 题目涉及多学科交叉与综合,多方面进行学生能力培养。题目均为光电成像系统相关的实际工程性题目,每个课题均涵盖了光学系统、成像系统、机械结构、电路设计和算法软件设计多方面的内容,类似学生将来毕业参加工作在企业从事研发的角色,且团队合作共同完成一个系统/产品研发。题目涉及光学、机械、电子、计算机等综合学科内容,且由于针对成像系统进行涉及,也融入了图像处理、机器学习、人工智能方面的算法,因此是多学科交叉融合的题目设计课程,能够对学生进行多方面培养。

(2) 设计任务与方案开放、挑战性大,实践场地丰富。题目给出基本设计要求,部分题目参数需要在合理范围内自行确定,例如辅助裁判系统要求如下:

题目12 辅助裁判系统(即时回放系统)

①设计要求:能够短时间内通过录像计算出显示球的运动路径并确定其落点,用于球场辅助裁判。

②技术要求:

a. 光照:足够提供高速摄影的光照要求;

b. 供电电压:110V～240V/AC;

c. 球场大小:根据需求对象确定;

d. 球体直径:根据需求对象确定;

e. 球速:根据需求对象确定;

f. 落点精度:<0.5cm。

题目不限定目标类型,可以选择网球、羽毛球、乒乓球等球类进行设计;题目设计无标准答案,同一题目存在多种解决思路,解决方案、器件选型、实验方案等各环节均存在差异。自2009年课程开展至今,尚未出现不同届学生对相同的课题任务有相同的器件参数设计。

学生在3周的短时间根据题目要求完成系统整体设计与部分实验验证实践,也具有挑战性。通常每个小组的方案不会一次确定,学生会多次修改方案,直至最优。在确定方案的基础上再进行部分模块的实验验证与实践,也可能实践条件不一定满足方案设计需求,还需对实验系统进行优化,这一过程也会再一次加深对系统设计的认识。

每个小组进行实践的场地不同,实验过程设计需根据题目寻找合适的场地,例如在天桥进行车牌识别实验,在球场进行辅助裁判系统实验,寻找管道进行尺寸检测实验或者在实验室搭建纱线检测系统等,如图4所示。

178　认证理念下的研究型课程改革

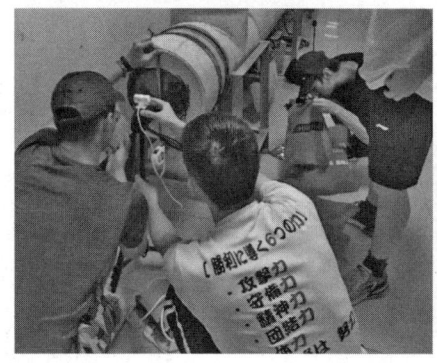

图 4　不同题目实践场地差异

"激光原理与技术"研究型课程案例

——以能力培养为核心的研究型课程教学实践

授课教师：王茜蒨　高春清　崔小虹　刘莉　高明伟

开课单位：光电学院

一、课程概要

激光原理与技术是光电信息科学与工程本科专业的必修课，主要是让学生系统掌握激光的基本理论、概念和方法，掌握各类激光器和重要的激光技术的工作原理与设计方法，培养理论联系实际、综合运用所学基础知识解决实际工程问题的能力，了解激光器件和激光技术领域的发展趋势和技术前沿，为后续课程的学习和工程设计奠定基础。

课程采用启发式教学模式，以学生为主体，教师为主导，通过课堂讲授、交流讨论和课题研究将课程设计和实践环节引入教学活动中。在课堂教学中，将基础知识讲授与前沿研究介绍相结合，注重教师与学生的交流讨论，激发学生学习兴趣。在课题研究中，结合具体的研究项目指导学生科研训练，充分发挥学生的主观能动性，通过学生自主查阅资料、提出设计方案，实际动手制作完成课题任务，培养学生的科学研究思维方法和创新意识。课程围绕激光原理、激光器件与技术，将基础理论知识学习与实验实践环节紧密结合在一起。

二、课程教学目标及预期学习成果

1. 课程教学目标

通过课程教学和课题研究，学生能够切实掌握激光相关基础理论知识，能够利用所学理论知识解决相应的工程设计问题，形成科学研究思维和创新意识。

2. 预期学习成果

（1）知悉和理解激光的特性、光波模式和光子状态等基本概念，以及激光产生的充分和必要条件。掌握谱线加宽概念以及速率方程理论，能够推导工作物质的增益系数。

(2) 知悉和理解光学谐振腔的模式理论,以及高斯光束的传输和变换规律,能够利用所学的知识解决激光谐振腔设计问题。

(3) 能够利用光和物质相互作用理论以及光学谐振腔模式理论,解决激光器的阈值条件、振荡模式、输出特性以及线宽极限等工作特性的估算问题。

(4) 知悉和理解典型激光器的组成、工作原理、工作特性和典型应用。

(5) 知悉和理解激光选模、稳频、调 Q、锁模和调制的基本概念、工作原理以及相应系统的构成,能够分析、计算系统主要性能参数。

(6) 能够根据所掌握的激光原理、器件与技术的基础知识,分析、计算激光系统主要性能参数,并形成对激光系统进行设计分析的合理思维模式。

三、课程内容及教学策略

激光原理与技术课程是光电学院光电信息科学与工程专业开设的一门研究型课程,面向对象是光电信息科学与工程专业三年级的本科学生。

课程首先介绍激光原理相关内容,包括场与物质相互作用速率方程理论和光学谐振腔模式理论等,并在此基础上分析激光器的阈值条件、振荡模式、输出特性以及线宽极限等工作特性。然后介绍激光器件相关内容,包括气体、固体、染料以及半导体等典型激光器的组成、工作原理、工作特性和典型应用。最后介绍激光技术相关内容,包括选模、稳频、调 Q、锁模和调制的基本概念、工作原理以及相应系统的构成。课程的特点是涵盖内容广,既有基础理论,又包括器件和技术,既有经典知识,又紧密结合当前最新科研成果。因此,从课程内容安排上也要求既有理论知识学习,又有专业实践设计。

首先对课程教学目标进行合理规划,确定了明确的教学目标和教学效果评价标准。其次,对课程进行 OBE 规范化建设,对教学大纲、课程目标、课程内容、教学模式、教材建设、师资条件、环境条件、评价与改进等进行 OBE 改造,将工程教育专业认证中对本课程的毕业要求,落实在各个教学环节中。

针对课程特点,采用启发讨论式教学方式,围绕激光知识设计了一整套相互关联的设计和实践环节。实践专题项目环节包括:①$2\mu m$ 激光器光学谐振腔设计;②半导体激光(LD)泵浦全固态激光器设计与调试;③激光雷达系统设计与制作。要求学生在课程学习基础上,通过自学扩充相关知识,检索文献了解技术发展现状,查阅资料并提出设计方案,实际动手制作并撰写设计报告。以上教学内容涵盖了激光原理、技术与应用,通过"光学谐振腔理论"基础知识学习和相应的"激光器光学谐振腔设计"实践帮助达成预期学习成果(1)和(2);通过学习"固体激光器件"理论知识和相应的固体激光器的装调与"半导体泵浦固体激光器的设计和装调"实践支撑预期学习成果(3)和(4),通过后续理论知识学习和激光雷达系统的设计制作任务支撑预期学习成果（5）和（6）。课程在教学安排上将基础理论的学习与实践环节深度结合，支撑学生完成课程预期学习成果。

本研究型课程针对预期学习成果为学生设计并提供了必要的训练环节，根据上述教学内容，设计创新教学策略，保证每个学生按照设计要求完成研究和学习，掌握基础理论知识，形成科学研究思维，提升实践设计能力，有效地帮助学生达成各项预期学习成果。以问题为牵引，开展多样教学模式，学生自主选择实践课题，充分发挥主观能动性与自主学习，将理论与实践应用相结合。针对预期学习成果，相应的教学策略如下：

（1）以学生为主体，以教师为主导。在整个教学过程中注重与学生的讨论和交流，减少教师授课时间，增加教师与学生讨论交流时间，使学生能够发挥自身的潜力，自主学习。通过理论联系实际，充分考虑专业理论与项目研究环节之间的互补。

（2）以问题为牵引，以项目为载体。将基础理论的学习与实践环节紧密结合在一起，开展理论与实践穿插教学，相辅相成，充分激发学生的学习兴趣。教师将自己承担的科研课题带进课堂，站在学科发展的高度上将基础知识与前沿研究相结合进行授课；通过具体的项目研究内容指导学生科研训练，以生动活泼的科学思维方法启迪学生，培养学生的科学研究思维方法和创新意识。

（3）以启发式教学为主，充分发挥学生主观能动性。在实践课题中，让学生课后查询相关资料，得出正确的设计思路和研究方案；在课程任务完成过程中，始终坚持以学生为主体，发挥学生的主观能动性。让学生通过自学掌握基本原理，通过自己检索文献了解技术的发展现状，通过自己查阅资料提出设计方案，并实际动手制作，完成设计报告撰写。

在教学具体实施中，引入最新的学科前沿课题。例如，$2\mu m$是目前国际上的研究热点之一，在课程教学中有意识地对$2\mu m$激光器技术相关知识进行介绍。在激光谐振腔理论、激光损耗以及激光器速率方程的讲述过程中，拓展讲述准三能级激光系统的特点。同时，在"光学谐振腔理论"课程后穿插开设"激光器光学谐振腔设计"课程，布置光学谐振腔设计任务，以问题为牵引指导学生进行$2\mu m$激光器谐振腔设计。学生从设计任务入手，通过调研和分析，提出相应的问题，教师根据问题进行统一的讲解和讨论，随后学生进行下一步设计。通过理论和实践相结合的教学形式，使学生带着问题针对性学习，培养学生的科学研究思维方法。

同时，课程整体秉持"以学生为中心"的原则，让学生成为课程的主体，充分发挥学生的主观能动性，培养学生的自主学习能力。例如，在学习"固体激光器件"后，提供实验器材，让学生自己进行固体激光器的装调，独立完成

"半导体泵浦固体激光器的设计和装调"。学生通过自学和课堂学习了解半导体激光器（LD）理论、结构及其他相关知识，完成相应参数和设计和计算，完成设计和调试任务，使学生掌握谐振腔的设计和调试方法，学会分析实验现象，培养了学生的自主学习能力和动手能力。学生在掌握了激光器的设计与实现后，布置激光雷达系统的设计和制作任务。学生自主查找资料，自学激光雷达的工作原理和组成，了解半导体激光器和雪崩光电探测器的原理和使用方法，提出系统设计方案以及发射、接收、供电等硬件模块和软件的实现方案，并完成硬件系统的搭建，编制相应的软件进行调试，最终完成设计报告。

以上实践环节的设计让学生通过自学掌握基本原理，通过自己检索文献了解技术的发展现状，通过查阅资料提出设计方案，并通过实际动手制作培养实验技能和解决问题的能力。通过以上教学内容和策略实施，帮助学生达成各项预期学习成果。

四、课程考核办法及教学效果

激光原理与技术研究型课程针对每项预期学习成果设计了形成性评价模式和评价标准，根据学生课堂教学卷面成绩与实践课题完成情况形成综合评价。其中，卷面成绩占70%，实践成绩占30%。实践课题完成情况以课题报告和汇报答辩为依据进行评价，评分标准见表1，两项均分别按100分计，最终成绩按各占50%比例进行计算。

表1 激光原理与技术课程课题报告及汇报答辩评分标准

评价项目	评价内容	分数	评价细则
课题报告	报告内容	60	内容完整给60分
	写作规范	10	有摘要给2分； 分章节给5分； 段落格式规范给1分； 错别字少给1分。
	图表使用	10	有图表给6分； 图题和表头规范给4分。
	参考文献	10	有参考文献给5分； 文中正确引用给2分； 参考文献列表格式规范给3分。
	结论	10	能提出自己的见解给10分。
	合计	100	

续表

评价项目	评价内容	分数	评价细则
汇报答辩	汇报内容	50	内容完整给 50 分。
	讲述效果	30	PPT 质量占 15 分；讲述流畅占 15 分。
	时间掌握	10	规定时间内完成给 10 分，按超时时间长短。
	回答问题	10	
	合计	100	

注：实践环节总分为 30 分，课题报告和汇报答辩各占 15 分。

同时，对于整个课程的预期学习成果达成度进行评价。将预期成果与光电信息科学与工程专业毕业要求能力指标相对应，对不同预期成果指标赋予相应权重：预期学习成果（1）、（2）和（4）权重为 0.5；预期学习成果（3）和（5）权重为 0.4；预期学习成果（6）权重为 0.1。基于此计算各指标点达成度。表 2 为 2016—2017 学年第 2 学期激光原理与技术课程指标点达成情况，其中结业考试内容对各预期学习成果均有考查，总分值为 100 分，折合到最终成绩为 70 分；实践环节主要考察预期学习成果（1）、（2）和 4，分值为 30 分。

表 2 2016—2017 学年第 2 学期激光原理与技术课程指标点达成情况

项目	预期学习成果 (1)、(2)、(4)		预期学习成果 (3)、(5)	预期学习成果 (6)
	卷面成绩	实践成绩	卷面成绩	卷面成绩
指标点分值合计	30	30	60	10
分指标点平均分	26.20	29.70	43.50	7.10
指标点达成度	0.87	0.99	0.73	0.71
分指标权重	0.2	0.3	0.4	0.1
权重	0.175	0.297	0.290	0.071
课程达成度	0.83			

课程结束后，课程组通过问卷调查收集学生的学习收获反馈，从学生自评角度评价学生预期学习成果达成情况。设计问卷如下所示。

> 1. 课程预期学习成果达成情况自我评价。[预期学习成果（1）~（6），按 0~100 分给出分值，分数越高代表预期学习成果达成度越高]
> A. 90~100 分　　B. 80~89 分　　C. 70~79 分　　D. 60~69 分
> 2. 课程开展了针对教学内容的课题调研，撰写报告及答辩，请根据实际情况评价以上教学环节是否对你达成预期学校成果有积极的作用（请按 0~100 分给出分值，分值越高代表越能促进达成预期学习成果）
> A. 90~100 分　　B. 80~89 分　　C. 70~79 分　　D. 60~69 分
> 3. 以下哪些因素对你学习本课程起到了显著帮助作用？
> A. 教师课堂讲解　B. 配套教材　　C. 交流讨论　　D. 课题研究
> E. 其他：_____
> 4. 以下哪些因素影响了你学习本课程的效果？
> A. 有限课时　　　　　　　　B. 先修课程情况
> C. 缺少实践经验　　　　　　D. 其他：_____
> 5. 课程教学在理论联系实际应用方面的情况评价在本课程教学环节中，你认为教师在课程教学中理论联系实际应用的情况如何？（请按 0~100 分给出分值，分值越高代表评价越高）
> A. 90~100 分　　B. 80~89 分　　C. 70~79 分　　D. 60~69 分
> 6. 对任课教师、教学环节和内容的评价，包括教学态度、教学水平、答疑指导和教学内容（请按 0~100 分给出分值，分值越高代表评价越高）
> A. 90~100 分　　B. 80~89 分　　C. 70~79 分　　D. 60~69 分
> 7. 给老师的话：（请谈谈你学习本课程的感受，以及对课程/教师的建议）

在问卷第 1 项中对 6 个预期学习成果达成情况的评价，分别有 72%~90% 的学生选择了 80 分以上。对预期学习成果（1）给出 80 分的学生占比最高，为 90%，预期学习成果（2）~（5）的占比均为 80% 以上，学生预期学习成果达成度较高。对于撰写报告和课堂答辩的课题研究教学环节是否对预期学习成果有积极作用，70% 的学生评价为 80 分以上，该实践教学环节促进了预期学习成果的达成。同时 86% 的学生认为教师讲解起到了显著的辅助作用，认为交流讨论和课题研究促进课程学习的分别有 40% 和 30%。课程设置的理论教学、课题实践环节，及以学生为主体的交流讨论模式，有助于学生达成预期学习成果。对于课程教学环节中理论联系实际应用的情况评价，超过半数的学生给出 90~100 的高分，92% 的同学评价为 80 分以上，课程设置实现了理论与实践的良好融合。而对于教学态度、教学水平、答疑指导和教学内容的评价，80% 的学生给出 90~100 分。学生对于任课教师、教学环节和内容的认可度较高。在对课程学习的反馈意见中，大部分学生给出了正向的评价。通过目前多环节的课程设置，学生能够较好地理解和掌握激光原理与技术的内容，多数学生达成 6 项预期学习成果。

五、课程特色和创新之处

激光原理与技术研究型课程以课程教学内容为基础,以创新项目实践课题为载体,以实现学生"主动学习、与人合作、自主创新"为教学理念,坚持发挥学生在研究型课程中自主探究和自由创造的特性,在教学中注重学生的主体性,强调学生的主动性。在"以学生为主体,以教师为主导"的基本原则下,充分考虑专业理论与项目研究环节之间的互补,将课程设计和实践环节引入教学活动中,打造具有实践内容的研究型课程。

本课程将相关领域最新的科研成果、行业技术引入课程,将理论学习与课题实践深度结合,以问题研讨、项目研究、报告答辩等形式开展基于学生团队项目的研究型教学,通过教学内容、教学策略、组织实施、评价管理全方位确保学生实现预期学习成果。激光原理与技术研究型课程具体的特色和创新之处如下:

1. 教学形式上实现理论教学与实践课题的有机融合

通过将课题实践环节引入教学活动中,丰富了教学模式,实现了研究型课程的实施与现有教学计划的衔接。采用理论到实践,再回归理论的穿插教学方式,以理论知识启发实践课题的调研与设计,通过课题调研和设计的实践过程印证理论教学,课堂教学与实践课题相互关联,相辅相成。

图 1 为在课堂教学学习完"光学谐振腔"基础理论知识后,面向学生开设"激光器光学谐振腔设计"实践环节。在"激光器光学谐振腔设计"实践环节中,学生需运用前期学习到的激光谐振腔模式理论,包括稳定性条件、热透镜效应以及模式匹配等相关内容完成一个"$2\mu m$ 激光器光学谐振腔设计"任务。通过该设计学生对于激光谐振腔由抽象的理论概念向具体的实际实现转化,了解激光谐振腔设计过程中的设计要点和设计方法,最终提交一个具有较好可实施性的设计报告。本部分内容与理论知识关联,也与后续的固体激光器装调实践相互结合,通过相互关联、承上启下的穿插教学,使学生更好地掌握课程的内容。

图 1 学生参加"激光器光学谐振腔设计"实践

在学习"固体激光器件"理论知识后,安排了"半导体激光(LD)泵浦固体激光器的设计和装调"实践(如图 2 所示)。学生通过自己动手设计、安装和调试激光器,对激光器的组成及其工作原理有更深刻的理解,同时将前一阶段谐振腔设计方面的理论运用到实践中,对前一阶段的设计方案进行验证。理论教学与实践教学相互关联,理论与实践互相印证。通过完成此设计和装调任务,学生能够深入了解谐振腔的设计和装调方法,学会分析实验现象,同时对基本概念加深理解,培养了工程实践能力。

图 2　学生进行 LD 泵浦固体激光器的设计和装调

为了让学生对于激光技术应用有初步了解,在课堂讲授内容结束后,安排了"激光雷达系统设计与制作"实践环节。学生通过查找资料,自学激光雷达的工作原理和组成,了解半导体激光器和雪崩光电探测器的原理和使用方法,提出系统设计方案以及发射、接收、供电等硬件模块和软件的实现方案。搭建硬件系统(如图 3 所示)并编制相应的软件进行调试,最终完成设计报告,以此培养学生创新思维能力。

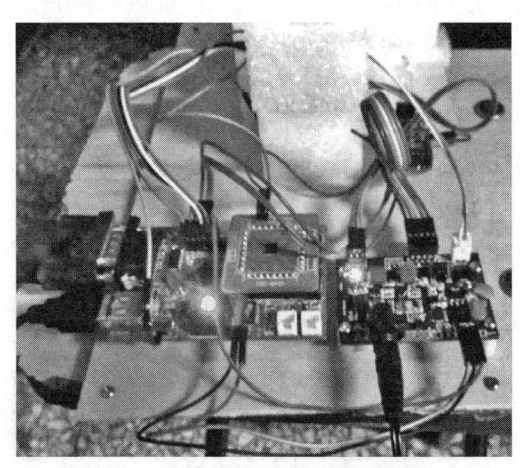

图 3　激光雷达系统的硬件系统

上述内容涵盖了激光原理、技术与应用,在教学形式上将基础理论的学习与实践环节紧密结合在一起。通过理论—实践—理论的穿插教学,使学生切实掌握了激光原理与技术相关的知识,对激光在实际中的应用也有了大致了解,极大地提升了学生学习激光原理与技术课程的兴趣。实现理论教学与实践课题的有机融合,帮助学生形成创新实践的思维,从日常教学中培养学生工程实践的能力。

2. 教学内容上紧跟技术前沿发展

在教学过程中,注重学科前沿与课程教学的紧密结合。例如,$2\mu m$ 激光是一项新技术,是目前国际上的研究热点之一,在研究型课程教学中有意识地对 $2\mu m$ 激光器技术相关知识进行介绍。在激光原理与技术课程中的激光谐振腔理论、激光损耗以及激光器速率方程的讲述过程中,在完成理论讲述的基础上,进行拓展讲述准三能级激光系统的特点。在"激光谐振腔设计"实践环节则要求学生进行 $2\mu m$ 激光器系统设计。通过紧密结合学科前沿知识,提升学生科研思维,培养学生前沿科学意识。

3. 教学实施中贯彻以学生为主体的基本原则,形成以问题为牵引的学习模式

整个教学过程中,以学生为中心,充分发挥学生的主观能动性。让学生成为课程的主体,教师引导学生自主学习和实践。对于理论课程教学,在整个教学过程中注重与学生的讨论和交流,减少教师授课时间,增加教师与学生、学生与学生的讨论交流时间,以讨论交流和主动学习代替被动接收,激发学生自主学习的热情和兴趣。对于实践环节,让学生进行自由报名,自由组队。针对实践题目,学生要结合课堂所学知识,自主向课外延伸,自学题目相关的其他知识,查阅大量资料,完成调研或自己完成设计和实践。在"半导体激光(LD)泵浦固体激光器的设计和装调"项目中,学生要通过课堂学习和自学延伸了解半导体激光器的结构、电学特性及激光特性,了解 LD 泵浦固体激光器的基本原理和主要泵浦方式、模匹配技术、光谱匹配技术、光纤激光器耦合技术,了解 LD 泵浦固体激光器的调 Q 技术,声光、电光、可饱和吸收调 Q 技术的特点和方法以及激光脉冲宽度测试及相应的应用,了解激光倍频技术,二次谐波和三次谐波产生的基本原理、匹配技术和方法等一系列知识,并在此基础上设计并计算谐振腔参数,测试并选择光谱匹配的最佳温度,最终实际制作和调试出 LD 泵浦固体激光器,培养自主学习能力和动手能力。在"激光雷达系统设计与制作"中,学生需要自己查找资料,自学激光雷达的工作原理和组成,了解半导体激光器和雪崩光电探测器的原理和使用方法,基于此提出系统设计方案。最终的发射、接收、供电等硬件模块和软件的实现方案,及软硬件系统的开发,均需要学生自主完成,充分培养学生自主学习和综合运用的能力。

此外,最大限度地发挥学生的主观能动性,在教学实施中引导学生形成以问题为牵引的学习模式。"科学始于问题",从科学研究的具体过程看,科学认识主体总是按照问题的框架,有选择地去搜集事实材料,有目的地进行观察和实

验。在激光原理与技术研究型课程教学实施中，以问题为牵引，让学生在解决问题、完成任务的过程中，掌握所需学习的知识内容，并逐步形成科学研究的思维方法。例如在光学谐振腔设计实践中，学生从设计任务入手，通过调研和分析，提出相应的问题，教师再根据这些问题进行统一的讲解和讨论。之后，学生再进行下一步设计。通过这种理论和实践相结合的教学形式，学生带着问题有针对性地去学习，极大地提高了学习效率，有利于培养学生从"为什么"到"怎么做"的科学研究思维方法。同时，以问题为主导的学习模式，大大提高了学生的参与度，提升了学生对课堂、对实践任务的参与感，充分调动学生的学习热情，有效地激发学生的学习兴趣，从而充分发挥学生自主学习的主观能动性。

六、课程教材

阎吉祥. 激光原理与技术 [M]. 2 版. 北京：高等教育出版社，2011.

"信息系统安全与对抗技术"跨界整合研究型教学方法

授课教师：罗森林　潘丽敏　吴舟婷　高平
开课单位：信息与电子学院

一、课程概要

北京理工大学率先论证并提出增设信息对抗技术专业，1998年教育部批准建立（共4所），2003年国内首次开设，为专业基础必修课（48学时）。

2014年开设研究型课程，2017年世界一流课程对标建设。

2019年中国大学MOOC网在线开放，获北京高校优质本科教材课件、校研究型课程认证。

二、课程教学目标及预期学习成果

通过课程学习，学生能够系统先进地把控网络空间安全技术，掌握网络空间安全领域信息安全与对抗坚实宽广的基础理论和系统深入的专门知识，理解相关标准规范、法律法规、系统工程和科学问题，全面丰富知识图谱，具有解决网络空间安全领域复杂工程问题的系统思维和技术能力。

同时，课程有利于大范围提升信息安全意识，普及信息安全知识，实践信息安全技术，共创信息安全环境，发现信息安全人才，服务于国家网络空间安全战略。具体如表1所示。

表1　课程教学目标与教学效果评价

课程教学目标	教学效果评价
1. 通过理论教学，使学生掌握信息安全攻击、检测与对抗技术基础知识，并具备解决信息系统中涉及的信息安全与对抗复杂工程问题的能力。	优：能够掌握信息安全攻击、检测与对抗技术的基础知识，具备解决信息系统中涉及的微波分系统或部件复杂工程问题的能力，知识掌握和能力形成俱佳。 良：较好掌握信息安全攻击、检测与对抗技术的基础知识，具备解决信息系统中涉及的微波分系统或部件复杂工程问题的能力，但是知识掌握和能力形成稍有欠缺。 中、及格：基本掌握现代系统理论、信息安全对抗基础层和系

续表

课程教学目标	教学效果评价
	统层原理信息安全攻击、检测与对抗技术的基础知识，基本具备解决信息系统中涉及的安全对抗复杂工程问题的能力，但是知识掌握和能力形成不全面。 　　不及格：完全不掌握信息安全攻击、检测与对抗技术的基础知识，或者仅有碎片化的理解。
2. 通过课堂教学，使学生能够了解信息安全攻击、检测与对抗的基本概念、原理、技术及利用知识分析信息系统安全与对抗问题。	优：可以应用信息安全攻击、检测与对抗基本原理来分析信息系统中安全与对抗问题，能清晰表达和描述这些问题，表达和描述优秀。 　　良：可以应用信息安全攻击、检测与对抗基本原理来分析信息系统中安全与对抗问题，能清晰表达和描述这些问题，表达和描述稍有不足。 　　中、及格：基本可以应用信息安全攻击、检测与对抗基本原理来分析信息系统中安全与对抗问题，基本可以表达和描述这些问题，表达和描述不完善。 　　不及格：完全不能应用信息安全攻击、检测与对抗基本原理来分析信息系统中安全与对抗问题，不能清晰表达和描述这些问题。
3. 通过课堂教学和自主学习，使学生能够应用其原理、技术分析信息系统的安全与对抗问题并得出明确结论。学生应能掌握验证型和提高型实验的原理和预期结论。	优：能够深入掌握验证型和提高型实验的原理和预期结论。 　　良：能够较深入掌握验证型和提高型实验的原理和预期结论。 　　中、及格：基本能分析信息系统中安全与对抗的原理与技术问题，基本了解验证型和提高型实验的原理和预期结论。 　　不及格：完全没能力分析信息系统中安全与对抗的原理与技术问题，不能了解验证型和提高型实验的原理和预期结论。
4. 通过课堂教学和研讨，使学生能够了解相关标准规范、重要学术论文的来源和检索途径，引导学生通过检索获取相关信息，使之有助于开展领域内复杂问题的分析。	优：掌握信息安全领域的重要标准规范、重要学术论文的来源和检索途径，能熟练开展本领域信息检索，并把检索信息用于开展复杂工程问题分析。 　　良：掌握信息安全领域的重要标准规范、重要学术论文的来源和检索途径，能把检索信息用于开展复杂工程问题分析。 　　中、及格：基本了解信息安全领域的重要标准规范、重要学术论文的来源和检索途径，基本能把检索信息用于开展复杂工程问题分析。 　　不及格：完全不能了解信息安全相关重要标准规范、重要学术论文的来源和检索途径，更不能通过检索信息而有助于开展复杂工程问题分析。

三、课程内容及教学策略

主要内容：网络空间安全生产力，工程系统理论及系统工程基础，信息安全与对抗知识基础，信息安全检测与攻击技术，信息安全防御与对抗技术，信息安全管理与犯罪立法，信息安全标准与风险评估，信息系统安全工程及能力等。

融入课程思政，采用研究型教学方法，突显高阶性、创新性和挑战性，其系统全面和深入先进性处引领地位；通过自研课程能力促进系统进行问卷调查和全生命周期数据管理，持续改进提升。

面向世界一流课程建设，已形成互联网+智能+新工科+创新多维异质弹性高效学习生态，创建了技术+实践课程与教材相互贯通的大资源，包括：线下精品课程、精品教材（4部）、精品研究课程资源，线上国家级精品课程、精品资源共享课、精品视频公开课、精品在线开放课程（7门次）+线上实践在线开放课程资源。

拓展资源：在线培训场景700多个，在线竞赛题500多，安全意识提升题900多，工具资源200个、案例150个，文档模板20多个，积累课题100多个、案例200多个。2004开创全国大学生信息安全与对抗技术竞赛（国内第一），累计参赛6万多人，目前每年参赛6000多人、参加院校1000多所。

课程自2003年起连续开设18届，修课学生达到1000多人；于2018年在北京高校优质课程联盟平台上线，2期3575人；2019年在中国大学MOOC平台上线，2期5553人。信息系统安全与对抗实践课程2019年在中国大学MOOC平台上线，1期2725人。

课程与教学改革解决的重点问题：明确面向世界一流的引领占位，填补理念和体系空白，基于互联网+新工科+金课+系统思维，从顶置下整合建设，形成核心竞争力和影响力；充分体现高阶性、创新性和挑战性，理论+技术+实践资源相互贯通；采用研究型教学和多元化评价方法，利用弹性多维异质资源适应学科交叉、技术发展和多样化人才培养，深入提升我国网络空间安全能力；基于课程持续的全生命周期数据，利用大数据挖掘能力迭代演化，创新引领并持续推广应用。

设计过程：世界一流课程定位，国内外课程调研分析，研究型课程要素设计（课程主体要素设计、课堂设计）。课程建设设计主体要求如表2和图1、图2所示。

表 2　课程主要教学方法

高阶性	增强课程高阶性。坚守延安根、军工魂，植入红色基因，当好学生健康成长的指导者和引路人。课程引入大量实例，如美国利用开源情所构陷中国、委内瑞拉大停电的启示等；课程行为作为考核项之一，2 人组团结协作，学生互评、主客观结合等。
创新性与挑战性	形而上者谓之道，形而下者谓之器。提升课程创新性和挑战性。引入工程系统理论和系统工程思想，采用研究型教学模式，冲击学科前沿和先进技术。首先教师选择主题研讨，学生通过网络 MOOC 和辅助资源自学，而后优选课题进行创新与工程实践。
促进提升	反者道之动，弱者道之用！自研课程能力促进系统，实现课程全生命周期管理信息化，同时设计 13 项问卷调查，提交学习体会，挖掘问题，持续演化改进。
技术竞赛	利用 ISCC 竞赛，实践检验及进行大范围信息安全教育。提升信息安全意识，普及信息安全知识，实践信息安全意识，共创信息安全环境，发现信息安全人才！

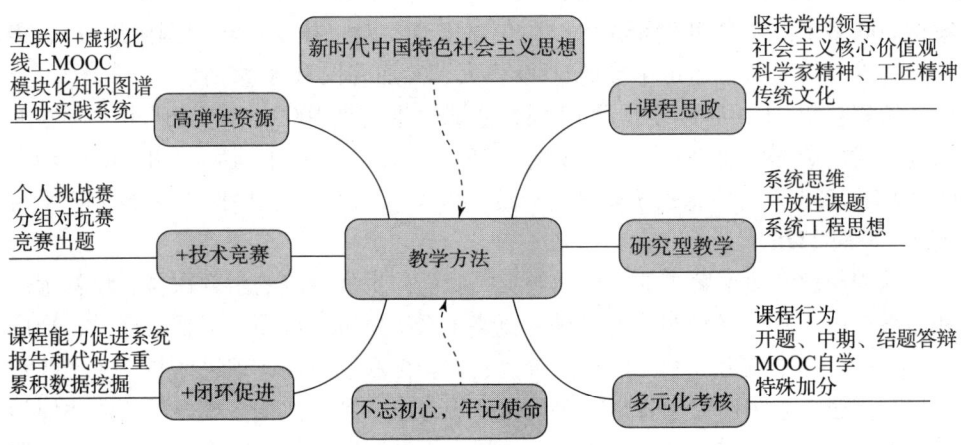

图 1　课程建设设计主体要求

课堂教学设计和教学实施样例如图 3 所示。课程第 8 周次即开题答辩周。周学时数为 3 学时。教学形式为：开题答辩（每组答辩时间 5 分钟 +4 分钟提问）+ 研讨（评审专家提问、学生提问）+ 学生互评（以组为单位进行互评）+ 资源提交（开题报告、需求分析报告、开题答辩 PPT）。

课程提供的文档模板列表如下：

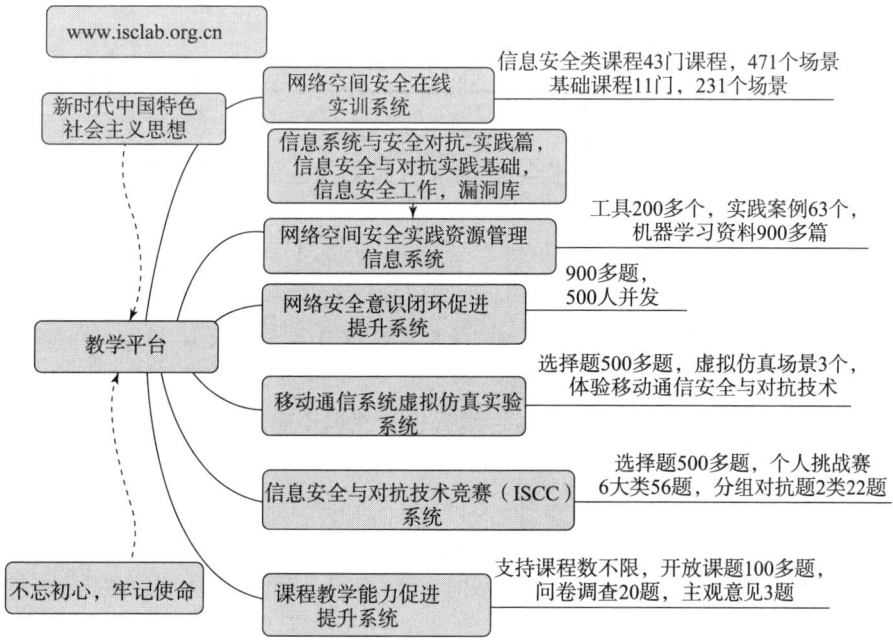

图 2　自研主要教学平台

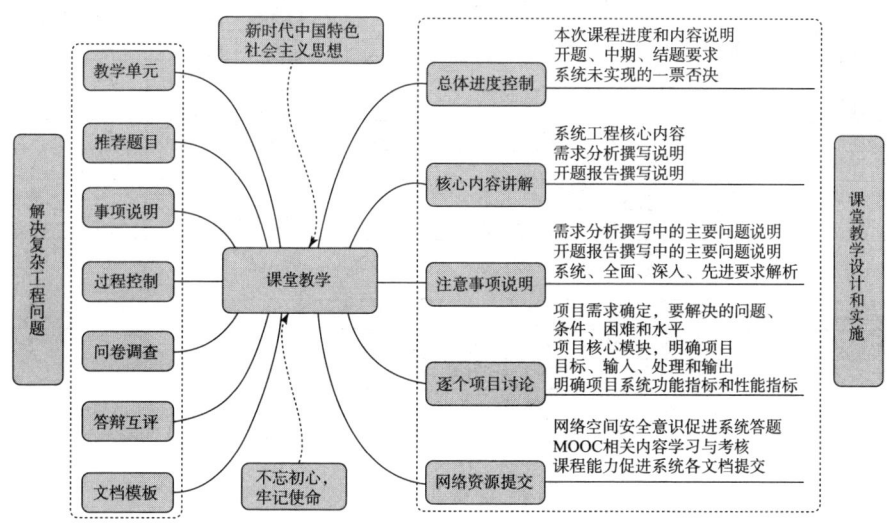

图 3　课堂教学设计和实施

1. 组编号-201-需求分析报告-学号1-姓名1-学号2-姓名2-项目名称-v1.3

2. 组编号-202-开题报告-学号1-姓名1-学号2-姓名2-项目名

称 – v1.2

3. 组编号 – 203 – 开题答辩 – v1.6

4. 组编号 – 301 – 详细设计报告 – 学号 1 – 姓名 1 – 学号 2 – 姓名 2 – 项目名称 – v1.3

5. 组编号 – 302 – 中期报告 – 学号 1 – 姓名 1 – 学号 2 – 姓名 2 – 项目名称 – v1.2

6. 组编号 – 401 – 项目研制报告 – 学号 1 – 姓名 1 – 学号 2 – 姓名 2 – 项目名称 – v1.2

7. 组编号 – 402 – 结题报告 – 学号 1 – 姓名 1 – 学号 2 – 姓名 2 – 项目名称 – v1.2

8. 组编号 – 403 – 自测试报告 – 学号 1 – 姓名 1 – 学号 2 – 姓名 2 – 项目名称 – v1.2

9. 组编号 – 404 – 验收答辩 – v1.6

10. 组编号 – 501 – 班号 – 学号 – 姓名 – 课程学习体会 – v1.5

问卷调查表设计如图 4 所示。

类型	序号	题目	a	b	c	d
选择题	1	内容安排的合理性如何？	满意	较满意	一般	不满意
选择题	2	过程安排的合理性如何？	满意	较满意	一般	不满意
选择题	3	考核方法的合理性如何？	满意	较满意	一般	不满意
选择题	4	条件环境的适应性如何？	满意	较满意	一般	不满意
选择题	5	学习氛围的积极性如何？	满意	较满意	一般	不满意
选择题	6	能力提升的效果如何？	满意	较满意	一般	不满意
选择题	7	报告提纲的有效性如何？	满意	较满意	一般	不满意
选择题	8	目标达成度的效果如何？	满意	较满意	一般	不满意
选择题	9	教师指导的效果如何？	满意	较满意	一般	不满意
选择题	10	信息安全意识提升和知识普及的效果如何？	满意	较满意	一般	不满意

类型	序号	题目
简答题	1	该课程与其他课程的最大区别是什么？
简答题	2	该课程主要提升您哪些方面的能力？
简答题	3	该课程对您产生的最大影响是什么？
简答题	4	该课程内容组织是否合理及其具体建议？

图 4　问卷调查表设计

课程资源体系如图 5 所示。

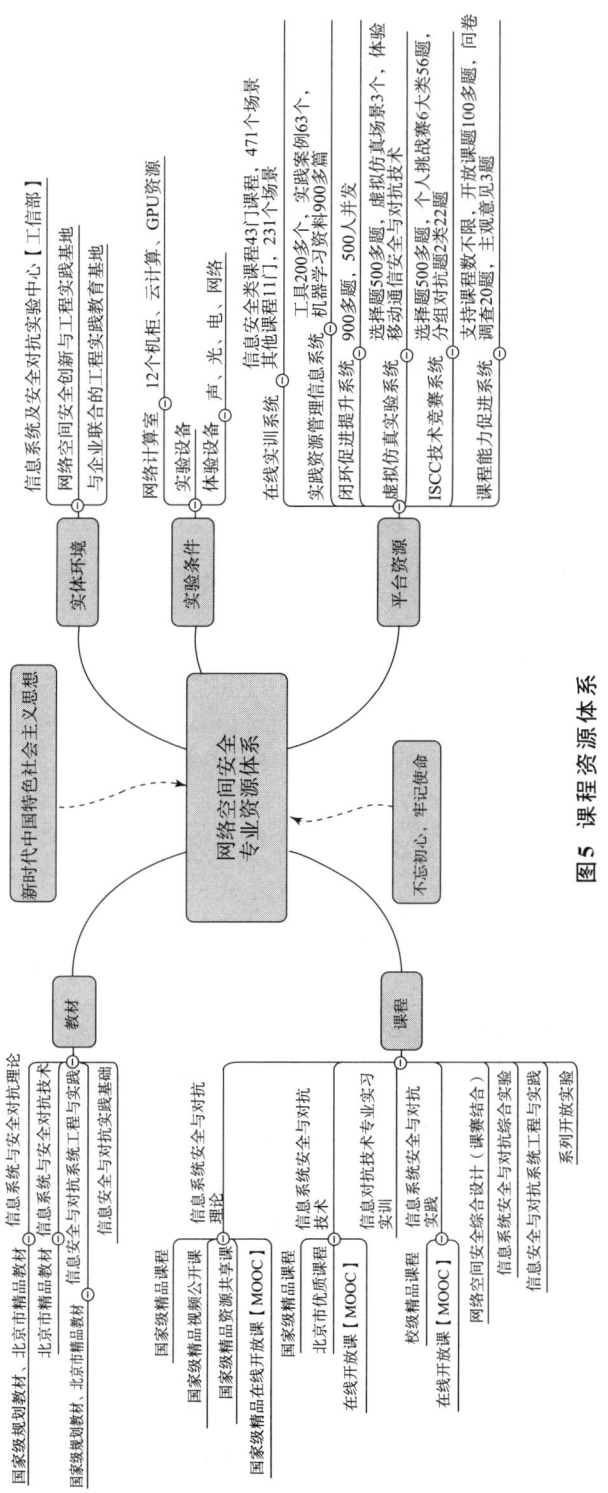

图 5 课程资源体系

四、课程考核办法及教学效果

课程成绩评定办法如表 3 所示。

表 3　课程成绩评定方法（研究型课程）

课程代码	100058404		
课程名称	信息系统安全与对抗技术		
授课教师	罗森林		
开课单位	北京理工大学信息与电子学院		
课程思政	坚持党的领导、社会主义核心价值观、科学家精神、工匠精神、传统文化		
项目	评分说明	对应教学目标	分值
课程行为	考勤情况，积极讨论交流，按时提交材料等学习行为。	1、4、课程思政	10
开题阶段	文档、资源、答辩、学生互评分、专家评分的综合评价。	2、3、课程思政	30
中期阶段	文档、资源、答辩、学生互评分、专家评分的综合评价。	2、3、课程思政	20
结题阶段	文档、资源、答辩、学生互评分、专家评分的综合评价。	2、3、课程思政	40
课程学习体会	提交电子版与纸质签字材料，未完成总成绩扣 5 分。	4、课程思政	0
课程问卷调查	通过系统完成，未完成总成绩扣 5 分。	1、课程思政	0
合计			100
特殊加分	在线开放课程学习讨论，系统功能和性能指标有阶跃性提升，其他与课程相关并由教师认定的工作。分值依完成效果确定，需提交明确的证明材料，且电子版材料随其他材料同时提交。课程总分最高不超过 100 分。	1、2、3、4、课程思政	10

开课 18 年以来，学生评教全优，督导组评教全优。

（1）构建了文化 + 素养 + 工作 + 落实育人理念。学生评价如"育木成林，催林成森，是一位杰出的好老师；立德树人，确有实效；罗森林教授身体力行的教育我们注重人文素养"。文化理念为"厚德、明理、慎独、求是"，素养理念为"物理、事理、人理、生理",工作理念为"系统、全面、深入、先进",落实到日常生活中的"听、说、读、写"。

(2) 整合快速学习+系统思维+丰富知识图谱的教学艺术。"讲课内容纯熟,思路清晰,重点突出;教学方法独特,艺术精湛。"难度系数×完成系数法实现个性化教育,采用课赛结合法提升创造能力。

(3) 融合理智+自然+情感+幽默+技巧的教学风格。"好老师,技术理论都相当好;高屋建瓴,教学风格鲜明,在前进的道路上为我指引了正确的方向。"用理智控制过程,润物细无声,情感共鸣,透彻准确追求高效。

同行和社会评价,相关教育部产学合作等特邀报告40多次,新华网、人民网等媒体报道近50次,获省部级以上教改立项2项、教学类荣誉和质量工程项目近40项。

课程目标达成情况如表4和表5所示。

表4 理论课程目标达成情况评价表

课程代码、课程名称	100058404,信息系统安全与对抗技术
学生年级、课程专业	2016级,信息对抗技术专业,2018-2019-2学期,研究型课程
课程目标达成情况定量评价结论	0.87≥0.7,此课程目标达成
课程目标达成情况定性评价结论	课程目标达成,但学生解决领域复杂问题的能力略不足

表5 课程目标达成方案及达成值

毕业要求及其细化分解指标点（课程目标点）	达成途径、评价依据和评价方式	目标值	达成值
课程教学目标1. 通过理论教学,使学生掌握现代系统理论、信息安全理论基础知识,并具备解决信息系统中涉及的信息安全与对抗复杂工程问题的能力。	达成途径:通过学生课前预习,教师课堂讲授和学生课后复习及完成课后作业达成。 评价依据:期末考试成绩平均分/满分,经加权计算可得该课程目标达成度评价值。若达到70%,则判定这门课达成对第1.5条毕业要求的支撑,达到课程教学目标1。 评价方式:详见课程考核方法。	0.7	0.90

续表

毕业要求及其细化分解指标点（课程目标点）	达成途径、评价依据和评价方式	目标值	达成值
课程教学目标2。通过课堂教学，使学生能够了解现代系统理论、信息安全对抗基本概念、信息安全基础层次和系统层次原理以及利用知识分析信息系统安全与对抗问题。	达成途径：通过学生课前预习，教师课堂讲授和学生课后复习及完成课后作业达成。 评价依据：期末考试成绩平均分/满分，经加权计算可得该课程目标达成度评价值。若达到70%，则判定这门课达成对第2.1条毕业要求的支撑，达到课程教学目标2。 评价方式：详见课程考核方法。	0.7	0.90
课程教学目标3。通过课堂教学和自主学习，使学生能够应用其理论分析信息系统的安全与对抗问题并得出明确结论。学生应能掌握验证型和提高型实验的原理和预期结论。	达成途径：通过学生课前预习，教师课堂讲授和学生课后复习及完成课后作业达成。 评价依据：开题、中期、结题之和的平均分/满分，经加权计算可得该课程目标达成度评价值。若达到70%，则判定这门课达成对第2.2条毕业要求的支撑，达到课程教学目标3。 评价方式：详见课程考核方法。	0.7	0.87
课程教学目标4。通过课堂教学和研讨，使学生能够了解相关标准规范、重要学术论文的来源和检索途径，引导学生通过检索获取相关信息，使之有助于开展领域内复杂问题的分析。	达成途径：通过学生课前预习，教师课堂讲授和学生课后复习及完成课后作业达成。 评价依据：期末考试成绩平均分/满分，经加权计算可得该课程目标达成度评价值。若达到70%，则判定这门课达成对第2.3条毕业要求的支撑，达到课程教学目标4。 评价方式：详见课程考核方法。	0.7	0.90
课程目标达成情况定量评价值	最终评价值取以上各项评价值中最低值。	0.7	0.87

五、课程特色和创新之处

以德育德，终身修德；立德树人，坚守延安根、军工魂，植入红色基因，当好学生健康成长的指导者和引路人；突显高阶性、创新性和挑战性，形成了面向世界一流的高效课程学习生态；获教书育人类表彰、杰出教学贡献奖等30多项。28字人才培养理念如图6所示。

课程的主要创新如表6所示。

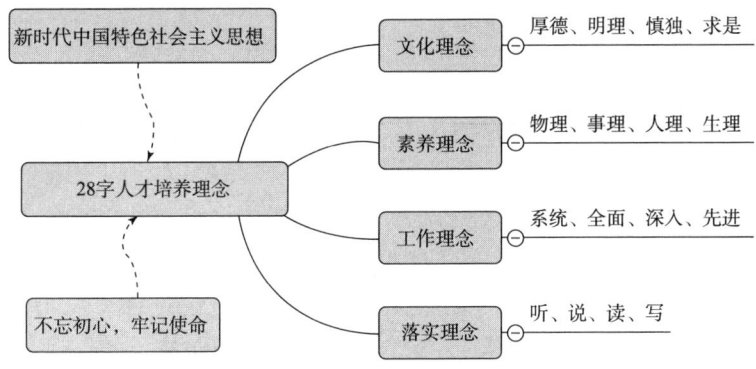

图 6　课程 28 字人才培养理念

表 6　课程的主要创新

知识图谱	创建了既见树木又见森林的信息安全对抗引领型人才培养知识图谱。引入系统理论和系统工程思想，基于固有的矛盾演化规律，融合自组织、博弈论等理论，构建了体系化信息安全对抗理论、技术与方法。
研究型教学	建立了融合主题研讨＋线上线下＋辅助资源＋前沿课题的小项目研究型教学法。课程主题研讨，线上课程自学，辅助资源自用，前沿方向课题（推荐或自拟）优选；利用能自明引导型模板，严格管理课程环节；多元化考核和持续改进。达成快速学习、跨界整合及系统思维，充分培养专业、创新、协作和领导能力等。
弹性资源	创建了整合理论＋技术＋实践课程相互贯通先进高效弹性可伸缩的课程教学大资源。线上在线开放课程 3 门，以技术竞赛为龙头的辅助资源包括网络空间安全创新与工程实践系统、竞赛系统、意识教育系统、资源系统和虚拟仿真系统，不仅可以实现定制化和个性化学习，而且形成了大范围专业人才培养能力。

六、课程教材

课程教材体系如图 7 所示。

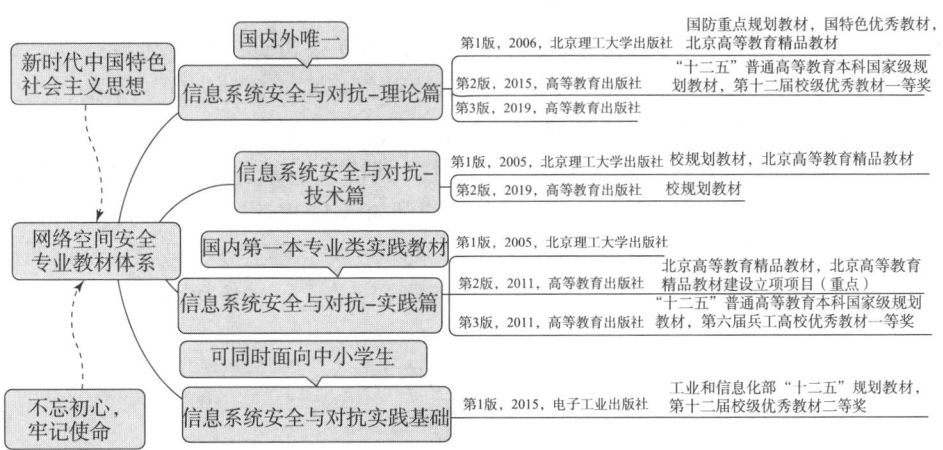

图 7　网络空间安全专业教材体系

"信号处理理论与技术"研究型课程案例

——以本科为核心的"信号与信息处理+"高水平人才培养模式探索

课程教师： 陶然　辛怡　石岩　赵娟　郁浩

开课单位： 信息与电子学院

■ 一、课程概要

信号处理理论与技术是面向北京理工大学徐特立英才班（电子信息和自动化方向）学生开设的专业核心贯通课，教学内容也适合于信息与电子类各专业。本课程处于"明精计划"培养方案中的专业教育环节，服务于本硕博贯通培养，致力于培养拔尖创新人才。

本课程以信号与系统、数字信号处理、随机信号分析、信号检测与估计的基本理论为贯穿线索，分为Ⅰ、Ⅱ、Ⅲ三个部分，通过三个学期完成（开课学期为本科二年级第二学期、三年级第一学期和二学期），第一部分重点讲授"连续时间信号与系统"，第二部分重点讲授"离散时间信号与系统"，第三部分重点讲授"随机信号分析与处理"。每学期56学时（其中理论学时48和实验学时8），3.5学分/学期。本课程从学生未来发展对信号与信息处理的知识需求出发，围绕"新工科"人才培养和"信号与信息处理+"型拔尖创新人才培养目标，根据OBE教学思想和前沿热点领域实际应用问题的需求设计，配套专题研讨、翻转课堂、综合作业和上机实验，由浅入深地建立信号与信息处理知识结构，为学生后续从事科学研究奠定扎实的理论和工程基础。

本课程2015年入选北京理工大学"明精计划"，不断进行建设和持续改进，2018年入选校级精品课程，2019年获得校级研究型课程认证，2020年获得校级课堂思政认证。本课程教学团队核心成员5人，隶属于国家自然科学基金创新研究群体、教育部创新团队；同时也是首批全国高校黄大年式教师团队。

■ 二、课程教学目标及预期学习成果

1. 课程教学目标

（1）知识目标：要求学生掌握信号处理的基本理论和方法，掌握线性时不

变系统分析的方法，建立时域与频域分析的思想。

（2）能力目标：通过本课程的学习，学生能够对实际信号进行采集、分析、处理，能够开展线性系统、滤波器设计，并具有持续自主学习信号与信息处理新知识的能力。

（3）素养目标：养成科学思维习惯，提升思考、质疑、研究、沟通、表达等多方面的能力，成长为具有国际视野和创新能力的"信号与信息处理+"型人才。同时培养学生实事求是、追求理想、不懈奋斗的科学精神，增强新时代青年的使命与担当。

2. 预期学习成果

完成本课程的学习，学生将能够：

（1）理解并掌握信号处理的基本理论知识与方法；

（2）对信号进行表述、建模、分析、检测与估计，能够对线性时不变系统进行建模分析，并掌握系统输入激励与输出响应的计算方法；

（3）设计满足要求的线性系统、滤波器、检测器等；

（4）有效表达学术观点；

（5）具有持续自主学习和学术论文检索的能力。

三、课程内容及教学策略

本课程内容设计从学生未来发展对信号与信息处理的知识需求和能力需求出发，按照从连续信号到离散信号，从确定信号到随机信号的递进式、贯通式体系来引导学生逐步学习和掌握信号处理的基本理论和技术，使学生了解信息领域国家重大需求和国际学术前沿。分三个学期讲授，第一部分重点讲授"连续时间信号与系统"的基本理论与技术；第二部分重点讲授"离散时间信号与系统"的基本理论与技术；第三部分重点讲授"随机信号分析与处理"的基本理论与技术。课堂讲授配以专题研讨、翻转课堂、大作业和上机实验，利用"情境""协作""会话"等教学方法，充分发挥学生的主动性和协作性，使知识真正融会贯通，并注重人才个性化学习能力提升和科学素养的培养。

对信号处理的核心内容（信号与系统、数字信号处理、随机信号分析、信号检测与估计）进行优化整合，加强内容的连续性和系统性。针对信号特点，按照从连续到离散，从确定到随机的思路来讲授，如图 1 所示。

1. 教学内容与课时安排

如图 2 所示，信号处理理论与技术 I 中，除课程教学内容之外，设置专题研讨，如"身边的信号与系统""光学中的信号处理"，以及"翻转课堂：利用信号处理解决校园里的问题"，促使学生主动思考，通过头脑风暴和综合表达，提出对身边问题的直观理解，在讨论中提升学生发现问题、解决问题的能力。

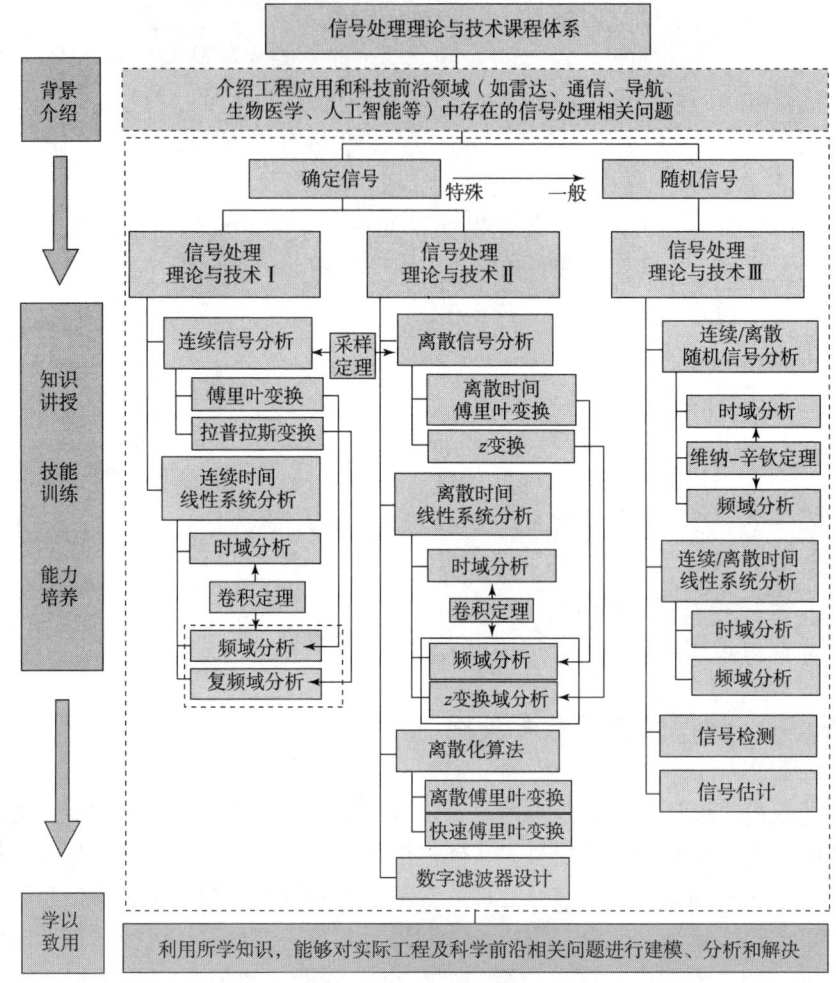

图 1　课程体系示意图

图 2　信号处理理论与技术 I 教学内容与课时安排

如图 3 所示，在信号处理理论与技术 II 中，由于采样的重要性，专门设置"形形色色的采样"专题，拓宽学生视野，加深对采样的理解；为培养学生的创新能力，设置了"分数域信号处理""医学中的信号处理"专题；此外，布置一个"大作业：数字信号处理的有趣应用"，使学生主动去检索文献，从文献中找到另辟蹊径的用途。

信号处理理论与技术 II

专题1：形形色色的采样
专题2：分数域信号处理
专题3：医学中的信号处理
大作业：数字信号处理的有趣应用

序号	教学内容	总学时	理论课时	实验（上机）课时
一	离散时间系统的时域分析	12	12	
二	离散时间系统的变换域分析	14	12	2
三	离散傅里叶变换	14	12	2
四	数字滤波器设计	16	12	4
	合计	56	48	8

图 3　信号处理理论与技术 II 教学内容与课时安排

如图 4 所示，在信号处理理论与技术 III，设置"翻转课堂：生活中的随机现象与问题建模"，以及专题"音频中的随机信号处理、图像中的随机信号处理"，加强课程的前沿性，提高学生的研究能力。

信号处理理论与技术 III

翻转课堂：生活中的随机现象与问题建模

专题1：音频中的随机信号处理
专题2：图像中的随机信号处理

序号	教学内容	总学时	理论课时	实验（上机）课时
一	概率论基础	3	3	
二	随机信号的时域分析	11	9	2
三	随机信号的频域分析	11	9	2
四	随机信号通过线性系统分析	8	6	2
五	窄带随机信号	6	6	
六	信号检测	10	9	1
七	信号估计	7	6	1
	合计	56	48	8

图 4　信号处理理论与技术 III 教学内容与课时安排

2. 课程内容与预期学习成果之间的对应支撑关系（如图5所示）

预期学习成果（ILOs）	具体描述		
	信号处理理论与技术 I	信号处理理论与技术 II	信号处理理论与技术 III
1. 基本知识	● 理解并掌握连续信号及线性时不变系统的时域、频域分析方法。	● 理解并掌握离散信号及线性时不变系统的时域、频域分析方法； ● 掌握离散傅里叶变换及快速算法、数字滤波器设计方法。	● 理解并掌握随机信号的时域和频域分析方法； ● 初步掌握信号检测与信号估计的理论与方法。
2. 问题分析	● 能够运用课程所学知识，对连续信号进行时域和频域分析； ● 能够对连续线性时不变系统进行建模分析，并掌握系统输入激励、输出响应的计算方法。	● 能够运用课程所学知识，对离散信号进行时域和频域分析； ● 能够对离散线性时不变系统进行建模分析，并掌握系统输入激励、输出响应的计算方法。	● 能够运用课程知识，对实际中涉及的随机信号问题进行表述、建模与分析； ● 能够对信号进行检测与估计。
3. 设计/开发解决方案	● 能够运用课程所学知识，设计满足要求的线性系统及模拟滤波器。	● 能够运用课程所学知识，设计满足要求的数字滤波器，并利用数字滤波器、窗函数等分析工具对实际信号等进行简单分析和处理。	● 能够运用课程所学知识，设计满足要求的滤波器、检测器等单元。
4. 学术写作	● 能够撰写符合基本规范和要求的实验报告或研究报告，能有效表达学术观点和总结研究结果。		
5. 自主学习	● 能够通过自主学习解决学习中遇到的问题，了解学术论文的检索途径，能够通过检索和学习信号处理领域的研究文献获取前沿信息，培养学术研究能力。		

图5　课程内容与预期学习成果之间的对应支撑关系

3. 针对预期学习成果设计相应的教学策略

本课程采取课上讲授与课下研讨相结合、理论研究与实践教学相结合、教学和科研相结合等多元融合教学方法，充分考虑学生的本硕博贯通培养，引导学生关注研究前沿，将信号处理的理论和技术在课堂上渗透给学生，鼓励学有余力的学生参与研究生的研讨班，拓宽本科生的思路，激发学生的科研兴趣，加深他们对基本知识的理解，调动学生的自主学习能力，培养他们的科研思维和创新意识。课程团队教师针对学生的研究兴趣进行深入指导，取得良好效果，目前已指导本科学生发表两篇相关学术论文，并对部分学生进行持续性的关注，指导他们的大学生创新活动和毕业设计均取得较好的成绩。

（1）利用"情境""协作""会话"建立立体的研究型教学方法。提倡以学生为中心，教师起到组织者、指导者、帮助者和促进者的作用，利用"情境""协作""会话"充分发挥学生的主动性，调动学生学习的积极性。在学习过程中，发挥学生学习的自主性和协作性，尤其是对不同的学生提供不同的学习机会和策略，最终将知识"同化"于学生认知结构中。

采用多种教学手段与学生互动，如图6和图7所示。例如：利用动画视频、思维导图等帮助学生理解课程内容，提升知识整合能力；通过翻转课堂赋予学生更大自主性，对具有复杂性和开放性的科学问题开展调研和讨论；通过研究型课程和专题研讨课，对具体问题聚焦分析，通过案例研讨提升知识整合能力和表达力；通过新型授课工具"雨课堂"设置小问题，学生通过手机抢答题目，从而在提升课堂趣味性的同时掌握学生的学习情况；通过腾讯课堂、乐学等平台开展线上互动教学；通过设置课程的"贯通式大作业"，将大作业问题前置，促使学生在课堂教学中寻找答案，提升学生在课堂的投入程度和学习质量；利用慕课、GitHub等在线资源扩展知识范围；通过指导学生参与创新创业课题，帮助学生提升解决复杂问题的知识整合能力和实践协作能力；通过开设"信号与信息处理学生圈"俱乐部，开展课下研讨和专业引导等。

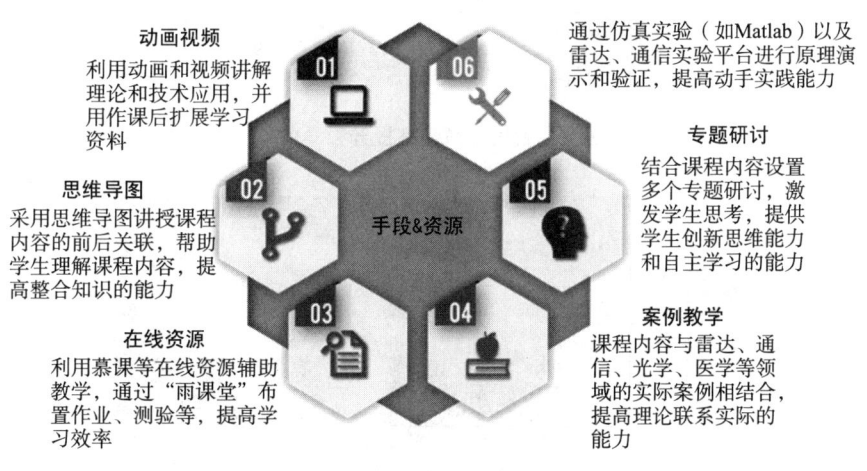

图6　采用多种教学手段

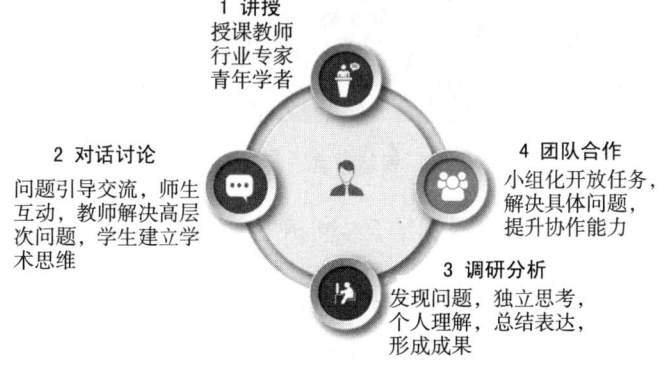

图7　以学生为中心开展研究型教学

课程中建立与教学内容高度适应且具有一定开放性和泛化能力的案例教学、专题研讨,提升学生调研资料、理论联系实际、独立思考和创新思维能力、科研表达能力,在讲授各个理论知识点时,结合雷达、医学、光学、图像处理等领域的案例,通过仿真实验以及本团队所拥有的雷达、通信实验平台进行演示和验证,提高动手实践能力和对课程知识的直观理解。

利用智慧教室充分实现上述教学形式,通过讲授、内化、讨论等方式,提升教学效果,如图 8 和图 9 所示。

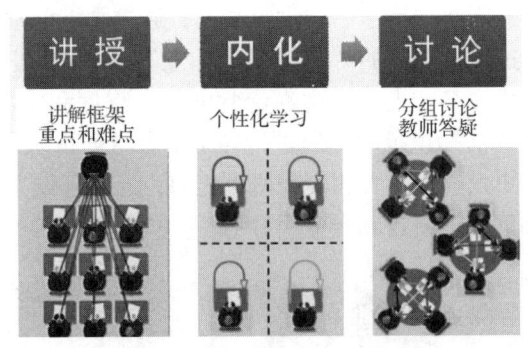

图 8 利用智慧教室提升教学效果

图 9 采用智慧教室进行研究型学习

(2) 课堂教学与创新实践相结合,提升学生的知识整合能力和工程实践能力。课程以未来工程人才所具备的专业素质为指引,以输出满足社会需求、能够灵活运用理论知识解决实际问题的应用型工程人才为目标,将实验教学与科研相结合,观察性、验证性实验与综合性、设计性实验相结合,课内实验与课外实践相结合,建立由基础实验、课程设计、科研训练、学科竞赛等模块组成的实践教学体系，依托"分数域信号与系统"北京市重点实验室、"多元信息系统"国防重点学科实验室、"国家级实验教学示范中心"北京理工大学电工电子教学实验中心，所设计的实验实践教学内容与课堂讲授的知识和材料具有一致性，同时又具有挑战性和开放性。

一方面，由浅入深设置了与课堂教学内容相关的基础实验，通过仿真验证和实际系统设计，加深学生对所学知识的理解。在学生完成基础实验的基础上，精选前沿领域实际应用案例，利用团队所拥有的各种科研实验平台（如雷达信号处理实验平台、3G/4G 通信实验平台、卫星导航实验平台、GPU 超算平台等），为学生提供信号处理的典型应用场景演示和验证；并增加综合实验环节，开放一部分课题进行设计性实验，配备专门教师，指导学生根据需求自主完成从需求分析、方案设计、实验设计、结果验证等一系列解决实际工程问题的过程，从而提高学生的工程实践能力。

另一方面，课程中融合开展竞赛引导，以赛促学，结合多领域新型科技竞赛，完成学生的能力提升、专业引导与职业能力培养，探索"新型竞赛+知识储备+拔尖适应力+工程训练+职业素养+心理思政"的综合能力培养路径。同时以竞赛为牵引，引导学生提升知识整合能力和实践动手能力，了解国内外主流技术需求，学以致用。这也是检验学习成效，促使学生提升自主持续学习能力的契机。如图 10 所示。

图 10　课程负责人陶然教授指导学生科技竞赛

（3）课程研究型内容为学生提供国际化视野和高阶性挑战性的学习机会。利用国防重点实验室和北京市重点实验室的科研资源，设计并向本科生提供具有国际化视野的多种形式的学习机会。如：在专题研讨中，除授课教师外，还邀请行业专家和青年学者，通过专题介绍信号处理的最新进展，开阔学生视野，以对话讨论进行互动，引导学生深入思考，建立学术思维，学生通过调研分析和团队合作，得到全面锻炼，提升综合素质；与具有国际领先水平团队开展联合教学培养学生，为学生提供参与国际竞赛和访学，参加高水平国际学术会议的机会，提供世界五百强企业参观与座谈等，同时开放具有高阶性和挑战性的国家级研究课题供高水平学生选择加入，尤其是本硕博学生和具有继续深造潜力的优秀本科生，在本科阶段接受这些训练极大提升了他们的综合实力，更早地建立了良好的科研习惯和创新思维逻辑；成立了"信号与信息处理学生圈"俱乐部，开展课下研讨和专业引导，如图11所示。

图11 "信号与信息处理学生圈"俱乐部开展学术讲座
（图为比利时根特大学廖文志博士作学术报告）

在具有国际化视野的学习机会中，教师引导学生检索和阅读相关的前沿理论技术文献，使他们了解目前信号处理领域待解决的问题、前沿的研究热点和发展方向以及新的数学工具，同时学习"信号与信息处理"与AI技术、大数据、新型传感器、物联网、云计算等新技术的结合和应用，有利于学生尽快进入相关研究领域，使他们不断提高自身的学习自主性、合作能力、沟通能力及跨文化学习能力，提升本科生培养的国际化水平，为建设国际一流大学和一流专业，培养国际化人才助力，同时有助于打造"信号与信息处理+"型拔尖人才的"优本计划"，选拔优秀的本科生进一步深造。

四、课程考核办法及教学效果

1. 课程考核评价体系与预期学习成果达成的依据

本课程根据OBE的理念，采用基于预期学习成果的评价方式，包括：基本知识、问题分析、设计/开发解决方案、学术写作及自主学习等5个方面（如图5所示），其中第1点与课程目标中的知识目标相对应，第2、3点与能力目标相对应，最后两点与素养目标相对应。强调达成学习成果的内涵和个人学习进步，并通过对学生学习状态的明确掌握，为教学提供持续改进的参考。

最终成绩评定包括三部分，如图 12 所示。闭卷考试占 60%，侧重考查学生对基本知识的理解、掌握情况；实验占 20%，侧重考查问题分析、运用知识解决问题的能力。平时成绩占 20%，侧重考查自主学习、学术写作等能力；总成绩体现基于 OBE 理念的教学目标达成度，并据此进行持续改进。

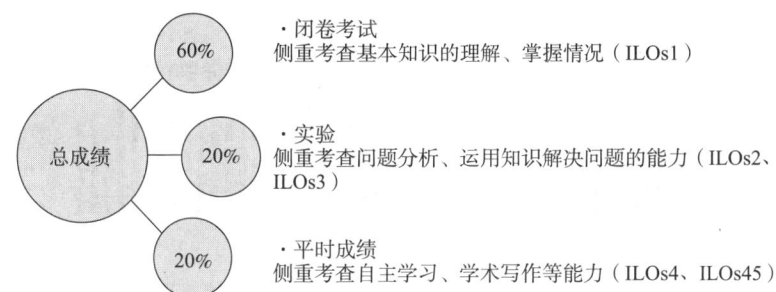

图 12　成绩构成

2. 学生预期学习成果达成情况评价和学生的学习收获反馈

为了说明教学效果，选择信号处理理论与技术Ⅲ近三年的总成绩分数统计，如图 13 所示，学生成绩总体集中在 70～90 分。特别是与前两年对比，可以发现低分数段学生的比例明显下降。

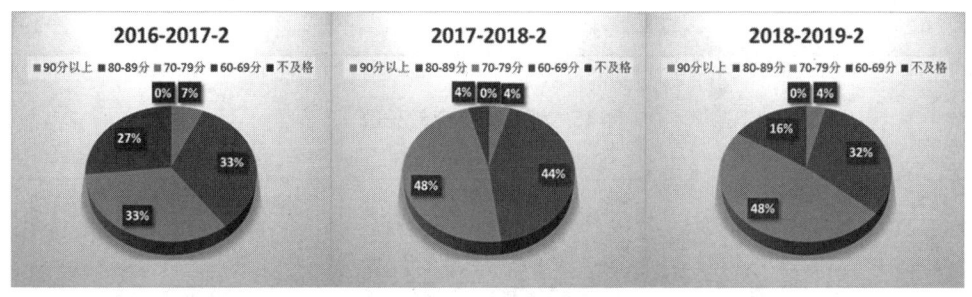

图 13　信号处理理论与技术Ⅲ近三年的总成绩分数统计

本课程注重学生个体的发展，根据学生的成绩给出预期学习成果达成度。这里选取其中一届学生的成绩统计，如图 14 所示，可以看出绝大多数学生达到了预期学习成果。

本课程历年评教分数均达到优秀（近年网上评教分数如图 15 所示），受到学生的喜爱。

许多学生留下自己的学习收获感言，这里摘录一部分，如图 16 所示。

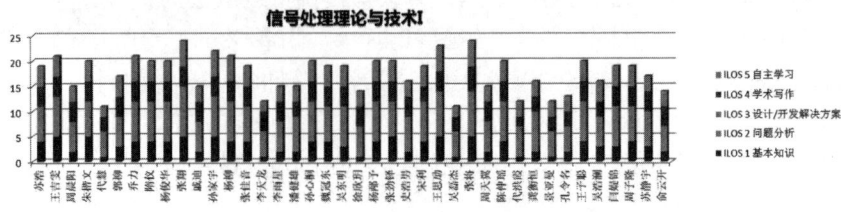

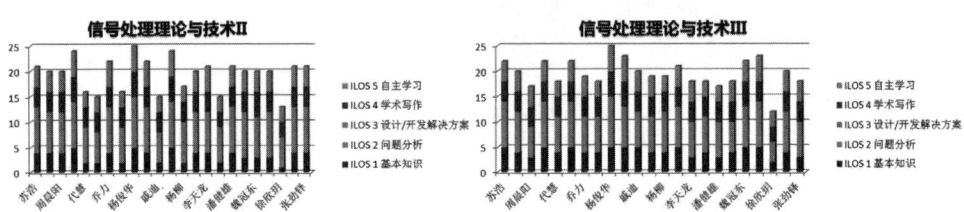

图 14 2015 级徐特立班 ILOs 评价成绩（按等级量化）

图 15 课程网上评教分数

"会给我们传授很多课件以外的，理性的东西，这让我打下了扎实的基础，到现在看美国大学里电子工程下面的各个方向，懂得最多的还是信号处理。"
——2013级学生-倪正超

"为我们展示了严谨漂亮的傅里叶理论背后深刻的物理内涵，然后我们领略了理论研究与工程完美融合的魅力所在"
——2014级学生-王仪倩

"在平时的授课中，更为注重学生对于物理概念的理解。是我们的良师益友。"
——2014级学生-黄高娃

图 16 学生学习收获感言摘录

3. 教学改革成效

本课程围绕"新工科"人才培养目标，逐步创建以课堂教学创新为核心、以培养学生创新力为重点的信号处理理论体系与教学范式，并服务于本硕博贯通培养。课程涵盖信号处理的基本理论知识和理论框架，注重前后知识的衔接和有机融合，并合理适度引入前沿发展，递进式、贯通式培养高水平本科生。年均开展学术专题讨论超过 10 场，成立了"信号与信息处理学生圈"俱乐部，开展课下研讨和专业引导。本课程受到学生的好评，网上评教高于 90 分。多名学生获得优秀本科毕业设计和北京市优秀毕业生称号、国家奖学金、徐特立奖学金等。一部分学有余力的本科生已经提前进入信号处理领域相关课题研究中。

5 年来，在国家自然基金创新研究群体、北京市重点实验室、国防重点学科实验室、国家级实验教学示范中心的支撑下，本课程育人模式的实施和推广效果显著，入选北京理工大学"明精计划""明星课程""精品课程""新工科课程""研究型课程认证""课堂思政认证"等，2018 年授课团队核心成员获全国高校黄大年式教学团队称号，课程负责人陶然教授 2018 年获北京市教学名师称号。教师团队获批北京理工大学教育教学改革专项 3 项、北京理工大学双一流建设项目与深化教改项目 1 项、北京理工大学"以学生为中心"专业建设与培养模式改革重点项目 1 项、北京理工大学研究生教育教学改革项目 1 项、信息与电子学院教改项目 1 项等。

本课程教改实践提升了教学资源利用效率，有效提高了教育教学质量和人才培养效果，将高水平人才培养的基础重心前移，提供了充足的人才培养周期、坚实的理论基础和学术视野，为建立与国际接轨的创新型高层次人才培养的课程体系和学生综合素质提升提供可靠的实施范式。

五、课程特色和创新之处

信号与信息处理是"中国制造 2030"等重大战略在诸多领域的重要技术手段，在新工科人才知识结构中占据重要地位，"信号与信息处理＋"型高端拔尖人才是国家产业经济发展的现实需求。"信号与信息处理"理论性强，课程内容之间具有关联性，对学生能力提升及培养后续硕博阶段科研生命力具有至关重要的作用。

本课程团队根据"新工科"人才培养目标和人才需求，重新规划和设计了以本科为核心的"信号与信息处理"课程体系，总体设计思想：面向本科各年级学生在不同领域和不同科学问题中对信号与信息处理知识的需要，立足经典理论同时体现前沿发展，建立多层次模块化课程体系，通专结合，在本科阶段夯实知识体系，以信号与信息处理课群连接通信、雷达、导航、遥感、生物医学、声学、图像、光学、模式识别、自动控制、数学各领域和学科对信号处理类知识的获取途径。

1. 课程特色

（1）整合信号处理类课程内容并构建具有阶梯性的贯通课，创建"信号与信息处理+"高端人才培养模式，立足经典理论同时体现前沿发展。

（2）充分实施理论实践相结合，课上课下相结合，教学科研相结合等教学方法。开展翻转课堂、专题研讨、案例分析、实验实践以及"信号与信息处理"俱乐部等活动，进行学术引导和研究能力培养。

（3）整合资源，利用国防重点实验室和北京市重点实验室的科研资源，成立课程师资联盟，向本科生提供具有国际化视野的具有开放性、高阶性、挑战性的多种学习机会，打造"信号与信息处理+"型拔尖人才的"优本计划"。

2. 课程创新

（1）以学习目标为导向，强调知识整合和教学协同性。整合信号与信息处理类基础理论课知识结构，构建了具有阶梯性和贯通性的以本科为核心的信号处理理论与技术课程体系，创建以学生为中心的"信号与信息处理+"高端人才个性化培养模式，立足经典理论同时体现前沿发展，使学生具有未来发展所需要的数理知识基础、工程应用能力、科研素质。

（2）主张理论与实践相结合、课上课下相结合、教学与科研相结合、基地平台和课堂相结合，以经典理论体系为平台、以课堂教学创新为核心、以培养学生创新力为重点，注重培养学生持续的学习和研究能力，提供多层次模块化的学习机会，知识结构贯通于通识课程—专业必修课程—专业选修课程—科研创新—学位论文各环节。

（3）利用"情境""协作""会话"改进教学方法，采取研究型专题研讨、翻转课堂、多学科共同参与的课内研讨与课外双创教学模式，利用海内外前沿讲座、开放研究课题、学科竞赛、学生圈俱乐部研讨会等手段开展具有开放性、高阶性、挑战性的教学实践，围绕信息领域国家重大需求，紧跟科学前沿提供国际化视野，发挥平台基地优势，以科研反哺教学，由浅入深地建立信号与信息处理知识结构，兼顾强化数理基础，强化工程应用能力。

（4）教学中采用"应用—理论—应用"的模式，将工程实践中遇到的难题凝练抽象为信号处理理论模型，将工程问题回归课本，再从理论的推广回归到工程应用，结合实际工程背景阐述数学模型和理论方法的物理意义，并用于解决实际工程问题。教授学生如何检验模型的正确性，同时建立用科学途径找到解决方案的思路，帮助学生养成良好的科研习惯，掌握正确的科研方法。

（5）整合资源，利用国防重点实验室、北京市重点实验室、校级国际联合实验室等科研资源，向本科生提供具有国际化视野的多种形式的学习机会，更早地建立良好的科研习惯和创新思维逻辑，打造"信号与信息处理+"型拔尖人才的"优本计划"。

六、课程教材

1. 主要教材（如图 17 所示）

[1] 管致中，夏恭恪，孟桥. 信号与线性系统 [M]. 北京：高等教育出版社，2011.

[2] 朱华，黄辉宁，李永庆，梅文博. 随机信号分析 [M]. 北京：北京理工大学出版社，2014.

[3] 张立毅，张雄，李化. 信号检测与估计 [M]. 北京：清华大学出版社，2010.

2. 辅助教材（如图 17 所示）

[1] 奥本海姆. 信号与系统 [M]. 北京：电子工业出版社，2014.

[2] 王世一. 数字信号处理 [M]. 北京：北京理工大学出版社，1997.

[3] 程佩青. 数字信号处理教程 [M]. 北京：清华大学出版社，2013.

[4] 奥本海姆. 离散时间信号处理 [M]. 北京：电子工业出版社，2015.

[5] 张峰，陶然. 随机信号分析教程 [M]. 北京：高等教育出版社，2019.

[6] 陶然、王越. 分数阶傅里叶变换及其应用 [M]. 北京：清华大学出版社，2009.

[7] 陶然，张惠云，王越. 多抽样率数字信号处理理论及其应用 [M]. 北京：清华大学出版社，2007.

[8] 鲁溟峰，张峰，陶然. 分数傅里叶变换域数字化与图像处理 [M]. 北京：北京理工大学出版社，2016.

图 17　课程主要教材与辅助教材

"数据结构与算法设计 A（C++描述）"研究型课程案例

——立体化研究型教学模式探索

授课教师：高飞　白霞　胡进　吴浩

开课单位：信息与电子学院

■ 一、课程概要

数据结构与算法设计 A（C++描述）是北京理工大学信息与电子学院实验班和徐特立学院英才班（信息）的本科核心基础课程，该课程以面向对象的 C++作为描述语言，通过数据抽象的方法，研究数据的逻辑结构、存储结构及相应的算法，是一门为构建拔尖创新人才培养体系设置的重要课程。本课程从 2012 年开始在课程负责人高飞教授的主持推动下，以"研究型课程"建设为目标，进行立体化教学模式探索。主讲教师在授课过程中通过采用与研究型教学理念相适应的授课方式、讨论形式、作业类型、实践训练和考核方式，执行"以学生为主体，教师为主导"的教育理念，提供立体化教学资源，激发学生的特长和潜能，鼓励并引导他们的创新欲望和探索精神，使之成为具有自主学习能力、终生学习能力，能够适应环境和任务变化的研究型人才。

■ 二、课程教学目标及预期学习成果

1. 课程教学目标

（1）通过理论和实验教学，掌握面向对象程序设计的方法，了解数据抽象的目的和意义，具有分析研究计算机加工处理的数据对象特征的能力。

（2）通过课堂教学，能够应用数据结构的基本原理来区分所加工处理的数据对象的不同特征，选择合适的数据结构和存储结构，描述并表达所加工处理的数据对象，设计相应的算法并能够分析其算法的复杂度。

（3）通过课堂教学和学生自主学习，学生能够应用数据结构的基本原理来选择和建立相应的数学模型，并能够使用设计的算法程序验证并分析求解数学模

型得出的结论。

（4）通过课堂教学和学生以小组为单位自主提出解决方案并进行程序设计，学生能够应用所获得的数据结构与算法设计的知识，设计可以解决实际问题的较复杂程序，并通过相应的测试用例验证设计的合理性。

（5）通过分组团队形式完成较复杂的算法设计与程序实现，学生理解工程领域工作中个人与团队的关系，具有团队意识和与人沟通的能力，并具备撰写设计报告和陈述发言、答辩等基础能力。

2. 预期学习成果

本课程具体的预期学习成果如表1所示。

表1　数据结构与算法设计A（C++描述）的预期学习成果

预期学习成果（ILOs）	具体描述
1. 基本知识的认知	能够掌握面向对象程序设计和泛型程序设计的基本概念和基本规则，掌握各种基本数据结构的逻辑、存储、操作，以及相应的基本算法。
2. 分析/设计/开发解决方案	能够针对复杂的非数值处理问题，运用问题抽象、数据抽象、算法抽象进行分析，设计合理的解决方案，进一步提高程序设计的综合能力。
3. 自主学习	能够通过自主学习解决学习中遇到的问题，了解各种信息来源的检索途径，能够通过检索和学习文献获取更多知识，培养学术研究能力。
4. 团队与沟通	具备在团队中承担多种不同角色的意识和能力，能以不同的形式进行沟通交流，能够撰写符合基本规范和要求的实验报告或研究报告，能有效表达学术观点和总结研究结果。

三、课程内容及教学策略

数据结构与算法设计A（C++描述）的教学内容大体分为两大部分：C++编程基础；数据结构与算法设计。C++基础是编程描述的语言载体，数据结构与算法设计是课程的核心内容。本课程内容和教学策略概要如表2所示。在C++编程基础部分，以面向对象程序设计的封装性、继承性和多态性为主，讲授将代码模块化并增加安全性和效率性的方法；在数据结构与算法设计部分，以线性表、栈和队列、树、图这四种基本结构的逻辑与实现为主，讲授对问题进行数据建模、求解和性能分析的方法。

表 2 课程内容和教学策略

部分	课程内容	教学策略
C++编程基础	绪论　课程概述 模块1　类的封装性 模块2　引用、友元和重载 模块3　类的继承性 模块4　类的多态性 模块5　模板	课前：乐学平台发布教学日历、课件、编程作业题目、调试指导文档。 课堂：课堂PPT及板书讲授、课堂练习、随堂测验。 课后：网络平台答疑和讨论。
数据结构与算法设计	模块6　数据结构的概念 模块7　线性表 模块8　栈和队列 模块9　树 模块10　图	课前：乐学平台发布教学课件、专题题目、参考文献、报告模板。 课堂：课堂PPT及板书讲授、课堂练习、专题答辩。 课后：网络平台答疑和讨论、实验报告总结。

课程的两部分在教学策略上总体相似又各有侧重。课前在乐学平台发布教学日历、课件以及编程作业题目，学生根据教学进度安排提前进行知识点的自学以及程序的编写和调试。课堂上以 PPT 和板书配合讲授，板书内容旨在描述知识点的逻辑关系以及直观描述某个知识点，即适当的加强全局观念和细节延伸。各个模块都配有课堂练习，课堂练习中有判断、选择、简答等题型，进行要点考查和难点分析。课程的两部分教学策略的主要差别在于编程作业环节：在 C++编程基础部分，作业是按教学日程布置在乐学平台上，每个学生独立在网络上进行代码提交和编译，通过测试样例；在数据结构和算法设计部分，作业是按专题提供一系列待选题目，学生组队进行团队合作完成，并在课堂上组织答辩。

在课程各个环节的教学内容布局和教学策略设计中充分考虑对预期学习成果的支撑，对应关系如表3所示。各个教学策略从不同的角度推动学生获得程序设计和数据结构基本知识的认知以及抽象思维能力，增强分析问题和解决问题的能力，同时重视课前课后任务安排，促进学生在自主学习、沟通表达和团队合作这些科研素质方面能力的提高。

表 3 课程内容以及与预期学习成果之间的对应关系

教学内容与教学方式	ILOs1	ILOs2	ILOs3	ILOs4
C++编程基础	√	√	√	
● 课堂讲授、课上练习、随堂测验	√	√		
● 网络教室作业	√	√	√	
数据结构与算法设计	√	√	√	√

续表

教学内容与教学方式	ILOs1	ILOs2	ILOs3	ILOs4
● 课堂讲授、课上练习、随堂测验	√	√		
● 网络教室作业	√	√	√	
● 专题设计	√	√	√	√

四、课程考核办法及教学效果

数据结构与算法设计 A（C++描述）课程以学生随堂测验和课后网络教室作业、专题设计实验报告、期末试卷成绩为评价依据，设计了相关的评价模式和评价标准，从而完成对该课程和学生的预期学习成果的评价。具体如表 4~表 7 所示。

表 4　课程 ILOs1 评价规则

ILOs1		基本知识的认知
评价点（依据）		主要通过随堂测验、课后作业、实验报告和期末试卷进行评价，评价点包括相关题目的正确性、完整性，来评价学生是否能够掌握 C++编程和数据结构的基本概念、规则和实现方法。
评价标准	优	随堂测验、课后作业、实验报告和期末试卷完整、正确，有少量错误，能够全面掌握 C++编程和数据结构的基本知识。
	良	随堂测验、课后作业、实验报告和期末试卷大部分完整、正确，有较少错误，能够掌握大部分 C++编程和数据结构的基本知识。
	中	随堂测验、课后作业、实验报告和期末试卷基本完整、正确，有少数错误，基本能够掌握 C++编程和数据结构的基本知识。
	及格	随堂测验、课后作业、实验报告和期末试卷部分完整、正确，有一些错误，部分掌握 C++编程和数据结构的基本知识。
	不及格	随堂测验、课后作业、实验报告和期末试卷不够完整和正确，有较多错误，不能掌握 C++编程和数据结构的基本知识。

表 5　课程 ILOs2 评价规则

ILOs2	分析/设计/开发解决方案
评价点（依据）	主要通过课后作业、期末试卷、实验代码和报告，评价点包括课后作业和期末试卷相关题目的正确，实验代码的功能和报告的逻辑，来评价学生是否能够对实际中的问题进行分析，设计/开发合理的解决方案。

续表

评价标准	ILOs2	分析/设计/开发解决方案
	优	课后作业、期末试卷相关题目正确,有少量错误,实验报告对实验方法描述准确、完整,实验结果完全符合实验要求,对实验结果的分析全面,只有极少数错误。
	良	课后作业、期末试卷相关题目大部分正确,有较少错误,实验报告对实验方法大部分描述准确、完整,实验结果大部分符合实验要求,对实验结果的分析较全面,有少数错误。
	中	课后作业、期末试卷相关题目基本正确,有少数错误,实验报告对实验方法基本描述准确、完整,实验结果基本符合实验要求,对实验结果的分析基本全面,有较少的错误。
	及格	课后作业、期末试卷相关题目部分正确,存在一些错误,实验报告对实验方法部分描述准确、完整,实验结果部分符合实验要求,对实验结果的分析不够全面,有一些错误。
	不及格	课后作业、期末试卷相关题目基本不正确,有较多错误,实验报告对实验方法描述不准确、不完整,实验结果没有达到实验要求,对实验结果的分析存在较多错误。

表 6 课程 ILOs3 评价规则

	ILOs3	自主学习
	评价点(依据)	主要通过专题设计的实验报告和实现代码进行评价。评价点包括专题项目实现所涉及的课外知识量,来评价学生是否能够根据实际需要查找相应的学习资源并加以理解和应用。
评价标准	优	根据专题题目的需求,阅读大量相关课外资料,并进行编程验证,软件运行界面美观,基本功能完整,有大量扩展功能。
	良	根据专题题目的需求,阅读相关课外资料,并进行编程验证,软件运行界面美观,基本功能完整,有少量扩展功能。
	中	根据专题题目的需求,阅读相关课外资料,并进行编程验证,软件运行实现了基本的界面,基本功能完整。
	及格	根据专题题目的需求,阅读少量相关课外资料,并进行编程验证,软件运行实现了简单的界面和大部分的基本功能。
	不及格	几乎不阅读相关课外资料,软件运行界面混乱,实现少量简单功能。

表7 课程 ILOs4 评价规则

ILOs4		团队与沟通
评价点 （依据）		主要通过专题设计的实验报告和课堂发表进行评价。评价点包括实验报告和PPT是否符合相关的基本规范和要求，语言表达是否清晰，以及团队配合效果，来评价学生是否能以不同的形式进行有效的沟通交流。
评价 标准	优	实验报告和PPT很好地符合相关规范和要求，语言表达准确而清晰，团队成员高效配合。
	良	实验报告和PPT较好地符合相关规范和要求，语言表达清晰，团队成员有效配合。
	中	实验报告和PPT基本符合相关规范和要求，有少量不规范的地方，语言表达基本清晰，团队成员能够配合。
	及格	实验报告和PPT部分不符合基本规范和要求，语言表达尚可，团队成员有少量沟通和配合。
	不及格	实验报告和PPT大量不符合基本规范和要求，可能涉嫌抄袭剽窃，语言表达逻辑混乱，团队成员基本没有沟通和配合。

本课程在每个教学轮次结课前进行问卷，调查学生对于教学内容兴趣度、教学环节偏好、课程收获感等问题；根据课程问卷调查所反映出的问题和学生新特点，结合各项 ILOs 的达成度进行综合考虑，对课程内容和教学策略给出相应的改进措施。在新一轮教学过程中加以实施，调整课堂活动组织和节奏控制，注意细化各项任务要求，重视过程记录和文档保存，加强过程考核的客观性，持续完善 ILOs 评价。

通过对本课程近三轮"研究型教学"运行数据进行分析，能够证明课程目标达成。以白霞老师的教学班为例展示如下：

（1）课程成绩分布

学期	2016 – 2017 – 2	2017 – 2018 – 2	2018 – 2019 – 2
人数	49	30	27
平均分	83.16	80.53	80.51
优秀	13（26.53%）	3（10.0%）	3（11.11%）
良好	24（48.98%）	16（53.3%）	14（51.85%）
中等	5（10.20%）	6（20.0%）	9（33.3%）
及格	7（14.29%）	5（16.7%）	1（3.7%）
不及格	0（0.00%）	0（0.00%）	0（0.00%）

分析：

a. 平均成绩约 80 分，表明绝大部分学生已经掌握了数据结构与算法设计

（C++描述）课程的要求，达到了教学培养目标。

b. 成绩分布基本正常，2016-2017-2学期是教学内容调整的第一年，试卷题目中的难题量少，因此优秀率偏高，题目难度加强之后2017-2018-2学期和2018-2019-2学期的成绩表现出更好的选拔性。

c. 不及格率非常低，原因有两个：其一是2016-2017-2学期和2017-2018-2学期的教学班生源是信息与电子学院的实验班，入学成绩相较全院平均成绩要高，2018-2019-2学期的教学班生源是个人报名及考虑先修课程C语言程序设计的成绩择优而选，学习能力和学习愿望都较强；其二是课程成绩的评定方式为平时作业（乐学题目及课堂测验）占20%，实验成绩（专题设计）占30%，期末（试卷笔试）占50%，学生只要保持日常学习进度，基本上能够成绩合格。

（2）调查问卷统计

课程结束之后的调查问卷统计结果如下（42/28/27份）：

①你对程序设计类课程感兴趣吗？

		2016-2017-2	2017-2018-2	2018-2019-2
A	喜欢	50%	48%	81%
B	一般	42%	48%	19%
C	不喜欢	5%	4%	0%
D	无所谓	3%	0%	0%

分析：由于书院制改革，从2018级开始信息学院的实验班学生实际上就是整个学院，本课程的建班规则与2016/2017级相比不同之处是报名择优成班，因此对于课程本身的好感度明显更高，这对教学过程的有效实施来说是一个先天优势。

②你对本课程的教学内容的总体评价是？

		2016-2017-2	2017-2018-2	2018-2019-2
A	喜欢	67%	59%	78%
B	一般	33%	34%	22%
C	不喜欢	0%	7%	0%
D	无所谓	0%	0%	0%

分析：由本课程的教学内容是C++与数据结构的基础部分，也是程序设计类的基础课程，学习之后学生认为是应该学也喜欢学的内容。

③你对本课程使用的教材的总体评价是？

		2016-2017-2	2017-2018-2	2018-2019-2
A	喜欢	21%	40%	11%
B	一般	60%	40%	48%
C	不喜欢	19%	20%	19%

| D | 无所谓 | 0% | 0% | 22% |

分析：教材的认可度总体来说一般，从 2018 级学生的调查结果中可见，无所谓的比例并不少，这是一个课程资源丰富的年代，学生对教材的依赖性越来越小。同时，我们也能够看到教材建设方面还有很大的改进空间。

④你觉得本课程中哪种教学形式使你获益最大？

		2016-2017-2	2017-2018-2	2018-2019-2（＊）
A	理论课	48%	24%	19%
B	网络教室作业	31%	28%	19%
C	专题设计	21%	48%	56%

分析：近三年的统计结果差别很大（2018 级有两位同学因为选择困难而放弃回答），从最初的理论课为收获的主体来源，发展到 2018 级则专题设计的作用越来越大。本课程的理论性和操作性都比较强：理论课强调基本规则和思想；网络教室作业是小规模编程，个人完成；专题设计则是编程规模较大，以团队形式完成。2018 级在团队协作方面表现更好，绝大部分学生都大力度地参与其中，而且有更多的付出就有更多的收获。此外，或许理论课上的收获因为潜移默化在编程中而感受弱化。

⑤经过本课程的学习，你觉得自己有收获吗？

		2016-2017-2	2017-2018-2	2018-2019-2
A	较多收获	45%	59%	74%
B	一些收获	45%	41%	26%
C	少许收获	10%	0%	0%
D	没有收获	0%	0%	0%

分析：从统计结果上来看，越来越多的学生有收获感。

⑥你觉得在这门课的课堂上的总体感受是什么？

		2016-2017-2	2017-2018-2	2018-2019-2（＊）
A	喜欢	45%	45%	59%
B	一般	55%	55%	33%
C	不喜欢	0%	0%	0%
D	痛苦	0%	0%	0%

分析：总体来说这是一门受欢迎的课，此外 2018 级有两位同学同时选择了 A 和 D，这是努力学习的真实写照，奋斗的辛苦与收获的喜悦同在。

⑦课程中你印象最深刻的是什么？（节选）

2016-2017-1

"老师讲课幽默，总有一些对课堂内容的恰当比喻，令人难以忘怀。"

2017-2018-2

"专题设计。以前从没尝试过这种专题形式的大型程序，和同伴一同思考、讨论，寻找灵感，改编设计一个新的完整程序的感觉很新奇，很有趣，很大程度加深对 C++ 的掌握，也收获了很多，所以觉得很有意义。"

2018 – 2019 – 2

"啊！大作业！虽然不仅痛苦，而且痛苦，不仅耗时间，而且很耗时间，但是和组员建立了深厚的友谊，学到了很多东西，一点也不后悔选 C++！"

分析：从中可以看到课程的专题设计环节是学生深入思考和交流的平台，是全面提升自我的机会。

五、课程特色和创新之处

数据结构与算法设计 A（C++描述）是面向北京理工大学电子信息类学生的计算机课程，本课程的定位是非计算机专业的核心基础课，据此课程组建立了"C++程序设计"和"数据结构与算法"两门课的紧凑贯通版，对内容进行取舍和组织。"C++"和"数据结构"两个部分的核心知识构架如图1和图2所示，在教学内容和知识深度上满足信息专业需求以及课时限定。在"C++"的部分，以"从 C 到 C++"为起始，以泛型程序设计的基础——"模板"为向数据结构部分的过渡，中间以面向对象程序设计的三大特性：封装性、继承性和多态性为核心。课程重视章节之间的关联，强化层次结构以体现思维感，即以问题为驱动，逐步完善解决问题的方法。在"数据结构"的部分，以数据结构和算法的相关概念为起始，将线性表、树、图这三种逻辑结构分别按照术语、逻辑、存储、实现的顺序，采用面向对象的观点以 C++语言为表述手段逐一讨论。本着少讲多练的原则，各个数据结构在理论课中只介绍关键操作，多个应用实例则列在专题题目中，以备学生自学并编程实现加深理解。

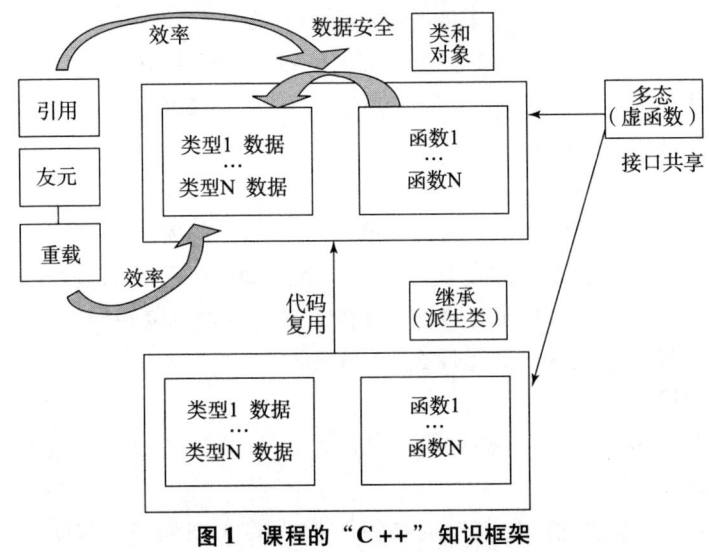

图1　课程的"C++"知识框架

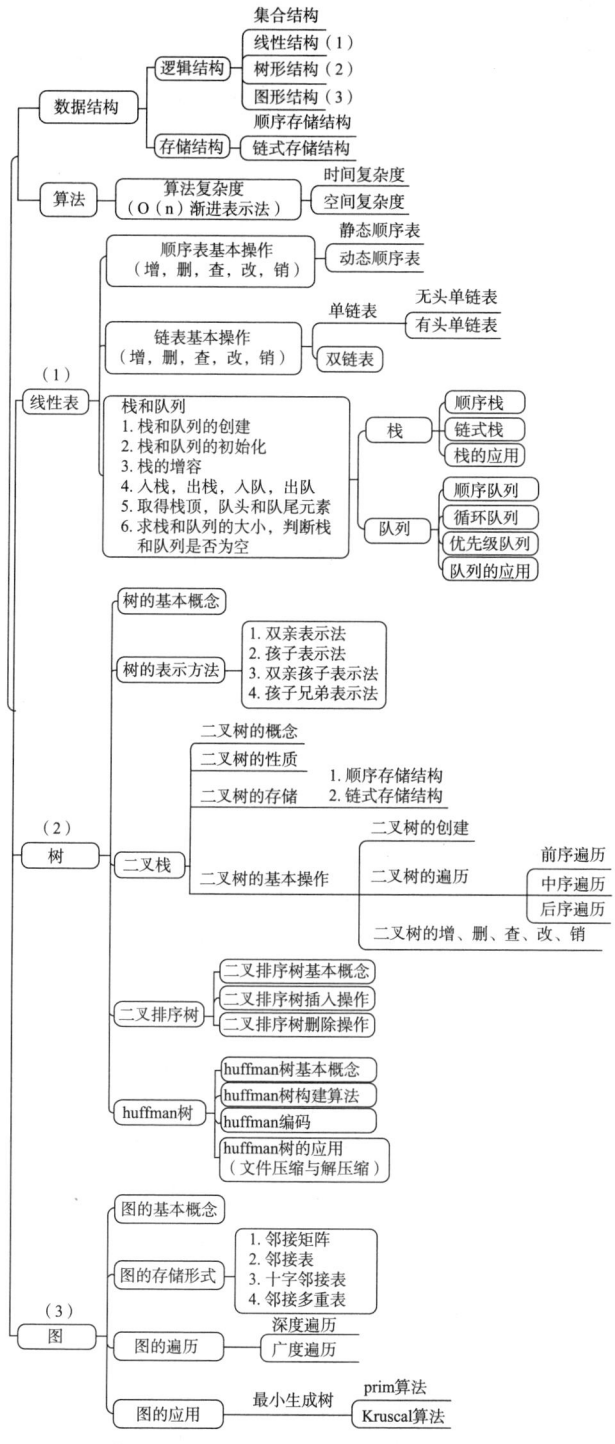

图 2 课程的"数据结构"知识框架

本课程旨在培养学生利用计算机分析问题、解决问题的意识与能力，为将来利用数据结构和程序设计知识解决专业实际问题打下基础。课程组经过多年的探索逐步形成了立体化的研究型教学模式，多维度的教学资源使学生可以得到全方位信息流。

如图 3 所示，从时间、空间、策略三个维度上构建有机整体教学模式，即"时间上——课前/课中/课后""空间上——线上/线下""策略上——授课/测验/研讨"，有效整合各种教学资源的优势，综合运用于一体化的研究型教学过程中，形成一系列课程特色教学方法。

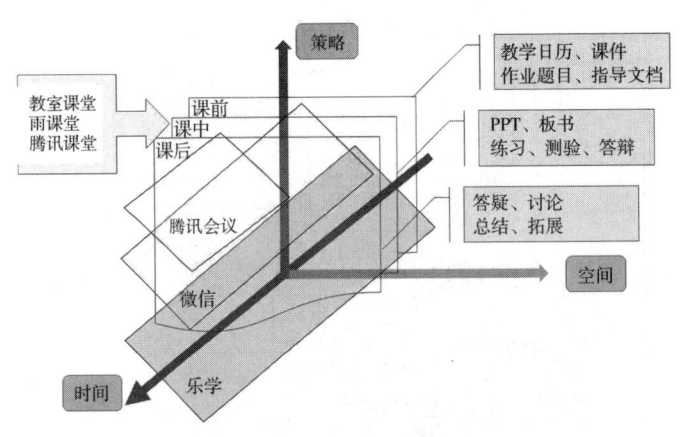

图 3　立体化研究型教学模式

1. 特色 1：解释语言本身的内在需求

在教学过程中强调多角度思考问题，从概念提出者和设计者的角度厘清知识的脉络框架，并从使用者的角度考虑关注设计的可维护性。这种对语言本身需求的说明在课程全程中无处不在，例如继承呼唤多态。如果没有新的机制，对类家族中的不同类对象需要提供不同的处理模块，并且对于每个对象的到来都首先需要进行类型判断。然而，我们是多么希望一个集合中允许有类家族中的不同类的对象能够共存，对每个元素的操作具有分辨不同类对象的能力！于是，动态联编使梦想成真。向学生解释为什么编程语言提供这项规则，一方面有助于提高学习兴趣，学生不再有莫名其妙的困惑；另一方面，由于了解需求的同时也清楚了该语法规则的应用场合，因此有助于实际问题的解决。

2. 特色 2：多层次递进式课程答疑

本课程的答疑环节包含多个层次。在这个过程中课程微信群发挥了重要作用，学生可以随时在微信群里提出问题，学生之间的互助答疑基本上可以实现实时回复，解决了相当大的一部分问题。在课堂进程中，学生借助于软件的支持可以在听课的同时提问，教师在讲授中根据情况及时回答。此外，根据微信群讨论以及课堂和邮件反馈，课后在统一答疑时间对集中性的问题进行解释，对问题讨论过程中的某些偏差加以更正，对相关的重点知识适当补充和扩展。例如在析构函数的使用上，学生在微信群里贴出代码询问程序崩溃的原因，同学回复指出析构函数不应该显示调用。虽然删除析构函数调用语句后能够解决程序崩溃问题，然而这个回复不是问题的本质，可能引起误解；真正的原因在于该析构函数的功能是通过指针进行动态内存的释放，析构函数的显示调用造成了重复释放。这种多层次递进式的答疑模式能够建立更通畅的学生之间和师生之间的沟通，在促进学生的独立思考的同时及时了解和解答学生的疑惑。

3. 特色3："研究型"的数据结构专题环节

"研究型课程"建设的核心是通过理论学习与项目实践深度结合的方式，培养学生从事创新研究所必需的综合能力。本课程的实施方式是提供了四个专题（线性表、栈和队、树、图），每个专题设置题目供学生选择并组队完成，从而体现课程的"研究型"特点，这也是对本课程的各个预期学习成果全面支撑的教学环节。

专题题目所要求的内容不限于课堂所学，自学是必须的环节。欢迎更好的人机界面的同时强调本课程更关注的是数据模型和程序结构的合理性、算法的效率和稳定性。学生以小组为单位按专题布置的设计题目，利用课下时间查阅文献和进行专题设计，由小组讨论形成一个可行的研究方案，进行专题设计，编写程序代码，撰写专题设计报告和PPT。最后以小组为单位学生作专题总结报告和答辩，由教师指导团队验收。专题设计的课上答辩环节，各个小组除了本组展示答辩，还要注意聆听和记录，更好地交流，实现专题三部曲：学（预习自学）—研（互助合作）—展（交流展示）。如图4所示。

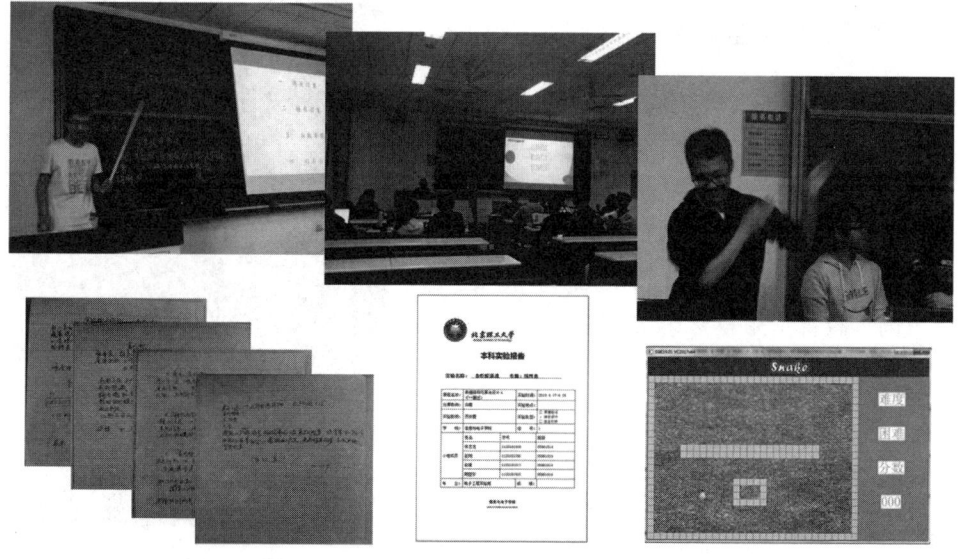

图4 专题环节的教学实践

4. 特色4：网络平台助力下的课程团队合作教学模式

2020年春季学期在全国抗击新冠肺炎疫情的形势下，按照教育部"停课不停教、不停学"的要求，北京理工大学迅速开启了在线教学行动。课程组教学团队经过研讨打破了传统的各教学班独立模式，开启在网络平台助力下的课程团队合作教学模式，注重凸显合作效应。课程组教学团队的三位主讲教师在教学科研积累上各有特色，在任务分工上充分发挥各自的优势，如教学基本功比赛获奖经历、计算机专业科班教育背景、方正国际软件有限公司工作经验。三位主讲教师分别主要负责在线直播教学和作业发布、教学视频录制，以及在线答疑和组织讨论，在分工基础上进行合作，研讨各个教学环节的最终规则。

本课程以乐学和微信这两个平台主要支持了学生的自主学习和互助学习阶段。"乐学"为主要平台，功能包括提供离线教学文档，支持编程作业的提交、评分，便于掌握学生动态，特别是编程排行榜直观反映了作业完成度并激发了学生的竞赛斗志。课程微信群的功能主要是教学活动通知发布和日常学习讨论，实时性较好。此外，本课程依托腾讯课堂、腾讯会议、企业微信等平台分别开展了直播上课、线上答疑和专题答辩。直播课的内容增加了丰富的练习；答题卡功能满足课堂互动需求，统计结果及时反馈了学生的掌握程度，便于教学难点定位；线上答疑环节则根据各个周次里学生讨论的话题确定讨论题目；专题答辩环节利用网络便利邀请资深教师以及软件行业专家参与。课程团队合作教学模式充分发挥了不同教师的教学特长，在网络平台的助力下为学生提供了多种信息渠道，可以根据自身情况选择，满足不同学生的学习需要。疫情期间所积累的经验在常规学期中加以调整、创新和应用，提升教学效果推进课程建设未来可期。

六、课程教材

本课程的教材（如图5所示）是由课程组教学团队教师共同编写的《C++与数据结构（第4版）》（高飞，白霞，胡进，吴浩，聂青），电子工业出版社2018年出版。本书是国家级（网络教育）精品课程的教学成果，北京市高等教育精品教材，北京理工大学"十三五"规划教材。

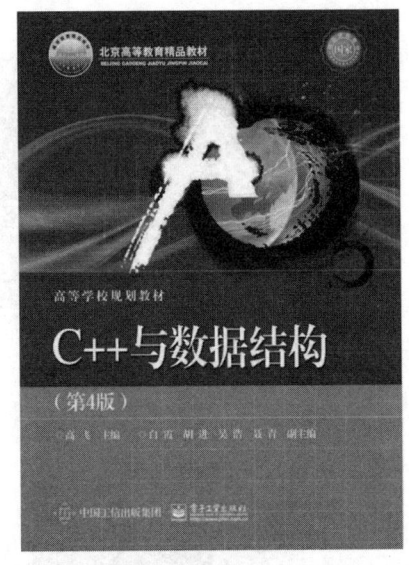

图5　课程教材

"微波技术基础 A" 研究型课程案例

——"扣开电磁之门，体验微波技术"研究型课程教学

授课教师：吕昕　开课单位：信息与电子学院

一、课程概要

本课程是在电磁场理论课程学习之后开设的，以提高学生在微波技术领域的分析和设计能力为基本目的。课程中，以 CDIO（构思 – Conceive，设计 – Design，实现 – Implement，运作 – Operate）理念为基础，以项目研发的生命周期为载体，让学生以主动、实践的方式学习微波技术基础课程。在课程进程中，加大实验部分的项目设计内容和规模，通过理论与工程相结合、团队合作的方式，使学生在上述四个层面达到预定目标。课程以研究设计方法学为主，随着微波模块集成度越来越高，设计频率越来越高，学生在掌握了基本理论知识和常规模块工作原理之外，还需进一步学习微波模块的研究方法、设计方法以及生产加工流程。本课程的教学将以理论结合实践工程、半开放性选题的方式，来培养学生的主观能动性、团队协作能力、创新能力和研究能力。

二、课程教学目标及预期学习成果

1. 课程教学目标

课程教学目标从两个方面实现。第一，基本原理讲授。授课教师按照《微波技术基础》教材讲授基本的理论知识，保障学生基本的理论功底以及课程的连贯性和流畅性，提高学生对微波电路或器件的分析能力。第二，课程设计指导。该部分主要依据设计产品运行的生命周期，指导项目小组通过与课程相关的各种课程设计，以主动实践的方式，完成理论课程与工程设计之间的学习联系。在此过程中，旨在提高学生的自主学习能力，以及将原理知识拓展到实践的动手能力。通过教师的项目指导和学生自主学习以及团队合作，针对本门学科的应用范围和研究发展方向，拓宽学生的视野，激发学生的学习兴趣，培养学生的团队合作能力。基本原理讲授部分将作为达成课程教学目标的重要理论知识基础；课程设计指导部分，将辅助学生结合理论知识，完成所选课题的全流程内容，包括设计工具使用、关键问题处理、工程实现、测试方法、报告撰写等。

2. 预期学习成果

学生通过课程学习及实践，达到的预期学习成果包括：

（1）能够掌握所选课题所涉及的全面理论知识；

（2）能够掌握课题研究中必需的设计软件使用方法、制备方法和测试方法；

（3）能够适应团队共同开展研究工作，能够做出合理有效的成员分工。

（4）能够撰写符合基本规范和要求的实验报告或研究报告，能有效表达学术观点和总结研究成果。

三、课程内容及教学策略

本门课共 56 个学时，包含 36 个学时的基础理论讲授、18 个学时的课内学习、2 个学时的考核答辩的过程。

36 个学时的基础理论讲授，使学生理解并掌握微波技术的应用、现状、基本概念和课程的总体安排。

18 个学时的课内学习，主要内容是指导教师指导学生依据微波电路产品的设计加工周期，分组选择相关的微波电路产品进行设计与制作，每组两名同学。针对选取的微波电路产品，采取组内合作的形式，完成具有一定工程研究意义的产品设计与制作。根据产品的周期流程，组内分工协作完成资料查找、理论验证、仿真验证、版图设计、测试等相关工作流程，并撰写课程设计报告，以此提高学生自主学习与合作创新能力。

但是仅进行课内学习是不够的，学生还需要进行课外学习，并由授课教师进行定制化辅导，使学生可以更加熟练地掌握优化、设计、绘图、加工制作、装配、调试和测量微波电路与天线的方法，并运用这些方法解决课程设计中的实际问题。

例如在 2019 至 2020 年第一学期的教学中，进行了如下教学策略的实践：

讲授课程进行了传输线理论、阻抗匹配、微波网络、微波元件、微波系统以及微波测量等六部分讲解。

在课程设计过程中，学生了解了与 5G 通信、航空航天、军工电子相关的多种应用背景与技术发展趋势，掌握了微波相关器件的设计方法，学会了 HFSS、ADS 等电磁和电路仿真软件的使用；了解了加工方面的相关知识，熟悉了 AutoCAD、Solidworks 等机械制图软件的使用方法；锻炼了学生的组装和焊接等装配过程的动手能力；认识了微波暗室、超净间等测试环境以及不同器件测试方法。

课程评价主要体现在课题答辩环节，通过实物性能对预定指标的完成度、学生现场答辩的情况以及回答评委提问的情况等进行评定。

四、课程考核办法及教学效果

本课程为考查课，不组织期末考试。本课程以学生能力建设的程度作为评价体系，总分 100 分。平时成绩 25 分，包括课堂表现、出勤率等，课程设计总分值 75 分，二者一共 100 分。考核答辩是重要部分，组织专家小组进行课程设计评议，内容包括课程设计的创新性、可行性和市场价值的评议、工作量检查、结题验收、学生能力考评、问题讨论等方面，并以此为依据进行打分。

课程设计部分，其评分体系采用标准分方式。项目结题性能最优和项目数最多的小组成员获得最高 75 分，评分点包括 4 个方面：

（1）是否通过课题研究掌握了所涉及的基础理论知识（40%）；

（2）是否掌握了相关设计工具的使用方法、相关制备工艺的流程和相关测试仪器的操作方法（20%）；

（3）是否体现了团队分工与合作效果（15%）；

（4）是否通过报告撰写、答辩汇报环节，实现了课题内容和观点的清晰完整表达（25%）。

课程设计考核目标及标准如下：①实验准备，每个学生提交原始设计实例和实验报告 1 份，最高分为 15 分；②课程设计，多个可选项目，由两名学生组成项目小组，每个小组选做一题或多选，在课程设计开始初期提交项目方案、计划书和产品定位，设计完成后提交产品报告、产品说明书和每人的实验报告 1 份，最高分 60 分。

已完成的课程中，学生预期学习成果达成效果很好。学生课题的选择和指标制定，均面向实际应用或潜在应用，例如 5G 通信、航天电子、军工电子等热点研究领域，解决了传统教学中理论与实际结合不紧密的问题。学生反馈中也提到，经过课程学习，能够对微波技术基础理论、实现方法和典型应用融会贯通，打破了理论、实践、应用三者之间的屏障。

五、课程特色和创新之处

微波技术基础研究型课程，经过若干年的实践，反复优化教学过程中的细节，力争做到让学生掌握成为微波技术工程师所需的基本技能。本研究型课程具有以下创新特色：

1. 理论指导实践

通过理论知识的传统课堂讲授，给学生打好专业知识的基础，进而做到兼顾学生传统知识的传授与实践经验的获得。邀请产业界资深技术人员和优秀博士生对工程实践经验和课题研究经验进行深入介绍。学生通过专业人员的讲授，开阔了眼界，对行业的应用领域以及发展情况有了更多的了解。

2. 强调学生在实践中学习

以符合现代微波技术常用的项目流程来锻炼学生动手操作能力及团队合作能力，通过制作实物加深了对基础知识理解，并学到很多工程知识，改变了"死记硬背"的方式，提高学生分析问题并解决问题的能力。通过小课题的形式，培养学生一系列技能和所需的相关知识储备，从而打通从学生到工程师之间的障碍。

3. 培养团队协作精神

学生两人一组自由组队分工，培养了在科研活动中非常重要的团队合作精神。班级整体教学使得学生获得的相关工程经验不止集中于所选的题目一点。在选题和同班同学间交流的过程中，学生互相了解不同题目的指标、设计、加工、测试的知识。

4. 共性和个性化的平衡

通过多期课程的实施与反复优化，探索出一条研究型课程设计的新路子。课程设计中，全程不定时一对一指导，有助于解决个性化问题，并结合集中答疑，解决共性问题；重点解决了教学过程中学生理论与实践知识的平衡，规范了教学活动利用科研资源的合理尺度。

经过实践经验积累和学生自身反馈，最为突出的一点是，学生通过独立的微波器件或系统的制备和研究，能够从电磁场微波理论抽象的概念中获取具体的参与感与成就感。同时，通过课程设计的个性化指导，便于教师了解学生的学习状态，也有助于学生充分与教师沟通细节，发挥更强的主观能动性。图 1 展示了学生在课程设计中获得的优秀研究成果。

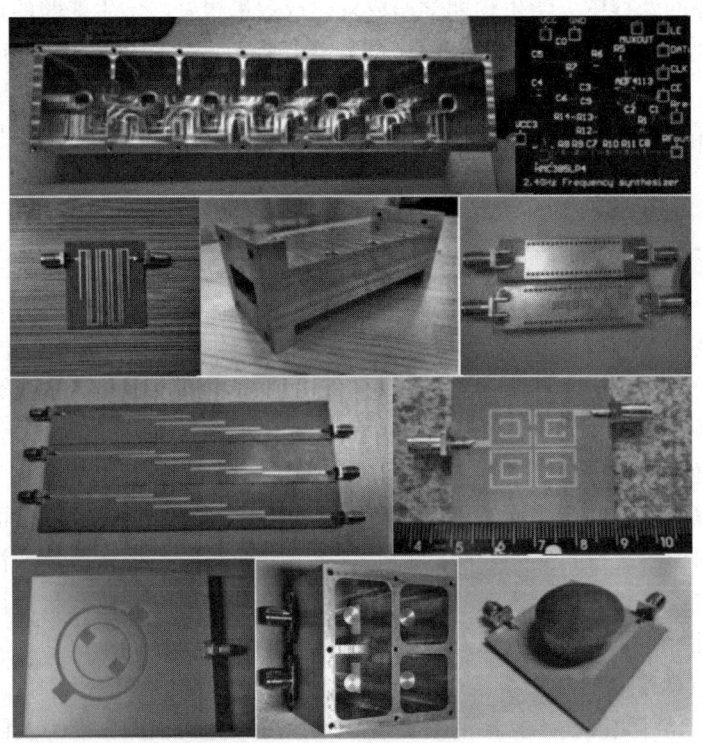

图 1　课程设计优秀研究成果

这无疑加深了学生对理论的理解，激发了学生对课程及相关学科的浓厚兴趣，充分体现了该研究型课程带来的积极影响。

六、课程教材

闫润卿，李英惠．微波技术基础［M］．3版．北京：北京理工大学出版社，2004．

基于项目中心的"工程测试技术"研究型课程实践

授课教师：彭熙伟　王向周　郭玉洁　郑戍华　李怡然

开课单位：自动化学院

一、课程概要

传统课程教学设计侧重于学科知识传授，主要考核学生对知识的掌握，学生参与学习的主动性、积极性不足，学生个人技能和潜能得不到发挥。学生学业评价注重期末考试成绩，对于学生的分析性、系统性、实践性、研究性、创新性、批判性思维能力的培养有所欠缺，组织协调、交流沟通能力训练不足。如何把零碎的专业知识整合为整体知识运用于工程实际，提高人才培养能力，是专业课程改革与教学创新面临的一个重要问题。

本课程针对自动化专业三年级学生，贯彻成果导向教育新理念，以压力、流量、温度、力、位移等工程实际参量测量项目为中心，设置知识基础、问题分析、知识整合、研究创新、团队合作、自主学习6个维度教学目标，实施教师主导、学生主体、项目中心、小组团队、开放教学的研究型教学模式，学生通过整合运用传感器技术、电子技术、计算机接口技术、测试技术、虚拟仪器技术等专业知识，对项目进行分析、设计、实验和研究，不仅获取了新的知识，还得到系统性的工程实践训练及团队合作、沟通能力的培养，提高了分析和解决工程实际问题的综合能力。

二、课程教学目标及预期学习成果

1. 课程教学目标

（1）培养学生综合运用传感器技术、电子技术、计算机接口技术等专业知识对传感器信号变换、调理电路进行设计，培养学生进行方案选择，识别和判断电路设计问题中的关键环节和参数。

（2）培养学生借助计算机现代工具对设计电路进行仿真分析，证实分析、设计过程的正确性和合理性的能力。

（3）培养学生针对具体工程测试项目提出针对性解决方案，进行可行性论证，体现创新意识，并在设计过程中不断改进和完善的能力。

（4）培养学生能够对实验过程的正确性加以评判，并能够合理地分析实验结果的能力。

（5）培养学生进行有效沟通、听取不同意见并合理决策的团队合作能力。

（6）培养学生针对具体的工程测试项目表达自己的想法，当众展示或汇报成果的能力。

2. 预期学习成果

（1）学生能综合运用传感器技术、电子技术、计算机接口技术等专业知识对传感器信号变换、调理电路进行设计，选择设计方案，计算参数。

（2）学生能借助计算机现代工具对设计电路进行仿真分析，证实分析、设计过程的正确性和合理性。

（3）学生能针对具体工程测试项目提出针对性解决方案，体现创新意识，并在设计过程中不断改进和完善。

（4）学生能够完成工程测试项目，合理地分析实验结果，对实验过程的正确性加以评判。

（5）学生能与团队其他成员进行有效沟通、听取不同意见并合理决策。

（6）学生针对具体的工程测试项目表达自己的想法，当众展示或汇报成果。

三、课程内容及教学策略

1. 课程内容与预期学习成果之间的对应支撑关系（如表1所示）

表1　课程内容与预期学习成果之间的对应支撑关系

课程内容	学时	预期学习成果
1. 信号调理电路基础知识 1.1　信号调理电路概述 1.2　典型信号调理电路 1.3　滤波器设计 1.4　调制与解调	6	预期学习成果（1）
2. 虚拟仪器测试系统 2.1　虚拟仪器测试系统概述 2.2　虚拟仪器图形化编程技术 2.3　虚拟仪器测试系统组建	6	预期学习成果（1） 预期学习成果（3）
3. 传感器信号调理电路设计 3.1　电路原理图设计 3.2　电路分析、仿真 3.3　搭建调理电路	8	预期学习成果（1） 预期学习成果（2） 预期学习成果（3） 预期学习成果（5）

续表

课程内容	学时	预期学习成果
4. 搭建测试系统 4.1 虚拟仪器编程 4.2 实验测试、分析 4.3 对实验正确性进行评判 4.4 改进并完成实验 4.5 展示成果、答辩、提交报告	10	预期学习成果（4） 预期学习成果（5） 预期学习成果（6）

工程测试项目系统的基本结构如图 1 所示。

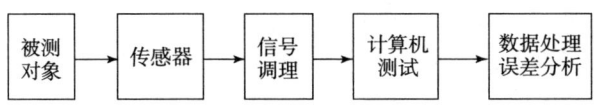

图 1 工程测试项目系统的基本结构

2. 教学策略

（1）项目为载体。根据实验装置条件并结合工程测试参量类型多的特点，确定了以工程测试项目为载体的研究性教学模式。部分工程测试项目如表 2 所示。

表 2 部分工程测试项目

序号	项目名称	备注
1	基于 LWH 导电塑料位移传感器的测试系统设计	10k 电阻
2	基于 MWG 光栅位移传感器的测试系统设计	脉冲信号
3	基于 TP1 磁致伸缩位移传感器的测试系统设计	脉冲信号
4	基于 SSI P53 压力传感器的测试系统设计	4~20mA
5	基于 Parker SCFT 涡轮流量传感器的测试系统设计	0~20mA
6	基于 HCT206NB 电流互感器的三相交流电流测量	0~2.5 mA
7	基于 Ttanscell BSS 拉压力传感器的测试系统设计	电阻应变桥
8	基于 CXH 称重传感器的测试系统设计	0~20mv
9	基于 AD590 温度传感器的测试系统设计	电流信号
10	基于热敏电阻温度传感器的测试系统设计	10k 电阻
11	基于 MF4008-50-08 质量流量传感器的测试系统设计	0.5~4.5V
12	基于 PT100 热电阻式温度传感器的测试系统设计	100Ω 电阻

工程测试项目涉及位移、压力、流量、温度、力、转速和光电编码器等7大类工程参量的测量，为学生的工程设计和工程实践提供了学习研究载体。

（2）小组团队组织形式。小班教学，2~3人组建1个小组，设组长1名。小组学生根据兴趣、爱好和潜能分别选择表2中不同的测试项目作为学习研究的载体。这种分工与合作，交流、讨论、分析、研究与实践的教学组织形式，有助于增强学生的责任感，培养学生的交流、表达与合作能力。

（3）教学团队。根据教学内容学科交叉、综合性和实践性的特点，组建3人教学团队共同承担研究性教学任务，确定3名教师的任务和重点，如表3所示。

表3 教学任务分解

序号	承担任务和重点	备注
1	课程目标、内容、教学模式，项目参数、研究问题、参考资料	课程负责人
2	传感器信号调理电路设计指导、测试系统搭建	教师2
3	虚拟仪器技术指导、实验测试、数据分析与指导	教师3

教学团队分工与合作，课程负责人组织教学安排，介绍课程教学目标、内容、教学模式和考核方式，设计基于实际问题的测试项目，介绍各项目情况、参数与指标、研究问题和达到的目标，并为学生提供相关参考资料。教师的职责也从知识的传授者转变为学生学习研究问题的指导者和引导者。

（4）分析、设计、实践、实验、研究。学生以小组项目为牵引，对测试项目中的传感器、信号调理、采集板卡、虚拟仪器测试和数据处理等各模块进行分解，明确分工，各有侧重，整合并应用电路及电子技术、传感器技术、计算机接口技术、虚拟仪器技术等专业知识来研究问题、解决问题，如表4所示。

表4 项目模块任务分解

序号	项目模块	内容
1	传感器、信号调理电路	传感器电气特性、信号参数、电源、元件选型、电路设计与仿真、电路搭建、调试
2	采集板卡、搭建系统	管脚定义、连线、学习使用、搭建系统、测试
3	虚拟仪器测试及数据处理	界面设计、测试、数据处理、误差分析、测试结果

以基于SCT温度传感器的测试项目为例，学生要掌握传感器电气特性，运用电子技术知识将传感器4~20mA电流信号转换为0~10V电压信号，涉及电源、变换、偏置和放大等电子技术知识的综合运用。例如，常规放大器有LM358、LM324、OP07、CA3140、μC741等，这些放大器性能、电源、使用要求不同，

如何选合适的放大器是一个实际的工程设计问题，但这方面知识在电子技术课程教学中欠缺，这就需要学生自己查阅资料，结合传感器的信号特性和设计要求完成放大器选型。解决一个实际的工程设计问题，积累工程经验，把理论与实践真正结合，通过调研、分析、设计、搭建电路、调试，使学生得到工程实践训练，培养工程思维和工程素养，提高实践能力。

把测试电压信号采集到计算机，学生需要学习采集板卡使用和虚拟仪器知识，设计界面，采集数据，分析与处理，对实验进行研究、评判，获得实验结果。

学生通过质疑、批判性思维、交流和合作，完成设计、搭建、调试和实验测试等系统性的工程实践训练，不仅把传感器技术、电子技术、计算机接口等相关专业知识整合应用于测试系统，而且获取虚拟仪器和测试技术新知识，也潜移默化地掌握了工程概念、工程思维和工程方法。学生通过完成测试项目，工程设计能力、工程实践能力和工程创新能力得到了培养，综合素质得到提高，也增强了学生的自信心和成就感。

（5）自主学习、交流、合作。SCT 温度传感器的测试项目没有教材，教师提供 SCT 传感器说明书和 7660 采集板卡手册等相关资料。小组通过查阅文献，自主学习和掌握虚拟仪器技术，独立开展项目的设计工作。小组通过研讨、设计、搭建、调试、编程和实验等实践活动，最终找到解决问题的方法，完成项目设计工作，达到了知识运用、问题分析、知识整合、研究创新、团队合作和自主学习 6 个维度综合训练的目的，从而实现课程 6 个教学目标。

四、课程考核办法及教学效果

1. 课程考核办法

基于研究型课程教学模式，把通常的作业、实验、考试测评转向重知识整合、应用、问题分析、设计、制作与调试、实验、数据处理，表达和写作的综合能力与素质测评，采用过程化、多样化和多元化的考核评价方式，考评指标如表 5 所示。其中项目成果的设计与验收由 3 人教学团队和 2 名专业教师组成评审组进行评价，并听取小组答辩。

表 5　考核评价指标

指标	设计、分析	讨论	创新性	实验	答辩、展示	课程报告
分数占比/%	20	10	10	20	10	30
课程目标	（1）、（2）	（5）	（3）	（4）	（6）	（1）、（3）、（4）

2. 学习成果达成依据

根据项目的实施过程和实验结果，从 6 个方面对学生的学习成果进行评价，学习成果达成依据如表6所示。

表6　学习成果达成依据

项目	好	较好	中	较差	差
设计、分析	电路设计考虑制约因素，优化方案，合理、正确。	电路设计合理、正确。	电路设计基本合理、正确。	电路设计没有考虑制约因素，不太合理、正确。	电路设计差、不正确。
讨论	善于倾听，并恰当回应别人的意见。	主动与成员沟通，愿意听取成员意见。	大多数时候能够倾听别人意见。	多数时候在讲，很少允许别人讲。	总是在讲，不允许别人讲。
创新性	电路设计考虑制约因素，合理、正确，有创新。	电路设计合理、正确，有自己的一定见解。	电路设计采用常规设计方法。	电路设计基本采用常规设计方法，但考虑不全面。	电路设计有原理性错误。
实验	数据分析、处理深入，实验结果正确，界面美观。	数据分析、处理合理，实验结果正确，界面美观。	数据分析、处理一般，实验结果基本正确。	数据分析、处理一般，实验结果不完善。	数据分析、处理较差，实验结果不正确。
答辩、展示	答辩逻辑性强、分析深入，成果展示度非常高。	答辩有较好逻辑性，能较好分析，成果展示度较高。	答辩有一定逻辑，分析一般，成果展示度一般。	答辩逻辑性较差、分析不太深入，成果展示度较差。	答辩逻辑性差、分析不深入，没有完成项目。
课程报告	对项目设计、实验、数据处理及结果进行深入的分析，写作非常规范。	对项目设计、实验、数据处理及结果进行合理、正确的分析，写作规范。	对项目设计、实验、数据处理及结果进行一定的分析，写作基本规范。	对项目设计、实验、数据处理及结果的分析不深入，写作规范性较差。	对项目设计、实验、数据处理及结果没有进行分析，写作不规范。

3. 学习成果达成情况评价

以2018-2019-2学期工程测试技术课程学习成果达成情况为例进行分析，学习成果达成情况如表7所示。

表7 2018-2019-2学期工程测试技术课程学习成果达成情况

考核内容	支撑课程目标	考核满分	考核平均得分	分项达成情况	总体达成情况
设计、分析	(1)	20	10	8.8	0.88	0.9
	(2)		10	9.2	0.92	
讨论	(5)	10	9.4	0.94	0.94
创新性	(3)	10	7	0.7	0.7
实验	(4)	20	18.2	0.91	0.91
答辩、展示	(6)	10	9.1	0.91	0.91
项目验收	(1)	30	10	9.2	0.92	0.88
	(3)		10	8.1	0.89	
	(4)		10	9.2	0.96	

综上情况，课程考核总体情况正常。

4. 学生的学习收获反馈

2018-2019-2学期，06911601班四位同学的学习收获体会摘录如下：

王育志："我认为是我们之前所学的课程，包括电分、模电、数电、计算机控制系统、信号与系统、传感器与检测等的一个实际性应用。课程还让我学会了一个新的软件，LabVIEW。"

李景博："在调制的过程中，遇到的问题和错误都给我留下了深刻的印象，也让我收获了经验。"

刘天琦："我深刻地理解到了现实的操作和理论结果并不一定相同，现实中存在一些被我们忽略掉的电容、电感和杂波，都会对结果进行干扰，一个能输出正确结果的仿真电路并不一定就可以在现实中实现，对于遇到的问题还是要多多分析、多多尝试，在不断的摸索中才能找出解决问题的方法。"

李峻雨："我巩固了模电、数电相关电路的知识，同时锻炼了电路调试时分析问题、解决问题的能力，培养了耐心。此外，对传感器和采集板卡的了解主要来源于说明书，我对说明书的有效内容提取能力也得到了一定的锻炼。软件部分，我对Multisim的仿真更加熟练，也学习了LabVIEW的基本操作。在这之外，我对理论与实践结合有了更深刻的理解。"

五、课程特色和创新之处

面向新经济，基于国家战略并保持科学和技术的世界领先地位，以培养设计思维、工程思维、批判性思维和数字化思维，提升创新创业、跨学科交叉融合、自主学习、沟通协商能力为目的，针对工程测试技术课程内容的特点，实施基于项目载体的研究型课程教学，具有以下几方面的特色和创新。

1. 项目载体

工程测试项目涉及位移、压力、流量、温度、力、转速和光电编码器等7大类工程参量的测量，为学生的工程设计、工程实践和团队合作提供了学习研究载体。项目中心课程突出理论与实践紧密结合，以项目为导向，高阶性、综合性、挑战度的项目内容，采用非结构化、模块化的设计指导思想，使学生在运用和获取知识、培养实践能力和提高综合素质方面得到锻炼。

纵向贯通，内容的难易程度由浅入深、逐步递进，这样既尊重学生的认知规律，又提高学生对工程问题认知的适应度，从而逐步培养学生解决复杂工程问题的能力。

横向交叉，打破了学科专业课程之间的边界，设计内容涵盖传感器与检测技术、电子技术、计算机接口技术、信号分析与处理、虚拟仪器技术等专业课程。在分析解决工程实际问题的过程中，突出工程知识整合运用，注重思维方法训练，培养学生的分析性、系统性、实践性、研究性、创新性、批判性思维能力。

情感融合，项目中心激发学生兴趣、组建合作团队，培养自主学习能力，提高个人技能，增加了学生工程实践经历的路径；帮助学生与同伴一起在项目中学习，培养交流沟通、团队合作能力，使学生在提出建议、专业发展、多样性和包容、最佳表现等方面得到提升，推动工程教育创新。

2. 以学生为中心

明确学生的主体责任，针对具体的工程测试项目，对测试项目中的传感器、信号调理、采集板卡、虚拟仪器测试和数据处理等各模块进行分解，对问题进行分析，查阅相关技术资料，提出设计方案，运用计算机现代工程工具进行电路设计、仿真，调试电路，课内课外贯通，不断改进、完善设计，培养分析思维、设计思维、创新思维和批判思维能力。

搭建测试系统，编写软件程序，进行实验测试，分析、处理数据，对实验进行研究、评判正确性，总结、改进、完善实验，得到实验结果，通过多学科知识、方法、技术的整合运用和工程实践，对实验结果进行分析、研究和评判，培养系统思维、研究思维能力以及实事求是的科学作风。

项目通过小组完成，各成员分工与合作，学生个人在完成项目过程中，需要综合应用知识，查阅资料，通过自主学习、修读其他配套课程、数字化学习等方式，培养创新能力和跨学科整合能力，以提升解决问题能力。同时，项目又是团队合作完成的，团队中学生具有不同背景、不同兴趣爱好，有利于学生从同伴身上获得灵感，培养交流沟通技能、责任意识和自信心。

3. 成果导向

把传统的知识传授向解决复杂工程问题的能力培养转变，制定了明确清晰的

6个维度学习成果目标,有针对性地设计各个教学环节,通过查阅资料、分析、方案、设计、搭建、编程、实验、研究、验收、答辩、总结等系统地进行工程实践与训练,把知识运用、知识整合、工程实践、研究创新、人文情感和自主学习整合在工程测试项目中(如图2所示),在工程思维、工程设计、工程实践等方面使学生在知识、能力和综合素质方面得到全面提升。采用过程化、多元化的考核评价方式,通过对学生个性化、过程化的评价及其项目作品的最终结果评价,能客观反映项目团队中的每位学生的学习成果,特别是解决复杂工程问题的综合能力,从而实现评价方式的综合化。

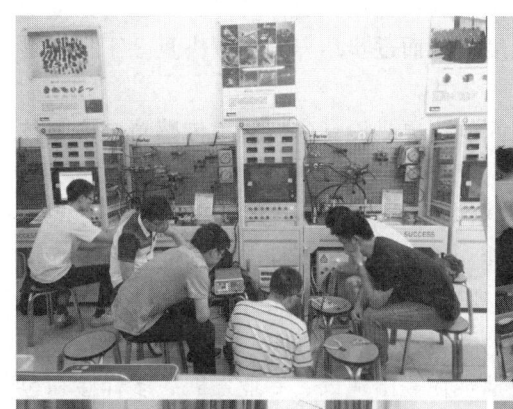

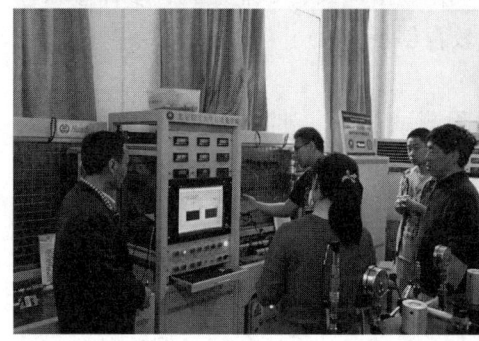
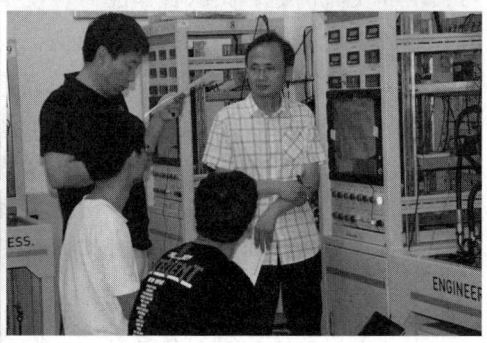

图 2　工程测试技术课程教学过程

"软件工程导论"研究型课程案例

——以团队项目实践为牵引的研究型教学模式

授课教师：高琪　潘峰　李位星　冯肖雪　高岩

开课单位：自动化学院

■ 一、课程概要

软件工程导论是为自动化专业高年级本科生开设的一门工程基础类必修课，主要介绍软件开发的思想、过程、方法和工具，对学生学习如何进行软件的工程化开发具有指导性意义。

作为一门工程基础类的导论性课程，软件工程导论是在学生已经掌握了计算机系统基本知识和算法语言编程能力的基础上，从软件开发的整体流程出发，比较系统地介绍软件开发的过程、方法和工具，使学生初步掌握需求分析、软件设计、编码实现、软件测试，以及文档整理的标准和方法，为学生将来从事软件的工程化开发打下一定基础，并为学生本科毕业设计阶段、研究生课题研究阶段和参加工作后所进行的各种软件开发工作提供框架性知识和能力支持。

在北京理工大学 2012 年研究型课程建设项目和 2018 年精品研究型课程建设项目的支持下，软件工程导论课程设计并实施了完整的"研究型"教学模式，以团队项目实践为牵引，通过完成具体的软件开发项目来深化学生对知识的理解把握，并培养相关工程能力、实践创新能力和团队协作能力；课内教学则采用了"大班讲授，小班研讨"相结合的教学方法，以翻转课堂、小组合作式学习和项目实践研讨来提升学生预期学习成果的达成度，受到学生的普遍肯定。

软件工程导论课程自 2008 年在自动化专业首次开设以来，已累计开课 12 轮次，累计修课学生达到 1290 人以上。

■ 二、课程教学目标及预期学习成果

1. 课程教学目标

课程培养学生从全局的、连续的、标准化的观点看待软件开发过程，学习软件的工程化开发方法，了解软件开发的流程、步骤和重点问题，理解软件开发及

其他工程系统设计和开发中需关注的技术、经济、管理、人力资源和心理学因素，掌握工程化软件开发的实践能力，同时按照社会主义核心价值观要求，在教学中培养学生敬业、诚信的品德。

2. 预期学习成果

（1）学生能够知悉软件工程的基本概念和软件开发的基本理论，理解软件开发作为一个工程问题来处理的缘由，知悉和理解主要的软件开发范式、方法、过程、规范和工具。

（2）学生能够知悉和理解软件开发活动中蕴含着技术、经济、管理、人力资源和心理学等多种要素，能够对软件开发方案进行包括技术、经济、操作、法律、文化等方面的可行性分析。

（3）学生可以具备从全局和流程的观点对待软件开发任务的基本意识，具备软件开发的过程实施能力，能够按照一定的软件开发过程和规范完成简单的软件开发项目。

（4）学生能够具备项目进度管理的意识，具备选择使用合适的进度管理工具和方法对软件开发项目的进程进行管理和控制的初步能力。

（5）学生能够理解软件开发项目的成本构成和估算方法，能够建立软件开发的质量意识，通过一定的标准和方法检验管理软件系统的质量，从而具备对项目进行成本管理和质量控制的初步能力。

（6）学生能够理解工程化软件开发的基本原则，对软件开发人员的职业性质和职业道德有深入的理解。

（7）学生能够理解软件开发团队的构成和成员的不同分工，并能够为团队性软件开发项目做出符合自己角色的贡献。

（8）学生能够具备团队工作所需的责任感、主动性和包容性等基本素质，形成与他人密切合作解决复杂工程问题的行为习惯。

（9）学生能够掌握基本的表达、沟通和协作技巧，能够与他人进行有效的交流，并在听取不同意见的基础上形成合理的工作决策。

（10）学生能够将所获得的工程实践能力和创新能力迁移运用到其他工程问题的解决中，具备对一般工程项目的分析、设计和实施的基本素养，从而满足工程教育的基本要求。

三、课程内容及教学策略

本课程按照成果导向教育的思想，从学生的预期学习成果出发来安排教学内容，使得课程教学内容能够支撑教学目标的达成。

课程的教学内容既包括软件工程基础知识中关键点的精讲和小组合作式的自主学习，也包括以团队形式开展的软件开发项目实践，以及项目实践成果的交流与展示。具体的课程教学内容及其与预期学习成果之间的对应支撑关系如表 1 所示。

表 1　课程教学内容及其与预期学习成果之间的对应支撑关系

课程教学内容	预期学习成果（ILOs）
模块一：软件工程总论 1. 绪论 • 软件的概念和特点 • 软件危机及其产生原因 • 软件工程的定义和内容 • 软件工程的七条基本原理 2. 软件工程方法学和软件过程 • 软件生命周期的概念和阶段划分 • 软件工程方法学的概念和三种主要方法学简介 • 主要的软件过程 3. 软件项目管理 • 软件开发成本和进度的估算 • 软件开发的人员组织和进度管理 • 软件质量管理 • 软件配置管理 • 软件工程的标准化体系和相关认证	ILOs（1） ILOs（4） ILOs（5）
模块二：软件分析 4. 问题定义和可行性分析 • 软件定义阶段的流程 • 问题定义的主要任务、步骤和文档 • 可行性分析的主要任务和流程 • 成本/效益分析的概念和方法 • 软件系统的主要建模工具 5. 需求分析 • 需求分析的主要任务和方法 • 需求陈述的文档 • 需求验证的内容和手段 6. 面向对象分析和 UML • 面向对象模型的定义和特点 • 面向对象分析方法 • UML 语言的基础知识 • UML 语言的主要图形工具	ILOs（1） ILOs（2） ILOs（3） ILOs（4） ILOs（5） ILOs（6） ILOs（10）

课程教学内容	预期学习成果（ILOs）
模块三：软件开发 7. 结构设计 • 结构设计的主要工作 • 模块化和模块独立性 • 面向过程的结构化设计方法 • 面向对象设计 8. 详细设计与编码调试 • 结构化程序设计 • 主要算法描述工具 • 编程风格的概念和规则 • 程序调试的概念、方法和策略 9. 软件测试 • 软件测试的概念、目标和准则 • 软件测试模型和测试方法 • 软件测试方案设计	ILOs（1） ILOs（3） ILOs（6） ILOs（10）
模块四：软件维护 1. 软件维护的概念和过程 2. 软件维护的人员组织 3. 软件可维护性和反向工程 4. 软件可靠性理论	ILOs（1） ILOs（3） ILOs（10）
1. 项目实践中期汇报交流 2. 项目实践期末成果展示	ILOs（1） ILOs（3） ILOs（4） ILOs（5） ILOs（7） ILOs（8） ILOs（9） ILOs（10）

软件工程导论课程针对学生预期学习成果，基于研究型教学模式设计了完整的教学框架及详细的教学策略，以"团队项目实践"为牵引，在"大班讲授、小班研讨"的框架下采用了多种有效的教学方法，取得了突出的教学效果。具体的教学策略包括：

1. 团队项目实践教学［针对ILOs（2）、ILOs（3）、ILOs（4）、ILOs（5）、ILOs（7）、ILOs（8）、ILOs（9）、ILOs（10）］

团队项目实践引领和贯穿了软件工程导论课程整个研究型教学流程。项目来源于真实的企业生产和社会需求，具有开放性、综合性、不确定性等复杂工程问题的基本特征。学生以团队形式分工协作，经过问题分析、模型建立、方案设计、开发实施、结果检验等一系列环节，主动学习探索所需专业知识，并加以综合运用来完成项目任务。学生不仅亲身体验了解决一个复杂的工程问题所需的流程和步骤，也锻炼了所需的分析问题和解决问题的能力。

团队项目实践的内容与企业的生产实践和社会需求密切相关，学生为完成项目任务，需要采用多种手段调研和分析真实用户需求，通过与用户的沟通与交流来获取有价值的信息，并在团队内形成良好的协作模式。在这一过程中，学生不仅在软件开发方面的专业技能得到了增强，而且在信息检索、沟通表达和组织管理等方面的非专业素质也得到了锻炼提高，使其更符合工程教育的培养目标。

2. 翻转课堂及同伴教学法［针对 ILOs（1）、ILOs（2）、ILOs（4）、ILOs（5）、ILOs（6）、ILOs（9）］

为激发学生的学习热情，充分调动每一位学生的学习主动性，软件工程导论课程以"翻转课堂"为框架，对每次课堂授课设计实施了以下教学策略：首先学生通过课前学习完成每个模块的知识获取，并通过学习自测题检验自主学习任务的完成情况；在课堂授课时间，教师集中精讲重点内容，建立具有逻辑体系的知识结构；随后进行的小班研讨中，学生在助教的带领和指导下开展课程内容的合作式学习、小组研讨和互评互教，帮助学生完成知识的内化和运用所学知识分析解决实际问题的能力提升。

在课堂教学中，课程没有单纯采用传统的讲授法，而是通过"同伴教学法"来开展有效的教学互动，把传统课堂上学生被动听讲为主、互动参与有限，扩展为囊括全体师生的"师-生"互动及"生-生"互动，提高所有学生的学习参与度，帮助学生加深对知识的理解。这一教学方法取得了明显的教学效果，也受到了学生的普遍欢迎。

3. 校企协同教学［针对 ILOs（2）、ILOs（4）、ILOs（5）、ILOs（6）、ILOs（9）、ILOs（10）］

软件工程导论课程充分发挥校内教学与企业现场教学各自优势，鼓励学生在课程学习的过程中走出课堂、走出校园，与企业的生产实践和软件方面的社会需求相结合完成学习任务。

在课程的教学环节设计中，每组学生均需自行联系与课程内容和本组项目实践题目密切相关的软件开发企业进行现场参观访谈，与企业管理人员、市场人员和技术人员进行深入的对话交流。学生不仅可以从企业生产实践的角度加深对所学知识的理解和认知，明确课程学习目标和学习内容的应用价值，还可以有助于从企业和社会的实际需求中确定自身的学业发展规划，解决了学什么、为什么学、怎么学等关键性问题。在这一过程中，课内教学与课外教学、校内学习与校外学习、理论知识学习与社会实践锻炼之间的阻隔被破除，学校与企业、校内与校外协同教学的机制得以形成，学生普遍在思想观念和专业认知水平上感受到强烈的冲击，信息搜集能力、人际交往能力和沟通交流能力等方面都得到了显著增强，取得了非常突出的学习成效。

四、课程考核办法及教学效果

软件工程导论课程采用了形成性评价模式。这一模式将课程的考核绩点分散开来，随着学生学习过程的进展不断进行阶段性评价，从而保证课程考核的公正性和科学性。形成性评价的另一个重要作用是能够积极引导学生的学习进程，并给予学生有效的学习反馈，从而帮助学生不断调整自己的学习活动。在本课程中，考核评价方式、进度和各项考核的评分标准都会预先完全公布给学生，使学生清晰地了解到课程的学习目标和学习目标达成度的评价方式，进行有意识有目的的学习规划，根据考核的反馈信息来调整自己的学习过程，以获得最优化的学习成果。

课程按照成果导向教育的思想，针对学生预期学习成果设计课程考核评价方式和考核评价内容，以真实检验学生通过课程学习是否能够达成预期的学习成果，从而形成了一套完善和行之有效的考核评价体系。具体的课程考核评价体系及其与预期学习成果之间的关系如表2所示。

表2 课程考核评价体系及其与预期学习成果之间的关系

考核评价项	考核评价内容及要求	考核评价标准	所考核的预期学习成果
课程参与度（5%）	根据学生全学期的课堂学习参与度（包括讨论活跃度、互动参与度）和项目实践参与度综合评分。	根据学生课堂参与讨论互动和在IRS系统中互动答题的记录综合评分。	ILOs（1） ILOs（10）
项目实践成绩（55%）	个人报告：占10%，每位同学独立完成，报告内容包括： 1. 小组项目完成情况概述； 2. 个人所完成的具体工作； 3. 项目实践中的经验教训和个人收获体会。	小组项目实践概述：占30%，考查是否对所在小组的软件项目开发内容和开发过程有完整和准确的描述； 个人所承担的主要工作：占50%，考查个人在本组项目实践中所承担的具体工作是否描述清晰，是否对小组项目完成有实质性贡献； 项目实践的经验教训和个人体会：占20%，考查对本组项目实践的经验教训是否有合理的总结，参加项目实践的个人体会是否真实可信。	ILOs（1） ILOs（3） ILOs（6） ILOs（7） ILOs（8） ILOs（9） ILOs（10）

续表

考核评价项	考核评价内容及要求	考核评价标准	所考核的预期学习成果
项目实践成绩（55%）	企业调查报告：占10%，每个小组选择一个软件企业进行面对面访谈，调查该企业所采用的软件开发模式（包括所采用的软件过程、人员组织方式和进度管理方式等），并撰写调查报告，内容至少包括3个部分： 1. 调查过程的基本信息； 2. 调查内容及分析总结； 3. 调查的附证材料。	调查过程的基本信息：占30%，考查是否准确介绍了企业调查的时间、地点、企业名称，以及接待人姓名、职位和联系方式。 调查结果：占50%，考查是否针对所调查企业的软件开发过程、人员组织、进度管理、开发人员工作环境及其他软件工程相关内容进行了调查，是否根据调查的现场记录整理撰写了逻辑清晰、结构合理的报告，是否结合课程所学知识有对照性地分析总结； 附证资料：占20%，考查是否有调查时的现场照片，报告篇幅是否符合要求。	ILOs（1） ILOs（2） ILOs（6） ILOs（8） ILOs（10）
	软件开发的项目文档：占15%。按软件开发阶段撰写并提交所有开发文档，以文档的齐备性和文档质量来评分。	开发目标报告书：1分，考查是否按格式撰写完整的开发目标报告书； 开发计划：1分，考查是否说明项目开发的主要任务和进度计划（用甘特图或工程网络表示）； 系统模型：2分，考查是否使用建模工具详细描述软件的系统模型； 需求分析文档：2分，考查是否有完整的需求规格说明书，以及界面原型说明或者用户手册； 总体设计文档：2分，考查是否有总体技术方案、软件模块结构和数据库设计； 详细设计文档：1分，考查是否有关键算法流程的描述文档； 源代码：2分，考查是否有完整的带有注释的源代码； 测试文档：2分，考查是否有测试方案、测试过程记录和测试结果；	ILOs（1） ILOs（2） ILOs（3） ILOs（4） ILOs（5）

续表

考核评价项	考核评价内容及要求	考核评价标准	所考核的预期学习成果
项目实践成绩（55%）		过程文档：2分，考查是否有与所选用的软件过程相关的文档，例如：瀑布模型的开发计划、人员组织文档和阶段评审记录；或者Scrum的Backlog，Sprint中任务领取和完成的过程记录、Burndown Chart和Sprint结束时的评审结果。	
	软件开发项目成果展示及评审：占20%。现场演示规则为： 1. 各组按抽签顺序依次上台，介绍组员情况； 2. 每组1～2名学生演示和讲解，自备笔记本电脑，提前准备好系统运行演示，可以使用PPT、板书和其他演示手段； 3. 每组演示讲解时间为5分钟，不得超时。	软件开发结果：功能方面是否需求实现完整，软件功能丰富、有效（30%），质量方面是否软件性能良好，可靠性高（20%），易用性方面是否界面美观，操作直观简便，提示信息准确有效（25%）； 软件开发过程：25%，考查是否软件开发过程完整，团队协作良好。	ILOs（3） ILOs（4） ILOs（5） ILOs（7） ILOs（9）
期末考试成绩（40%）	包括判断分析题、简答题、设计题和案例分析题等题型，着重考查学生对软件工程基础知识的掌握程度和运用所学知识分析解决软件工程具体问题的能力； 开卷，可以携带任何纸质书籍资料，但不允许使用任何电子设备。	根据试卷参考答案和答题情况评分。	ILOs（1） ILOs（2） ILOs（3） ILOs（4） ILOs（5） ILOs（6） ILOs（10）

在研究型教学的实施过程中，学生的学习主动性和学习参与度有了大幅度提升，对复杂工程问题的综合性和不确定性有了明确的认知，对解决复杂工程问题的过程、方法和技术手段理解加深，增强了运用所学知识和技能通过团队合作来分析和解决复杂工程问题的能力，取得了丰富的研究性学习成果（如图1所示）。

从课程的考核结果来看，学生的总评成绩优良率高，各考核项结果能够分析出预期学习成果达成情况良好，学生在技术和非技术能力方面都有良好的表现。最重要的是：学生对软件开发过程中的工程化思想有了深度的理解，从书本知识的学习走向了实践能力的训练，切实获得了通过团队协作完成工程项目的能力。

图 1　研究性学习取得的丰富成果

学生对自我的学习收获在个人报告、企业调查报告和结课问卷调查中也有较高的评价。例如：

2014 级邬同学："通过本次项目开发深入体会了完成一个工程项目的大致流程和脉络。虽然我们开发的是软件，但很多原理和文档在其他项目中也是通用的，相信这些宝贵的经验和知识会对我们日后的工作和学习大有裨益。"

2012 级孙同学："主要有两点收获：第一，让我更加清楚地认识到软件工程导论这门课相当贴近公司的开发流程，就算毕业进入公司，这些知识也绝不是摆设，是确确实实有朝一日会用到的东西；第二，软件开发不是普通意义的编写代码，与其说是技术性活动不如说是市场性活动，因为在这个环节里最重要的永远是客户的需求、软件的潜能和市场需求的时效性。这次访谈，确确实实改变了我的很多想法，甚至我对未来要找的工作的定位也发生了很大变化。"

五、课程特色和创新之处

工科专业课程为什么要采用研究型课程的教学模式？这只是特定课程个性化的教学设计，还是一种符合客观教学规律的合理实践？

根据国际工程教育互认体系的《华盛顿协议》和我国《工程教育专业认证标准》的要求，"解决复杂工程问题的能力"培养是高校工科专业人才培养的核心目标。但由于历史的原因和现实条件的限制，目前多数工科专业课程的教学仍然是围绕一个领域已有知识体系以教师讲授为主体来开展，学生在学习过程中不仅难以接触和体验到复杂工程问题的基本特征，也缺少增强分析和解决复杂工程问题能力的机会。

本课程最大的特色和创新之处，就是从"学习"的科学认识出发，面向学生解决复杂工程问题能力培养，在学习理论的支撑下，提出了一种以团队项目实践为牵引的研究型课程教学模式，并构造了完整的教学流程和教学框架（如图2所示）。

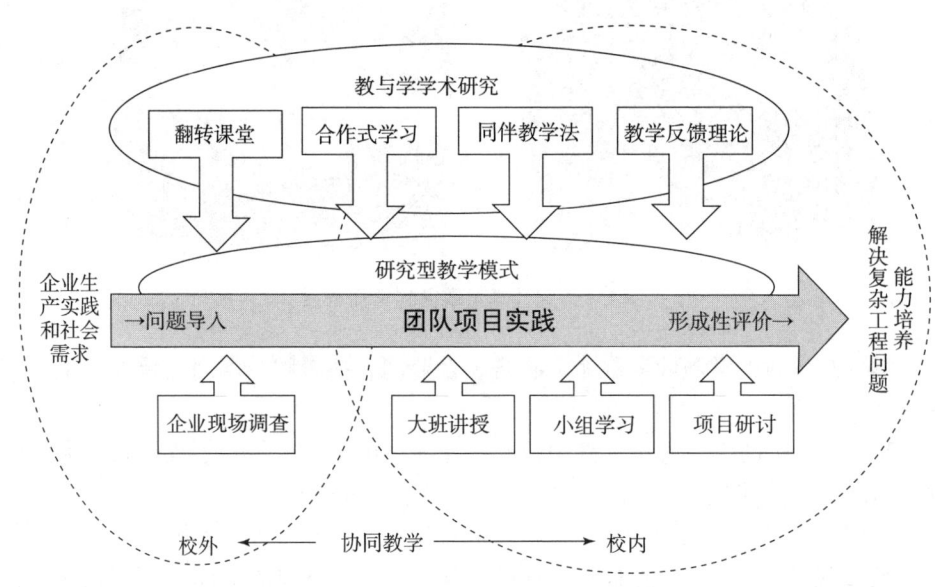

图2　软件工程导论课程整体教学框架

在本课程的教学框架中，贯穿整个教学过程的"团队项目实践"活动是教学的中心，围绕这一中心设计了完整的教学流程和多种多样的教学环节，并在各个环节采用了恰当而有效的教学方法，共同支撑教学活动的开展。同时，"以学生为中心"的教育理念和"成果导向教育"的教学设计思想被放在了突出的位置上。在教学中非常重视围绕预期学习成果逆向设计教学评价和教学过程，激发学生的课程参与度，引导学生主动参加到课堂互动、小组学习和项目实践中去，并采用形成性评价给予学生及时的学习反馈,帮助学生达到课程学习目标。

这种研究型课程的教学框架不仅仅是教学经验的总结或教学改革的试错式探索,而是建立在建构主义学习理论(Constructivism Learning Theory)对学习的根本认知之上。

现代建构主义学习理论认为:学习者不是一张白纸,而是带着自身已有的知识结构来处理新获得的信息,并主动建构起事物的意义。因此,学习的过程事实上包含由浅到深的"知识获取"和"知识内化"两个阶段(如图3所示)。学生对知识的获取可以通过听取教师讲授、阅读教材或文献、观看教学视频等多种方式完成,而知识内化则必须由学生在主动学习的状态下,通过对所获取到的知识的深入理解、交互式的研讨、操作性的训练或者实际问题的求解等方式来实现。

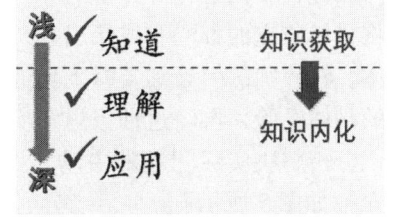

图3　学习过程的两个阶段

因此,如果工科专业课程的学习目标是要让学生能够得到解决复杂工程问题能力的提升,那么是无法仅靠被动地听讲或重复性地解题训练来达成的。除了让学生"在游泳中学会游泳"——即在解决复杂工程问题的过程中学会解决复杂工程问题,别无他法。这也是研究性学习是工科专业课程最适合的教学模式的原因。

研究性学习的理论基础是大卫·库伯(David Kolb)的体验学习模型(Experiential Learning Model)。库伯认为:学习过程有感知(Perception Continuum)和处理(Processing Continuum)两个基本的维度,分别代表学习者对信息的感知和所采取行动这两个方面的倾向。根据体验学习模型,学习过程即是在这两个维度所构成的空间中由具体经验→反思性观察→抽象概念化→主动实验这四个阶段构成的完整循环,即学习圈(Learning Cycle)(如图4所示)。

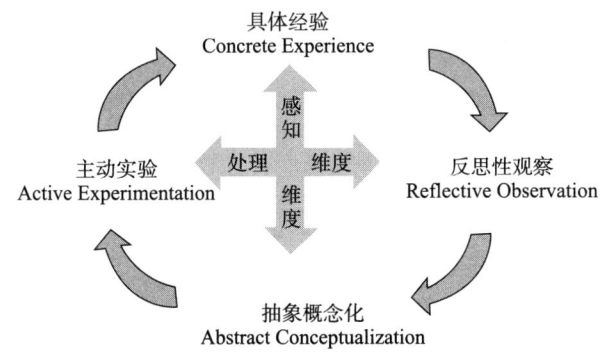

图4　大卫·库伯的体验学习模型

研究性学习是在学习圈的基础上所构建的学习模式，其本质是"做中学"，即通过对一个问题的分析、研究、提出解决方案、反思结果和研讨评价等环节构成完整的学习框架，帮助学习者获得分析解决具体问题的能力与素质。它符合建构主义学习理论对学习的认知，即知识不是由"教学者"直接传授给"学习者"的，而是由学习者通过知识获取和知识内化两个阶段自主建构得到的。

因此，软件工程导论课程所设计的"研究型"课程教学框架，并不仅仅是指将科学研究的方法和成果引入课程的教学内容中，而是把学生看作学习活动的主体，在教师的引导和支持下，通过有目标的探究过程，首先获得与所学知识相关的具体经验，再经过抽象思维实现对知识的深度理解，与此同时掌握应用所学知识分析解决实际问题的主动实践能力，充分体现了"以学生为中心"的教学理念（如图5所示）。

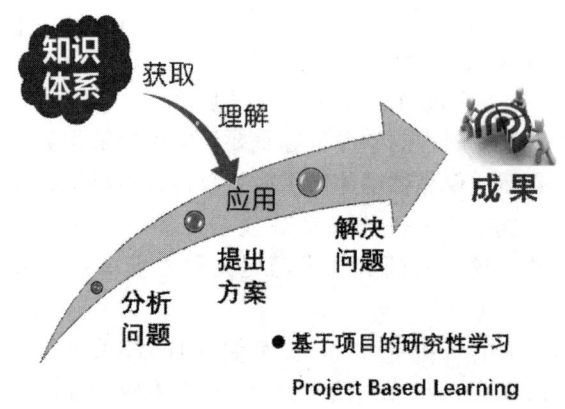

图5　以团队项目实践为牵引的研究性学习模式

软件工程导论课程所设计的研究性学习模式，包含了以下突出的特点：

1. 团队项目实践成为学生学习的主要驱动力

团队项目实践不仅仅是软件工程导论课程教学的一个环节，而且是串接整个教学流程和给予学生学习牵引的主要驱动力。学生以完成项目实践任务为课程学习可见的成果目标，在这一过程中有目的地主动获取知识，并在分析解决问题的过程中实现对知识的深层次理解，通过"做中学"培养综合运用所学知识解决复杂工程问题的能力。

团队项目实践的教学要点包括：

（1）学生组成小组，以团队的形式共同完成一个具有一定复杂度的软件开发项目，并以团队为单位进行项目成果的考核评价。在完成项目的过程中，团队内所有成员具有共同的目标，分担关联的责任，因此利于形成良好的分工协作和沟通交流。

（2）团队项目的内容设置，来源于真实的企业生产实践和社会需求，具有开放性、综合性、不确定性等复杂工程问题的基本特征，项目的完成难度和工作量适当，能够引发学生的好奇心和进取心。

（3）在教学内容和教学进度的安排上，理论知识的学习步骤与项目实践的完成流程相匹配，使学生能带着问题和需求进行探究式学习，并能及时地通过将所学知识应用于解决实际工程问题来实现知识的深入理解和内化，取得最佳的学习成效。

（4）教师在教学过程中，不仅对学生的项目实践方向和进度进行监督指导，而且创造良好的学习情境和交流条件，引导团队内部成员、团队与团队之间、师生之间全方位的互动与交流，使得学生能够获得多源的知识和信息，在思考、讨论的基础上提高学习效率。

（5）学生在团队项目实践引导下所完成的学习过程，完整经历了复杂工程问题的问题分析、模型建立、方案设计、开发实施、结果检验等一系列环节，亲身体验了复杂工程问题的特点，培养了解决复杂工程问题的综合能力。

2. 翻转课堂和同伴教学法调动了学生的学习主动性

传统讲授式教学中，如何使学生能积极主动地参与到课堂教学中来是一个比较困难的任务。软件工程导论课程在深入研究教育教学理论的基础上，以"翻转课堂"为框架，以同伴教学法为方法，设计实施了有效的教学流程（如图6所示）。

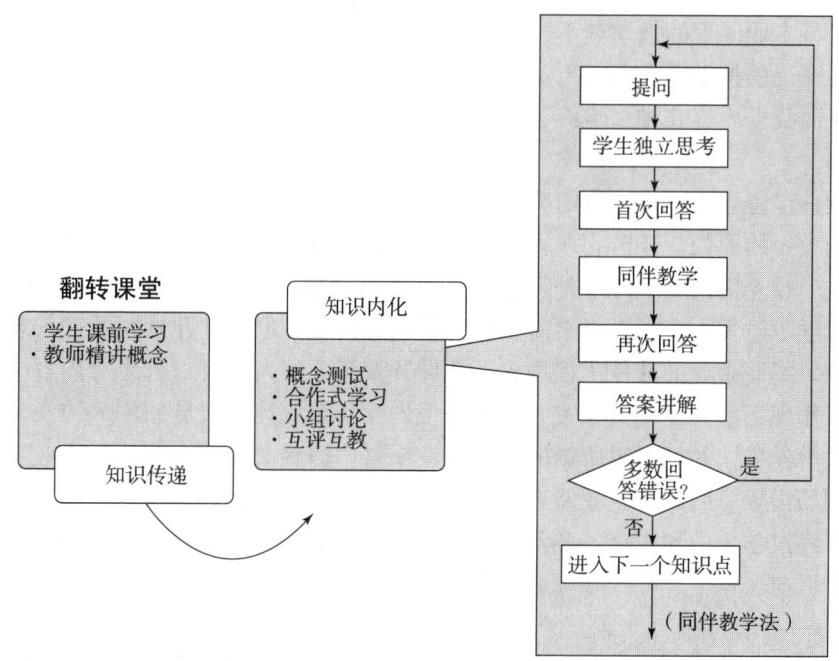

图6 课程教学流程图

（1）课程的教学过程被设计为"集中讲授""小组学习"和"项目研讨"三个环节的有机组合。每周先由教师面向全体学生进行重点知识的集中讲授，为学生快速理解整体知识架构和重点概念奠定基础。随后，学生按照自主选择的项目实践类型，被划分成不超过40人的研讨班，先进行小组合作式学习，随后进行项目实践的研讨。每个研讨班有专门的助教来进行学习流程的管理、学习指导和答疑解惑。这种"大班讲授、小班研讨"的模式调节了集中指导和自主学习之间的比重，突破了研究型教学模式中教学规模的限制，提高了学生的学习效率和学习效果。

（2）在课堂教学中，引入了"同伴教学法"来开展有效教学互动，提高所有学生的学习参与度。"同伴教学法"是一套具有严格流程、理论基础坚实但又简单易行的互动式教学方法，可以有效地使大班教学中的每一位学生都参与到课堂互动中来。在同伴教学法中，首先通过学生的课前学习和教师对重点概念的精讲完成知识传递过程，接着通过"概念测试"来进行课堂互动，完成学生的知识内化。"同伴教学法"通过学生对同一概念测试题的两次答题建立教师与每一位学生间的"师－生"互动关系，再通过给出不同答案的学生之间的相互讲解来完成课堂上的"生－生"互动，从而调动大班课堂上所有学生的积极性。这一教学方法符合"反思性学习"和"教中学"等已得到普遍验证的教学原理。

3. 企业现场调查突破了校企协同教学在实现上的难点

工科专业课程的教学离不开与企业生产实践和工程应用的紧密结合。但是由于校内课程的教学在场所、人员、时间上都难以与企业同步，大规模的企业协同教学又面临着内容安排、组织管理、经费支持等方面的困难，所以能够实现的情形不多。

软件工程导论课程围绕团队项目实践这一教学框架的核心，另辟蹊径设计了独特的校企协同教学环节，取得了非常好的教学效果。

这一校企协同教学环节是通过学生以小组为单位到企业现场调查来实现的。在课程学习过程中，每个小组需要自行联系并前往一家软件开发企业进行现场调研，调研围绕企业的软件工程理念、软件开发模式、人员组织管理等内容，通过企业工作现场参观、企业相关人员专题报告及与企业技术人员的深入访谈交流来完成教学任务，并就本组所做的软件开发项目中遇到的各种问题接受企业专业人员的现场指导。因此，企业调查的过程既不是走马观花，也不是无目的的一般性交流，经过学生的预先准备和沟通，调查所涉及内容在深度和广度上都很充分，为学生面向企业生产实践和社会需求培养解决复杂工程问题的能力带来了明显的帮助。

在这一以企业现场调查为形式的校企协同教学环节中，学生访问的软件开发企业覆盖面大、类型丰富、数量众多，其中不乏微软、谷歌、百度、IBM、阿尔卡特朗讯等技术领先的知名高科技企业，还有网易、腾讯、美团网、链家、SMC

中国、去哪儿网、滴滴出行、清华紫光等产业界领军企业。通过参观访问和有针对性的深入交流，学生普遍感觉收获很大。在个人报告、企业调查报告和结课问卷反馈中有学生说：

"在本次调查采访结束后，我们小组收获的不仅是关于软件开发的知识，更多的是离开学校进入社会了解一些我们并没有深刻理解的道理，比如终身学习道理，把兴趣转化为工作的道理，等等。"

"通过这次的企业调查，我们了解到IBM公司的企业文化，并对该公司进行软件开发的过程和细节有了深刻认知。一个好的软件开发团队，需要的不仅仅是过硬的编码技术，更重要的是团队合作与沟通能力。这就和我们小组的软件开发的合作分工一致，每个人都努力按时完成自己的任务，最终才能保证整体项目的顺利进展。同时我们发现在软件开发过程中编写文档的重要性，它不仅是成员间接交流的工具，也是对开发过程每一步骤的详细总结与描述。调研后我们对这门课程的理解更加深入，也从另一个角度理解了软件开发各个过程在企业中的应用方式。"

"网络与信息安全"研究型课程案例

——宽专融合、知践一体、创新探究的研究型课程教学

授课教师：嵩天　开课单位：计算机学院

■ 一、课程概要

网络与信息安全是计算机科学与技术、网络空间安全、物联网工程等专业的核心基础课程，面向大三本科生，共32学时，从2009年至今已开设11年。该课程是一门全面认识网络空间安全领域基本理论、技术方法和示范应用的专业基础课程，覆盖网络安全、系统安全、密码学、集成安全技术、网络空间治理等方面的内容。

课程采用课堂教学为主、课后实践创新为辅的教学模式，以专题形式组织各次课堂讲授，共10个专题，每个专题1~2次课堂讲授，分别包括：网络安全特点与信息安全行业、协议安全与虚拟专用网、黑客攻防与入侵检测、访问控制与防火墙技术、密码学与密码算法、隐私保护与数据库安全、病毒与防病毒技术、安全管理与操作系统安全、网络空间安全新技术、缓冲区溢出原理与实践。

课程将知识广度和实践深度相结合，在全面讲解网络空间安全各领域基本理论和技术方法等知识内容基础上，以缓冲区溢出及网络攻防渗透为核心实践内容，充分利用研究型实践创新大作业培养学生对网络信息安全的兴趣、正确认知和创新能力。

■ 二、课程教学目标及预期学习成果

网络与信息安全作为网络空间安全领域的专业基础课程，需要兼顾广度与深度，覆盖知识与行业，平衡原理与方法，因此，课程以"知识广度理解、行业深度认知、核心技术实践、方法应用创新"为总体教学目标。

课程的预期学习成果共8项，归纳如下：
(1) 能够合理阐明网络与信息安全基本特性及行业特点。
(2) 能够阐明防火墙、防病毒、网络入侵检测、DDOS等原理及核心技术。
(3) 能够阐明操作系统口令及密码的安全方法。

(4) 能够评估网络计算系统常规及新兴安全风险。
(5) 能够辨别安全技术使用的合法性及破坏性。
(6) 能够为网络计算系统制定有效的安全技术体系。
(7) 能够在计算系统中恰当使用密码算法、安全协议和隐私保护等技术。
(8) 能够结合实际案例开展漏洞溢出利用的攻防技术对抗。

从"能力、知识、态度"三方面来说，上述 8 项学习成果归类如下：
a. 能力：(6)、(7)、(8)；
b. 知识：(1)、(2)、(3)；
c. 态度：(4)、(5)。

三、课程内容及教学策略

网络与信息安全课程共分 10 个专题来组织，教学内容、学时、预期成果对应及教学策略如下：

专题 1　网络安全特点与信息安全行业（4 学时）

了解网络与信息安全的基本概念、发展热点、行业状况及发展方向。具体内容包括：网络信息安全现状及趋势、网络信息安全概念和特性、中国网络信息安全行业、网络信息安全产品、网络信息安全标准和法规、网络信息安全热点及发展方向。预期学习成果支撑：(1) 和 (5)。

课堂讲授共 4 学时，以行业发展趋势、权威报告、官方数据等客观资料为素材组织教学内容，使学生客观了解网络安全风险。调研报告（作业）共 1 次，不超过 5 页。以网络安全行业中技术、产品、发展方向等调研为内容，限定页数，引导学生凝练调研深度，形成有效分析及观点。

专题 2　协议安全与虚拟专用网（2 学时）

掌握网络协议安全的原理、方法及虚拟专用网的核心技术。具体内容包括：网络安全协议（IPSec）、网络安全协议（TLS）、虚拟专用网技术与部署。预期学习成果支撑：(7)。

课堂讲授共 2 学时。以原理与技术为内容介绍具体安全协议方法，利用原理图、表格、动画等形式讲解技术。创新大作业共 1 次，该专题相关技术作为可选技术之一。

专题 3　黑客攻防与入侵检测技术（4 学时）

了解黑客攻防的方法，掌握入侵检测的核心原理方法及发展方向。具体内容包括：黑客攻防概述、网络攻击的动机及步骤、常用的黑客攻防技术、入侵检测和防御的基本方法、入侵检测和防御系统的部署、网络攻防伦理。预期学习成果支撑：(2)、(4)、(5)。

课堂讲授共 4 学时。以历史事件、实际安全威胁、常见攻防方法等具体案例为内容讲解黑客攻击原理与技术，讲解以入侵检测为主的防御技术。同时讲解攻防技术，突出对抗性，通过讲解攻防伦理认识技术使用合理性。创新大作业共 1 次，该专题相关技术作为可选技术之一。

专题 4　访问控制与防火墙技术（4 学时）

掌握访问控制基本模型及防火墙的核心技术，了解防火墙技术的发展方向。具体内容包括：访问控制的基本模型、访问控制的设计原则、防火墙功能和技术概述、防火墙核心技术、防火墙部署与应用、防火墙技术发展趋势。预期学习成果支撑：（7）和（4）。

课堂讲授共 4 学时。以访问控制理论模型为出发点，结合技术发展、常见应用方法等案例讲解访问控制及防火墙技术。创新大作业共 1 次，该专题相关技术作为可选技术之一。

专题 5　密码学与密码算法（4 学时）

掌握常用密码算法，了解密码学发展方向。具体内容包括：密码学的基本概念、对称密钥密码算法、非对称密钥密码算法、单向散列密码算法、流加密算法、密码分析。预期学习成果支撑：（2）和（3）。

课堂讲授共 4 学时。以算法原理为主要内容，讲解密码算法核心方法，兼顾密码应用及密码分析。创新大作业共 1 次，该专题相关技术作为可选技术之一。

专题 6　隐私保护与数据库安全（2 学时）

掌握隐私保护原理及数据库安全防护方法。具体内容包括：隐私保护模型、数据库系统安全概述、数据库的数据保护与容灾备份。预期学习成果支撑：（7）。

课堂讲授共 2 学时。以系统安全为主要内容，讲解隐私保护基本模型，及数据库系统的安全防护体系，了解 SQL 注入方法。创新大作业共 1 次，该专题相关技术作为可选技术之一。

专题 7　计算机病毒和防病毒技术（2 学时）

掌握计算机病毒的基本原理及防病毒的核心技术，了解病毒发展趋势。具体内容包括：计算机病毒的基本原理、计算机病毒案例分析、计算机病毒的防范方法。预期学习成果支撑：（2）和（5）。

课堂讲授共 2 学时。以原理与技术为内容介绍具体病毒及防病毒方法，利用实际病毒案例、实际方法系统规则等讲解技术。创新大作业共 1 次，该专题相关技术作为可选技术之一。

专题 8　安全管理与操作系统安全（2 学时）

理解安全管理的基本理论和流程性设计方法，掌握操作系统登录安全原理和技术。具体内容包括：网络安全管理概述、网络安全管理体系、操作系统的登录安全与恢复技术。预期学习成果支撑：（3）和（6）。

课堂讲授共 2 学时。以行业实践经验为基础，从技术体系、框架原理等方面介绍网络安全管理方法，并重点讲解操作系统安全技术。无作业。

专题9　缓冲区溢出原理与实践（4学时）

掌握缓冲区溢出的基本原理和利用方法，掌握渗透测试方法。具体内容包括：缓冲区溢出概述、缓冲区溢出的基本原理、缓冲区溢出的利用、实践1（缓冲区溢出的检测及利用）、渗透测试的基本方法、实践2（渗透测试工具及Windows操作系统攻防）。预期学习成果支撑：（5）和（8）。

课堂讲授共2学时。讲解缓冲区溢出原理，将原理与案例相结合，逐步操作演示技术方法。课堂实践共2学时。采用实验报告与课堂实践形式，集中完成技术实践。实验报告共1次，以课堂实践为内容撰写。

专题10　网络空间安全新技术（2学时）

理解网络空间安全新趋势，了解最新技术原理及方法。具体内容包括：区块链技术、云计算和云存储安全、量子通信及安全分析。预期学习成果支撑：（4）。

课堂讲授共2学时。以新技术原理为内容，以具体讲解为主，兼顾国外最新研究成果。企业报告共1次。邀请国内著名网络安全公司的技术总监、资深专家以特定专题方式开展技术报告，增强学生对产业界的了解，激发学生兴趣。

四、课程考核办法及教学效果

1. 课程考核办法

网络与信息安全课程以"知识广度理解、行业深度认知、核心技术实践、方法应用创新"为总体教学目标，考核体系与之相对应。

（1）知识广度理解：期末考试，1次，占30分，闭卷形式，主观题与客观题各占一半，总考核题目约50道，2小时，以大量知识点理解分析为内容。

（2）行业深度认知：调研报告，1次，占10分，以行业技术和产品调研为主。

（3）核心技术实践：实验报告，1次，占20分，课堂实践并完成技术实践。

（4）方法应用创新：创新大作业，1次，占40分，以复杂创新系统实现为基础的程序类作业，规定5种可选类型，具体作业内容自选。

上述考核过程兼顾了知识和实践考核，适用于该课程宽专融合的教学需求，构成"1234"全过程考核方法。

课程考核方法与预期学习成果关系如下：期末考试对应（1）、（2）、（3）、（4）、（5）；调研报告对应（1）、（5）；实验报告对应（8）；创新大作业对应（2）、（3）、（6）、（7）。

课程共100分，60分以下为不及格，60分至100分以10分为段依次分为及格、中等、良好和优秀。

在"1234 考核方法"指导下，学生课堂听课效果、课后实践活跃度、相关知识的主动获取情况都明显改善。期末考试坚守课程底线，保证课程内容知识的宽度性和理解的正确性；创新大作业用来进行研究型探索。

2. 教学效果分析

网络与信息安全课程从 2009 年首次开设至今已 11 年，均由课程负责人主讲。超过 70% 同学在调研报告及大作业中表明"更深入地"理解了网络空间安全内容。为证明该课程"研究型"教学效果，在此遴选 2018 和 2019 年度部分学生创新作业完成情况用于说明，如表 1 和表 2 所示。

需要注意：课程负责人不认为研究型教学等同于布置大作业，而在于通过教学引导激发学生兴趣、提高学生认知、丰富学生能力，进而在学生实践过程中表现为独立思考、主动探索、探究求是。表 1 和表 2 用于说明上述教学效果，从结果说明过程有效性，并非建议大作业形式。

表 1　2018 年度创新作业选编（摘选 15 位同学，实际选课 120 人）

学号	姓名	创新作业题目	代码量
1120151709	方玉洁	基于以太坊搭建私有区块链	190
1120151733	张云汉	社会学攻击：仿造北京理工大学身份认证网站	181
1120151735	戴金豆	基于区块链的电力交易智能合约系统（后端）	500
1120151736	宫乡顺	AES 和 RSA 密码算法	3791
1120151742	罗子渊	Web 安全与 SQL 注入	154
1120151749	汤泽阳	社会工程学攻击分析报告	406
1120151752	王伟	Windows 内核缓冲区溢出利用实现 r3 应用进程提权	337
1120151766	高森	Web 安全与 SQL 注入	987
1120151818	陈伟键	SQL 注入攻击分析报告	52
1120151829	雷亚洲	心脏滴血漏洞技术报告	352
1120151864	姚子昕	比特票，利用区块链技术防止投票造假的构想	162
1120151866	袁嘉乐	基于以太坊的智能众筹合约	278
1120151870	陈宇轩	OpenSSL 漏洞分析报告	130
1120151914	王文祥	基于区块链的电力交易智能合约系统（前端）	7350
1120152202	扎西次仁	跨站脚本攻击（XSS）的原理、防范和处理方法	218

表 2　2019 年度创新作业选编（摘选 15 位同学，实际选课 120 人）

学号	姓名	创新作业题目	代码量
1120161679	池浩瀚	SQL 注入攻击分析报告	95
1120161734	张岩	基于 BMP 的数据安全传送实验报告	371
1120161751	马建军	中间人攻击（MITM）报告	274
1120161757	王晨光	利用已知漏洞入侵 Windows 系统	97
1120161788	严尔宽	利用克隆网站对个人账号密码进行钓鱼攻击	390
1120161826	朱婧婧	针对"北京理工大学程序设计竞赛报名系统"的 XSS 跨站脚本攻击及钓鱼网站构建	399
1120161828	曹永昌	SQL 注入攻击及一键式攻击工具设计实验报告	613
1120161834	高鑫	跨站脚本攻击及 SQL 注入攻击	414
1120162354	吴杰	利用 BPF 校验执行逻辑错误获取 Linux 权限提升	271
1120163589	唐容川	信息加密和隐蔽发送方的传输方法实现	259
1320161098	王梓杨	缓冲区溢出漏洞详解	99
1320161100	刘苏洋	MS06-040 漏洞利用分析报告	90
1320161120	谢毅铭	Ubuntu 提权	247
1320161122	徐放	破解一个 Android 程序	218
1320161125	熊文迪	利用 setoolkit 实现钓鱼网站获取账号密码	351

上述创新作业均为学生在教师课堂引导领域结合兴趣自主选题、自行研究、独立完成，教师及助教提供了必要的支持和帮助，从编写代码行数、作业报告完成度、选题创新性角度来衡量，绝大多数学生达到了培养目标。

五、课程特色和创新之处

1. 教学问题

作为专业基础课，网络与信息安全具有独特性，不仅需要通过 32 学时课程体量覆盖"网络空间安全"一级学科广泛的内容体系，又需要为大三学生提供与之相适应的实际专业能力。因此，本课程教学有三个难点问题：

（1）教学内容宽度和深度的融合困难。学时有限，采用常规教学方法兼顾宽度和深度十分困难，这受课程定位所限。

（2）教学内容知识和实践的取舍困难。网络与信息安全具有鲜明的实践特点，缺乏实践或专注实践都难以服务课程教学目标。

（3）教学伦理说教难以获得学生共鸣。网络安全课程具有"攻防对抗"特点，相关内容需要引导伦理教育，然而，单纯说教效果不足。

2. 课程特点

针对以上问题，北京理工大学网络与信息安全课程以研究型教学为总体思路，采用"宽专融合、知践一体、创新探究"为主要方法，破解课程所面临的三个教学难题，形成课程的特色：

（1）宽专融合。兼容教学内容的宽度和深度，站稳专业基础课定位，增加知识内容宽度，尽可能覆盖"网络空间安全"一级学科各方面内容。同时，对于网络安全领域"一剑封喉"型技术，如"缓冲区溢出"等，以关键核心技术形式深度讲解，使学生掌握关键技术能力，达到"广泛宽度"和"精准深度"相结合。

（2）知践一体。作为工科课程，知识与实践本是一体之两翼，区别在于实践是否促进对知识的兴趣及理解。本课程选取安全风险高、攻防特色鲜明、学生震撼强烈的内容开展实践，如 Windows 系统渗透入侵等。有限次数的实践起到震撼心灵、认同技术力量的作用，进而激发学生求知、求真、求实的兴趣，即通过痛点实践形成知践一体。

在实际教学中，课程选取"缓冲区溢出"作为痛点实践内容。实践依托"过关式"实验报告开展，实验报告详细描述了操作步骤，并预留一定创新实践内容，让学生在步骤操作和思考中体会缓冲区溢出的实施方法。在多次"讲授－实践"的迭代中完成了对学生的知识和能力培养。

（3）创新探究。在引起学生技术共鸣之后，作为创新型教学的综合环节，布置指导与自主相结合的创新作业，使学生可以在适度范围内探究技术深度。作业以创新为主要衡量指标，要求将原理、方法、模型用到实际场景，实际编写程序评估效果，不限定具体规格与体量。

需要注意，创新作业是创新型教学的最后一个环节，需要"宽专一体"配合，否则学生将无法在更宽广认知范围内选题；需要"知践一体"配合，否则学生将缺乏完成创新作业的兴趣与主观能动性。

3. 研究型教学改革思考

兴趣是最好的老师！

"研究"一词有多种理解，可以从科学前沿、先进技术、科学态度等多个角度定义。网络与信息安全课程将"由内而外、兴趣驱动、主动探究"的教学组织形式定义为"研究型"，即通过课程设计引导，使学生产生对课程内容的共鸣，形成由内而外的驱动力，从规则对抗角度建立技术兴趣，激发主动探索、深度探究的学习模式。

网络与信息安全课程的研究型培养效果以创新作业形式体现，然而，由于作业并非指定题目，而是学生探索而来，所以，这种教学形式背后表现了学生极强的兴趣、求知欲和行动力。

纵观本课程所采用研究型方法，三个关键要素十分必要：

（1）技术震撼。让学生"看见"技术带来的效果，体会技术震撼，如轻松入侵操作系统等，进而让学生正视学习内容，激发学习兴趣。

（2）领域认知。建立课程所涉及的领域认识，让学生从行业发展、技术前沿等方面审视所学内容，形成技术领域宏观概念，进而引导内容探究选择。

（3）创新非学术。受限于本科知识基础，突出创新，把原理、技术、方法等应用于实际场景，而弱化学术，不强调先进理论学习与探究。

技术震撼引导兴趣，领域认知提升高度，创新非学术给出实践导向，进而通过一门课建立学生对领域认知、科技兴趣、钻研精神的目的，构成网络与信息安全"研究型"课程的教学特色。

基于开源社区的"编译原理"研究型课程构建

授课教师：计卫星　王贵珍　李侃
开课单位：计算机学院

■ 一、课程概要

编译原理是计算机类专业的一门必修专业核心课，其知识领域涉及编译器构造的一般原理、基本设计方法和主要实现技术。课程的目的是使学生了解针对高级程序设计语言的通用编译程序设计的基本理论，如形式语言理论、自动机理论、代码优化理论知识，学习、掌握编译系统设计与实现的基本方法和原理，学习、了解软件自动生成的原理、技术和工具，培养学生对系统软件的规划、组织、设计和实现的综合能力和素质，训练学生大型软件工程实施的技术与能力。

本课程聚焦编译器构造和编译技术应用两个层次，主要内容包括词法分析、语法分析、语法制导的翻译、语义分析、运行时存储空间的组织和管理、中间表示与中间代码生成、目标代码生成、代码优化等。还可选择性包含基于数据流分析的代码缺陷检测、软件逆向分析、程序语言设计、代码版权保护、代码相似性检测、代码重构等与应用相关的内容。

本课程适用于计算机科学与技术一级学科全部学科方向的本科生，教学方式注重理论和实践相结合，采用专题讲授、书面作业以及多类别课程实践相结合的教学方法，并特别注重实践的重要性。

■ 二、课程教学目标及预期学习成果

本课程的教学目标是针对新时代编译技术的应用场景和需求，聚焦编译器构造和编译技术应用两个层次，以专题为单位，通过研讨探究的教学过程，向学生介绍编译器构造的基本理论和技术方法。让学生了解程序设计语言的发展历史、编译器表示和分类，掌握编译器的典型框架结构及其相应的构造方法；掌握编译器从前端到后端各模块的工作原理，模块之间的交互过程，以及每个模块构造

的相关技术，学习、了解软件自动生成工具的使用方法和构造方法；能够根据编译器的构造技术和方法、程序在计算机系统中的运行过程、代码优化的具体实施方法，解决计算机系统设计与实现过程中遇到的与软件运行环境和运行效率相关的问题。

具体预期学习成果包括：

（1）能够根据应用需求和开发条件选择适合的程序设计语言；
（2）能够熟练使用工业界常用的编译器对代码进行编译和优化；
（3）能够通过对开源项目的改造和增量开发实现对新语言或硬件体系结构的支持；
（4）能针对新型编程语言或计算机体系结构从头构建一个新的编译器；
（5）能构建简单的程序分析工具，分析出程序中的潜在缺陷；
（6）能够使用开源工具生成编译器的部分模块；
（7）能有效参与到一个开源社区，通过协作做出自己的贡献。

三、课程内容及教学策略

研究型教学是一种研究和学习交互融合的教学体系，学生通过在研究中学习和在学习中研究主动发现和重构知识。众多的研究和实践证明以"问题"为中心组织和设计教学是最好的途径之一，"专题研讨"和"案例研讨"是目前的主要教学方法，其主要做法是在授课过程中结合课程内容精心创设情境引出问题，注重培养计算思维和创新能力，帮助学生学会如何学习，符合研究型教学理念，有效地提高了课堂教学效果和课程教学质量。

本课程采用"问题导向式教学"策略进行课程设计（如图1所示），其核心思想是强调把学习设置在复杂的、有意义的问题情境中，通过让学生合作解决真实世界中的现实问题，来探究隐含于问题背后的科学知识。以教学内容为基础，开展"问题导向式教学"的前提是设计明确适当的学习场景，提出切合实际的"现实问题"，这二者是能否成功是实施研究型教学的关键。场景应与当前的热点相关，与时代发展相符，场景决定了问题的代入是否成功，现实问题要有一定的挑战性，也要符合学生当前的学习时限和未来工作需要。

本课程针对教学目标和教学内容，按照U型7步探究法给出了部分专题的教学设计，具体如表1所示。

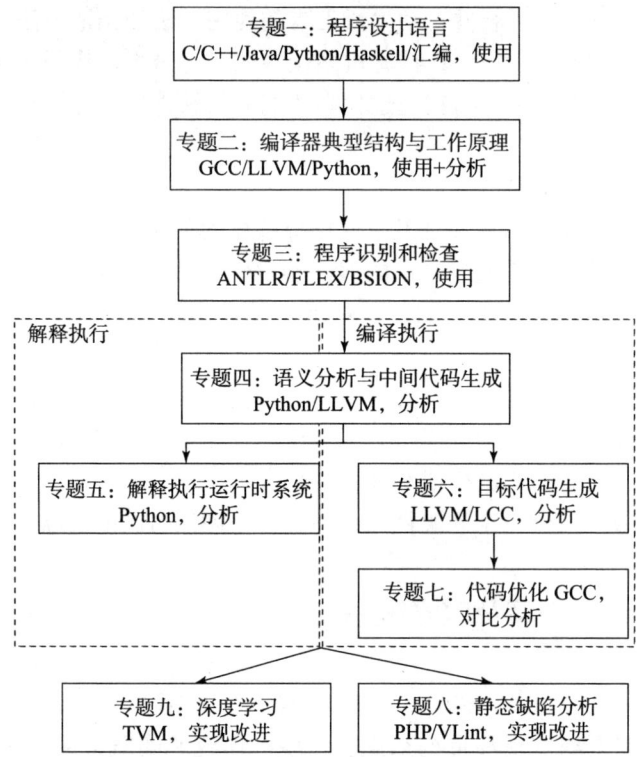

图 1 "问题导向式教学"策略

表 1 U 型 7 步探究法开展教学设计

序号	专题内容	教学目标	U 型 7 步法
专题一	程序设计语言	了解程序设计语言的多样性，编译器输入源码与输出目标代码之间的对应关系。	1. 创设场景：当前的热点事件——青少年编程。 2. 初步提问：目前流行的编程语言有哪些，有哪些不同，分别适合于哪些应用和领域？ 3. 延伸讨论：什么是一个好的编程语言，为什么会有这么多编程语言？ 4. 课前探究：对目前主流程序设计语言进行调研、对比分析。 5. 课堂解析：双方各选一个语言进行辩论，教师组织引导。
专题二	编译器典型结构和工作原理	了解典型编译器的构成部分及其之间衔接关系，熟悉编译器的工作过程。	1. 创设场景：当前的热点事件——华为方舟编译器开源。 2. 初步提问：方舟编译器和一般编译器有什么不同，为什么要造一个新的编译器？ 3. 延伸讨论：编译器的基本结构是什么样的，编译器是如何工作的？ 4. 课前探究：GCC 编译器的工作流程、中间输出结果，相关优化措施对输出结果的影响。 5. 课堂解析：制作展示海报，进行课堂巡展，教师总结引导。

有了具体研究的问题,下一个要解决的就是具体教学组织和实施的问题。在研究型课程教学的过程中,教师和学生各有分工,且互相合作,课上课下有衔接,因此给出图 2 的实施方案。

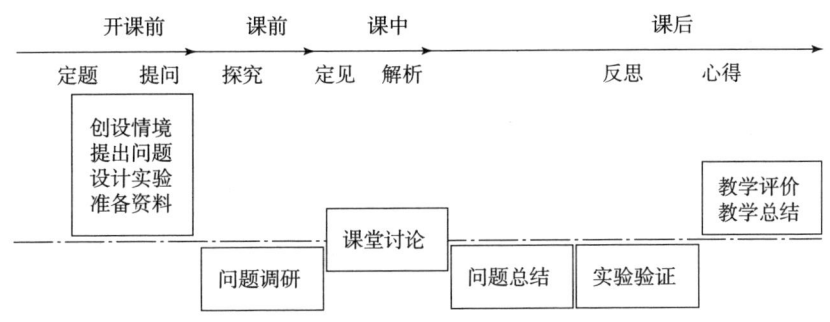

图 2　课程教学实施方案

首先在开课前,教师围绕教学内容创设情境、提出问题、设计实验及准备相关资料。开课后,教师在适当的时间抛出情境、问题和资料,留出一定的时间给学生做调研。最重要的是在课堂上进行组织讨论,学生可以采取灵活方式对调研结果进行展示。经过课堂上调研结果的汇总和思想的碰撞,要求学生在课后进行调研总结和实验验证。最后,教师对这段教学活动进行评价和总结。

与 U 型 7 步法中的定题、提问、探究、定见、解析、反思、心得相对应,其中定题和提问由教师在开课前完成,探究和定见是对问题的进一步深入和分析,由教师和学生各接续、由浅入深、从课下到课上完成,而问题的解析是通过学生课堂讨论和教师引导、总结完成。最后教师和学生都要进行反思,学生对问题进行总结、巩固深化,教师对教学效果进行评价和总结,以便于完成课程的持续改进。

四、课程考核办法及教学效果

本课程包括了 9 个讲授专题,设置了从程序设计语言对比分析到代码生成与优化的 8 个实践内容。理论学习与实践练习在考核中分别占 50%,其中理论学习通过期末考试进行考查,8 个实践内容占比为 40%,每个占 5%,其余 10% 包括平时作业与考勤等内容。与原有的考核体系相比,提高动手实践与应用创新的要求。

以代码优化为例,教学的预期学习成果是学生能够熟练使用工业界常用的编译器对代码进行编译和优化,采用图 3 的方法对学生的学习效果进行检验。

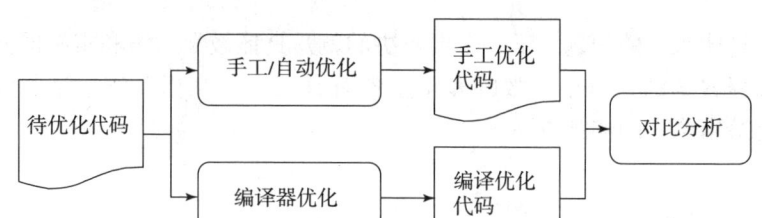

图 3　检验学生学习效果

给定一段待优化代码，要求学生利用所学知识，手动或者自动编写代码，对代码进行优化，然后与编译器优化后的代码比较性能差异，与现有工业级编译器的性能越接近，则学生个体学习效果达成情况越高，否则学生个体达成情况越低。

对课程整体学习效果的达成则依赖于学生个体对每一部分达成情况。通常对各部分加权求和获得每个学生的总体达成情况，所有学生总体达成情况的分布情况就是整个课程教学目标的达成情况。

五、课程特色和创新之处

本课程的特色和创新之处是在探究研究型课程建设内涵的基础之上，提出了基于开源社区的研究型课程构建方法。开源社区是一个有来自世界各地的贡献者组成的松散的、临时的社区，社区成员对满足一个共同的需求有着共同的兴趣，使用一个高效的协作开发环境完成从小型项目和大型项目的开发，并且组织架构和协作方式随着时间的推移逐步形成。以开源项目为参与和探究的对象，主要是因为：

a. 开源项目的源码和文档易于获取，具有活跃的社区，方便学生获取资源和与社区互动；

b. 开源社区代表着先进技术发展的趋势，学习和探究开源项目易于向工业强度项目过渡；

c. 开源项目已有建设基础，方便问题的设置，以及构建增量型的探究问题，减少了对学时的要求；

d. 优秀的学生学习成果能够为开源社区做出共享，提高学生的参与感和成绩感，推动开源项目的持续发展，培养学生的开源意识；

e. 开源项目多是科研成果的实现载体，也易于科研成果的植入和再现；

f. 开源社区是一个开放的国际型的社区，多方多员参与，能够提升国际视野，培养开源意识。

以开源项目为参与和探究对象，在具体操作上，结合教学内容又分为 4 个不同的层次设置研究专题和研究案例，包括：

a. 分析现有开源项目的工作原理和实现技术路径。目前众多高级程序设计语言存在开源实现，并且有活跃的社区。这些开源项目包括了编译器部分，也有标准库和运行时系统的内容，与编译原理课程的教学内容是非常贴合的，并且开源实现都是工业界广泛使用的，也是研究人员主要的研究对象。例如 Python 的 C 语言实现 CPython 和 Java 语言实现 Jython 都是具有非常好的候选对象。

b. 针对现有开源系统找问题。开源项目从创建到发展壮大是个逐步发展的过程，并且在这个过程中，参与项目管理和开发的人员分布在全球各地，因此或多或少地都存在一定的问题，找出开源项目存在的问题本身需要对开源项目有一定的了解。例如针对同一个编译器实现在不同的操作系统环境中运行的输出结果是否一致，激进的编译器优化是否会导致不正常的情况出现等问题进行测试，并利用编译原理的理论知识，结合项目本身的实现给出具体解释。

c. 基于现有开源系统的持续改进。演化中的开源项目仍然有许多待完成的工作，对现有的开源项目进行扩展、为开源社区的发展贡献自己的一份力量能够提升学生学习的成就感。例如现有 Python 实现的线程级并行加速效果并不明显，可以基于现有版本构建任务级并行方案。

d. 共同构建有影响力的可持续发展的开源项目。设计并实现一个新语言，并集合感兴趣同学的力量，共同构建新的开源项目，解决实际问题，也是一个可以挖掘的途径。例如面向青少年的编程语言，面向云计算、大数据和人工智能的编程语言等都是深度挖掘的内容。

目前玩具型教学实践一直被工业界质疑，但是在实际教学过程中实施工业强度的教学实践又存在众多的困难。首先是教学学时非常有限，没有足够的时间从头开始构建工业强度的实际项目；其次，工业强度的项目难度比较高，不适合所有的学生学习和实践。因此通过不同层次的分解和组织，能够覆盖不同学生群体，以学生为中心实现个性化培养。

六、参考文献

[1] 席酉民. 研究型教学：并非在传统教学中加点研究佐料 [J]. 中国高等教育，2016 (21)：42-44.

[2] 李彩飞. 马克思主义基本原理概论课研究型教学的模式创新与功能价值 [J]. 教学研究，2017，40 (02)：73-77.

[3] 李晓东，李玉川，李晓萌. "功能高分子材料"研究型课程初探 [C]. Proceedings of 2018 International Conference on Education Reform and Management Science，2018：541-545.

[4] 叶国荣, 陈达强, 吴碧艳. 高校本科生教育中研究型教学模式探讨 [J]. 中国高教研究, 2009 (03): 90-91.

[5] 李春, 邹逢兴, 周宗潭, 李迅. 《计算机硬件技术基础》精品课程研究型教学探索与实践 [J]. 高等教育研究学报, 2013, 36 (01): 26-29.

[6] 殷开梁. 研究型教学的新方法——U 型 7 步探究法 [J]. 化学教育（中英文）, 2019, 40 (04): 40-42.

"软件工程基础训练"研究型课程案例

——实践课程线上线下混合式教学模式

授课教师：黄天羽　嵩天　　开课单位：计算机学院

一、课程概要

软件工程基础训练课程面向北京理工大学"双一流"高水平本科人才培养需求，是软件工程一流本科专业中的核心课程和工程教育专业认证的重要支撑课程，是面向本科二年级开设的专业基础课。开课前，学生已经具备程序设计基本能力，普遍表现为学习兴趣浓厚、专业认识度强。然而，以往教学因为"内容易、学时少、学生多"，导致课程教学存在三个突出问题：一是传统问题多，先进领域少，兴趣激发困难；二是编程要求高，软件方法广，学时供给不足；三是大班学生多，因材施教难，个性教学缺失。

课程深入贯彻以学生为中心的个性化教学理念，采用混合式、专题式和研讨式实践教学，激发学生学习和创新的热情。2017年通过引入多门国家精品在线开放课程，构建了"强基础、重个性"的混合教学模式，将线上的"1"门程序设计基础课和"N可选"的领域专题课相结合，培养学生在具有程序设计基本能力之上进一步开展软件工程训练实践，帮助学生建立从"会编程"到"懂软件"的过渡，开展多领域初步应用，使学生具备解决复杂软件工程问题的基本能力。

二、课程教学目标及预期学习成果

1. 课程教学目标

软件工程基础训练课程培养学生软件工程基本理念与实践能力，帮助学生建立从"会编程"到"懂软件"的过渡，开展多领域初步应用，使学生具备解决复杂软件工程问题的基本能力。

2. 预期学习成果

（1）学生能够系统地理解程序设计语言和程序设计方法的核心过程，提升编程能力。

（2）学生能够掌握软件工程敏捷开发模式，独立完成个性化软件工程实践项目设计,并解决计算问题。

(3)学生能够了解多个技术或工程领域的软件工程问题求解方法。

(4)学生能够针对特定技术或工程领域,与团队成员有效合作完成软件开发。

三、课程内容及教学策略

课程内容及预期学习成果支撑关系如表1所示。

表1 课程内容及预期学习成果支撑关系

讲次	教学内容	学时分配	预期学习成果	教学形式
1	计算思维与程序设计	1	(1)	讲授、研讨
2	数据类型	1	(1)	讲授、MOOC、实验
3	程序控制结构、函数	1	(1)	讲授、MOOC、实验
4	文件与数据格式化	1	(1)	讲授、MOOC、实验
5	蒙特卡洛方法	1	(1)、(2)	讲授、MOOC、实验
6	分而治之方法	1	(1)、(2)	讲授、MOOC、实验
7	面向对象设计	1	(1)、(2)	讲授、MOOC、实验
8	计算生态应用	1	(1)、(2)	讲授、MOOC、实验
9	软件工程设计流程(敏捷开发)	1	(1)、(2)	讲授、MOOC、实验
10	科学计算三维可视化专题	1	(2)、(3)	讲授、MOOC
11	网络爬虫与信息提取专题	1	(2)、(3)	讲授、MOOC
12	数据分析与展示专题	1	(2)、(3)	讲授、MOOC
13	游戏开发入门专题	1	(2)、(3)	讲授、MOOC
14	云端系统开发入门专题	1	(2)、(3)	讲授、MOOC
15	机器学习应用专题	1	(2)、(3)	讲授、MOOC
16	案例讲解与项目开题	1	(2)、(3)	讲授、交流、项目设计
17	初级软件工程方法	1	(2)、(3)	讲授、交流、项目实践
18	用户体验	1	(2)、(3)	交流、项目实践
19	分组/分专题交流研讨	1	(2)、(3)、(4)	交流、项目实践
20	分组/分专题难点解析	1	(2)、(3)、(4)	交流、项目实践
21	项目运行成果展示	1	(2)、(3)、(4)	交流、项目实践

续表

讲次	教学内容	学时分配	预期学习成果	教学形式
22	项目设计汇报	1	(2)、(3)、(4)	交流、汇报、项目实践
23	专题答辩	1	(2)、(3)、(4)	交流、汇报
24	专题答辩	1	(2)、(3)、(4)	交流、汇报

课程对传统教学内容进行重构，设计了三个阶段的内容体系，结合"1 + N"共 7 门 MOOC，开展自主线上学习，课堂精讲提升、课后密集训练各 24 学时相结合的混合教学模式，如图 1 所示。

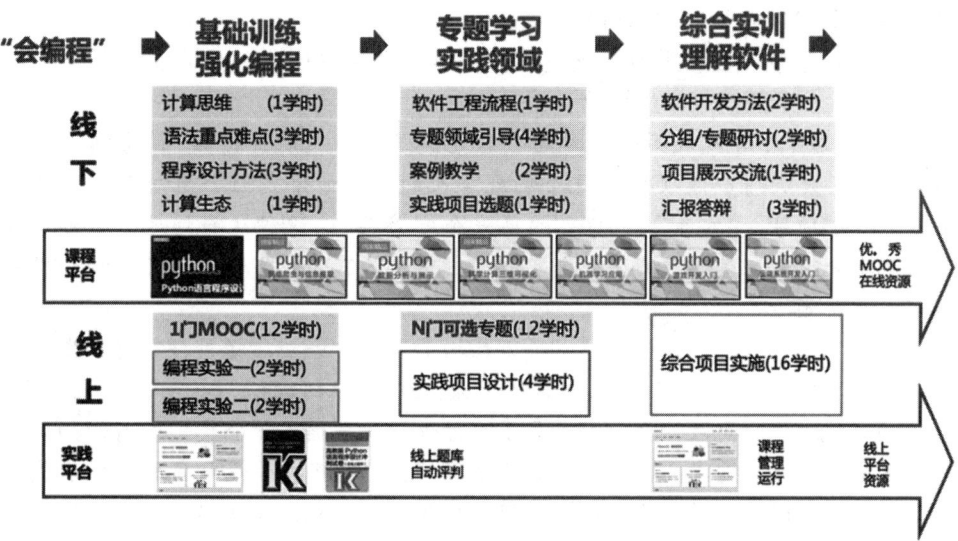

图 1 课程的混合教学模式

第 1 阶段：基础训练，强化编程。线下 8 学时讲授语法难点、编程精髓、程序设计方法论；结合 SPOC，开展线上 12 学时 Python 编程引导性学习；结合自编实践教材，开展课后密集训练与阶段测验。

第 2 阶段：专题学习，实践领域。线下 8 学时讲授软件设计流程、引入案例教学、引导多领域专题学习；线上 12 学时由学生结合兴趣开展"N 选 1"专题慕课学习，以敏捷开发为模式，形成 2～4 人项目小组，引导开展创新个性化实践项目设计，课后 4 学时完成项目选题、需求论证和软件设计。

第 3 阶段：综合实训，理解软件。线下 8 学时重点讲授基本软件工程方法，开展分组/分专题的生生/师生交流研讨，完成项目答辩，拓展技术领域和工程视野。课后 16 学时完成软件项目编码、测试、文档和总结等工作。

四、课程考核办法及教学效果

本课程采用了"过程化、全编程"的考核模式,学生需要自学 1 门基础和 1 门专题共 2 门 MOOC,完成 14~20 道编程题目考核(占 30 分)、1 个综合实践项目考核(占 50 分),1 份开发文档考核(占 10 分),同时,学生需完成课程讨论、汇报、答辩等环节(占 10 分)。学生成绩区分度明显,挑战度高但学生兴趣浓,三年课程平均成绩在 80~85 分。

针对该课程目标和混合教学特点设计了课程整体和学生个体 ILOs 达成情况评价方法,每年度课程结束均完成 ILOs 达成度评价和持续改进分析报告,针对存在问题开展持续改进。采用上述教学方法后,课程"内容易、学时少、学生多"等三个"痛点"问题均得到解决。

(1) 从学生评教结果看,先进知识领域和案例的引入,显著激发了学习热情和主动性。下面摘录学生评价:

"……这个小学期我第一次参与合作完成了一个"软件产品",感到十分开心。以前总是听到"做项目"这个词就令人向往,如今我们小组四人也算是完成了一个小项目,"发布"了自己的第一个"产品"。这种从头到尾,从无到有的过程十分宝贵。我学习到了一个实际工程中所必需的团队合作精神和统筹规划技巧,收获颇丰。"

——万怡均 1120171493 图像处理软件开发小组

"……可以说这一次大作业是软件开发生命周期的缩影,在问题定义阶段,我们确定了大作业要做什么,并进行了可行性研究,确定符合我们当前的知识水平,之后我们开始需求分析,假想自己是客户,确定了整体设计目标,然后是开发阶段,通过课上所学和课下网络学习将代码编写出来,并找同学进行了游戏测试。最终的作业展示便是交给用户投入使用阶段。这让我们对软件工程基础训练这门课体会更加深刻,让我们初步看到了未来从事工作的大概方向。"

——张津铭 1120161904 游戏开发小组

(2) 程序基础课堂学时占比由 80% 缩到 30%,解决了软件工程方法部分教学学时不足的问题,强化了理念升级。

(3) 学生项目的创新性和工程性显著增强,内容覆盖广泛,包括网络爬虫、数据分析、微信机器人、计算机三维游戏、增强现实应用等几十种类型,个性化体现明显,学生解决软件工程问题和创新实践的能力均得到有效提升。

五、课程特色和创新之处

1. 课程特色

(1) 教学内容的先进性。围绕先进信息技术开展教学内容设计,涵盖从程序设计到大数据、机器学习、虚拟现实应用等多领域,结合科研优势,将奥运、国庆等软件工程任务实例化,引入课堂,开展案例教学。

(2) 面向复杂工程问题的个性化教学。学生可自主选择感兴趣的专题领域开展学习交流和实践训练,充分体现了以学生为中心的教学理念。

(3) 知识与实践全混合教学。开展"1+N"线上线下混合式教学,弥补了学时供给不足,不再局限于理论课程的延续或单纯的实操课程,而是面向综合能力培养的系统型课程。

2. 课程创新

(1) 提出了面向创新实训、线上引领、线下拓展的混合式教学方法。将线上知识自学与线下重点解析、线上程序实测与线下实践实训、线上教学管理与线下课程运行有机结合,形成了知识与实践全混合教学模式。如图2所示。

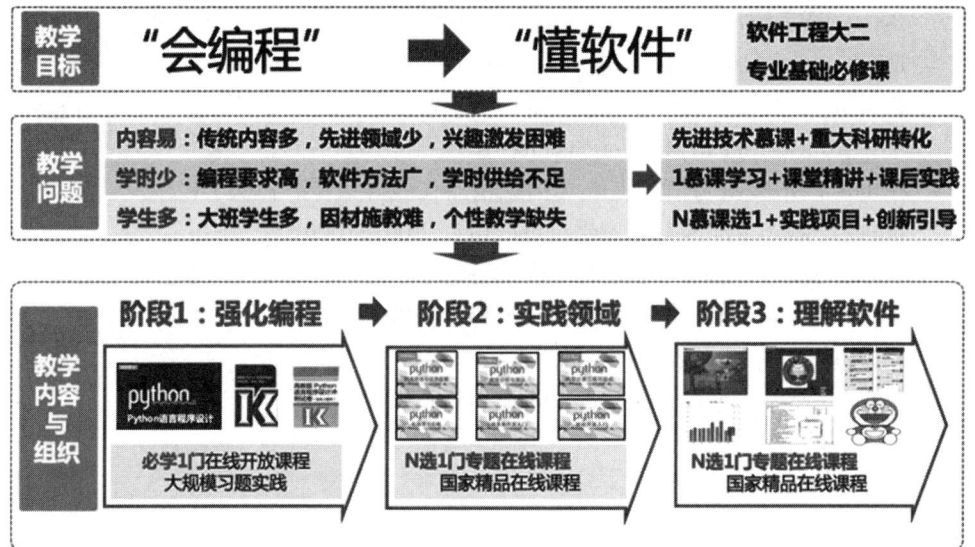

图2　面向创新实训、线上引领、线下拓展的混合式教学方法

(2) 设计了多门慕课有机融合下的个性化教学模式。1个基础和N个专题的内容组织方式,让学生产生较好的目标感,调动学习积极性,聚焦领域开展个性化学习和实践任务。

(3) 结合慕课构建了软件工程实训课程教学体系。面向复杂软件工程问题求解基本能力这一目标,设计了"强化编程—实践领域—理解软件"教学内容,提供了优质的在线教学资源和实践平台,建立并强化了从"会编程"到"懂软件"过渡的软件工程基础训练教学路径。

六、课程教材

1. 线下教材选用

[1] 黄天羽，李芬芬. 高教版 Python 语言程序设计冲刺试卷（含线上题库）[M]. 北京：高等教育出版社，2018.

[2] 黄天羽，李芬芬. 高教版 Python 语言程序设计冲刺试卷（含线上题库）[M]. 2 版. 北京：高等教育出版社，2019.

[3] 嵩天，黄天羽，礼欣. Python 语言程序设计基础[M]. 北京：高等教育出版社，2014.

[4] 嵩天，礼欣，黄天羽. Python 语言程序设计基础[M]. 2 版. 北京：高等教育出版社，2017. （北京理工大学"十三五"规划教材）

2. 线上 MOOC 选用

[1] Python 语言程序设计（国家精品在线开放课，嵩天、黄天羽、礼欣）
https://www.icourse163.org/course/BIT-268001

[2] Python 科学计算三维可视化（国家精品在线开放课，黄天羽）
https://www.icourse163.org/course/BIT-1001871001

[3] Python 网络爬虫与信息提取（国家精品在线开放课，嵩天）
https://www.icourse163.org/course/BIT-1001870001

[4] Python 游戏开发入门（嵩天、黄天羽）
https://www.icourse163.org/course/BIT-1001873001

[5] Python 云端系统开发入门（嵩天）
https://www.icourse163.org/course/BIT-1001871002

"软件工程专业实训"研究型课程案例

——"在实训中研究,在研究中实训"研究型课程教学

授课教师:赵小林　王勇　马锐　单纯　张继
李红松　刘振岩　开课单位:计算机学院

一、课程概要

本课程为本科生四年级综合性实践课程,支持完成复杂软件工程全过程,从需求分析到软件测试和交付使用,支持文档跟踪,支持项目管理,支持经济决策,支持沟通。复杂软件系统要求学生必须进行研究训练并完成具体项目,通过研究型课程教学训练学生的哲学思维、查阅文献、深入思考和撰写论文的能力,为进一步深造打下基础。本课程为激发学生研究兴趣、增强学生研究素养、提高学生实践能力的专业必修课程。

本课程以课堂讲授方式说明课程目标、要求、形式;采用案例教学、演示说明课程期望结果;指导教师通过研究过程指导、实践成果考核、文档审核等形式进行管理;模拟企业运行,甲乙方约定交付的期限、资金、预期成果;采用指导教师检测和最终演示答辩进行验证。

课程实践题目由指导教师提出,学生以小组为单位选择。题目主要来源于教师的纵向科研任务,紧跟国家重大需求(国家重点研发计划、973项目、863项目)和最新前沿技术的科学研究型项目。在完成前,学生无法预计会发生什么以及遇到什么困难,以此锻炼和提升学生研究能力。

二、课程教学目标及预期学习成果

1. 课程教学目标

课程目标是:以国家需求和科技热点为实训方向,以教师科研平台为载体,以学生为中心,以成果为导向,引导学生在工程训练的基础上进行科学研究,鼓励学生在分层次实操实践的基础上进行思维创新,通过实验实践检验学生准确理

解和使用软件工程理论的能力，围绕设计课程、策略、教学实践及评估过程，不断实施持续改进，激发学生研究兴趣，增强学生研究素养，提高学生实践能力。

2. 预期学习成果

（1）了解应用领域背景知识，完成复杂软件系统的需求分析，说明其合理性，形成需求分析报告；

（2）能够完成软件工程实践项目，撰写各类软件工程文档并进行评价，在实践过程中，针对复杂软件工程问题，展开科学研究，表现出基本的科研素质与能力；

（3）能够选择恰当的软件项目管理工具、工程模型，具备对复杂软件工程项目进行项目管理的能力并进行实践；能够在多学科背景下理解团队的意义，了解软件项目团队的角色；能够主动工作，并与其他成员进行沟通并开展工作；

（4）能够理解和掌握复杂软件工程项目管理原理和经济决策方法；

（5）能够在多学科环境中根据复杂软件工程项目特征选择恰当的项目管理方法和经济决策方法。

三、课程内容及教学策略

1. 课程内容

（1）讲解应用领域背景知识，复杂软件系统的需求分析；

（2）结果管理，完成软件工程项目实践过程，撰写各类软件工程文档并进行评价，在实践过程中，针对复杂软件工程问题，展开科学研究，表现出基本的科研素质与能力；

（3）过程管理，涉及团队设置、项目管理、经济决策；

（4）过程管理，涉及技术创新、科学研究、工程创新。

课程内容与 ILOs 之间的对应支撑关系如表 1 所示。

表 1　课程内容和 ILOs 之间的对应支撑关系

项目	ILOs1	ILOs2	ILOs3	ILOs4	ILOs5
课程内容 1	√	√	√		
课程内容 2	√		√		
课程内容 3				√	√
课程内容 4				√	√

课程秉承"在实训中研究,在研究中实训"的理念,实训选题来源于教师的纵向科研任务,紧跟国家重大需求(国家重点研发计划、973 项目、863 项目)和最新前沿技术,提取其中实践环节较多的片段形成相对完整的研究型课题。课题首先应满足课程内容的基本要求,满足复杂软件工程问题的要求;其次,既要有一定的研究难度,能够激发学生的热情,又要确认能够在小学期内基本完成,研究可以是理论研究,也可以是技术研究,但研究必须以实践为载体,以实训为结果;再次,要制订软件工程过程计划,实训、研究过程需要有明确的计划,能够精确到天并保留冗余,采用适当的软件过程工具来支持实训、研究工作,满足项目管理要求。

2. 教学策略

在教学实践中,采用课堂案例演示与讨论、小组汇报、指导教师集中指导与分散指导、文档提交、过程管理、工具管理、集中汇报、演示与答辩等形式检查检验学习成果。允许学生以个性化研究成果申请创新分数。

在实现层面,要细化研究过程。例如针对预期学习成果(2),完整的设计课程、策略、教学实践及评估过程包括"说、做、证、改"四个过程,如图1所示。

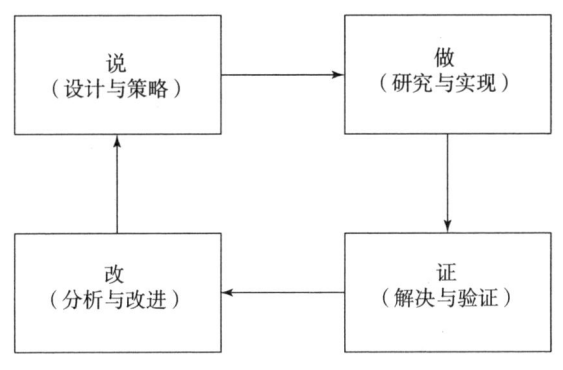

图1 "说、做、证、改"四个过程

(1)能够完成软件工程项目实践过程,撰写各类软件工程文档并进行评价,在实践过程中,针对复杂软件工程问题,展开科学研究,表现出基本的科研素质与能力。(说)

(2)为完成上述目标,学生应完成并提交的任务有:完成需求分析、系统设计(融合软件工程方法)、软件开发(融合新技术学习)、系统测试全过程、使用推广(英文演讲)。根据题目,必须经历查询研究资料、讨论分析、系统建模、问题解决等一系列科学研究过程,并提交研究报告,指导过程注重对学生探索精神、科学思维、实践能力和创新能力的培养。我们认为实践教学既应传授实验技能和操作能力,更应定位于实验科学与技能,乃至实践与创新能力的系统传

授与学习训练。（做）

（3）学生通过对提交材料的收集与分析，证实已经完成复杂软件工程开发的一般过程，能够撰写软件工程文档，并能进行需求分析、模式设计等实践工作，通过研究分析，对研究过程中存在的问题提出自己的解决方案（自学、查阅最新相关理论研究成果）；教师对学生个体情况和整体得分进行分析，纵向对比前届教学情况。（证）

（4）通过对学生作业情况、学生研究报告分析，纵向对比前届教学过程及得分情况和分析教学不足及其对策，及时修正本次教学过程，分析本次教学过程不足，在理论掌握、复杂软件开发、相关理论研究三个方面给出下次改进策略。（改）

上面的四个过程构成一个循环，通过设计每项预期学习成果的"说、做、证、改"完整过程，按照螺旋式上升方式不断提高课程质量，并在实施中根据实际情况不断调整。

为鼓励学生进行研究和创新，允许学生以研究成果的独创性、新颖性来申请创新分数，计入课程总分。

四、课程考核办法及教学效果

根据本课程的预期学习成果和软件工程过程的特点，按照纵向沿着软件工程方法时间线，横向沿着预期成果递进，将5项预期成果与本专业的毕业要求融合起来，形成了5项毕业要求指标点。课程考核上按照指标点进行考核，按照成果导向教育要求将毕业要求考核分过程性考核与结果性考核，每项考核又分成多个小项，有些考核项针对学生个体，有些考核项针对团队整体。如表2所示。

表2 课程考核与毕业要求对应表

毕业要求	过程性考核		结果性考核	
	个体	团队	个体	团队
毕业要求6：工程与社会				
6.1 能够了解应用领域背景知识，完成复杂软件系统的需求分析，说明其合理性。	个人工作部分需求分析。	完成需求文档并评价。	根据背景进行的准备和学习。	需求文档及评价；项目准备合理性评价。

续表

毕业要求	过程性考核		结果性考核	
	个体	团队	个体	团队
6.2 能够完成软件工程项目实践过程，撰写各类软件工程文档并进行评价，展开科学研究，表现出基本的科研素质与能力。	思维活跃度，展开科学研究，表现出基本的科研素质与能力。	复杂软件工程问题理解；文档完整度、重点掌控度；难点、创新点。	个人研究及总结；个人创新。	项目成果及文档；工程能力评价；创新点评价。
毕业要求 10：沟通				
10.1 能够运用恰当工具阐述工作成果，与业界同行和社会公众进行有效沟通与交流。	与指导教师交互、课堂（会议）讨论。	阶段性汇报与展示。	不同角色汇报。	会议记录文档展现；最终答辩、展示。
毕业要求 11：项目管理				
11.1 能够理解和掌握复杂软件工程项目管理原理和经济决策方法。	个人计划、总结。	撰写项目计划、资金预算、团队设置。	项目过程管理能力。	团队管理、资金决算。
11.2 能够在多学科环境中根据复杂软件工程项目特征选择恰当的项目管理方法和经济决策方法。	个人两个角色分工。	采用适当软件工具进行项目管理及经济决策。	角色之间技术、管理交互方法。	新技术、方法的应用；对项目的促进情况。

例如对预期学习成果（2）达成评价的方法是：针对个体，课堂讨论展现思维活跃度和理论理解、分析能力，集中指导展现沟通能力、过程管理能力、团队能力，文档展现研究能力、软件工程能力等；针对整体，突出团队建设和科研合作能力，不同角色扮演体现工程创新和应用能力，利用科研平台，提升研究深度与广度，对出现的新思考或结论进行鼓励，统计申请和得到创新分数的人数。

上述方法所对应的内容均可按照 OBE 要求对应到各项毕业要求指标点。

评价的标准是：按照 OBE 毕业要求客观对各项进行评分，无论个体或整体评分达到 0.7，认为教学预期成果达成。

从近几年实践看，达成度约为 0.8，已经达成培养目标和毕业要求。

本课程支撑三个毕业要求（毕业要求 6：工程与社会；毕业要求 10：沟通；毕业要求 11：项目管理），共 5 个指标点。

近三轮对 OBE 支撑评分如表 3 所示。各项得分在 0.8 以上，其中涉及研究实践活动评价得分约为 0.85。每次教学活动产生的研究实践成果文档及代码超过 1G。

表 3　近三轮课程评价

毕业要求	达成目标值	2016—2017 学年	2017—2018 学年	2018—2019 学年
毕业要求 6：工程与社会				
6.1　能够了解应用领域背景知识，完成复杂软件系统的需求分析，说明其合理性。	0.3	0.26	0.25	0.25
6.2　能够完成软件工程项目实践过程，撰写各类软件工程文档并进行评价，展开科学研究，表现出基本的科研素质与能力。	0.5	0.44	0.42	0.43
毕业要求 10：沟通				
10.1　能够运用恰当工具阐述工作成果，与业界同行和社会公众进行有效沟通与交流。	0.5	0.39	0.45	0.43
毕业要求 11：项目管理				
11.1　能够理解和掌握复杂软件工程项目管理原理和经济决策方法。	0.5	0.41	0.45	0.46
11.2　能够在多学科环境中根据复杂软件工程项目特征选择恰当的项目管理方法和经济决策方法。	0.3	0.25	0.25	0.26

从表 3 可以看出，本课程作为综合性实践课程，支持完成复杂软件工程全过程，从需求分析到软件测试和交付使用，支持文档跟踪，支持项目管理，支持经济决策，支持沟通。复杂软件系统要求学生必须进行研究训练并完成具体项目，通过研究型课程，训练学生的哲学思维、查阅文献、深入思考和撰写论文的能力，可以为进一步深造打下基础。

五、课程特色和创新之处

本课程有这样几个特点：以学生为中心确定教学目标，以教学目标为导向设计教学过程，以教学过程为载体完成实训目标，以实训为形式渗透科学研究方法。

（1）以学生为中心确定教学目标。OBE要求毕业要求、课程体系均要以学生为中心，本专业在这一指导原则下，建立了培养目标评估机制，定期评价培养目标的合理性，根据实际情况对培养目标进行修订。

软件工程专业人才培养的目标是：具有高尚职业道德和社会责任感；具有扎实的软件工程基础知识和全面的素质，具备较强的工程创新意识；能够针对复杂软件工程问题进行问题分析和设计解决方案，实现和测试满足用户需求的软件系统；熟悉软件生命周期的各个环节，能够设计软件系统维护、管理与服务方案；具有沟通能力和项目管理能力，能够在软件工程项目中作为团队成员或领导团队完成任务；具有终身学习的能力，在工作岗位上能够通过自学方式进一步丰富和加深对专业知识的学习和理解，自我提升工作能力；具有较好的外语交流能力，具备国际视野和跨文化的交流、竞争与合作能力。本课程在大四短学期开设，学生已经完成大部分专业必修课程的学习，专业理论已经比较扎实，但缺乏理论应用训练和综合实践训练，而下个学期学生面临毕业设计这一综合训练，本课程正处于承上启下的地位，启迪学生科研能力，锻炼学生实践能力。

（2）以教学目标为导向设计教学过程。根据教学目标来设计教学过程，短学期持续三周，按照软件工程理论，宜采用瀑布模型，因项目期短，宜采用敏捷开发方法，因此本课程教学过程将这两种模型结合起来，在整体教学过程上采用瀑布模型规划时间节点并设置里程碑，在每个阶段中采用敏捷模型以避免大量文档，降低研究风险，通过冗余期的设置使项目可控。图2是某小组教学实践的过程计划。

（3）以教学过程为载体完成实训目标。课程的过程性评价占总成绩的70%，对教学过程的控制是完成实训目标的主要载体，而结果性评价则容易激发学生的创新能力。教学过程包括：课程指导与案例展示、组建小组与课题双选、制订计划与启动、里程碑检查、阶段性提交文档、答辩与成果展示。需要以迭代形式提交技术混合文档（包含需求、数据结构设计、功能设计、测试等）、用户手册、资金预决算、过程性会议记录、项目管理文档（项目管理软件使用情况）等，监控里程碑完成情况，确保教学过程准确服务于教学目标。表4是某组资金决算。

284　■　认证理念下的研究型课程改革

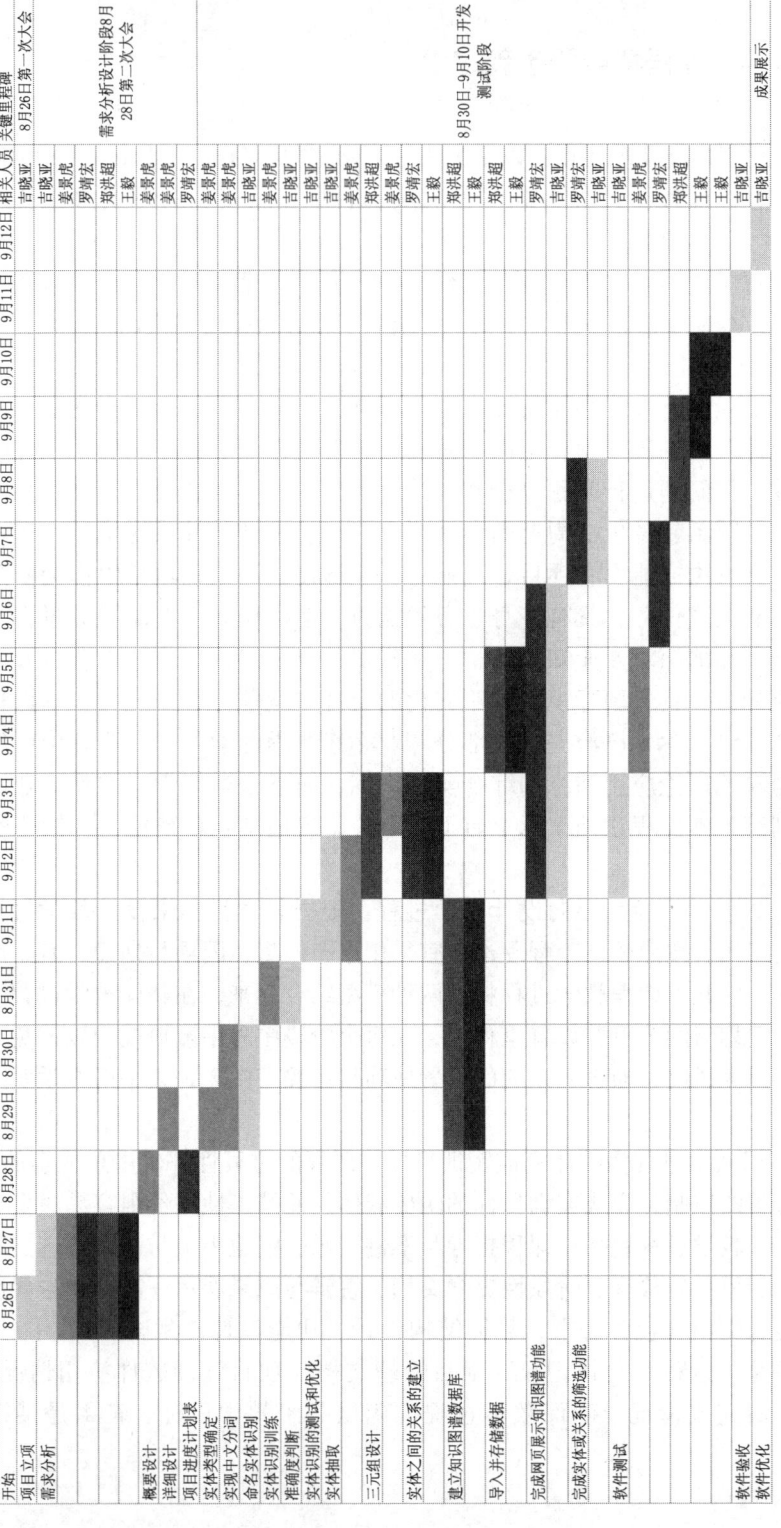

图2　某小组教学实践的过程计划

表 4　某组资金决算

项目名称	一种网络拓扑结构图形化显示系统的研发				
项目负责人	罗涎铭		金额单位	万元	
序号	科目名称	批准预算	预算调整	调整后预算	累计支出数	结余

序号	科目名称	批准预算	预算调整	调整后预算	累计支出数	结余
1	合计	10.0000	0.0000	10.0000	9.9304	0.0696
2	一、研究经费	5.8900	0.0000	5.8900	5.8204	0.0696
3	1. 设备费	4.0000	−0.2000	3.8000	3.7304	0.0696
4	（1）设备购置费	4.0000	−0.2000	3.8000	3.7304	0.0000
5	（2）设备试制费	0.0000	0.0000	0.0000	0.0000	0.0000
6	（3）设备改造与租赁费	0.0000	0.0000	0.0000	0.0000	0.0000
7	2. 材料费	0.0000	0.0000	0.0000	0.0000	0.0000
8	3. 测试化验加工费	0.0000	0.0000	0.0000	0.0000	0.0000
9	4. 燃料动力费	0.0000	0.0000	0.0000	0.0000	0.0000
10	5. 出版/文献/信息传播/知识产权事务费	1.8900	+0.2000	2.0900	2.0900	0.0000
11	二、人力资源支出	4.1100	0.0000	4.1100	4.1100	0.0000
12	1. 劳务费	2.1000	0.0000	2.1000	2.1000	0.0000
13	2. 差旅费	0.1800	−0.1800	0.0000	0.0000	0.0000
14	3. 会议费	0.5000	−0.1250	0.3750	0.3750	0.0000
15	4. 国际交流与合作费	0.0000	0.0000	0.0000	0.0000	0.0000
16	5. 专家咨询费	1.2000	0.0000	1.2000	1.2000	0.0000
17	6. 其他费用	0.1300	+0.3050	0.4350	0.4350	0.0000

（4）以实训为形式渗透科学研究方法。课题可分为理论研究型和应用研究型。理论研究型课题需要在教师指导下自学部分新理论新方法，对方法或算法进行改进以达到课题目标。如课题"恶意程序分类识别系统"目标是在给定的开源恶意软件管理平台上以插件形式实现一个基于机器学习的恶意程序分类识别系统，包括对给定的训练样本集进行特征提取，使用传统机器学习算法或深度学习算法训练一个分类模型，使用此分类模型实现程序的自动分类。学生需要学习机器学习理论和算法，改进特征提取方法（创新）。应用研究型题目需要综合专业理论课程，采用新技术新方法解决复杂的实际问题。如课题"工程认证指标点计算系统"主要功能为统计学生对课程的评价，收集教师上传的评价文件，计算各课程工程认证指标点评价，计算毕业要求达成度，进行可视化展示。为完成此课

题，需要学习 Spring boot、MySQL、可视化技术等。无论哪种课题，指导教师都要指定部分参考资料，指导学生按照题目检讨自己的知识储备，找出理论或缺部分，通过教师指导与自学补缺理论不足，逐渐形成设计方案和技术方法，并小心求证，验证后完善方案，正式实施，形成初步的科研方法；在师生交流中，引导学生的科研意识，通过教师的在研课题激发学生的科研热情；通过新理论新技术探究，引导学生的科研精神；通过契约机制，树立科研诚信原则。

课程的最大特色是：在实训中研究，在研究中实训。

在实训中渗透科学研究方法，以软件工程过程为主线安排科研计划，以软件工程模型进行项目管理，以面向国家需求的问题提高科研难度，以难度问题吸引学生的科研兴趣，指导教师引导学生科研意识，指导学生进行科学研究活动，了解问题和思考解决方案必须查阅参考文献，激发学生的科研精神，实现在实训中研究；指导和教学过程安排有序，难度与学生能力匹配，让学生在付出较多努力后能懂得一般的科研流程，能够将已经学习的知识融汇起来并自主学习新的知识，学会查阅文献，形成一定的研究努力，完成一个复杂软件工程问题的解答，能够按照软件工程模型就一项具体的科研活动取得成果，形成以软件为载体的具体实训结果，从而实现在研究中实训。

"互联网应用开发基础训练"的研究型游戏化教学设计

授课教师：赵丰年　黄天羽　罗霄

开课单位：计算机学院

一、课程概要

本课程为计算机学院本科生在第 3 学期初开设的研究型实践课程。课程的主要任务是使学生掌握在信息社会中必要的计算机应用技能——网页设计与制作，培养学生的计算机文化意识，为后期动态网站开发奠定基础。课程将通过讲授、自学、研讨和项目学习等方式，采用游戏化教学的理念学习 HTML、CSS 和 JavaScript 等基本技术，并通过具体开发项目使学生掌握网页设计与制作技能，为培养理论与实践相结合的、全面发展的计算机开发与应用人才打下基础。

二、课程教学目标及预期学习成果

1. 课程教学目标

理论教学的目标是培养学生掌握 HTML、CSS 和 JavaScript 的基本概念、基本语法以及相应的程序设计方法，能够设计小规模较复杂的静态网站，为学生奠定坚实的程序设计基础。实验教学的目标是培养学生掌握 HTML + CSS + JavaScript 网站应用开发的一般方法，掌握前端框架开发静态网站的基本技巧，熟练使用较新的软件开发环境，能够设计并实现较复杂的静态网站。

2. 预期学习成果

（1）知悉和理解静态网站开发的基本原理和技术，对 HTML、CSS、JavaScript 和前端开发技术的主要内容、静态网站开发的核心过程能完整系统地理解。

（2）能够根据 HTML、CSS 和 JavaScript 的基本原理，利用静态网站开发的理论及方法，解决静态网站的设计与开发的问题。

（3）拥有使用计算机和互联网在多学科背景下进行软件设计和开发的能力，针对特定的用户需求设计和开发静态网站，形成计算思维的思维模式。

（4）掌握项目计划、项目日志、网站设计、项目总结等技术文档的撰写，掌握文档、视频、展示、论坛等学术表达和沟通交流方法，提升团队合作、问题解决、自主学习等能力。

三、课程内容及教学策略

课程的常规教学内容以教学视频的方式提供，由学生课下自学；课上教学内容进行了项目化重构，以 3 个循序渐进的静态网站开发项目为牵引，覆盖了传统的教学内容并对学术写作、学术交流等技能训练提供了支持。通过组队完成 3 个网站开发项目，不仅能够确保完成传统课程的全部教学内容，而且通过团队合作锻炼了文档写作、视频制作、沟通表达等各种综合能力。循序渐进的任务体系、复杂的任务特征、多样化的任务类别，使学生能够分工合作，互相监督促进，共同完成 20 个左右的小组任务（构成 3 个开发项目）。多数任务（尤其是核心网站开发任务）需要多人合作（比如编码、测试、美工等），形成一种自然的合作学习场。任务得分低于 80% 的小组，允许重新提交任务，确保学习过程是基于标准的而非单纯基于评价的。

具体的项目内容和教学策略如下：

项目 1：制作网站 v1.0

要求如下：

①至少包含具有相对完整内容的 8 页（其中包括一个合理的表单页面）。

②内容充实。

③内容的组织适合网页作为表现形式。

a. 内容可读性强，适合扫描；

b. 没有大段难以阅读的文本。

④HTML 代码书写规范（可读性好），标记符和属性的使用正确合理：

a. 合理使用标题；

b. 合理使用列表。

⑤文件和文件目录的组织合理，文件名命名合理。

提交物：打包的网站 v1.0、文档（包括项目计划和工作日志）、小组介绍视频。

覆盖的传统教学内容包括：第 1 章 HTML 基础（浏览器、服务器和 URL）；创建网站的基本步骤；HTML 的概念和原理；使用基本 HTML 标记符（＜html＞＜head＞＜title＞＜body＞＜p＞）、第 2 章文本格式与超链接（文本分段、控制文本的显示效果、列表格式、创建超链接）、第 4 章图像与多媒体（网页图像基础、图像处理基本操作、图像标记符 img、多媒体对象概述、使用媒体对象的方法)、第 5 章表格与表单(创建表格和表格的属性设置、表单的概念、创建表单控件、设置控件的标签)。

教学策略:通过讲解引导学生入门,通过自学教学视频掌握基本技术细节,通过组队完成具体的学习任务,促进学术交流与讨论,掌握网站开发技能,提升学术沟通表达和团队协作能力;提供文档撰写标准和参考模板文档(主要是往届优秀的文档作品),鼓励文档创新,通过组队编写与实际项目直接相关的技术文档,促进提升技术文档撰写能力;提供视频制作标准和参考视频,提升使用视频作为学术表达工具的能力。

项目 2:制作网站 v2.0

要求如下:

①作业 1 的所有要求。

②CSS 技术使用合理且正确:

a. 合理使用外部 CSS 文件修饰整个网站;

b. 合理使用 class 样式、虚类样式和 ID 样式;

c. 样式的命名合理;

d. 使用 CSS 布局。

提交物:打包的网站 v2.0、文档(包括项目计划 v2.0、设计文档、工作日志等)。

覆盖的传统教学内容包括:第 1 章 HTML 基础、第 2 章文本格式与超链接、第 3 章 CSS 基础(CSS 入门、在网页中使用 CSS、CSS 样式定义、常用 CSS 属性)、第 4 章图像与多媒体、第 5 章表格与表单、第 6 章 CSS 提高(CSS 高级选择器、CSS 布局、CSS 高级属性、CSS 样式的优先级)。

教学策略:针对项目 1 的完成情况进行讨论和交流,包括课上交流和课下论坛交流,强化知识与技能的学习;针对项目 2 的要求进行简单讲解,通过自学教学视频掌握相关技术细节,通过组队完成具体多样的学习任务,促进学术交流与讨论,掌握网站开发技能,提升学术沟通表达和团队协作能力。所有相关技能的掌握均体现为具体任务的形式,通过实际操作和互相学习、评价的方式,提升学术交流与表达的能力。

项目 3 制作网站 v3.0

要求如下:

①作业 2 的所有要求。

②网页布局合理,风格一致,符合站点需求。

③文本的修饰合理。

④图像的使用和修饰合理:

a. 图像的文件大小合理,效果合理;

b. 需要用到图像时应该用图像。
⑤网站的导航合理，能够通过"后备箱测试"。
⑥合理使用前端开发技术。

提交物：打包的网站 v3.0、文档（包括工作日志和项目总结文档）、发布视频。

覆盖的传统教学内容包括：第 1 章 HTML 基础、第 2 章文本格式与超链接、第 3 章 CSS 基础、第 4 章图像与多媒体、第 5 章表格与表单、第 6 章 CSS 提高、第 7 章 JavaScript 与前端开发（客户端脚本基础、JavaScript 编程、Bootstrap、JQuery）、第 8 章网页设计基础（设计与认知、设计原则、设计适于扫描的网页、设计导航、设计版式）。

教学策略：针对项目 2 的完成情况进行讨论和交流，包括课上交流和课下论坛交流，并以小组互评任务的形式促进学习小组之间的学术交流，强化知识与技能的学习；针对项目 3 的要求进行简单讲解，通过自学教学视频掌握相关技术细节和设计原则，通过组队完成具体多样的学习任务，促进学术交流与讨论，掌握网站开发技能，提升学术沟通表达和团队协作能力。完成所有课程项目后，进行一次总结性汇报，反思学习成果的达成情况并进行互相交流学习。所有学习和交流的内容都在教学论坛上留下轨迹，作为学习成果的证据和持续改进的依据。

四、课程考核办法及教学效果

课程教学遵循以下成果导向原则：为课程设置明确的教学目标，为学生设置有效的预期学习成果；在课程早期设定一个评估/考核任务；定期在课程中设置评估/考核任务；为评估/考核建立明确的标准。

例如：在课程之初，向学生展示往届学生的优秀作品（以视频和网站两种形式），一方面明确最终成果的形式，另一方面为学生树立信心；然后要求学生按照特定规则分组，完成课程任务；最初的任务包括小组介绍视频（以增强小组凝聚力、促进学习兴趣）、项目计划（建立初步的宏观视野）、建立小组讨论区等；每周结束后及时评价（建立排名前 50% 的排行榜，促进良性竞争），并组织小组互评任务，促进学生之间、小组之间互相学习；课程结束之前，进行项目展示与答辩，并撰写总结文档；在整个课程的学习中，综合代码编写、文档编写、视频制作、现场展示等任务，培养学生综合素质；建立微信讨论群，及时解答课程相关问题。

2019 年的课程任务设计如图 1 所示。

学生通过分组、分阶段完成一系列难度逐步递增的任务，并通过自我反思和协作交流，达到掌握学科知识与技能、培养综合素质的预期学习成果。

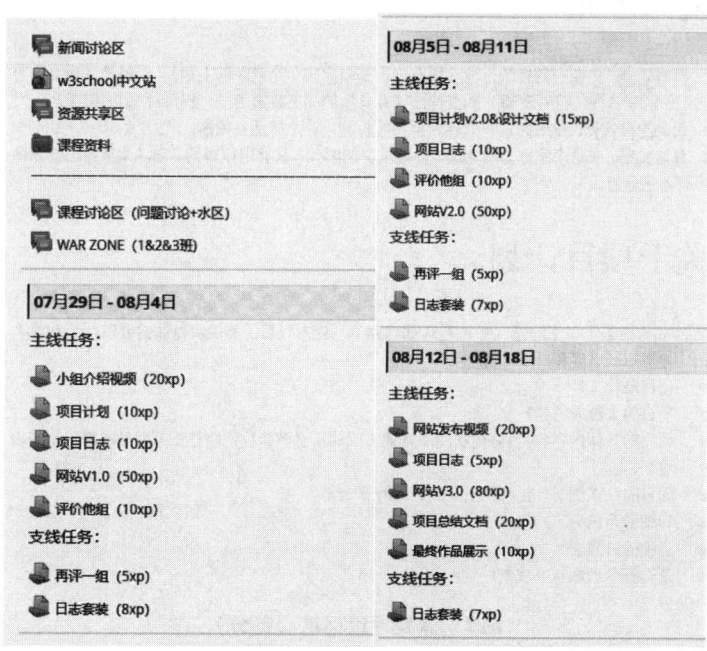

图 1　2019 年的课程任务

建立以学习产出为导向、以学习者需要为基础的教学评价体系。在学习产出的指导下，全面分析学生的各种心理需要和现代学习环境提供的给养，形成持续的形成性评价机制，以多元化的方式检验学生的学习成果；通过自评、他评、教师评价等方式，利用网络教学平台的即时反馈和自动评价等优势，以过程性评价促进学生的学习和发展；使用学习数据分析技术，使学生、教师和教育管理部门能够实施有效的学习干预。在进行学习评价设计的过程中，高度重视外部动机对内部动机的削弱作用，突出学生的主体性和自主性，尽量弱化控制性动机作用，培养学生的自我负责和自我监控能力。

课程总体评价以 20 个左右的小组合作任务为基础，分别针对文档、视频、网站开发等领域进行评价。学生最终成绩构成由小组得分和个人得分两部分加权构成，一定程度上避免了"坐车"的问题。图 2 展示的是部分课程评价标准。

通过组间互评，既增进了学生之间的了解，又促进了学生之间的交流和学习，有助于形成有效的学习社群。图 3 为某次互评任务的截图。

通用规则

1. **撰写认真**：文档应具有统一性（所有内容都指向同一个清晰的主题）、一致性（所有内容的组织清晰合理，符合逻辑）和支持性（有具体的细节或案例）。没有各种文字错误。
2. **正确的格式化**：使用标题、列表、留白等机制，让文档适宜阅读。
3. **真情实感**：在这个注意力匮乏的、怀疑主义的时代，只有用心写的、充满真情实感的东西才有人愿意看。

关于项目计划

是否/如何回答了以下问题（必须有详细的细节，让人一目了然的清楚你们要做什么和怎么做？如何控制进度和质量？）：

- 项目是什么？
- 项目的来源或背景？
- 项目的具体内容（是否有树状图或其他方式的示意图让我们清楚知道网站即将包括的内容）？
- 项目的技术细节，比如开发平台、运行平台等？
- 详细的角色分工？
- 详细的时间表？
- 是否有示例图帮助我们理解？

图 2 课程评价标准（部分）

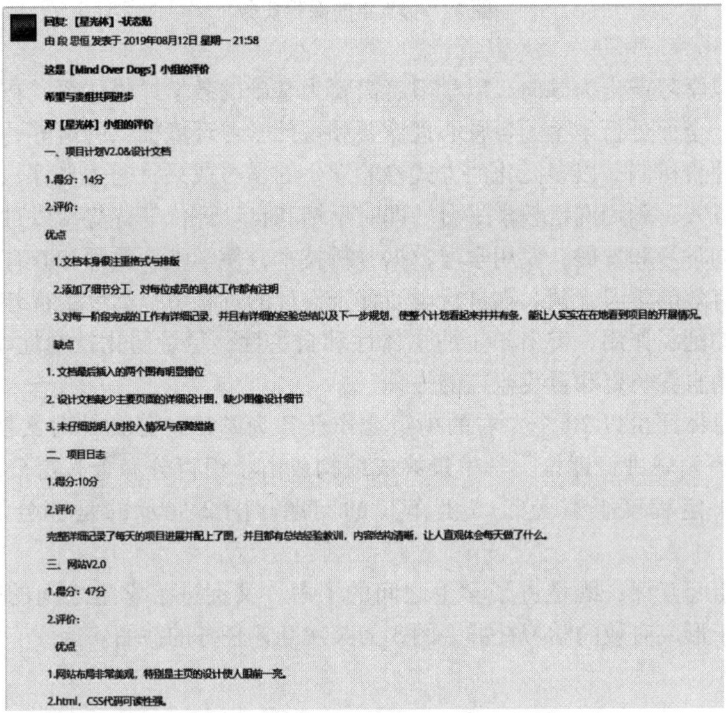

回复：【星光体】-状态贴

由 段思恒 发表于 2019年08月12日 星期一 21:58

这是【Mind Over Dogs】小组的评价

希望与贵组共同进步

对【星光体】小组的评价

一、项目计划V2.0&设计文档

1.得分：14分

2.评价：

优点

1.文档本身很注重格式与排版

2.添加了细节分工，对每位成员的具体工作都有注明

3.对每一阶段完成的工作有详细记录，并且有详细的经验总结以及下一步规划，使整个计划看起来井井有条，能让人实实在在地看到项目的开展情况。

缺点

1. 文档最后插入的两个图有明显错位

2. 设计文档缺少主要页面的详细设计图，缺少图像设计细节

3. 未仔细说明人时投入情况与保障措施

二、项目日志

1.得分:10分

2.评价

完整详细记录了每天的项目进展并配上了图，并且都有总结经验教训，内容结构清晰，让人直观体会每天做了什么。

三、网站V2.0

1.得分：47分

2.评价：

优点

1.网站布局非常美观，特别是主页的设计使人眼前一亮。

2.html，CSS代码可读性强。

图 3 课程的互评任务

通过组内互评，学生之间加强了互相协调和监督，增进了小组的整体效率，如表 1 所示。

表 1　课程的组内互评

学生	沟通交流/学术表达	自主学习/国际视野	领导能力	团队合作	问题解决	总分（100 分）	证据（不少于 150 字）
陈世强	20	20	20	20	20	100	在三周的工作中，陈世强身为项目总监，任务完成出色。首先，陈世强能及时与组员沟通交流，提醒大家还没有完成的工作，正是在他的组织与领导下，我们的小组才能及时完成任务，才能更加充分的交流与沟通。其次，在技术总监杨皓圆生病以后，陈世强身为组长，能及时与李杭禹同学沟通，并协助其完成第二周的网站工作，还在第三周对网站的不足之处进行修改，也帮助小组解决了不少问题。唯一的美中不足，就是在第一周的展示时，陈世强没有完全放开，有些小小的拘束，但无伤大雅。总的来说，在三周的时间内，当之无愧获得本组的最高分。
李杭禹	20	19	19	18	19	95	李杭禹同学在这三周的工作中，作为主要程序员，任务完成出色。他能够在技术总监生病的情况下扛起大旗，及时自学 CSS 与 JS，自学能力出色，并完成第二周的主要代码工作，也在第三周协助马云涛同学完成了网页的展示与视频制作的工作，在网页制作过程中代码出现的种种问题也都很好地解决。但与小组其他成员没有及时地沟通，导致第二周的日志迟交，需要加强团队沟通交流。总的来说，李杭禹同学任务完成得也非常不错，希望能再接再厉。

课程整体的预期学习成果达成情况体现在整个班级的学业成绩上，根据过去 3 年的教学班考核情况分析，班级考核评价得分均在 85 分以上（百分制），课程考核总体情况较好。

个体的预期学习成果达成情况由个体学业成绩确定，具体为小组综合成绩与个人小组得分加权得到，如图4所示。

A	B	C	D	E	F	G	H	I	J	K	L	M	N	O	P	Q	R	S	T	U	V	W	X	Y	Z	AA	AB	AC	AD
姓名	学号	组名		组内得分	系别	Email地址	作业	作业	作业	作业	作业	作业	作业	作业	作业	作业	作业	作业	作业	作业	作业	作业	作业	作业	作业	课外	小组总分	最后成绩	
赵 一诺	1120151952	re.vision		95		08111501	76957229	49	48	80	19	20	14	19	10	10	5	4	10	10	5	8	7	10	20	15	8	366	97
侯 南江	1120151959	Dream		100		08111502	27574582	35	32	66	16	16	12	15	8	7	-	4	7	8	5	3	5	-	15	-	6	265	74
廉 权威	1120151961	因缺思厅		98		08111502	91630223	44	45	75	19	20	11	17	7	7	3	-	4	5	5	4	5	5	17	5	8	325	88

图4　个人的成绩分布

五、课程特色和创新之处

本课程采用了"游戏化教学设计"的理念，包含以下几个关键点。

1. 学习者需求分析

在游戏化的研究型学习中，将教学设计视为满足人的三个基本心理需求的活动，因此对学生的需求分析也从这几个角度入手。

自主需求是指行为者一方面有自由发起行动的自由，另一方面发起的行动能够产生明确的后果。在现实的教学情境中：①学生往往不能自主选择是否参与活动和参与什么活动；②教室或者实验室往往是个混乱的场所，充满了干扰；③学习的成败有明显的后果，没有人愿意承受失败的后果；④学习时间一般较为固定，学生不能选择什么时候参与学习；⑤教师和其他学生往往构成了"观察者"，使学生有"受控"的感觉。因此，如何针对以上问题设计解决方案，就是研究型教学设计需要重点考虑的。

胜任需求是指行为者感觉到自己的行为产生了影响，有明显的自我效能感。满足胜任需求的最重要的两个条件是：①行为人有能力达成有意义的目标或完成有价值的挑战；②行为人得到了积极的、及时的反馈，强化了其胜任的自我认知。

令人遗憾的是，现代教学环境中的学生更多的体会是"习得性无助"，而非胜任感，部分原因包括：①现代学校要求发展水平不一的学生学习同样的内容，于是发展超前和落后的两类学生都会感到不适，前者感到学业简单无聊，后者感到挑战过大；②具有不同特点的学生，需要在相同的时间限制内完成特定任务，而不是像在电子游戏中那样反复尝试和练习，于是很多学生难以达到胜任的水平；③反馈系统设置不合理，一方面少而不及时，另一方面反馈往往带有评价的意味，很难成为促进学生掌握知识和技能的工具。因此，如何设计分层次的目标和挑战、建立合理的反馈系统，就成为研究型教学设计的一个基本着眼点。

社交需求也称为归属需求，是指行为人与他人进行交流和亲近，以及获得认同的需要。即使是极端内向的人，也需要基本的社会存在感、归属感和认同感。然而在现代学校场景中，正常的人际互助往往被认为是"作弊"；在"潜在课程"中，"服从"依然是最主流的价值，人的基本社交需要极少得到考虑。因此，在教学系统中集成社交功能，既能满足学生的基本社交需求，也能促进合作学习和团队精神，是研究型教学设计的又一个着眼点。

2. 基于标准的教学设计

基于标准的教学设计是一种融课程标准、学习评价和教学活动为一体的设计过程，包括三个方面：①依据课程标准建立学习目标，保持标准与目标的一致性；②评价设计先于教学活动设计，体现评价促进学习的理念，保持目标与评价的一致性；③根据学习目标设计教学活动，确保教学目标的实现。

在基于标准的教学设计中，一般采用"逆向设计模式"，也就是先明确学习目标，然后确定实施学习目标的评价方式，最后规划学习经验和教学。在研究型教学设计中，常见的标准制定原则包括：①明确聚焦于有意义的结果；②关注标准的系统性和复杂性；③从最终的结果反向设计。

研究型教学设计的目标是短期学业表现目标（表层目标）、中期学业达成目标（中层目标）和长期个人发展目标（深层目标）的结合体，它们能让学生清楚地知道需要达到的表现类型或表现水平，明白在何时何处投入精力、策略和思考，以及在通往成功学习的轨道上正身处何处。教师应设定具有适当挑战性的目标，然后构建情境帮助学生实现目标。

3. 教学反馈的设计

在教学设计领域，反馈一直是一个热门的话题。教学中反馈的目的是缩小当前理解和表现与目标之间的差异；反馈是传递给学生的信息，学生利用这些信息来改善其想法或行为，从而达到提高学习成绩的目的。

在研究型教学设计中进行反馈标准的设计，除了强调3大反馈问题（我要去哪里？我如何到达那里？下一步去哪里？），还应遵循以下原则：①反馈聚焦于任务而不是学生；②提供精心设计的反馈，描述"是何""如何""为何"；③以易于管理的单元呈现精心设计的反馈，避免额外的认知负担；④反馈信息具体而清晰；⑤反馈要尽可能简单，基于学生的需求和教学限制；⑥在表现和目标之间减少不确定性；⑦给出的反馈要是客观而不带偏见的；⑧借助反馈定位学习目标，从关注表现转向关注学习；⑨在学习中已经尝试过某种解决方案后提供反馈，带来更多的自我调节；⑩给低成就的学生即刻的、指导性的或纠正性的、脚手架式的反馈，给高成就学生延迟的、促进性的和验证性的反馈。

4. 故事/叙事设计

故事是文化知识得以代代相传的载体，在传承文化信息的过程中扮演着重要的角色。由于研究型教学的互动性本质，学生既是故事/叙事的创造者和参与者，也是其欣赏者。

人类的经验是戏剧化的，不管是虚构的还是真实的，都包含了情感、神秘、紧张和高潮。故事形成了一种逻辑架构，有助于将内容联系起来，因而有助于自然记忆。研究型教学从故事的角度可以看作一种互动叙事：一种发生在多个活跃主体之间的循环过程，各方在此过程中交替地倾听、思考和发言，形成某种形式的对话。正如优秀的艺术作品都是以特定的方式具备了某种参与性，不管是直接激发观者的情感，还是促使观者进一步解读作品本身，研究型教学本身的内涵也应随着观者的反复检视而加深。

研究型教学中的交互式叙事可以看成以下过程：教师与学生进行对话，从其提问和反应中推测出学生的知识网络，辨识出其中有问题的知识节点或权重关系；然后有的放矢，引导学生修正其知识网络。开始时学生通常会抵触教师的修正，但最终随着对话的深入，学生的知识网络得到修正，在彻底领悟的那一刻发出"原来如此"的感叹，达到戏剧化的情感释放效果。

5. 教学评价设计

不管是传统的客观主义取向的教学设计，还是建构主义学习环境取向的教学设计，教学评价都是其中关键的一环。在进行教学评价时，主要考虑以下4个指标：①在复杂情境和社会交往中使用学科语言的能力，即进入学科共同同并与同学交流的能力；②在非预期情境中适当表现的能力，即所学的知识和技能能够迁移到不同的情境；③运用技能和概念解决真实问题的能力，即将学科知识、概念和语言作为问题解决工具的能力；④向有真正求知需要的人表达、解释和传授观点和技能的能力，即通过真实表达展示所学的能力。

在评价方法的选择上，研究型课程教学设计以形成性评价为主，结合使用总结性评价。形成性评价活动是嵌入教学活动中的，目的是通过随时发生的和及时的反馈对学习进行监控和对学生的理解情况进行评价，以便给教学过程的修正提供证据。当学生的表现和成就随时都被教师、学生及其同学引出、解读和使用时，就能在教学中做出更加理性和有价值的决策，导致更有效的学习。在研究型教学中，形成性评价是一个迭代的、循环的过程，不断地依据学习目标和期待的成果，对学生学什么、怎么学和学到了什么程度进行定制化的形成性反馈，并将每次反馈的结果作为进一步学习的基础。

研究型课程教学设计中采用自评、互评和师评相结合的方式。自评是指学生对其自身的学习状况，尤其是对学习成就和学习结果进行评判，能够促进技能的学习，导致对学习的反思，增强自主感和责任感，以及增进对问题解决的理解。互评是指学生对其同学进行评价，既可以以个体互评的方式，也可以以小组互评的方式。互评为学生提供了相互观察学习的机会，提升了学生的责任感，增进了学生之间和学生与教师的互动。评价中的反馈应具有以下特征：及时、频繁、多汁、多变、非控制性、信息性。同时，应结合目标设定，促进形成自我导向的学习，并以透明化的形成性评价促进学生之间的竞争与合作。

基于项目开发的"软件工程综合实习"课程实践

授课教师：陈朔鹰　赵小林　张春霞　王崇文　屈少杰　李志强　马锐　高春晓　开课单位：计算机学院

一、课程概要

软件工程综合实习课程是面向计算机学院软件工程专业大三学生的实践型课程，在大二到大三之间的短学期内完成。

课程是用三周时间集中完成一个软件系统。学生以项目组为基本单位，以"软件工程"理论为指导，以项目为背景，综合运用所学知识完成需求分析、系统分析设计、编程开发、系统测试、需求更改、系统运行和演示等软件系统开发的全过程。在教师指导下，项目组独立完成项目开发全过程，从组建开发团队、选择开发模型、控制项目进度、人员管理、质量监控和文档编写，到系统演示验收，使学生体会在严格工期要求和明确项目需求的情况下，完成软件项目工程化开发的全过程。

二、课程教学目标及预期学习成果

1. 课程教学目标

课程教学目标是使学生能够综合运用软件工程的基本理论和计算机知识，将理论指导与开发实践有机融合，将工程目标与自主创新有机结合，将个人特长与团队协作有效协调。通过实习培养学生求真务实的思想品格、脚踏实地的工作作风、一丝不苟的工程能力，达到理论与实践相结合、工程与创新相结合的目标。

在课程学习中，学生以项目开发团队的形式，在规定工期中自主开发完成一个小型的单机应用系统。通过实习，学生能够综合运用所学专业知识，加深对面向对象分析、面向对象程序设计和数据结构基本原理的理解，同时，能够面对实际的工程问题进行自主研究与快速学习，迅速掌握并有效运用所学到的专业知识解决工程问题。

2. 预期学习成果

（1）能够在多学科环境中根据复杂软件工程项目特征选择恰当的项目管理方法和经济决策方法。

（2）能够选择恰当的软件项目管理工具、工程模型，具备对复杂软件工程项目进行项目管理的能力并进行实践。

（3）能够完成软件工程项目实践过程，撰写各类软件工程文档并进行评价。

（4）能够在多学科背景下理解团队的意义，了解软件项目团队的角色，主动与其他成员沟通、合作，开展工作。

（5）能够在团队中承担个体、团队成员以及负责人的角色。

学生学习成果具体体现如下：①各项目组独立完成一套小型的单机环境的应用系统开发，使用 C/C++ 语言编程代码行数平均超过 2500 行。②各个开发组完成项目文档：需求分析、系统设计、用户手册和项目组总结等 1 套技术文档，完成系统演示视频录像 1 份。每人完成项目个人小结 1 份。

三、课程内容及教学策略

1. 优选的教学内容给学生更大的发挥空间

为达到教学目标，优选课程教学内容是关键所在，适当的项目选题是实现教学目标的基石。

教师在项目选择时，要在充分了解学生知识背景和能力水平的基础上，了解学生常用的开发环境和平台，尽量选择学生身边熟悉的系统，或者易于获取的平台，以便于作为样板进行学习，进而作为参考系统自行开发。

本实习在十几年的教学过程逐步积累了十余个不同的项目。最近 5 年来，学生在课程实习中已经完成的项目如表 1 所示。

表 1　项目与可借鉴的原型系统

年级	项目名称	可借鉴的原型系统
2017 级	C 语言集成开发环境 IDE	DEV C++，Code：：Block
2016 级	小型文件系统 mFMS	DOS 文件系统，U 盘
2015 级	类 C 语言解释器	DEV C++，VC 6.0，VB
2014 级	微型内存数据库系统	FoxBase，FoxPro，Access，SQL
2013 级	SXC 语言（自定义）解释器	TC 3.0，DEV，VC 6.0

每次实习发布一个项目，提出统一的项目需求，同时，提供可参考的原型系统，学生通过参考原型系统可以有效地降低项目进入时的难度。为使不同技术水

平的学生都能够有效发挥自己的技术特长，在设计项目需求时将项目的需求分为三个层次：一为必须满足的基本功能需求和性能要求，以考察学生的基本设计能力和编程能力，是所完成项目必须达到的下限；二为可以选做的具有一定难度的功能需求，以考查学生解决典型难题的综合能力，是为水平较高学生准备的上限要求；三为在项目基本结束阶段"突发"的需求变更，这是综合考察整个软件系统的架构设计和系统的可扩展性。

2. 以学生为主体的教学策略为学生展示才干搭建舞台

在实习过程中，各个教学环境均努力使学生成为实习的主体，使他们在工程中充分体验软件项目开发与管理的全过程，教师要退居二线，成为一名"旁观者"或"质询者"。

学生按照时间节点要求，自主完成开发团队组建、开发模型（方法）选择、开发人员合理分工、项目总体进度控制、项目质量监控、团队有效协作与交流，以及文档管理等软件开发项目管理的全过程。在实际开发中通过团队协作、小组讨论、汇报演讲和质疑提问等集体交流形式，使学生体会到团队开发和集体协作在软件项目开发中的意义和重要性。

指导教师根据实习计划，监督项目进度，听取设计汇报，质询设计方案，引导深入思考，评价项目成果等。

指导教师在每次汇报会上，针对学生开发组的汇报，有目的地向开发小组成员提出问题，同时，要求其他组的学生向汇报的小组提出问题进行质询，以促进不同开发组之间的相互学术交流。指导教师对学生在项目设计、开发中出现的问题不做任何结论性的回答，以倾听和提问为主，引导学生进行独立思考找出答案。

四、课程考核办法及教学效果

考核的基本依据为项目需求，项目验收依此为据。

实习将项目开发过程、本人表现和开发结果相结合进行综合评分。在规定时间内完成一个规定的系统满分为 100 分。其中，可运行的软件系统 50 分，相关文档 20 分，开发过程 20 分，平时表现 10 分。如表 2 所示。

表 2　评分参考标准

项目	要求	对应 ILOs 指标点	分数
可运行的软件系统（含源程序和演示视频）	满足基本功能要求和性能要求	（1）、（2）	30
	满足扩展功能要求		10
	满足需求变化带来的功能扩展		10

续表

项目	要求	对应 ILOs 指标点	分数
相关文档	需求文档	(3)	5
	概要设计书		5
	详细设计说明书		5
	用户使用说明书		5
开发过程	项目中担任的工作	(4)、(5)	4
	讨论会发言与提问		5
	项目总结报告		4
	个人总结报告		2
平时表现	集体活动考勤与表现		15

五、课程特色和创新之处

经过多年的教学实践，我们的课程有如下特色和创新。

1. 实习课程作为大学阶段中间环节，完成课程体系有机衔接

"软件工程综合实习"面向软件工程专业大三学生开设，在暑假的短学期中集中进行，参加实习的学生正好处于大学学习的中间阶段，他们已经完成了专业基础课程学习，将要全面开始进入专业课程学习。学生在前期课程中已经完成了"C 语言程序设计""面向对象程序设计 C++"和"数据结构与算法"等专业基础课程的学习，已具备了基本的编程能力，学生平均水平达到了个人能够独立编写约 400 行 C 语言程序的能力。此时，学生的学习方式主要是课堂讲授，学到的主要是按课程切分的书本知识，如何综合运用所学到的知识，将分散在各门课程中书本知识进行有机融合，是一个需要引导学生解决的问题。

同时，参加实习学生还完成了"软件工程基础"课程的学习，经过了简单的文档编写的训练。软件工程是一门将工程项目管理与软件开发技术融为一体的课程，是指导技术人员进行软件项目开发的世界观和方法论，是一门理论性与工程性紧密结合的课程。但由于我们的学生尚无独立设计与开发小型应用系统的实践经历，尚无团队开发和集体协作的经验，所以在学习完软件工程的相关理论和方法之后，无法真正理解其中的含义，更不知道在实际的工程中如何有效运行软件工程的理论和方法来指导软件开发，所以学生往往将软件工程学成一门靠名词堆砌和教条背诵的理论课。如何用软件工程理论指导开发实践也是急需解决的问题。

在大学的后期将进入更深入的专业学习阶段，这个阶段要求学生更积极主动

地参与专业学生,要具备更扎实的专业基础和学习能力,要具有更开阔的专业视野和综合能力,这些都对学生提出了新的挑战。如何引导学生更主动学习、更积极思考,也是教学过程中需要面对的课题。

基于上述背景,"软件工程综合实习"以实际项目为背景,采用团队开发形式,用软件工程理论来指导软件项目开发,引导学生将理论与实践相结合;用超过学生所学课程、具有一定难度的小型应用系统引导学生进行知识融合和自主学习,为后续阶段学习打下伏笔。

2. 以教师为指导、学生为主体的课程设计调动了学生的学习积极性

实习过程中,教师和学生分别承担不同角色,让学生成为课程的主导,以开发小组为单位完成整个项目开发工作,教师成为学生的指导。

主讲教师作为项目的需求方(甲方)提出明确的项目要求(需求),布置题目,检查进度,评定成绩。整个课程设立一位主讲教师。学生作为项目开发的主体(乙方),根据需求选择或设计数据结构和算法,独立进行分析、设计、编程和测试等全部工作。学生作为项目组长,负责项目开发的全部过程。指导教师作为监督方(丙方),进行适当的指导,组织分班讨论,控制总体进度,做最后的项目验收和检查,评定成绩。每个教学班设立一位指导教师。

为保证教学效果,充分调动学生的学习积极性,我们对学生的实习进行有效组织,对学生提出明确的检查要求,让整个实习过程落到实处。实习按教学班级由学生自主成立开发组,每组人数不超过 5 人,明确人员分工,确定组长 1 人。开发组在实习期间作为项目开发的整体进行管理,组长为责任人对开发全过程进行负责。

全体学生进入开发组,作为项目人参与开发全过程。每名学生在项目开发过程中能够分别承担不同的开发角色:项目组长、编程开发人员、质量控制人员、文档编写人员。

在整个开发工程中,每名学生至少参加 3 次项目开发组讨论,每名学生至少 3 次在班级讨论中质疑或发表自己的观点,每个开发组至少发表 3 次主题演讲介绍项目进度。

这样的课程组织,使学生体验了一个项目开发的全过程,指导教师的适当参与,定时听取进度汇报和技术汇报,适当的技术质疑和提问,可以及时纠正学生在开发过程中的明显失误,督促学生的项目进度,保证最后的软件质量。

3. 项目背景知识适当超前,系统需求合理分层,给不同能力的学生创造不同施展空间

为达到教学目标,优选课程教学内容是关键所在,适当的项目选题是实现教学目标的基石。在设计实习项目过程中我们坚持两个原则,一是背景知识适当超前,二是系统需求合理分层,以使不同能力、不同基础的学生都能够通过自己的努力达到目标。

在项目选择时，要在充分了解学生知识背景和能力水平，充分考虑后续课程的教学内容和实验衔接的基础上，使实习项目的背景知识适当超前。即开发项目所要求的基础知识和编程能力要高于学生已经具有的知识水平和开发能力，要求学生要全力通过快速自学完成"向上跳一下"的过程才能完成。

实习项目有明确的背景知识和自主学习的知识要求。最近5年中，实习项目与学生需要扩展的相关知识点如表3所示。

表3 项目与扩展知识之间的关系

项目名称	需扩展的知识点
类C语言解释器 SXC语言（自定义）解释器	QT开发环境，"编译原理"中的词法分析和语法分析，解释器执行与原理，debug原理。
小型C语言集成开发环境	QT开发环境，"编译原理"中的词法分析和语法分析。
小型文件系统mFMS	"操作系统原理"中的文件管理，Linux文件系统设计，DOS文件系统设计。
微型内存数据库系统	文件操作，"数据原理"中SQL语言，"编译原理"中的词法分析和语法分析。

其中项目中所涉及的"编译原理""操作系统原理"和"数据库原理"等相关知识都是后续课程中要学习的内容；而QT开发环境、debug原理等知识又都是大学课程中不会涉及的内容，这些知识点都需要学生根据项目需求自主地进行快速学习。

同时，为适应不同学生的能力水平，所开发的项目要具有一定的弹性，能够将系统需求进行适当分层，为不同水平的学生创造不同的发挥空间，使学生都能够根据自己的条件分别达到不同的能力要求。例如，针对"类C语言解释器"不同层次的要求如表4所示。

表4 "类C语言解释器"能力要求

层次	描述功能	功能要求
基本要求	开发一个简单的C语言集成开发环境IDE。	支持基本编辑功能，支持单个文件编辑，支持C程序长度不超过1000行；操作响应无明显延迟；能够对C语言源程序进行编译，并反馈编译结果，给出正确程序的执行结果。
中级要求	开发一个美观、易用的C语言集成开发环境IDE。	支持C语言关键字识别并高亮显示，支持自动排版，括号按语法要求自动匹配。支持多文件编辑。
高级要求	开发一个美观、易用、功能齐全的C语言集成开发环境IDE。	实现对程序的debug，实现面向对象中的函数多态。

经过几年的教学实践，上述项目安排可以很好地发挥不同学生的能力，每年全部学生均可以达到基本要求，约有 60% 的学生达到中级要求，有 10%～20% 的学生能够达到高级要求。

4. 团队协作开发、严格工期限制、需求意外变更，使学生体会实际项目的工程化开发

软件行业的发展已经使团队开发、有效协作成为软件项目开发最重要的开发形式，严格的工期限制是实际项目必须面临的限制，用户需求的意外变更已经成为业界的常态，使学生在实习中体会到这些软件项目开发过程中存在的客观限制条件，是实习中要体现出来的工程化特点之一。

严格的工期限制与希望开发出更强大功能是有矛盾的，如何在项目组成员能力的范围内进行有效的边界控制，最后完成一个可运行系统，这是每个项目组在项目开始始终都要面对的问题，不同功能点的取舍、不同技术方案的折中等都是学生必须面对的决策。

为了加强团队协作，对项目组内的分工有明确要求，组内要通过会议的形式进行方案讨论；在教学班进行交流时，要求与会每名学生都认真听取其他组的介绍，参与方案讨论，每名学生在一次会上至少发言一次，提出问题或者回答问题。

甲方需求变更同样是实际工程中必然遇到的问题，软件设计应该能够在一定范围内变更需求。好的软件架构设计具有良好的可扩展性。例如，在"类 C 语言解释器"项目中，就将实现面向对象中的函数多态作为需求变更，在"小型 C 语言集成开发环境"将基于语法的语句折叠作为需求变更，这样有能力的项目组可以在原有架构的基础上进行深入设计，快速实现变更。

这样的团队协作开发、严格工期限制、需求意外变更等都为学生制造了一个接近实际的场景，使学生体会到了接近实际的项目工程化开发。

第3篇

理学与材料学部

成果导向，通专融合的"先进复合材料"研究型课程建设

授课教师：陈煜　金韶华　姚维尚　许兴燕
开课单位：材料学院

一、课程概要

本课程的主要教学对象是三年级本科生，学生已学习过物理化学、有机化学、高分子化学、高分子物理等基础课程，参加过科学研究综合训练实践课程，有较好的专业基础知识积累和开展研究型学习的能力。

课程的主要教学模式包括：基于多类素材的理论教学、研究型调研、学习与讨论、学术进展型综述论文撰写、实验等。

课程的主要内容包括：

（1）复合材料概述：包含复合材料的定义、复合材料发展概况、复合材料的命名与分类、复合材料的性能、复合材料的应用等内容。

（2）聚合物基复合材料：包含概述、聚合物基体的基本性能、增强体的基本性能、聚合物基复合材料的制造工艺、聚合物基复合材料的性能及聚合物基复合材料的应用等内容。

（3）兵器用聚合物基复合材料：包含兵器对复合材料的需求、聚合物基复合材料在兵器中的应用及其性能、固体推进剂及其性能调节理论、隐身复合材料及其性能等内容。本章内容是课程的重点，固体推进剂及其性能调节理论尤其是本章中的重点内容。

（4）国防用其他聚合物基复合材料：包含航天用聚合物基复合材料、航空用聚合物基复合材料、舰船用聚合物基复合材料、装甲武器用聚合物基复合材料等内容。

二、课程教学目标及预期学习成果

1. 课程教学目标

将先进复合材料课程的授课与学科前沿研究进展、本校特色研究进展等充分

结合，引入行业工程案例，采用理论讲授、视频资料辅助、文献讨论、主题调研与讨论、综述论文撰写等内容丰富的教学手段，精心准备配套完善的教材、课件、网络平台、实验实践等教学资源，结合适合的课程考评机制等，促进学生将课程基础理论知识与学科前沿进展充分结合，学会利用课程知识分析、解决工程问题，提升团队协作能力与成果汇报能力，结合课程教学规律适时融入思政教育，激发学生参与相关研究工作的热情，培养学生的学习主动性、创造性，并为本学科其他专业课程的建设提供经验借鉴与指导。

2. 预期学习成果

（1）知识层面：能知悉和理解先进复合材料的基本概念、发展趋势、组成、性能特点及调节方法；能解释先进复合材料结构与性能的相关关系。(ILOs1)

（2）能力层面：能针对实际问题，运用恰当的专业知识，分析先进复合材料的复杂工程问题，以获得有效结论；能设计针对先进复合材料领域各种实际问题的解决方案，并在设计中体现追求创新的态度和意识；能够基于所学的专业知识，合理分析、评价先进复合材料工程实践和复杂工程问题解决方案对社会的影响。(ILOs2) 能够运用图书馆和网络数据库等资源进行有效的文献检索和资料查询；具备科技论文或进展综述的书写与口头报告的能力，能够就先进复合材料工程领域的问题与业界同行及社会公众进行有效交流。(ILOs3) 具备将多学科融合，借助团队协作和各种工具对基于高分子材料的先进复合材料性能进行分析、研究、讨论、设计的科学素养。(ILOs4)

（3）态度层面：具备团队协作能力，能够与团队成员有效沟通并在团队中发挥应有的作用；通过课程思政教育，具有端正的研究学习态度，具有强烈的利用专业所学为社会、经济服务的愿望。(ILOs5)

作为研究型课程，使学生在实现知识层面应学应会的相关目标的同时，提升学生在能力层面和态度层面的学习效果，是重中之重。

三、课程内容及教学策略

（1）课程内容及其与预期学习成果之间的对应支撑关系，如表 1 所示。

表 1 课程内容及其与预期学习成果之间的对应支撑关系

课程内容	教学方法与策略	预期学习成果
第一章　复合材料概述 1.1　复合材料的定义 1.2　复合材料发展概况 1.3　复合材料的命名与分类 1.4　复合材料的性能 1.5　复合材料的应用	讲授、幻灯片、视频与课堂讨论	ILOs1、ILOs3

续表

课程内容	教学方法与策略	预期学习成果
第二章 聚合物基复合材料 2.1 概述 2.2 聚合物基体的基本性能 2.3 增强体的基本性能 2.4 聚合物基复合材料的制造工艺 2.5 聚合物基复合材料的性能 2.6 聚合物基复合材料的应用	讲授、幻灯片、推导、课堂讨论与归纳、平时考查中的讨论部分穿插进行，主题讨论、工程案例分析、复合材料性能测试实验。	ILOs1、ILOs2、ILOs3、ILOs4、ILOs5
第三章 兵器用聚合物基复合材料 3.1 兵器对复合材料的需求 3.2 聚合物基复合材料在兵器中的应用及其性能 3.3 固体推进剂及其性能调节理论 3.4 隐身复合材料及其性能	讲授、幻灯片、推导、课堂讨论与归纳、平时考查中的讨论部分穿插进行，主题讨论，工程案例分析，开始进行进展综述型论文撰写。	ILOs1、ILOs2、ILOs3、ILOs4、ILOs5
第四章 国防用其他聚合物基复合材料 4.1 航天用聚合物基复合材料 4.2 航空用聚合物基复合材料 4.3 舰船用聚合物基复合材料	讲授、幻灯片、课堂讨论与归纳，完成进展综述型论文的撰写与讲评。	ILOs2、ILOs3、ILOs4、ILOs5

(2) 针对预期学习成果设计相应的教学策略的具体实施方法案例：

下面以课程第三章"兵器用聚合物基复合材料"中的3.3"固体推进剂及其性能调节理论"为例，介绍本研究型课程如何针对预期学习成果设计相应的教学策略。

该节是本课程中的核心重要内容，主要目的是结合对聚合物基复合材料的基本理论的学习，与北京理工大学高分子材料与工程专业的国防特色学科特点深度结合，开展理论学习与研究学习的深度结合，促进课程预期学习成果的实现。

该节的内容特点，以基本概念→理论分析→实验结果验证→性能影响因素系统分析→调整策略分析→工程实例讨论的顺序，开展固体推进剂及其性能调节理论的研究型教学。

针对本部分的ILOs1目标，课程通过幻灯片课件与讲义材料，讲述固体推进剂各项性能的基本概念；通过幻灯片课件结合板书推导，开展固体推进剂性能影响因素的理论分析；结合实验室的参观与复合材料性能测试实验、最新文献结果分析，介绍固体推进剂性能的实验结果验证的教学。通过以上学习，学生达到知悉和理解先进复合材料的基本概念、发展趋势、组成、性能特点及调节方法，结构与性能的相关关系的目标。

针对本部分的ILOs2目标，课程通过老师举例的典型最新文献结果，对固体推进剂的性能影响因素进行系统分析；通过与学生共同讨论，并在老师的带领下进行归纳。在此基础上，大家一起讨论并归纳固体推进剂性能的调整策略。进一步结合提前布置的主题讨论题目，通过小组报告以及全班各小组质疑讨论，对相关的工程实例问题进行讨论。通过以上学习，学生达到能够针对实际问题，运用恰当的专业知识，分析先进复合材料的复杂工程问题，以获得有效结论的目标。

针对本部分的 ILOs3 目标，教师在讲课过程中对最新文献结果进行介绍，教师介绍文献的背景和自己的检索方法，引导学生学会进行文献检索和资料查询；结合各组所进行的主题报告，教师进行点评，对学生的报告的结构、报告方式、幻灯片制作等情况进行评价与总计，并提出建议，提升学生团队合作报告能力，以及科技论文、报告的书写能力。通过以上学习，学生拥有运用图书馆和网络数据库等资源进行文献检索和资料查询的能力；拥有团队协作能力，能够与团队成员有效沟通并在团队中发挥应有的作用；具备科技论文或报告的书写与口头报告的能力。

针对本部分的 ILOs4 目标，在教师的典型最新文献结果介绍和学生的主题汇报过程中，教师及时分析创新成果如何实现多学科融合与协作，以及高分子材料与固体推进剂性能之间的相关关系；在实验室的参观与复合材料性能测试实验中，教师深入介绍相关专用测试设备的设计原理，满足材料性能测试的关键思路，以及测试设备在复合材料性能测试领域的应用价值等。通过以上学习，学生具备将多学科融合，借助团队协作和各种工具对基于高分子材料的先进复合材料性能进行分析、研究、讨论、设计的科学素养。

四、课程考核办法及教学效果

本课程在进行研究型课程项目的建设过程中，非常注重课程整体和学生个体ILOs 达成情况的评价方法的探索。

与传统教学相比，研究型教学的评价主体由教师转向学生，评价方式由终结性变为发展性，传统教学的"一张试卷定成绩"的考核方式无法适应研究型教学的需求，多元化的教学考评手段的建立非常必要。我们在课程的教学过程中，以促进学生的研究型学习积极性的提高为目的，对完善成绩评定内容与方法进行了深入的探索，努力使课程成绩评价的内容应包括学生学习的全过程，包括平时研究型学习的成绩、学术论文的成绩和期末考核成绩等。

在课程平时成绩的考评过程中，探索了由学生进行互评的评价方式，对课堂上进行的各种研究型学习、讨论活动进行评价。本评价部分主要是针对教学目标中的 ILOs2、ILOs3、ILOs4 的实现情况进行评价。每次讨论课前都给学生发放课程讨论课评分表，学生对各组在讨论过程中的文献调研质量、文献总结情况、文献与基础知识的关联程度、对问题的理解程度和讨论效果等进行量化评分，以全面、客观评价各组对讨论问题的准备、理解程度以及进行思辨的能力。在讨论课的评分方式中，通过两个学期上课的实践，探索得到的较适宜的评价方式是：学生的互评成绩与教师的评价成绩各占 50%；学生评价的成绩中去掉最高分和最低分后取平均成绩。通过以上措施，充分保证了课程讨论评价的客观公正性，对学生参与研究型讨论也起到了良好的激励效果。

在课程学术论文的布置、写作、评价机制的建立过程中，根据调研及项目组讨论，对论文的选题方向、写作要求、评价细则等进行了详细的要求，以达到通过论文的写作进一步促进学生对知识的理解和掌握，深化对某一领域研究进展的认识，培养和锻炼学生总结、归纳、表达的能力的目的。同时，通过项目组教师集体评阅论文的方式保证了评价结果的客观公正性。此外，在课程考试前，将教师标注评价意见的学生论文及时发放给学生，让学生了解自己在论文撰写中存在的问题，并将自己的想法反馈给教师；考试时及时回收论文，最终给予评定的论文成绩。通过这样的方式，促进了师生之间的良好沟通，也让学生切实通过撰写课程论文掌握了科技论文的写作技巧和方法，为学生今后对科学研究结果的总结归纳起到了很好的促进作用。本评价部分主要是针对教学目标中的 ILOs3 和 ILOs4 的实现情况进行评价。

在期末考试的考评中，主要针对教学目标中的 ILOs1 和 ILOs4 的实现情况进行评价。依据着重考查学生对已学过的理论的理解程度，考查其创新能力和研究型学习的能力的原则，采取了开卷的考试方法，相对于以前传统的课程考试的出题方式，对试题内容和考核重点进行了全方位的改革。在题目中，去掉了较好拿分的填空、名词解释等客观题，而将题目主观题目的比例提高到100%。通过判断正误和多选这两类题目考查学生对基础知识的掌握情况。问答题依据由易到难的顺序分为三类：第一类题目注重对基础知识的自我总结和归纳；第二类题目强调对课堂自学知识的总结和归纳；第三类题目注重对课程中所学的全部知识的融会贯通，强调对问题的深入研究型总结与讨论。在分值上，前两类问答题仅占20%的比例，而考查能力的第三类问答题的分值高达45%的比例。通过以上出题方式的引导，极大地调动了学生思考、总结、归纳，以研究性的思路对待课程中问题的解决的积极性。同时，还建立了适合课程研究型教学的考试题库，为今后课程考评的深化奠定了良好的基础。

通过在课程建设过程中上述多元化的评价手段的建立，强调了研究、思考、讨论过程的重要性，提升了学生参与研究型学习的积极性、主动性，全面客观地体现了学生在研究型学习过程中的学习状况，有助于最大限度地提升学生的研究型学习的效果和水平。

五、课程特色和创新之处

近年来，课程的教学团队结合先进复合材料研究型课程体系的改革，在深入探索适合于研究型课程教学的创新性教学手段与方法的同时，将课程建设与工程教育评价、新工科建设深度融合，深入实践以成果为导向的教育理念，注重教学内容的通专融合，探索多学科、多行业交叉融合，开展深入的课程思政教育，显著提高了课程的教学效果和水平，培养了学生较好的综合能力。如图1所示。

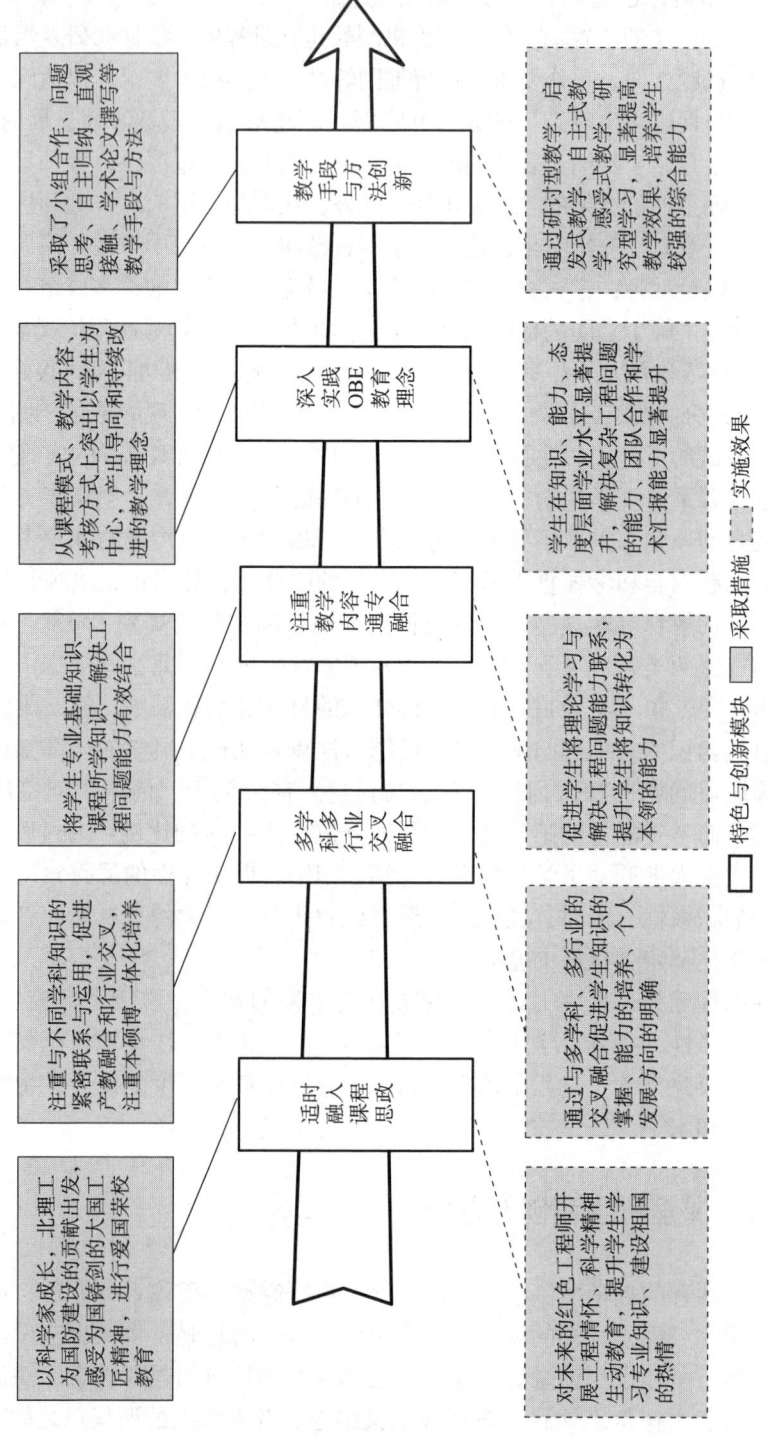

图1 先进复合材料课程建设的特色与创新

1. 适合于研究型课程教学的教学手段与方法的创新

结合先进复合材料课程的特点及研究型课程的建设需要,团队在课程建设中,从探索基于小组合作的研讨型教学、基于问题思考的启发式教学、基于学生归纳的自主式教学、基于直观接触的感受式教学以及基于学术论文撰写的研究型学习等五个方面入手,建立了先进复合材料课程的研究型教学手段和方法,并使不同教学实践手段相互融合、相互促进,显著提高了课程的教学效果和水平。相关教学方法的建设思路,已在发表的教改文章《先进复合材料研究型课程体系的探索与实践》[化工高等教育,2015(6):40-43]一文中进行了详细介绍。

2. 深入实践以成果为导向的教育理念

围绕学生产出成就(即学生学到什么)的目标主线,建立"定义预期学习产出—实现预期学习产出—评估学习产出"的课程教学主旨,在教学中深入实践以学生为中心,产出导向和持续改进的教学理念。

结合课程成果导向和学生产出成就的分析,在课程模式、教学内容、考核方式上进行了合理的调整。在课程教学模式上,打破了传统授课中以知识讲授为主的模式,以解决实际工程技术问题或者最新研究热点问题为驱动点,采用在基础教学之上的总结归纳、项目研究、创新设计、总结讨论、实验参与等方式,以实现学生能力层面和态度层面学业水平的提升。相应地,在教学内容的设计上,打破了传统的以理论知识和应用举例为主的内容安排,在课堂教学中引入最新研究成果分析、主题汇报学习、创新思路分析等内容,提升学生深度学习、思辨、分析解决工程问题的能力。在考核方式方面,引入多元化的考评方式,将课程成绩评价的内容包括学生学习的全过程,使成绩评价更好地反映学生的学习能力的提升效果;并在部分评价中将评价主体适度由教师转向学生,通过角色转换提升学生自我评价,学术鉴赏的水平。通过上述以成果为导向教学理念的深入实施,学生在课程知识层面的掌握上进一步强化,解决复杂工程问题的能力、团队合作和学术汇报能力显著提升,为学生深入学习本专业的其他相关知识、健康可持续发展提供了坚实动力。

3. 注重教学内容的通专融合,提升学生的理论水平与工程能力

通专融合教育,是一种有目的、有计划地将通识精神与专业思维内化,促成通识教育与专业教育之间"你中有我、我中有你"相互渗透的辩证性有机结合,推动学生专业技能和基本素质的紧密联系、协同贯通,并最终实现学生全面发展的教育形式。在专业课程的教学中,不仅要注重专业特色,还要深度考虑通识教育与工程教育的拓展,全面提升学生的能力。

先进复合材料课程,是一门能够将学生专业基础知识、课程所学知识、解决工程问题能力有效结合的特色课程,是北京理工大学高分子材料专业的一门专业枢纽课。本课程的学习有助于学生将所学的高分子化学、高分子物理、物理化学

等专业基础知识与复合材料的性能紧密联系，体会和掌握专业基础知识的活学活用技巧；也将从解决复合材料组成复杂、性能要求全面、调节过程牵一发而动全身的结构与性能调节难点中，学会解决复杂工程问题的能力。因此，在课程教学中，注重联系专业基础知识，掌握课程新学知识，拓展分析解决综合问题的能力，是本课程实现好专业枢纽课功能，促进学生通专融合，提升学生将理论学习与解决工程问题能力联系的关键。此外，我们还通过专业实验室参观和体验实验，增加学生对所学材料性能指标的理解，促进学生将专业知识与工程问题联系，提升学生将知识转化为本领的能力。

4. 适应新工科建设方向，探索与多学科、多行业交叉融合

以国家战略需求为引领，以产业需求为动力，积极响应新工科建设，培育复合专业人才，是我国工科教育的主流方向。

课程是工科教育的核心部件单元。在先进复合材料研究型课程的改革中，我们非常注意通过与多学科、多行业的交叉融合提升对学生知识、能力的培养。先进复合材料课程作为专业枢纽课，本身就是一门多学科交叉联系的课程，在课程的教学中，要用到学生在有机化学、物理化学、高分子化学、高分子物理等课程中学到的知识，还要结合流变学、化工原理、理论模拟等方面的专业知识。因此，在课程中，我们以课程的主要教学内容为出发点，注重与不同学科知识的紧密联系与运用，采用回顾—推理—应用练习的教学方式，促进学生结合多学科知识开展专业学习的能力提升。同时，本课程讲授的内容，也与多个行业有紧密联系。我们在课程中，紧紧依托北京理工大学材料学院已建立的国家级"应用型军工人才培养与创新实践基地"，紧密联系兵器204所、203所、375厂、805厂等研究所、企业，聘请校外导师进行实例授课，整理课程工程应用案例，促进产教融合和行业交叉，取得了良好的效果。此外，注重课程教学中的本硕博一体化培养，通过引入在具体材料研究领域具有一定经验积累的研究生担任课程助教，与学生开展深入沟通，促进学生对专业学习方向的深入了解。

5. 遵循课程自身规律，适时融入课程思政

如何将"思政"与"课程"自然有机融合，达到"如春在花、如盐化水"的效果，促进两者的相互促进和协调发展，一直以来是专业课程教学改革中的关键点。

结合先进复合材料课程内容与国防建设、北理工特色专业学科联系紧密的特点，注重发掘国防人、兵器人、北理工人的为国铸剑的大国工匠精神，注重发掘老一代科学家为国家无私奉献、追求真理的精神。结合课程内容，联系从钱学森、王泽山等老院士、专家，到我校的徐更光、谭惠民等学术大师等的成长历程，他们在含能复合材料领域的卓越学术成就和追求真理的科学精神，从为人、为学经历等角度，感受科学家热爱国家、无私奉献、追求真理、艰苦奋斗的精神，感受他们科学报国的情怀与担当，达到对未来的红色工程师开展工程情怀、

科学精神生动教育的目的。同时，注重联系和分析北理工在历次阅兵中的突出表现，以及为我国国防装备事业做出的杰出贡献，分析北理工研发的含能复合材料在我国武器装备中的应用情况，对学生进行生动的爱国、荣校教育。上述生动、丰富、深刻的教育素材，使学生深受教育，大大提升了学生学习专业知识的热情，激发了学生建设祖国的激情。

"有机合成路线设计"研究型课程案例

——以培养自主学习能力为主体目标的研究型课程建设

授课教师：佟斌　董宇平　开课单位：材料学院

一、课程概要

有机合成路线设计授课对象是材料化学专业三年级的本科生，是学生在二年级学过的基础有机化学课程的基础上开设的后续课程。基础有机化学主要介绍有机化学的基本理论、基本概念及有机官能团的反应。有机合成路线设计则在基础有机化学的基础上，重点介绍和讨论目标有机化合物的有机合成路线设计的基本方法和策略，另外进一步介绍有机化学反应，在有机化学反应方面侧重有机反应的选择性，为有机合成路线设计奠定基础。本课程的学习，可丰富学生在有机合成反应和技术方面的知识，深化对有机化学反应机理的理解，掌握有机合成设计的基本方法和技巧，从而为学生奠定扎实的有机化学基础。同时通过研究型教学的授课方式，促进学生由被动吸收知识的学习阶段到自主学习、研究型学习阶段的转变。

二、课程教学目标及预期学习成果

1. 课程教学目标

（1）在基础有机化学课程的基础上，进一步掌握和理解有机化学反应的特点，包括反应物和生成物的结构特点、反应机理以及反应条件，侧重有机化学反应的选择性，重点提升分析生成物结构特征的能力，为有机合成路线设计奠定基础。有机合成路线设计是从目标化合物出发，反推起始化合物，因此需要断定目标化合物在哪里进行断键，断键后通过什么反应能够将两个片段连接起来。学生习惯看正向的有机化学反应，由 A 化合物和 B 化合物在一定条件下生成 C 化合物，但给出 C 化合物如何能断定出可以通过 A 和 B 化合物合成出来，这部分是课程的教学重点，也是学生对有机化学反应进一步掌握的关键点。

（2）掌握和理解有机合成路线的基本方法和基本策略，如对有机合成路线设计过程中所涉及的逆合成等基本策略能完整系统地理解。

(3) 通过学习本课程，学生具备基本的设计新型功能有机分子的能力。

(4) 通过以学生为主体，培养学生自主学习能力为主题目标的研究型课程建设，培养学生获得研究型学习的基本方法。在所学的经典的书本知识的基础上，进一步检索文献，在教师的指导下，了解掌握最新的研究进展，由被动的学习转变为主动的学习，充分调动学生学习的主动性，培养大学生发现问题、探究问题和解决问题的能力。

(5) 通过研究型教学模式的开展，使学生掌握学科前沿的学术动态，树立远大的学习目标，培养爱国情怀和责任心；同时助推学生对基础知识的深度理解，培养学生分析问题、解决问题的能力。

(6) 通过研究型课程的建设提高学生合作、交流和表达的能力，提升学生英文科技论文的阅读理解能力。

2. 预期学习成果

(1) 能够利用所学知识分析有机化学反应，依据反应机理推测生成物结构，而不是依靠死记硬背；同时依据反应机理，能够解释反应为什么需要在该反应条件下进行。

(2) 能够利用所学的有机合成路线的基本方法和基本策略，设计合成化合物，包括分析及设计目标化合物的逆合成路线及合成路线。

(3) 针对某一实际或科学的问题，能够获得相关的文献、书籍等支撑资料，并整理这些资料，系统地分析问题和解决问题。

(4) 能够将学习成果以PPT的形式做汇报，理解目前所学知识在科研及应用领域中的作用，进而强化学习目的。同时熟悉掌握学术汇报PPT的基本格式和要求，并加强提升PPT的艺术表达效果。

■ 三、课程内容及教学策略

针对本课程设定的教学目标和预期学习成果，在教学过程中拟采取以下的教学内容和教学策略：

(1) 针对基础有机化学课程基础知识部分，在大二的学习过程中，大部分学生是按章节一部分一部分学习的，没有进行知识的整合，而且这部分知识需要学生背的东西比较多，所以会出现考完试后就忘了的现象。在开课初期将这部分知识纵向连起来对学生进行讲解，带学生一起复习，使学生站在另一高度看待学过的有机化学知识。

(2) 为了让学生更好地过渡到对有机化合物进行路线设计，要求学生对有机化学反应的理解不只是正向的反应，还要学会分析生成物和反应物在结构上的区别。因此要从以下几个方面全面分析掌握反应：①反应物的结构特点；②在什么反应条件下；③反应机理；④生成物的结构特点，并与反应物作对比。以此为逆向合成设计奠定基础。

（3）课上讲解了有机合成路线设计的基本方法和基本策略，这方面的知识看似简单，关键点在于遇到什么结构的化合物采用什么样的方法，并灵活运用，通过在课上示例分析并让学生实例练习。

（4）在教学过程中，与教学内容相结合做科技前沿知识介绍。一方面使学生知道目前所学的基础知识在科学研究中所起的作用，调动学生学习的积极性，使学生明确目前所学基础知识的重要性；另一方面通过由浅入深的循序的前沿科技文献的介绍讲解，逐级铺垫，使学生掌握查找文献、阅读文献的方法。

（5）让学生带着好奇心和兴趣学习。问题研讨的课题选择，教师不做规定，而是放手，学生可以将在教学过程中所涉及的任何教学内容作为自己的兴趣点，并以此作为研究课题，查找书籍、文献，整理出课题报告，并做 PPT，在班上讲解。同时针对学生提出的问题，教师组织班级学生讨论，以此提高学生提出问题、分析问题、解决问题的能力。这部分是本研究型课程的教学关键部分。

（6）在学生开始做课题研究之前，教师做示范，介绍针对问题如何查找文献。由于学生目前的学术水平对科技文献没有判断能力，不能明辨对错，所以对学生阅读的文献要有明确的要求，鼓励阅读高水平的学术期刊，如 *Nature*、*Science* 等。2018 年秋季的试运行过程发现几名同学阅读讲解 *Science* 等高影响因子期刊的文章，这说明教师的预估学生是可以实现的。

（7）为了取得良好的教学效果，开始时以优秀的学生做示范，通过讨论等形式，教师引导、修正学生出现的问题，同时对后面的学生提出更高的要求，不许再出现同样的错误，使学生的演讲一个比一个更精彩，体现不断提升的过程。所以这里对每个学生的考核指标是不一样的，让学生把重心放在努力把自己感兴趣的问题讲解得更好，而不是只看中成绩，讲完就没事了，所以后面讲的学生的考核指标会更高。这个策略在多年的教学过程中取得了良好的教学成果，力求引导学生把学习动力放在各方面能力的提升上，而不只是看中考核成绩。

四、课程考核办法及教学效果

针对不同层次的教学成果设计了不同的考核办法。

（1）课堂考试及作业中偏重对有机化学机理的理解方面的试题，以此带动学生对有机化学的学习。这部分是学科基础知识，要求学生必须掌握，因此通过课堂小测验、留作业的形式监督执行，并作为平时成绩的一部分计入总成绩中。

（2）分析及设计目标化合物的逆合成路线及合成路线也是教学重点内容，采用的考核方式与有机化学机理的考核相同。同时通过加强课堂的教学管理，把课堂的出勤管理作为平时成绩计入总成绩中。

（3）增加学生的课堂参与，调动学生学习的积极性。采用课堂随机提问的模式，会进行记录，但不计入最终成绩，主要为了促进学生积极思考，增加师生间的互动，建立良好的课堂学习气氛。

（4）考核分析问题、解决问题的能力是根据是否能有条理、完整地说明自己提出的问题，以 PPT 的制作、阅读文献的数量和文献的层次、所讲"故事"的逻辑性及完整性、课上参与讨论的活跃度等作为考核指标。而且针对学生汇报时的先后顺序设计不同的考核指标，前面学生讲解过程中出现的问题，在经过教师的分析讲解后，后面的学生要借鉴，不许再出现这样的错误，使学生的演讲一个比一个更精彩，体现不断提升的过程。这是平时考核成绩的重要组成部分。

在有机合成路线设计十几轮次的授课程中，学生反馈效果良好。教学督导组的教师听课，对于课堂讲课过程中教师和学生的互动以及学生在课上的活跃度给与了较高的评价：这种课上的活跃度不是一次两次课能够建立起来。

五、课程特色和创新之处

本课程主要有两个重要的教学内容：一是课程基础知识的讲授，这是学生以后从事本领域所必须掌握的知识；另一部分是研究型课程内容的实施，重在提升学生的综合能力。围绕这两方面的工作，主要的创新点及教学理念如下：

（1）基础知识的讲授方面，着重在积极引导和因材施教上下功夫，调动学生学习的积极性。

在讲授课程基础知识时，采取课上多提出问题的方法，同时给学生留出足够思考的空间，鼓励学生大胆说出自己的想法，说错了也没关系，重在大胆讲出来，以此来增加学生与教师互动的机会。在这样的互动讨论过程中，将所学知识传授给学生，而不是教师一言堂地讲授。同时这种传授模式，一方面能使学生在积极思考状态下主动接受知识，另一方面还可以通过引导的方式让学生说出下面要讲的知识点，这也是让学生由被动的学习转为主动学习的教学方法之一。北理工的学生各方面能力都很强，如何调动他们学习的积极性是教学的关键。

另外，因材施教在教学过程中也起到积极的促进作用。多利用课下时间和学生交流，掌握不同学生的学习特点。化学属于一门实践性的学科，知识的逻辑性不如数学、物理等学科强，需要背的知识点多，需要告知学生这样的学科特点，尤其对于理工科的学生要调整自己的学习模式。有一位同学就是一个典型的例子：物理是他的最爱学科，曾参加过全国的大学生物理竞赛，并获得名次，但是对有机化学却怎么也学不明白，在对他的辅导过程中发现他用物理的思维模式学习有机化学，总是有很多疑惑或者绕不过去的问题，在大方向上对他进行疏导，再以具体的实例问题讲解说明后，他不仅顺利通过这门课的考试，同时挂科的基础有机化学也顺利通过，作为教师也是由衷地恭喜他。

（2）研究型教学模式的实施。这部分教学内容根据学生能力的变化进行动态调整，体现以学生为中心的授课理念，使学生感受到课程的高阶性和挑战度，通过研讨课的形式培养学生的创新性。

有机合成路线设计基础知识主要由两部分组成：一是在大二有机化学基础上拓展有机化学反应；另一部分是化合物的合成路线设计。第二部分教学内容牢固建立在第一部分教学内容基础上，没有对有机化学反应的充分理解，是不可能进行逆向的有机合成路线设计的。因此在 2018 年以前，研究型教学主要围绕有机化学反应进行，采用的研究型教学模式是让每个学生负责 2~3 个有机化学人名反应。在课上首先给学生做示范，详细讲解如何从反应物与生成物的结构特点对比、反应机理以及该反应在实际的应用等几个方面掌握有机人名反应，然后让学生自己动手收集整理资料进行拓展学习。

这种教学模式取得了很好的教学效果。例如有的同学在教师要求的基础上，进而将人名反应在当时命名时的条件限制，以及以后随着科研的发展又有哪些补充及拓展等进行了充分的调研，在课上讲解过程中引起了学生很大的关注，进行了热烈的讨论，可以说是以点带面，从同龄人的角度让学生体会到如何更好地掌握有机化学反应，克服了单一的教师授课模式带来的学生的疲劳感。这不是考试所能起到的效果，这培养的是学生的自我学习能力，大学毕业以后无论是参加工作还是继续深造都将终身受益。

在经过几轮的教学实践，感受到学生已经能够很好地掌握教师的意图，这部分教学内容已经能很好地贯彻下去时，在 2013 年前后开始鼓励学生采用英文的 PPT 形式进行汇报。同时课上部分章节采用双语教学。这种模式，加强了本学科专业词汇的中英文对照学习，为英文文献的阅读奠定了基础。

近年来在教学过程中体会到学生的知识水平、学习能力、知识面等都有大幅度提高，因此针对学生的特点需要改进研究型的教学内容，将教学层次再提高一个台阶。因此在 2018 年开始尝试新的研究型教学内容，放手让学生对授课过程中任一感兴趣的内容，查找文献书籍等资料，系统地讲述一个完整的故事，包括提出问题、分析问题、解决问题。该教学内容的引进取得了良好的教学效果。印象很深的是有一位同学对海葵毒素的全合成非常感兴趣，查找 5 篇以上的文献，汇集了海葵毒素的全合成过程，课上进行了精彩的讲解，并从中体会到了有机合成过程所带来的兴奋、刺激及获得的喜悦感，由此感染同龄学生的学习热情。通过在讨论过程中，结合授课教师的科研经历，给予他们考虑问题的新视角，感受到学生眼中闪现的光芒；同时也感觉到给予学生拔的新高度，在设计好的教学内容铺垫和指导下，学生是可以达到的！

因此 2019 年轮次的教学继续开展这种模式的研究型教学模式，同时改进教学内容，增加本学科方向前沿领域研究工作的介绍。计算机及人工智能领域的发展促进了有机合成路线设计方法的改进，结合最近的研究进展，课上介绍了发表在 2018 年 *Nature* 上的一篇文章，引起了学生极大的关注（如图 1 所示）。例如有一位同学以此为课题进行文献调研，查阅了 Science，Journal of the American Chemical Society，Angewandte Chemie International Edition 等期刊，阅读了 10 多篇相关的文献，课上以《基于计算工程的分子合成方法学》为题进行了汇报，内容从化学哲学，到逆合成分析与综述，以及如何将化学问题转换为程序设计进行逆合成设计等，倾听后，学生从不同的角度提出了很多问题，班上进行了热烈的讨论。尽管有些问题不能在课上完全回答，但重要的是调动起学生浓厚的学习兴趣，对于他们未来的工作以及研究方向的选择都奠定了良好的基础。

ARTICLE

doi:10.1038/nature25978

Planning chemical syntheses with deep neural networks and symbolic AI

Marwin H. S. Segler[1,2], Mike Preuss[3] & Mark P. Waller[4]

To plan the syntheses of small organic molecules, chemists use retrosynthesis, a problem-solving technique in which target molecules are recursively transformed into increasingly simpler precursors. Computer-aided retrosynthesis would be a valuable tool but at present it is slow and provides results of unsatisfactory quality. Here we use Monte Carlo tree search and symbolic artificial intelligence (AI) to discover retrosynthetic routes. We combined Monte Carlo tree search with an expansion policy network that guides the search, and a filter network to pre-select the most promising retrosynthetic steps. These deep neural networks were trained on essentially all reactions ever published in organic chemistry. Our system solves for almost twice as many molecules, thirty times faster than the traditional computer-aided search method, which is based on extracted rules and hand-designed heuristics. In a double-blind AB test, chemists on average considered our computer-generated routes to be equivalent to reported literature routes.

Nature, 2018, 555, 604.

图 1　引起学生极大关注的一篇文章

"微纳加工技术"的实践浸入式课程案例

授课教师：翟华嶂　　开课单位：材料学院

■ 一、课程概要

微纳加工技术是一门面向材料科学与工程专业高年级本科学生的专业课，也适合微电子专业、精密仪器专业和机械制造专业的高年级本科学生学习。

教学方式以课堂讲授为主，结合开放式随堂课程实验、高新企业观摩教学和研讨式前沿文献汇报等教学模式。

课程内容以薄膜沉积技术为基础，深入芯片制作、OLED 多层屏幕蒸镀等最新前沿工艺技术。教学内容包括薄膜制备的通用工业技术（真空技术和等离子体技术）、薄膜制备的物理技术（真空蒸发法、溅射法、离子镀技术和离子束辅助沉积、分子束外延膜沉积技术等）、薄膜制备的化学技术（热生长、化学气相沉积、电镀、化学镀、L－B 技术等）、薄膜的生长理论和薄膜结构（新相的形核理论、连续薄膜的生长模式、薄膜的四种典型组织形态）、薄膜材料的表征方法（薄膜应力原理和测量、薄膜附着力原理和测量）、薄膜器件和光刻技术（薄膜图形化的设计流程、等离子体刻蚀技术和微观机制、纳米光刻技术）、微机电技术（MEMS）、纳米机电技术（NEMS）和 CPU 光刻技术、新型薄膜材料和器件（金刚石薄膜和超硬薄膜、石墨烯二维薄膜材料）、薄膜材料与器件前沿讲座等。

■ 二、课程教学目标及预期学习成果

1. 课程教学目标

本课程使学生深入系统掌握面向半导体和微电子产业的薄膜材料及微纳加工技术的专业基础知识、核心理论、基本技能、通用和专业技术；通过教学活动培养自主学习的习惯；加强团队协作和沟通交流的能力；提升学术交流与学术表达的能力；养成在科学研究工作中批判性思维和自我深造的能力；实现对学生的学科知识、专业能力、科学素养的一体化训练。

2. 预期学习成果

（1）能够完整、系统地掌握面向半导体和微电子薄膜的形核、连续生长、

组织结构、外延生长等专业知识和基础理论以及物理气相沉积、化学气相沉积等薄膜制备技术、刻蚀、图形化、微纳机电系统等微纳器件的核心加工技术的能力。

（2）能够在观摩高新企业的生产流程后，了解微纳加工的市场方向和技术需求，深入理解课程知识和技术如何在生产中实现输出。

（3）能够与小组或团队中成员有效协作，自主制定工艺参数，独立操作反应器，利用气相沉积合成预设的薄膜。

（4）能够利用课程知识对所沉积薄膜的结构与性能进行科学分析和讨论，并撰写规范的实验报告。

（5）能够与小组或团队中成员分工合作，对某一热点研究的薄膜材料或者微纳加工技术进行科技文献的检索和综述，并进行公开学术宣讲，对提问进行合理的解答。

三、课程内容及教学策略

以学校和材料学科"双一流"建设的人才培养目标为导向，采用一边精讲课程内容，一边尽早直接接触实验室科研实践和高新企业生产实践的"实践浸入式"研究型课程模式。

为达成预期学习成果，本课程设计了多种教学模式和教学策略，分为：知识要点精讲、开放式课程实验、高新企业观摩教学和研讨式前沿文献汇报，具体建设内容如下：

（1）知识要点精讲。精简讲授课程内容，将原来满堂灌的全程讲授内容压缩到总课时一半时间内。分清楚主要和次要的知识点，抓住重点内容和核心的逻辑条理，正确地取舍。对于次要的知识点和内容做到点到为止，并指明要求学生在课后的时间进行延展学习与扩充相关知识概念和理论。同时为了扩展学生的国际化视野，在课前发放了课程的英语专业词汇表，改进原来的 PPT 教案为中英文对照的教案，鼓励学生阅读外文原版教材。

（2）开放式分组课程实验。为了解决课堂教学偏重基础性、概念性、原理性和实际应用中薄膜材料的多样性和前沿性的脱节矛盾，设计开放式的课程实验，使科研活动成为有价值的学习和验证手段。开放式的课堂实验设计体现在不设固定的结论，不以实验结果论成败，评价的标准是在实验中运用了多少所学的知识点，合理解释实验现象和实验数据及结果。

组合若干个实验小组，设计目标材料从制备薄膜、分析薄膜到薄膜性能测试的整套实验流程，将课堂所学知识点如珍珠链般串联起来，实验的开放性体现在：提供多种金属材料靶材供实验小组自行选择合成，不设定目标材料体系；只给出大致的实验条件范围，让学生自行摸索和调整实验参数，得到不同微结构的薄膜，从而得到不一样的电学性能差别，甚至获得一些非预定的结果，供深入分析、测试和讨论。

在课程实验中指导教师的总结讲评是尤为重要的一个环节。通过分析结构表征和性能测试的图谱、数据，可以将之前的材料科学的各个知识点结合串联起来，将全面展示薄膜材料学的三要素"组成""结构""性能"之间的因果关系紧密联系起来。

(3) 半导体薄膜高新企业的现场观摩教学。通过事先联系、组织学生参观薄膜器件和半导体器件行业知名的高新技术企业——北京宇极芯光光电技术有限公司和京东方企业集团等，进行现场教学，使学生对微纳加工技术在高新企业的运用生产方式、社会需求有直观的认识，提高对所学课堂知识学有所用的信心，从而增强学习的动力和目标。同时也会让高新企业扩大在著名高等学校的影响力，招聘到潜在的优秀员工。

(4) 项目研讨式前沿文献汇报分为五个环节。一是选题。二是搜集资料，开展专题研究。采用小组合作方式利用图书馆、资料室和互联网查阅资料，也可以通过调查研究获取第一手研究材料。对过程中疑难问题，随时和教师联系，获得指导和解答。三是小组研讨。四是全班交流和评价。每个小组推选一位同学为代表，在全班范围内交流，宣讲PPT，同学可以提问并进行讨论，由各小组之间相互打分作为这个环节的成绩来源。五是总结提高。总结主要由教师进行。教师点评，将知识体系由点到面、由知识到能力、由思维到方法，作全面系统的评价，并介绍和补充相关知识和信息，帮助学生实现知识的迁移。

这样的课程设计保证了学生团队建设合理，教与学的组织形式、实施过程和管理手段能够保证每个学生按照既定要求完成学习和研究，在不同环节中提供了不同的角色和必要的训练。

知识要点精讲保障学生能够完整、系统地掌握面向半导体和微电子薄膜的专业基本概念、基础理论以及薄膜制备合成技术、蚀刻、图形化、光刻、微纳机电系统等微纳器件的核心加工技术，同时培养学生自主学习和终身学习的能力；增加了双语教学的元素，能够培养学生国际学术交流和自我深造的能力。

高新企业的现场观摩教学可以增强学生对课程和专业的兴趣，了解微纳加工的市场方向和技术需求，深入理解课程知识和技术如何在生产中实现输出，能够为化解教学产出和工业界需求脱节的矛盾构建桥梁。

在开放式课程实验环节，小组成员共同讨论制定靶材的种类、镀膜的工艺参数，实验中有的同学操作镀膜机，有的同学操作电镜观察显微结构，有的同学进行电学性能测试，然后大家汇总数据，讨论结果由组长执笔完成实验报告，在实验报告指明组内每一位同学的贡献。这个教学环节训练，能够与小组或团队中成员有效协作和沟通，自主制定工艺参数，独立操作反应器，利用气相沉积合成出预设的薄膜。同时，能够利用课程知识对所沉积薄膜的结构与性能进行科学分析和讨论，并撰写规范的实验报告，为在科研方向上的进一步提升奠定基石。

在研讨式的前沿文献汇报环节，每个小组有两到三名同学，共同调研文献，分析资料，分工制作宣讲 PPT 演示文稿，同学上台宣讲自己的调研文献，并且完成纸面的论文作业。这个教学环节的训练，能够使小组或团队中成员分工合作，对某一热点研究的薄膜材料或者微纳加工技术进行科技文献的检索和综述，并进行公开学术宣讲，对提问进行合理的解答。在这个环节培养学生主动学习、团队协作和沟通的能力，为在科研方向上的进一步提升奠定基石。

通过上面教学模式和策略可以有效保证每条预期学习成果的达成，实现对学生的学科知识、专业能力、科学素养的一体化培养。

四、课程考核办法及教学效果

本课程采用了多种教学模式设计和教学策略，针对不同操作环节，采取不同的评价过程，注重过程性考察。对于每个环节的预期学习成果，通过实验报告、文献报告和 PPT 文档、小测试和期末考试试卷来进行考评，在一些环节进行拍照照片和现场录像保留研究型教学运行的证据。以上这些材料可作为整体课程评价的支撑材料。

开放式课程实验教学的评价，要求能够与团队中成员有效协作，自主制定工艺参数，独立操作反应器，利用气相沉积合成预设的薄膜；具备利用课程知识对所沉积薄膜的结构与性能进行科学分析和讨论的能力；能够撰写出规范的实验报告；需要提交分组实验报告，记录实验过程、测试结果和分析讨论，在实验报告中写明每位小组成员的工作贡献。

高新企业观摩的现场教学实践的评价，要求能够直观了解微纳加工的市场方向和技术需求；能够深入理解课程知识和技术如何在生产中实现输出。考评要求每位学生写一段参观中所见一个课程知识点在实践中的应用。

研讨式前沿文献汇报教学活动的评价，要求能够与团队中成员分工合作，对某一热点研究的薄膜材料或者微纳加工技术进行科技文献的检索和综述，能够在课堂上作公开学术宣讲，并且能够对提问做出科学合理的解答。要求每小组提交项目综述文本和宣讲的 PPT 文档，在文献报告中写明每位小组成员的工作贡献；文献汇报环节各个小组之间进行互评，分数也列入计算，归入平时成绩。

根据课程实验报告、观摩教学报告、前沿文献汇报三个环节的上交材料和现场的表现和材料，教师考核每位同学的 ILOs 达成情况，给出平时成绩。

研究型课程的期末考试卷面成绩占总评成绩的 40%，在课程结束后进行闭卷期末考试，考查学生对于课程内容和知识点的掌握程度，评价整个课程 ILOs 的达成情况。

期末考卷的试卷分析和每一位学生对课程的建议和评价作为课程持续改进的

基础。

下面是部分学生的学习收获反馈：

对于您的授课方式，我想是我们学生喜欢的方式。这种通过将理论和实践参观结合起来的教学方式是值得每个老师去学习和实践的。最重要的一点是这种方式可以让我们对理论知识有了更好的理解。最后希望老师将这种授课方式延续下去。赞赞……（马同学　1120152116）

通过这门课的学习，我掌握了不少知识。老师认真负责，上课的时候常常抛出问题，同学们一起探讨，争取让所有同学都参与到课堂中。除了上课，还开展了一些实验和论文研读汇报，让我们对课上所学内容有更深入的理解。最让人惊喜的是，老师还带我们大家去了宇极芯光公司参观，这次参观是我第一次去企业参观，真的学到了很多。（黄同学　1320151147）

首先，非常感谢您在平时耐心地解答我的疑惑，大学三年来，最大的感受是上了这么多老师的课，没有一门课像您讲授得那么充实。丰富的课程实践，如上次的参观企业的活动，让我们把理论知识与实践相结合，受益匪浅。另外，课程小组展示上面，也让我们较好地锻炼了英文的阅读与翻译能力。

（黄同学　1120152235）

这门课授课时重点突出，合理使用各种教学形式，通过将课堂、企业参观、课堂实验以及课上展示四个部分结合起来，较好地带领我们了解了制膜技术、工艺等，同时通过阅读文献等也了解到薄膜方面最新的研究成果，教学整体效果较好，课堂气氛也较活跃。（朱同学　1120152180）

首先我表示很喜欢老师您的上课方式。实验、公司参观、上课结合一体，而不是很多课单纯地只有理论课。通过实验，我发现自己在最后复习的时候看到名称就知道各种仪器的长相，而不是像有些课，只能单纯靠想象来填补整个仪器画面。通过参观公司，我们提前了解到不同领域的知识，既开阔了视野，也在单调乏味的理论课中做了很好的调解。除此之外，感觉上您的课很轻松，很自由。我一直认为大学应该就是这样，没有太多的束缚。（杨同学　1320151075）

五、课程特色和创新之处

特色1：在课堂教学、讲授知识的同时让学生尽早和科研实践、生产实践相接触，见木又见林。让学生了解学有所用，知识技能可以在哪些方面能够切实得到应用，学到的本领并不是虚无缥缈的"屠龙之术"。从而使学生明了课程在整个专业体系中位置，提高对课程和专业的兴趣，增强学生的学习积极性和主动性。

特色2：通过几个项目式教学活动的实施锻炼学生，培养能力和素养；开放式实验结果，不设固定目标，在此过程中接受非预期的学习结果，注重考查项目过程中运用课堂知识去设计、分析和讨论；以团队方式完成课程教学活动，"在研究中学习"和"在学习中研究"。

特色3：在课堂讲授之外，设计三个不同的教学环节，即开放式课堂实验、高新企业观摩教学、前沿文献报告。这些活动的目的是使高年级学生成为课程教学过程的积极建构者和研究者。设计思路是尽早让学生将在课堂中所学知识和技术直接面对实验室科研一线、直接接触到设备，运用技术制备微电子薄膜，并在此过程中接受非预期的学习结果。让学生感受到所学可用，去思考所学如何用。经过实践过程信息多次反馈帮助课程设计和优化，预演从理论到实践，从课堂到科研的转化历程，突破教室和课本的限制，加大第二课堂的有机扩展，着力培养学生的创新思维、分析能力和动手能力等可持续发展核心的素质和能力。如图1和图2所示。

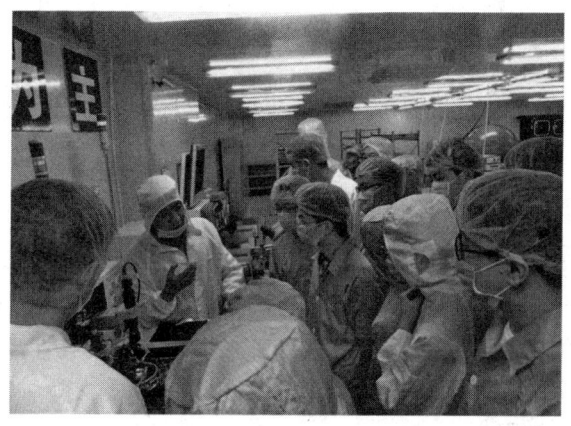

图1　高新企业观摩现场教学

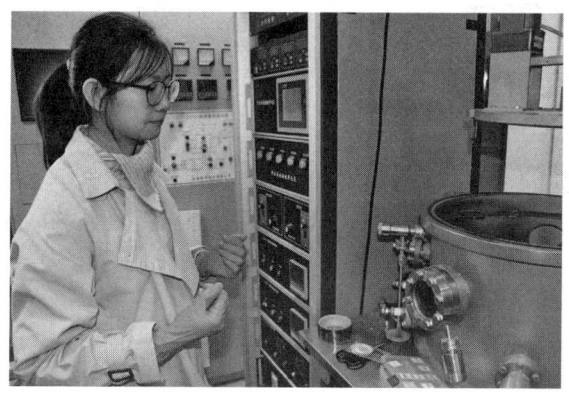

图2　开放式课程实验

特色4：教与学的组织形式、实施过程和管理手段能保证每个学生将理论学习与项目研究深度结合，按照课程设计要求完成研究和学习，每个环节都为学生实践提供了必要的角色和必要的训练环节，针对每个教学环节设计了形成性评价模式和评价标准。在课程的设计和教学环节，项目组由科研经历和教学经验丰富的老师作为引导者参与到其中，进行指导设计、规划方案、优化结果。

特色5：开放式课堂实验给学生提供直观的认识、直接上手操作设备的机会。微纳加工设备和技术学生在日常难以接触到，而穿插密切联系的课程实验作为补充，让学生走出课堂，进入实验室体验科研全过程，又不需要额外平行设置一门专门的实验课程，提高教学的效率和教学效果。学生自己设定工艺参数，选择材料类型，自己动手合成了半导体薄膜，还可以利用科研实验室完备的性能测试平台对样品进行分析测试，极大增强学生的研究兴趣，加深学生对教学知识的理解。

特色6：高新企业观摩教学可以让学生亲眼看到课堂知识和技术怎么转化为社会生产，了解微纳加工的市场方向和技术需求，为化解教学产出和工业界需求脱节的矛盾构建桥梁。

特色7：前沿文献汇报基于团队合作的项目，将某一专题的最新科研成果、行业技术引入课程，以问题探究、报告答辩等形式，锻炼了学生在团队活动中的协作能力、沟通交流能力、管理项目等能力，以及在科研上的学术表达能力、批判性思维，为在科研方向上进一步提升奠定了基石。

特色8："实践浸入式"属于一种研究型教学模式。通过设计教学活动，提高所有学生的课堂参与度，让学生成为课堂教学过程的中心。在教学活动过程中，推动学生运用课程知识来发现问题，分析原因，解决疑惑，进行决策，通过自己在项目中的实践和展示，创造出有意义的学习历程，得到最大的学习产出，实现人才培养的预期目标。

六、课程教材

[1] 崔铮. 微纳米加工技术及其应用 [M]. 3版. 北京：高等教育出版社，2013.
[2] 唐天同，王兆宏. 微纳加工科学原理 [M]. 北京：电子工业出版社，2010.
[3] HANS H G, VOLKER S, JURG L. Micro and Nano Fabrication [M]. Berlin：Springer Press, 2015.

"生命分析化学"研究型课程案例

——基于OBE教学理念的PBL教学模式在课程中的探索

授课教师：张小玲　敬静　开课单位：化学与化工学院

一、课程概要

生命分析化学课程是以化学相关专业高年级本科生为对象开设的专业选修课，基于成果导向理论，采用基础知识讲授+专题研究学习实践相结合的教学方式开展。

生命分析化学是分析化学和生物化学交叉过程中形成的一个新的学科，是对生命体系中各种化学、物理和生物过程的研究。课程内容主要包括生物分子的概述、生物样品制备、生物分析方法、生物分子识别、核酸分析、蛋白质分析、糖分析、分子相互作用、生物单分子检测、细胞分析化学、活体分析化学等重要知识点。此外，PBL（Problem Based Learning）专题研究学习实践及研究报告撰写与陈述中，学生将对前沿分析方法进行调研、撰写、陈述、评论，拓展对知识的理解和运用的能力，提升表达和合作学习的能力。本课程适合将从事生命科学、化学、环境科学及材料科学领域的化学相关专业高年级本科生，可提高学生分析和解决问题能力，培养学生理性思维，提升学生科学素养和社会责任感。

二、课程教学目标及预期学习成果

1. 课程教学目标

（1）通过课堂教学，学生将了解生命科学基础与应用研究给分析化学提供的新的研究课题和机遇，以及分析化学所面临的巨大挑战，认识生命分析化学为探讨生命过程、揭示生命奥秘而发展建立的常用分析策略、方法和技术手段，学习和掌握生化分析的基本思路和方法，了解当代生命分析化学的前沿和新兴技术。

（2）通过PBL专题研究学习，学生将提高获取知识信息的能力、综合运用多学科背景知识解决实际问题的能力、研究报告撰写与陈述的能力、利用分析化学工具和从化学的角度认识和解决生命科学问题的能力，培养创新思维和团队合队精神，为将来从事化学和生命科学的交叉领域研究打下基础。

2. 预期学习成果

（1）知识拓展：掌握经典的生物分析方法的基本原理；对比国内外生命分析化学的研究现状，拓展生命分析课程的理论知识积累，提高学生分析化学方法的认识和理解。

（2）能力提升：提升查阅文献、归纳总结和综合运用具体生物分析方法的能力；通过课堂演示汇报，掌握学术报告基本规范和专业化演示文档的制作技能，提高表达、创新、合作及批判性思维的能力。

（3）情感态度与价值观：紧密结合学生的认知水平和生活实际，课程设计中将整合道德、心理健康、法律和国情教育等内容，学生将具有良好的人文社会科学素养、社会责任感和职业道德。一方面通过有效的课堂学习、师生互动和同伴互动等方式分享学习和生活，学生将累积正向的小组讨论和合作经验；另一方面，通过自主学习增进学生运用专业知识解决实际问题的信心。

三、课程内容及教学策略

合理安排教学内容，以支撑教学成果为导向，讲授最全面最深入的知识，并给学生创造有利的研讨条件。本课程的具体课程内容与教学安排如表1所示。

表1 课程内容与教学安排

章节	内容	课时安排
第一章 导论	生命分析化学的特点和要求、挑战与机遇；生命分析化学资源简介。	2学时
第二章 生物分子概述	生物分子分类、重要生物分子结构与功能。	1学时
第三章 生物样品制备	生物大分子的提取、分离与纯化。	1学时
第四章 生物分析方法	色谱、电泳、生物质谱、生物核磁共振（NMR/MRI）、生物光谱分析技术。	2学时
第五章 生物分子识别	生物分子的特异识别与检测：抗体-抗原、免疫分析与分子印迹。	4学时
第六章 核酸分析	核酸的定量及结构分析、PCR技术与DNA测序。	2学时
第七章 蛋白质分析	蛋白质分析方法、蛋白质测序、蛋白质组学、蛋白质芯片等。	4学时
第八章 糖分析	糖的定性定量分析方法、多糖的结构、糖组学。	2学时

续表

章节	内容	课时安排
第九章 分子相互作用	SPR、QCM、AFM等分子相互作用研究新技术。	2学时
第十章 生物单分子检测	单分子光谱和单分子成像原理、方法和研究进展。	2学时
第十一章 细胞分析化学	荧光成像与超高分辨荧光成像、流式细胞法、细胞电分析化学等。	2学时
第十二章 活体分析化学	动物活体伏安分析、微透析取样在线分析、微透析取样离线分析。	2学时
PBL专题研究学习实践及研究报告撰写与陈述	教师给出研究课题，学生分若干课题组课下查阅文献、综述、提出自己的具体研究目标、研究方案、技术路线，经小组讨论，撰写报告并陈述答辩。	6学时

为达成预期学习成果，在课程的讲授和专题研讨课中，进行以学生为中心、以成果为导向的教学模式构建，对教学目标、教学方法、教学过程、教学评价等各方面进行优化，让各部分学习内容都对预期学习成果进行有效的支撑，从而促进学生的进步和发展。各部分教学内容与预期学习成果之间的支撑关系如表2所示。

表2 课程内容与预期学习成果之间的支撑关系

课程内容	学习成果一：知识拓展		学习成果二：能力提升					学习成果三：情感态度与价值观			
	基础知识	学科前沿	文献检索	表达能力	创新能力	批判性思维	合作能力	人文素养	社会责任感	终身学习	职业规划
第一章 生命分析化学导论	✓	✓						✓	✓	✓	✓
第二章 生物分子概述	✓	✓						✓			
第三章 生物样品的制备	✓	✓			✓						
第三章 生物分析方法	✓	✓	✓								
第五章 生物分子识别	✓	✓									
第六章 核酸分析	✓	✓									
第七章 氨基酸和蛋白质分析	✓	✓			✓						
第八章 糖的分析	✓	✓									
第九章 生物分子相互作用分析	✓	✓									
第十章 生物单分子检测	✓	✓									
第十一章 细胞分析化学	✓	✓									
第十二章 活体分析化学	✓	✓									
PBL专题研究学习实践及研究报告撰写与陈述	✓	✓	✓	✓	✓	✓	✓	✓	✓	✓	✓

为有效达成预期学习成果，对讲授课程和研讨课程部分，分别设计了不同的教学策略。下面将以免疫分析一节为例说明在讲授课程中的教学策略及其对预期学习成果的支撑。

1. 讲授课程

（1）根据课程目标和学生特点选择课程内容是课程实施的关键。在课程中既覆盖生命分析化学学科基础知识，更要深入挖掘学科前沿和发展规律进行推广。为提升学生的掌握效果，课堂上通过设计思维导图，如图1所示，从分子基础到分析原理到应用范围多方位总结教学内容。

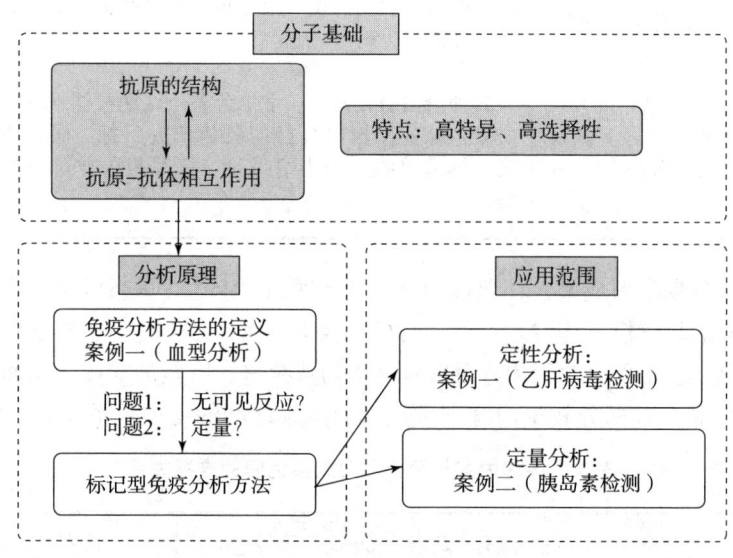

图1 思维导图授课示例

（2）生命分析化学是当今发展最为迅速的学科之一，有限的课堂教学时数远远满足不了学科发展的趋势及学生综合素质和能力培养的需求。章节作业设置及科学的评价对学生综合素质的提高和能力培养具有重要作用。如图2所示，要求学生寻找家中常见易得的生物分析设备，并多种途径查阅资料，锻炼学生获取生命分析相关的知识与信息，综合运用多学科背景知识与方法解决实际问题的能力和创新性思维的能力。

（3）"知识传授"与"价值引领"相结合，可提升学生人文素养和社会责任感。如在放射免疫分析方法讲解中，引出我国的屠呦呦教授2015年诺贝尔生理学和医学奖，以表彰其在疟疾治疗研究中取得的成就，由此成为迄今为止第一位获得诺贝尔科学奖项的本土中国科学家、第一位获得诺贝尔生理或医学奖的华人科学家，实现了中国人在自然科学领域诺贝尔奖零的突破，激励学生学以致用，为人类谋福祉。

【题目1】请列举家中常用的其他生命分析仪器，并思考它们分别涉及什么生物分析方法。

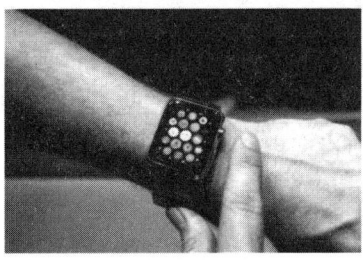

血糖仪　　　　　　　　　　　　　智能手表

图2　章节作业设置示例

2. 研讨课堂

研讨课程中在拓展知识的同时，更能有效发展学生的综合能力，以及对学生价值观和情感态度的引导。具体教学过程如下：

（1）确定选题。紧跟生命分析化学学科前沿，分别拟定至少10个备选课题，并于每个教学周期进行更新，如图3中展示了开放性研究型课题的设计与引导的例子。2020年春季学期，正值新冠肺炎全球大流行期间，课题要求根据新冠肺炎的检测、诊断、防护、治疗等角度进行研究方案的设计，并以"自然科学基金申请书"为模板完成从项目背景、设计方案，到可行性分析等全面的基金申请书撰写和幻灯片答辩。

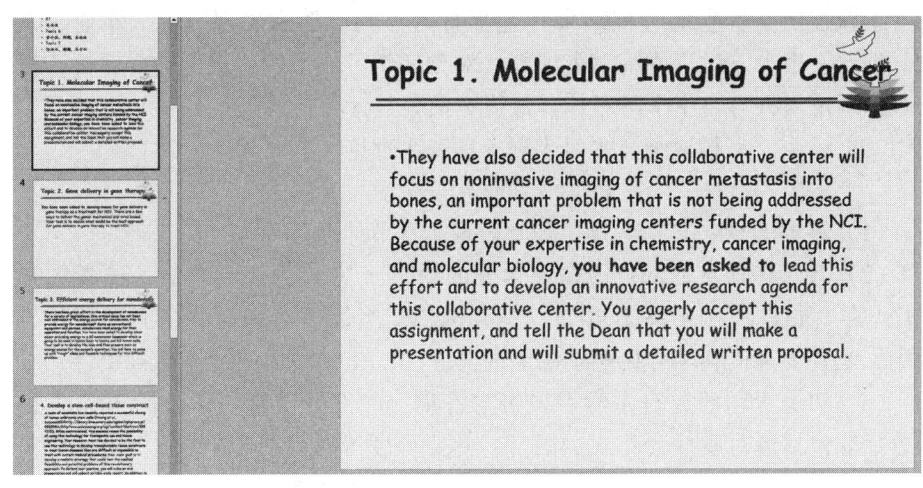

图3　开放性研究型课题的设计与引导

（2）课前组织准备。讨论小组可以按学生选题情况自动分组，各小组内部分工，查阅文献，收集资料，整理和归纳各种文献资料，并且通过头脑风暴形成创新性方案,进一步查找资料,将方案的具体内容和可行性进行落实,并最终形成 Word 版和 PPT 版报告。班级规模在 20 人以内,也可学生基于自愿单独汇报。

(3) 课上研讨活动。每组一位学生进行汇报,报告时间约 15 分钟。之后,学生和教师针对其方案进行批判性提问,汇报小组进行答辩。教师和学生分别针对每位学生演示报告、书面材料和答辩的情况,给每位学生评分,其中教师成绩占 50%,学生匿名平均成绩占 50%,最终给出开放性课题的最终成绩。

(4) 研讨课程要求:

①文献查阅:选择最新发表的高水平科研文献。

②报告内容:要求准确且科学地对研究背景进行阐述,对已有研究成果进行归纳和分析,并阐述自己和小组成员对他人成果的客观评价,并针对目前该方法的缺点,提出切实可行的改进策略,并制作符合学术报告要求的幻灯片。

③报告内容:报告和 PPT 的内容应极丰富,并体现出学生在本研究型课程中的知识积累和文献阅读,模拟申报书应符合"国家自然科学基金申请"的逻辑,从项目的立项依据、项目的研究内容、研究目标,以及拟解决的关键问题、拟采取的研究方案及可行性分析等方面进行详细阐述。

④鼓励学生积极参与课堂讨论,通过相互给分,锻炼学生对于学术报告水平的评判能力,提高学生的参与感。

⑤报告时间合理。(15 分钟 +5 分钟)

四、课程考核办法及教学效果

本课程依据学生的考核结果(包括日常考勤、随堂表现、章节作业、大作业、试卷、报告、讨论或答辩表现等)对预期学习成果的达成度进行评价,根据课程中理论考核与自主学习考核,最终考核分数计算公式为:

$$考核成绩 = 平时表现 \times 10\% + 理论考核 \times 60\% + PBL 专题研究自主学习 \times 30\%$$

(1) 平时表现:日常考勤、随堂表现、章节作业等。

(2) 理论考核:此部分占模块学分的 60%,方式为闭卷考试。试卷中知识记忆与复写试题比例不高于 40%,其余试题应当体现对知识的全面理解与灵活运用,尤其要考核利用分析化学的原理与方法,完成定性定量任务。

(3) PBL 专题研究自主学习报告与答辩:此部分占模块学分的 30%,报告评分标准包括撰写质量(格式、语言、专业程度等),对问题的分析讨论或实验设计过程的原理应用、方法选择及装置的构建等内容质量。

预期学习成果达成情况评价,一方面通过学生综合成绩进行评价,另一方面通过学生反馈和组织情况对教学过程进行评估。其中,成绩评价结果:60 分以下为不及格,60 分(含)~70 分为及格,70 分(含)~80 分为中等,80 分

（含）~90 分为良好，90 分（含）~100 分为优秀。学生反馈情况由随堂谈话和课后调查问卷的形式完成。

通过问卷调查从 OBE 研究性课程的学习成果达成和学生满意度等方面进行调查。从教学效果的完成度分析来看，学生在课程结束后反映其在知识拓展、总结归纳、表达能力、批判性思维、文献检索、学术汇报等方面的能力都有所提升。从课程组织过程来看，学生的确在上述方面都有进步，但仍存在有一些问题：文献查阅不足，文献质量良莠不齐，有待提高归纳分析能力。从报告的汇报效果及幻灯片的制作水准来评价，具有一定的水平，在专业性和科学性等层面仍具有较高的提升空间。

如图 4 所示，在学生对于课程设置学习成效的必要性调查中，大多数学生通过访谈表示学习成效的设置是他们很好地完成学习任务的关键，可以转变他们将学习看作老师的任务的思维，能很好地激起他们主动学习的劲头，由此可见基于学习成效的研讨课有助于学生角色的明确。

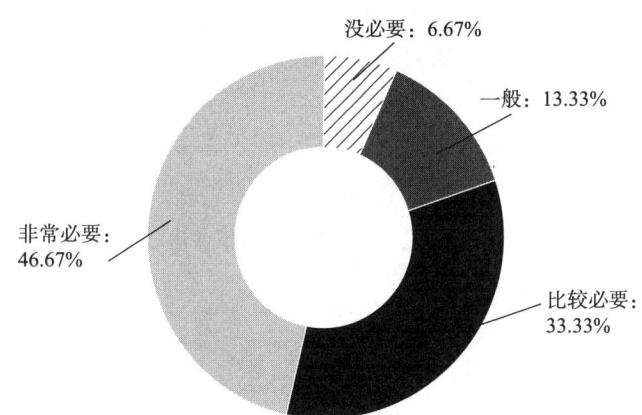

图 4　设置学习成效的必要性反馈

五、课程特色和创新之处

1. 引导学生紧抓生命分析化学学科前沿

生命分析化学是一门不断发展更新的科学，新理论、新方法、新技能不断涌现，生命分析技术需要不断改革优化，以适应学科的飞速发展。结合与时俱进的开放性研究课题实施，我们信任学生，鼓励学生进行大胆的创新，积极培养学生的批判性思维能力。例如，在"生物单分子检测"课程中，我们一方面强调荧光成像基本化学理论，另一方面增加超高分辨荧光成像的应用实例介绍，设置了大量对于超高分辨荧光成像发展前沿的启发内容，使教学内容得到较多补充和更新的同时，着重通过实际应用举例介绍，培养学生理论联系实际的思维方式和方法。基于课程教学的微观维度,研讨课在帮助学生进行学科认知、学术感知与学习定位等方面具有较高的价值。

2. 鼓励学生勇于承担历史使命

2018年,教育部指出针对自然科学课程重点开展职业素养和科学精神教育。因此,围绕"知识传授与价值引领相结合"的课程目标,实践课程思政势在必行。2020年春的"打开方式"不同以往,全球面临新冠病毒大流行的威胁,在这样特殊的时期,举国合力抗击新冠肺炎疫情,我们作为一个个独立的个体,能否直面疫情,以生命分析化学课程所学所知共同撑起一个美好的春天。课程设置了以新冠检测、防护、诊断、治疗等策略为目标的课题,培养学生的历史责任感、同理心和解决实际应用的能力,提高学生独特的个人价值、文化价值和社会价值。具体体现在:2020年疫情期间,通过新冠课题的设计和实施,学生积极参与课题的讨论和完成,大大激发了学生学习的兴趣。学生在汇报中写道:"危机总是会过去的,而危机带来的改变,又或者对新经济的催化加速都是时代趋势,并不以个人意志为转移;作为个体,我们能做的是保持一颗学习的心,对新鲜事物保持接纳的心态,主动迎接改变。"

开放性课题的设置,让学生在分享学习成果的过程中,通过思维碰撞,激发学生的学习兴趣,再通过精准设问,引导学生深入思考。如表3所示,学生分别从检测、防护和疫苗的开发方面,开阔思路,从申报题目可见百花齐放的思维碰撞。

表3 学生提交的抗击新冠疫情课题汇总

小组	姓名	学号	申报题目
4/9/20	贾蒙	1120170139	疫苗研发新方案
	余凡尘	1120173090	基于抗病毒RNA传感器SAFA的新冠肺炎免疫治疗的开发及应用
	刘飞冉	1120170889	基于血液/血清中蛋白及蛋白酶含量的新型冠状病毒普适性检测方法
	王云朋	1120170937	基于解旋酶抑制剂的新型冠状病毒治疗方法
	吴逊	1120170512	基于新冠病毒的N蛋白与S蛋白的检测手段
4/14/20	肖武扬	1120171604	诊断新型冠状病毒肺炎的方法简析与建议
	刘雨欣	1120162734	关于新冠肺炎病毒SARS-CoV-2的新型检测方法和药物开发
	刘明樵	1120171250	一种基于新冠病毒N蛋白的酶联免疫吸附检测试剂盒的研究
	许航宇	1120170691	新冠病毒的便捷检测——呼气检测病毒的状态
	李文之	1120172300	单向透湿性薄膜材料应用于医用防护服的研究

续表

小组	姓名	学号	申报题目
4/16/20	李定奇	1120173737	面向新冠病毒防护的 KN95 口罩一次性医用口罩清洁机
	柳海博	1120170138	新冠肺炎病毒的检测
	李丽	1120170113	从唾液中快速检测新冠病毒
	张春雷	1120173083	基于功能化 X – PDA 纳米传感器的新型冠状病毒（SARS – CoV – 2）快速检测方法

3. 设置竞争机制，提高学生参与的积极性

课程中在教师点评基础上增加学生互评，评选最佳报告人，并在综合考评成绩中得以体现，占比 15%。一方面在学习成效的评价标准加入学生自我评价和互评等，检测教学成效的完成度；另一方面，学生在评价他人报告过程中，加深对不同角度方案的深入理解，同时促使学生查找自我不足并进行反思。

4. 构建"预期学习成果→教学实施→学习评价→成果达成度测评→反思改进"逆向教学设计，不断提升教学质量

为进一步提高教学质量，我们以课堂组织效果及学生反馈以及学习成效的达成度为依据，在调查报告中，我们同样加入开放性问答题，学生提出宝贵建议，其中关键词分析如图 6 所示。

图 5　学生反馈建议的关键词分析

通过本轮教学实践，我们对课程进行教学反思并提出以下改进建议，将在下一轮教学中进一步实践：

（1）适当提高学习要求。在调查问卷"其他意见"栏，更有不少同学反馈希望课程内容中加入更多活体分析、冷冻电镜、超高分辨荧光显微镜等国际前沿内容的介绍，这意味着提高课程的难度。"高期望"是 OBE 理论的原则，OBE 理

论的原则要求教师有挑战性的要求,以激励学生学习更深入。

(2) 进一步加强学生间及师生间合作交流。学生反馈团队合作交流在课程中体现不明显,此后的课题布置中可加入更多团队合作项目;此外,也增加师生交流。在课前准备和课后的反思过程中,教师应充分地进行对学生的指导,尤其在学术转化性方面加强与学生的互动,启发学生去思考,找到探索新知识的亮点,并帮助学生认识到学习成效对学习过程的促进作用和指导作用。

六、课程教材

鞠熀先,邱宗荫,丁世家,等. 生物分析化学 [M]. 北京:科学出版社,2007.

"高分子化学与物理"理论与实验协同的研究型课程

授课教师：支俊格　叶彦春　开课单位：化学与化工学院

■ 一、课程概要

高分子化学与物理是化学、应用化学本科专业学生专业必修课，也是化工类专业学生的专业选修课，是一门综合型多学科交叉融合课程。教学内容涵盖面宽，既有系统的化学、材料、化工、物理等相关基础理论知识，也有与国民经济发展密切相关的实践教学内容，还包括了反映高分子学科科技前沿的知识内容。自2018年高分子化学与物理获批校级研究型课程以来，教学的重点聚焦在如何在有限的教学时间内，充分利用信息化手段，将高分子化学与物理的知识体系与教学内容完整地展现给学生；加强教学知识体系的梳理、教学内容的科学整合与重塑，改进教学模式，由传统的线下教学模式逐渐升级为线上线下结合、理论与实践相结合的教学模式。在教学过程中，着重培养学生分析和解决问题的能力、创新能力；同时结合我国高分子科学的研究现状，激发学生的爱国热情和在本专业领域的严谨求实的创新敬业精神。

■ 二、课程教学目标及预期学习成果

1. 课程教学目标

通过本课程的学习，学生能够系统掌握聚合机理及反应类型、聚合物制备方法及原理、高分子化学反应及其特点，对高分子链结构和聚集态结构、聚合物分子运动及力学性质、聚合物结构与性能相互制约关系的核心内容能系统地理解并掌握；并具备运用聚合反应基本原理分析解决聚合反应与高分子化学反应相关的实际问题，运用结构与性能关系原理分析解决日常生活中与高分子材料使用性能相关实际问题的能力。并且，通过本课程的学习，学生不仅可掌握高分子化学与物理方面的基础知识，对高分子材料的实际生产与应用有系统的认识，也为今后进一步学习高分子学科的课程和从事化学化工专业，尤其是高分子专业的科研或工作打下基础。

2. 预期学习成果

（1）完整系统地掌握高分子化学与物理相关的基本概念，掌握常用高分子化合物的合成方法、合成机理及大分子化学反应，能够写出主要聚合物的结构式、聚合反应式，熟悉聚合物的性能及应用；并具备运用聚合反应的类型和机理来分析解释日常生活中常见的聚合物材料的制备方法的能力。

（2）熟悉聚合物合成与使用过程中所涉及的化学反应过程，掌握聚合物性能与聚合反应条件之间的相关性原理及国民经济必需的三大合成材料——塑料、橡胶、纤维的相关理论及知识；具备运用聚合理论及高分子反应基本原理，分析解决聚合物材料在实际应用中涉及的化学与物理变化的现象与问题的能力，能够正确解释聚合物材料在实际应用中出现的现象。

（3）掌握高分子链结构和聚集态结构以及力学性质，熟悉高分子的分子量测定及其结构与性能测试，系统理解并掌握结构与性能间相互关系的核心过程；具备运用结构与性能间的关系原理，分析解决高分子相关的实际问题并提出改进思路与方法的能力。

三、课程内容及教学策略

根据"高分子化学与物理"理论与实验课教学大纲对教学内容的要求，以及高分子科学领域的最新发展，将教学内容协同整合成3大模块。

（1）模块一主要是指既有理论知识学习、又有实验技术学习要求的教学内容，包括自由基聚合、乳液聚合、缩合聚合、聚合物的结晶态及聚合物的相态转变等。此模块要求理论知识与实验教学结合，因此采取课堂理论教学、学生查阅资料设计实验、在实验室完成实验的教学策略。这种理论与实验有机结合的教学策略能够使学生更加深入理解并掌握相关的知识。如缩合聚合知识点的学习，课堂上讲授缩合聚合的基本知识与理论，学生可以选取线形缩聚的实例查阅相关资料，设计一个缩聚制备聚酯或聚酰胺的实验，并在教师指导下于实验室内自行完成，撰写实验报告，总结缩聚的特点、聚合机理、缩聚反应的注意事项，以及提高缩聚物的主要手段等，学生不仅能够完成实验，还能加强对基础知识和聚合机理的理解与掌握。

（2）模块二主要是指能够与高分子科学相关领域发展紧密结合的教学部分，包括配位聚合、可控自由基聚合、活性阴离子聚合等。此模块要求基础知识与高分子科学前沿紧密结合，采取课堂教学理论教学、专家专题讲座、学生讨论相结合的教学策略。比如可控自由基聚合知识点的学习，课堂上讲授可控自由基聚合的思想、机理、实例，或邀请相关研究专家为学生讲授相关的知识、研究进展，学生根据其中涉及的不同的知识点，ATRP、RAFT、TEMPO、有机碲锑铋为链转移剂的可控自由基聚合、单电子转移自由基聚合，扩展到活性阴离子聚合、可控缩合聚合等,以学习小组的形式查阅文献并讨论,深入学习并总结,结合学习过程发现的问题与授课教师或专家进行线上线下的讨论,最后学生完成一个小论文,或者做成PPT进行口头汇报。这样能够更大限度地激发学生的学习兴趣、增强学生的创新意识。

(3) 模块三主要是指基础知识与自主探索相结合的教学内容,包括有机玻璃板、水乳漆、尼龙66及液晶聚合物等。此模块的教学内容与人们的日常生活比较接近,因此采取学生发现问题、课堂教学和课下自我探索相结合的教学策略。如水乳漆是室内外装修的环保漆,学生提出水乳漆的制备这一问题后,可以预先查阅水乳漆的制备过程、聚合机理等相关知识,带着问题进入课堂,学习乳液聚合的基本概念、聚合机理与特点、聚合实施方法,以及乳液聚合工业产品及其应用等。水乳漆的制备与应用的教学策略及流程如图1所示。这种知识学习与自我探索相结合的模式,更能激发学生学习的主观能动性,提高学习的能力。

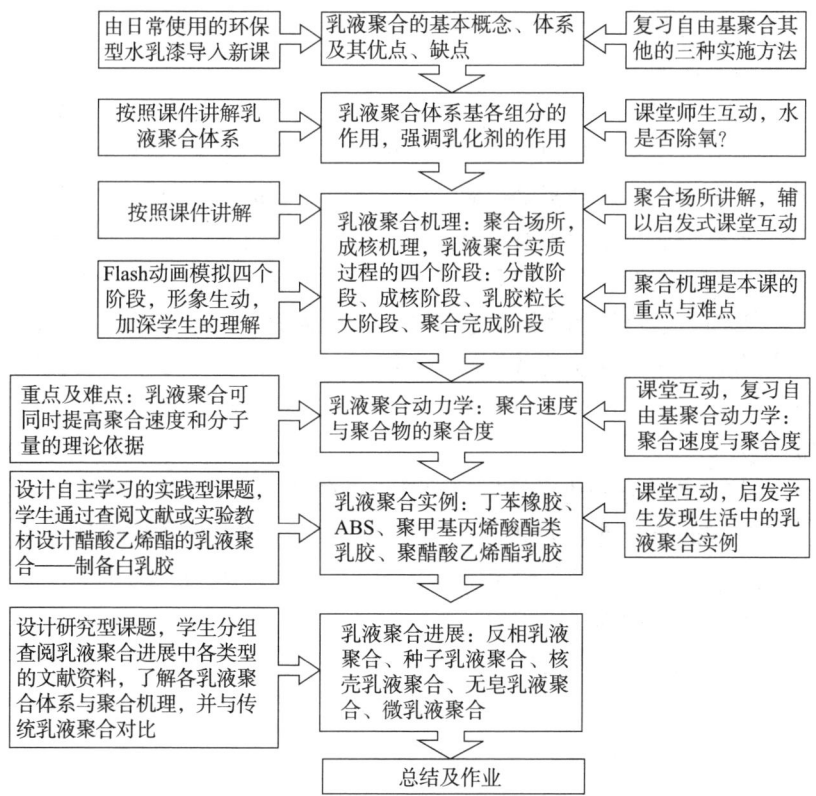

图1 水乳漆的制备与应用的教学策略及流程

四、课程考核办法及教学效果

高分子化学与物理课程的达成度评价方法包括两个部分：①对学生掌握知识情况的评价与完成课程学习的学生对课程的评价。对学生掌握知识情况的评价包括学生对知识点的掌握以及运用知识点解决实验中相关高分子问题的能力，主要结合课后作业、随堂测试、期末考试、学生小论文或口头汇报等的成绩，尤其是期末成绩和小论文成绩，对整个课程进行综合评价，了解学生的全面并灵活掌握知识的情况。②学生对课程的评价。采用课程结束后进行调查问卷的方式，让刚刚完成课程的学生对课程的知识体系、教学内容、教学方法以及考核方法进行评价。通过两种评价的结合，给出反馈意见和建议，便于后期改进。

学生个体的预期学习成果达成情况的评价方法，主要结合学生个体的课堂参与度、课后作业的独立完成情况、随堂测试的成绩、期末考试成绩、小论文或口头汇报成绩以及参与度等，对其进行考核评价。

参考教学大纲与教学内容，根据课程教学目标及预期学习成果达成评价要求，评价标准具体如下：

（1）优秀：对聚合反应机理、聚合物的制备方法、高分子化学反应等主要内容，聚合反应类型基本知识，聚合反应机理的核心内容能完整系统地理解；具备运用聚合反应及其机理分析身边聚合物制备方法的能力；对主要聚合物的结构与性能以及聚合物使用过程中所涉及的化学反应过程能完整系统地理解；具备运用聚合基本原理分析解决实际现象中所涉及的有关聚合与高分子化学反应相关问题的能力；对高分子链结构和聚集态结构、聚合物的分子运动以及力学性质的主要内容，聚合物结构与性能的基本信息，结构与性能间相互关系的核心过程能完整系统地理解；具备运用结构与性能间的关系原理，分析解决与高分子相关的实际问题的能力。

（2）良好：对高分子化学与物理教学内容的基本知识与理论能够完整理解，但不系统，存在断点；整体上具备运用所学基本理论与知识体系来分析解决聚合物在实际应用中所涉及的有关聚合与高分子化学反应相关问题的能力，有一定的系统性，但系统性方面存在断点。

（3）合格：对高分子化学与物理教学内容的基本知识与理论能够理解，但不完整；整体上具备运用所学的高分子相关的基本理论与知识体系分析解决与高分子相关的实际问题的能力，但缺乏系统性。

五、课程特色和创新之处

作为一门综合型多学科交叉的专业必修课程，高分子化学与物理课程在科学梳理课程体系，完善教学内容，更新教学理念，改革教学方法的基础上，既注重宽厚的基础理论知识，又能突出学科的交叉融合，还能够通过学生的自主学习、研究型课题的完成提高教学质量与效果，能够很好地契合知识、能力、素质三位一体的本科人才培养体系。

1. 创新教学内容，实施针对性教学策略

高分子化学与物理的教学内容涉及化学、材料、化工、物理等相关的基础知识与研究内容，是一门综合型多学科交叉的课程，教学内容涵盖面宽，既有系统的基础理论知识，也有与国民经济发展密切相关的实践教学内容，还包括反映高学子学科科研前沿的理论与实践教学的内容。根据高分子化学与物理教学的上述特点，科学合理地将教学内容整合成三个教学模块：理论学习与实验技术相结合的模块、基础理论与发展前沿相结合的模块、基础知识与自主探索相结合的模块。这三大模块分别将基础理论知识与实践技能以及培养学生的动手能力有机结合，将基础理论知识与最新进展以及培养学生的科学素养有机结合，将基础理论知识与学生的自主学习探索以及培养学生的终身自主学习能力有机结合，高度符合培养具有宽厚化学理论基础、学科交叉融合、广阔国际视野，热爱科学的领军人才这一培养目标。

2. 创新教学手段，建立科学的达成度评价模式

在结合教学内容的特点采用不同的教学策略的基础上，深入实施三位一体的教学手段，把以教师为主的讲授方式变革为主讲教师讲授、专家讲座、学生讨论与报告的多方位授课模式（如图2所示）。创新教学手段，采用优秀MOOC资源实施线上线下结合的教学模式，结合微信、乐学等信息化手段进行全方位的师生互动，提高主讲教师课堂授课的质量。通过国内外高分子领域专家的授课与讲座，加强专家教授参与授课的深度以及参加学生课堂讨论的效果。通过文献调研、总结与汇报，通过自行查阅文献设计实验方案、研讨可行性并独立完成实验，来强化学生自主学习、自主探索的教学效果，加强能力培养。各种教学手段的有机结合，能够激发学生的学习热情，调动学生学习的积极主动性，更好地提高教学效果。

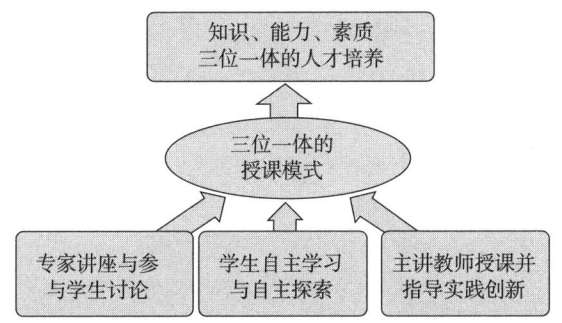

图 2　课程三位一体的教学手段

建立以学生为中心、产出为导向的成绩评定方法与课程评价方式，结合评价学生对知识点的掌握及运用知识点解决实际生活中高分子相关问题的能力水平，以及学生对课程的知识体系、教学内容、教学方法及考核方法进行评价，给出反馈意见和建议，便于以后在每一轮的教学实践中不断总结并加以持续改进，使教与学能够更加有机地结合为一个整体，更有效提高教学质量。同时，不断总结教学方法、授课手段的成功经验，找出创新教学方法中的不足之处进行反馈，并在以后的课程教授过程中加以改进，通过多次反馈的教学实践过程更好地提高本科生的教学质量。如图 3 所示。

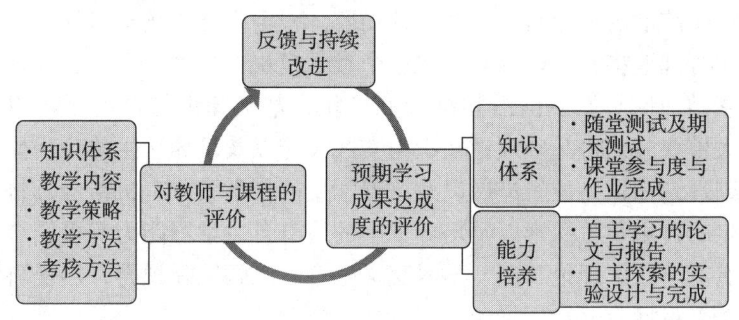

图 3　课程评价与改进的体系

六、课程教材

1. 课程教材

[1] 潘祖仁. 高分子化学［M］. 5 版. 北京：化学工业出版社，2015.
[2] 何曼君，张红东，陈维孝，董西侠. 高分子物理［M］. 3 版. 上海：复旦大学出版社，2011.

2. 参考书

[1] 潘祖仁，高分子化学［M］. 增强版. 北京：化学工业出版社，2011.
[2] COWIE J M G，VALERIA A. 高分子化学与物理［M］. 导读版. 黄鹤注释. 北京：机械工业出版社，2014.

研究型"生物技术综合实验"的课程设计与实践

授课教师：赵东旭　范翠红　开课单位：生命学院

一、课程概要

生物技术综合实验属生物技术专业的学生必修的专业实践性课程，在每年秋季开学时的小学期进行，连续进行一周时间。本课程自2012年即进行教研教改方面的探索，完善出问题导向型、研究型和系统性于一体并兼具课程组学习的教学内容与教学模式。进行实验课教学时，尤其重视"细节决定论"的教学理念，要求及时总结与分析实验结果、及时组织汇报；在课程组学习时，学生要参加课题组的研究性结果报告和文献阅读报告各一次，课题组教师进行专题讲座一次，最后开展一次关于科研思维形成认识的汇报。要求学生依据实验结果汇报情况，反思本组实验结果和全班实验结果，再根据给定的研究报告格式，独立写出各自的研究报告；由课程组教师、课题组教师、答辩小组教师分别在不同阶段独立给出成绩，突出形成性评价。本课程内容是：生物技术药物——溶菌酶的基因鉴定、工程菌的培养及目标蛋白的诱导表达，目标蛋白的分离纯化、含量测定与活性测定、结晶。学习目标对应于教指委所规定的毕业要求的第3～第5条。学生的反馈情况表明，本课程的教学模式能够得到学生的认可。该教学方法也推广到了其他的实验课教学过程中。

二、课程教学目标及预期学习成果

1. 课程教学目标

（1）培养学生熟练掌握所给定的现代生物技术药物——溶菌酶的系列实验内容的操作方法，回忆并调动已学过的其他课程的知识来阐释实验现象，分析并尝试解决所遇到的问题。

（2）培养学生了解并掌握现代生物技术操作的主要技术和方法。

（3）通过二者的结合，形成批判性学习方式，培养学生基本的科研素养，培养创新思维。满足本专业学生毕业要求的第3～5条，即掌握基本的生命科学基本理论、基本的实验操作能力，具备创新意识并综合运用理论和技术开展实验探索的能力、宽阔的国际化视野等。

2. 课程预期学习成果

（1）基本技术方面：①能够掌握基于溶菌酶的现代生物技术综合实验的操作技术，包括核酸的琼脂糖凝胶电泳技术、微生物的复壮与培养技术、高压灭菌与无菌操作技术、质粒提取技术、限制性核酸内切酶酶切技术、目标蛋白的诱导表达技术、离心技术、细菌的超声波破碎技术、蛋白纯化用的亲和层析技术、蛋白变性电泳技术（SDS－PAGE）、BCA法蛋白含量测定技术、酶活性测定技术和蛋白的悬滴结晶技术等；②较熟练掌握和调用已学过的多门专业课的知识和技能的能力，这些课程包括生物化学、微生物学、分子生物学及相关课程的实验等。

（2）科研素养和创新能力方面：①学生加强对系统性科研工作的认识。本课程实验部分由7个环环相扣的实验组成，后面的实验都是以前面的实验为基础的。②从三个环节加强学生科研思维方法的培养。首先，本课程采用研究型实验的教学方式，也就是说不同的实验组其实验条件有一定区别，这些区别所导致的结果都会在课后的汇报中得到展示；其次，通过指导实验后的结果汇报，学生掌握如何制作PPT内容、如何汇报并接受质疑、如何撰写研究性的实验报告等；再次，在课题组学习时，主要是针对科研思维方法、科研认识的引领以及生物技术国际发展趋势的分析。

综上，通过对本课程的学习，巩固并加强了学生对现代生物技术的原理、基本操作的理解和掌握，提高了学生对现代生物技术研究中常见问题的分析与解决能力，以及科研素质与创新潜质。

三、课程内容及教学策略

根据本课程的培养目标，本课程的内容主要分为两大部分，即研究型实验和课题组学习。

1. 研究型实验

在这部分，我们以医用蛋白——溶菌酶为主体设计出7个连续的实验内容（如表1所示），后面的实验以前面的实验结果为基础，只有在前面的实验取得较为理想的结果后即制备出一定的实验材料，后续实验才能开展。比如通过实验1（携带有溶菌酶的重组质粒的分离、纯化及检测）对工程菌的鉴定、培养，才可得到一定的菌体样品，这些菌体就是实验2（质粒的酶切及琼脂糖凝胶电泳检测）提取质粒（溶菌酶的基因）的材料，没有实验1的菌体鉴定和培养，就没法开展实验2的工作。其他不再赘述。通过这种互为依存的实验设计，培养学生对系统性科研工作的认识。

表1 生物技术综合实验课程内容、学习结果与考评策略

课程内容			预期学习成果与考核内容	考核材料	考评成绩	备注
研究型实验	携带溶菌酶基因的重组质粒的分离、鉴定	实验1. 携带有溶菌酶的重组质粒的分离、纯化及检测	1. 规范的现代生物技术实操能力； 2. 观察、分析、解决实际问题的能力； 3. 实验汇报与交流； 4. 实验报告写作； 5. 科研素质的培养。	实验结果汇报（含平时观察）实验报告	15分 50分	课程组
		实验2. 质粒的酶切及琼脂糖凝胶电泳检测				
	重组蛋白的诱导表达及纯化	实验3. 细菌的大量培养及IPTG对目标蛋白的诱导表达				
		实验4. 细菌的收集、破碎与目标蛋白的纯化				
	纯化的目标蛋白的纯度鉴定、含量测定及酶活性测定	实验5. SDS-PAGE法检测定目标蛋白的纯度				
		实验6. BCA法测定目标蛋白的含量、酶活性测定				
		实验7. 蛋白结晶实验				
课题组学习	分散到课题组	研究性学习	科研素质的培养。	书面总结	10分	课题组
		文献性学习	国际化视野的形成。	书面总结	10分	课题组
		专题性学习	科研素质的提升。			
	集中汇报	各组依次汇报	同伴学习能力、科研素质的提升。	PPT及现场表现	15分	课题组

（1）强调研究型探索理念，培养基本的科研素质。从三个方面考虑：

①研究型实验的设计。整个实验班分为若干个实验组，在具体操作时，尽管步骤是一样的，但各组间的实验条件有一定区别。进行上述实验设计，一方面是考虑到时间有限，每组学生不能进行全部的实验组合，另一方面，也是最重要的

考量，就是为本科毕业论文工作，甚至是研究生阶段的论文工作培养一种研究工作的思路或理念。

②论文型的实验报告或称研究报告。根据集中汇报的记录，结合其他组的实验结果，要求学生各自独立写出自己的报告。报告的格式参考常规的期刊论文写法，重点在结果分析（分析的内容多来自下述的汇报过程所涉及的教师和学生的质疑、讨论等）。

③正式的结果汇报。一般的实验课多是在实验结束后的一定时间内，学生提交实验报告即可，而本实验课程还需要以 PPT 形式集中汇报。每个组有主汇报人，其他人接受质疑，几乎每年都会出现组间争论激烈的局面。本课程采取先静观其变，然后逐步引导的方式，对于实验中出现的问题或现象，经过讨论，由学生独立判断哪种解释会更科学些，而不是由指导教师直接给出结果。我们认为，正式的汇报能够培养学生如何做好 PPT、如何现场应对质疑、如何从正反两面分析问题。尤其是针对同一课题、同一时间完成，组间的差别（既包括实验结果，也包括 PPT 制作质量、答疑质量等）一目了然，对学生触动很大。

（2）强调细节决定成败的理念：

①实验体系的总体引领。在本课程开始前，集中时间讲解整个实验系统的设计框架、主要技术的原理和具体的时间安排。

②双人指导。发现问题及时纠正，并提醒大家引以为鉴，做好问题记录以便在后面的总结中再次强调。

③核心操作，教师亲自示范，确保学生不但要知其然，还要知其所以然。

④小组分工，各有侧重点，以确保任何实验程序不被遗漏、实验结果及时记录，避免因一时疏忽导致的操作遗漏和数据遗忘。

⑤课余时间及时总结和分析实验结果。

2. 课题组学习

借助课题组学习与汇报，促进科研素质的提高，拓宽国际化视野和对本专业内涵的理解。

仅靠上述实验环节对学生创新潜力的培养是不够的，为此，我们又增加了课程组学习和汇报的培养环节。具体是：

（1）分散到选定的课题组参加组会学习。在参加课题组的组会时，要求学生参加 1~2 个研究生的课题进展汇报，了解课题如何设计，结果如何，如何解决出现的问题。另外参加 1~2 次课题组的文献阅读组会，以便了解本专业领域在国际上的发展趋势和热点、难点，拓宽其国际视野，提高其专业站位。

（2）课题组教师的专题引领。在学生参加完上述组会活动后，课题组的教师还会以某一具体课题或项目完成过程为例进行引领，通过提出问题、设计找出解决问题的方法、具体的研究结果与预设的对比、找出研究中的科学问题等，提升学生对科研工作的认识，教会学生如何开展科研工作。

（3）集中汇报，强化对科研思维的认识。本次汇报的内容主要是关于科研思维的形成以及本专业领域的发展趋势，学生需要对课题组的两次组会和教师的专题报告内容进行总结、提炼，并融入自己的体会和思想，最后包括课题组教师在内的答辩小组分别予以点评并给出相应的考核成绩。实际上，这是一次较好的同伴学习的机会。他山之石，可以攻玉，这种汇报方式也为学生留下较深刻的印象，再次促进其专业素质和创新素质的提高。

四、课程考核办法及教学效果

多年以来，对包括理论课、实验课、实践课等在内的教学效果如何科学评价一直是教师所纠结的。对于闭卷式测试，相对是客观的，但对于以读书报告式的评判还存在比较大的问题。尤其是在信息网络发达的当下，编辑技术的便捷，出现无思想性的内容雷同的情况还是比较普遍的。对实验课教学效果的评价，比较多的高校还是采用根据实验报告的撰写情况给出评价，少数课程会加试对设定内容的具体操作；前者过于笼统，缺乏形成性评价，后者又需要花费大量的时间，而且该方法在学生人数较少且指导教师科研任务不重时才基本可行。为此，根据课程预期学习成果，本课程采用的考核办法如下（如表1所示）：

（1）对于学生所应掌握的现代生物技术操作能力，采用在具体实验操作的观察、结果汇报、研究报告等环节进行考评；

（2）对于现代生物技术的主要方法的了解，主要是通过参加课题组的总结和最后的集中汇报环节进行考评；

（3）对于科研素质的培养方面的评价，主要是通过研究报告、最后的集中汇报环节等进行考评。

根据上述分析，本课程将成绩评定分为三部分，即实验结果汇报（15%）、实验报告（50%）和专题报告（35%）。

（1）实验结果汇报部分实际代表了部分形成性评价的内容，要求教师在实验巡视期间，要对明显的操作失误、环节遗漏等不规范操作及时记录，以便于适当减扣；对于汇报时出现高质量的问题质疑，要对提问学生适当给予鼓励。本项成绩由课题组教师完成。

（2）实验报告部分，重点是实验结果及非正常现象的分析，以及对操作步骤的总结性描述；同时，也会关注是否按指定的格式撰写研究报告。本部分由课题组教师完成。

（3）专题报告部分又分为三小部分，其中参加两次组会并分别写出总结，各占10%，由课题组教师给出；最后的专题汇报部分占15%，由包括课题组教师在内的答辩小组联合给出。

本课程所采用的教学方法在学生中引起了积极反响，鼓舞了他们的学习热情,整体成绩优良且稳定(如表2所示),在本专业学生多为调剂生源的情况下,能取得这种教学效果表明本方法是值得完善和推广的。下面摘录两位同学的感想,以供参考。

阿同学(2016级,学号1120162421)的感想:细心成就希望(题目)。本次实验是综合性实验,一环扣一环,实验与实验之间有相互联系。理解开始到结束时实验的原理,则这是一个简单的实验,结果取决于实验过程中学生的耐心和细心,无论是实验温度还是离心速度,每一个都影响实验结果。……每个组中组员之间的配合更能让实验的效率提高,时间缩短。……本次实验让我了解到事情有始有终,虽然七个实验是分开的但实验之间联系密切,因此做实验要三思而后行,也不能一味地追求结果。

陈同学(2016级,学号1120162423)的感想:本次实验是我第一次短时间完成一项实验,让我印象深刻。在实验过程中,老师们给予了我很大的帮助。在进行亲和柱洗脱或凝胶电泳时,会担心出现忘记实验操作的情况,但每一次赵老师都从头开始耐心讲解,并对我们严格要求,所有的细节都要合规矩。……此外,老师在课堂上经常会就一些实验步骤和结果进行提问,包括最后的PPT展示环节。……我的实验搭档也为我讲解了许多我忘记的知识点,并十分负责,态度积极地完成了这次实验。

表2 生物技术专业2015-2016级学生的成绩概况及分布

级别		2015级	2016级
总人数		22人	18人
成绩等级及比例	90分以上	1人(4.55%)	1人(5.56%)
	80~89分	21人(95.45%)	16人(88.89%)
	70~79分		1人(5.56%)
备注	最高分	92分	90分
	最低分	81分	77分
	平均分	85.68分	85.94分

五、课程特色和创新之处

进入21世纪后,尤其是经过近10年的发展,生物技术应用时可能遇到的相关技术瓶颈已经基本克服,生物产业的规模已初步形成,对相关专业人才的需求正逐步增加。就拿目前与新冠病毒肺炎检测的试剂盒来说,这是典型的生物技术产品,但在国际市场上是"一盒难求",这种突发性需求很可能只是生物技术产品需求在未来几年大爆发的前兆。因此,为社会、为未来培养合格人才是本专业教师义不容辞的责任。目前，综合性专业实验作为专业实操能力培养中的重要环节已成为一线教师和教育教学专家的共识，不同的学校根据本单位的科研、学科及实验技术等积淀，形成有各自特色的实验体系和考核体系。

在本研究型课程的建设过程中，我们秉持了以下教学理念：
（1）将科研资源直接融入教学过程；
（2）通过普通教学过程提升学生的科研素质和创新潜力；
（3）强调细节决定论的理念；
（4）加强形成性评价。

本课程内容体现以下两个特点：
（1）实验内容的三型性，即课题导向型、研究型和系统性。如前所述，本课程以医用蛋白——溶菌酶为例，设计了7个环环相扣的实验内容，实验内容系统，教学思路清晰。在具体开展实验时，本课程采用研究工作常用到的实验设计方式（即研究型），体现探索性，而不是复制常规实验教学模式（即全班按照相同的操作模式、相同实验材料和步骤，开展验证性实验，给出常规性实验报告），而本课程采用的研究型教学模式还要求学生仿照科研论文，写出研究报告。

（2）教学内容的交叉性或综合性。本课程涉及生物技术的诸多核心内容，部分相关或相近的实验内容学生在以前多门实验课中也曾学习过，因此，内容具有显著的综合性。除此之外，也同时传授了所在专业的技术前沿知识、开展本专业课题的研究方法，提升学生对科研素质、创新潜质的认识，再次强化了内容的综合性或交叉性特点。

本课程的教学特色及创新点体现在以下5个方面：
（1）改造、综合常规的实验课内容为新式的课题导向型、研究型和系统性实验内容，同时重视实验设计、PPT准备、汇报、回答质疑、研究报告撰写等环节，借此加强学生对科研意识的认识。

（2）将优秀课题组资源融入本科生科研意识、创新意识的培养。将具有一定科研基础（受益于过去利用课余时间开展的各类自主性探索活动以及本课程的科研训练等）的学生安排到选定的课题组学习，学习研究生开展课题研究的思路，优秀导师如何提出科学问题、如何进行科研设计和解决问题，同时也使学生了解生物技术发展趋势，具备一定的国际化视野。包括前面的集中性实验操作和课题组直接介入科研素质的培养，在二者的内部各环节以及二者之间都是逐步进行、环环相扣，或者说像春雨般润物无声的。总之，在学习研究生科研方法、学习研究生文献阅读与领会的基础上，课题组教师再次用自身实际案例进行讲解，充分体现了"以本为本"的教育理念。

（3）重视对学生的形成性评价。在培养过程中，特别强调"细节决定论"的理念，在培养环节上是多层次递进的。为促进学生科研素质的提高，本课程从课程内容设计、实验结果汇报、研究报告撰写、课题组学习与课题组教师引领与最后的思想提升性汇报等，都是围绕这一理念开展的；在效果评价时是由不同时段的教师分别给出的，实验内容汇报和实验报告由课题组教师给出，参加课题组学习由课题组教师评判，最后的汇报成绩由课题组组织的答辩小组给出，且形成性评价的占比达 45%。

（4）全方位培养专业人才，体现多靶向性培养目标。经过本课程的学习，学生不仅仅掌握生物技术的基本操作技能，重要的是加强了对科研方法的学习和对科学研究的理解，同时也加强了对专业发展趋势的认识，拓宽了国际化视野。

（5）可操作与易推广性。本课程所介绍的教研教改思路在运行过程中，实际上并未增加过多的实验损耗，只是给课题组和相关课题组教师增加了适量的工作。在新时代全国高等学校本科教育工作会议提出的高等教育要"以本为本""创建中国理念、中国标准、中国方法和中国模式，建设世界高等教育新高地"的氛围下，教师也是大力支持和责无旁贷的。实际上，在本专业的生物分离工程实验课程、生物技术实践训练课程的教学和教改中也借鉴了这种思路。

六、课程教材

刘晓晴，等. 生物技术综合实验 [M]. 北京：科学出版社，2009.

"数学分析"研究型课程案例

——研究型课程教学带动数学学科菁英教育

授课教师：曹鹏　方丽萍　魏丰

开课单位：数学与统计学院

一、课程概要

本课程的教学对象是数学专业一、二年级的本科生，具体地说是大一第二学期和大二第一学期的学生。本课程的特点在于，主讲的数学分析内容，不拘泥于本课程的基本内容，更将为后续课程，如复变函数、实变函数、泛函分析、概率论与数理统计等打下基础，要求学生不仅学会数学分析的知识，更重要的是掌握现代分析学的方法。因此采用"提问式"课堂教学模式，配合"研究型"习题课，把学生从传统的"听懂，学会"课堂内容，转变成"思考，研究"课堂内容，在数学分析课堂上学生学会用研究的角度去思考问题，那么在后续的课程中就会事半功倍，进而带动这种数学学科的菁英教育。

二、课程教学目标及预期学习成果

1. 课程教学目标

（1）培养世界一流的数学人才。近年来，学校围绕立德树人根本任务，聚焦人才培养中心工作，构建了拔尖创新人才培养新体系。针对数学教育，在未来能培养出多少数学家是重要指标。"数学分析"这门研究型课程，就是要在数学基础上做文章，使学生尽早地用研究型的方法学习数学，为他们将来从事数学职业奠定基础，为他们将来成为一流的数学家创造条件。

（2）以自主学习为手段，培养研究型数学人才。数学分析课程是整个数学课程培养体系中最基础，也是非常重要的一门课程。这门课的特点就是不仅要引导学生从初等数学的内容向现代数学转变，更承担着后续课程的引入。如果数学分析的教学质量不够高，那么后续课程，如复变函数、实变函数、泛函分析、概率论与数理统计等都会受影响。而此研究型课程，就是要培养学生自主学习的意识，把学生从传统的"听懂，学会"课堂内容，转变成"思考，研究"课堂内容，这是培养研究型数学人才的一个非常重要的步骤。在数学分析课堂上学生学会了用研究的角度去思考问题，那么在后续的课程中就会事半功倍，因此，本项目的主要目标是以自主学习为手段，培养研究型数学人才。

（3）拓宽国际视野，培养竞争意识。本课程同样注重培养学生的国际视野和国际竞争意识，引导学生参加丘成桐大学生数学竞赛、阿里巴巴全球数学竞赛、全国大学生数学竞赛等国内外顶级赛事。学生的成绩在一定程度上可以反映出一个学校数学课程的教学质量。数学分析研究型课程，就是要把学生的眼界放宽，不仅要学会课本上的知识点，更重要的是，要掌握数学思想，打下宽广的数学基础，从而使学生在各项比赛中，有更多的人获奖，进而取得更好的名次。

2. 预期学习成果

从学习内容上看，能够掌握现代分析的基础内容，即（一元及多元）微分理论、（一元及多元）积分理论和级数理论，能够了解各个数学分支在数学分析中的"萌芽状态"。

从学生能力来看，学生自主学习意识得到培养，打下扎实的分析学基础，能够掌握应用数学分析知识解决未知（或实际）问题的研究能力。

三、课程内容及教学策略

1. 小班教学，因人施教

通过自由报名、择优选取的方式，在已有的 100 多人中选取了 20 人左右的学生，组建研究型教学试点班级。对于数学的学习和研究而言，有两点最为重要，一个是兴趣，另一个是交流。这些学生本来就对数学具有浓厚的兴趣，能够克服抽象的分析带来的挑战；同时在小班的课堂教学过程中，又充分地参与了课堂互动，可以与主讲教师交流；在课后，学生组成学习小组，共同就感兴趣的问题讨论，与同学交流。这样，既体现了个性差异，又能反映出合作思考问题的作用，小班教学为研究型教育创造了条件。

2. 新颖的"提问式"课堂教学

在课堂教学中，提问式教学将占主要部分。所谓"问题驱动"，就是指在课堂上由教师抛出问题，而不给出答案，学生根据已有的结论和逻辑分析能力，最终自己找到思路解决。而教师，在学生没有思路或思路不正确时，加以引导。这和传统的讲授式教学有很大区别。在何处提问，对什么内容提问是"提问式"教学的关键。以讲授区域这个概念为例，当讲解完区域的定义后，教师就会提问，谁能给出区域的例子，刚开始的时候学生只能给出平面或三维空间的例子，随后，教师就会提第二个问题，谁能给出任意 n 维空间的例子，这时，这个题目就有难度了。教师要引导学生思考高等代数中矩阵组成的集合，这时学生就可以利用前面的多元函数微分学、矩阵的可逆性判断、行列式等内容，综合思考。最后教师再介绍此概念在拓扑学中的地位和作用，为今后学习拓扑学、泛函分析打下基础。

3. 突出研究型习题课

本课程的最大的一个亮点，就是模仿研究生讨论班的形式，组建本科生研究型习题课。具体做法就是在正常的 6 个学时之外，增加 2 个学时，专门用于讨论。首先把学生进行分组，然后教师布置题目。学生讲，教师和其他学生听，并随时提问，最后教师讲评。这种模式的好处在于，学生既要独立思考，又要学会站在巨人的肩膀上，即收集文献，同时，学生还可以提出新的问题。这对培养创新型思维非常重要。

4. 对标世界一流学科教学材料

本课程采用两本主要的辅导用书：一本是美国的热门教材，Pugh 的 *Real Mathematical Analysis*；另一本是苏联的优秀教材，Zorich 的 *Mathematical Analysis*。这两本教材在风格上迥异，但在内容、习题方面，都是出类拔萃。我们同时把这两本书当作教辅材料，既可以满足不同学生不同品位的需要，也可以满足"厚基础"的要求。同时，为了满足丘成桐竞赛的需要，我们鼓励学生阅读英文原版书籍，并进行英文阐述与解答。

四、课程考核办法及教学效果

1. 考核办法

因为数学分析课程是数学与统计学院学生都要上的一门基础性课程，所以在评分标准上必须统一。因此，我们这门课在分数上没有额外的评价模式，就是采用闭卷测试的办法进行，同时参考学生的平时表现，给出平时成绩。一般上习题课的学生都有小论文，但是不计入成绩。

2. 教学成效

（1）学生完成习题课总结。学生讲授习题课后，一般都会完成一篇小论文，当然这不是用于发表的科研论文，却是学生对某一个问题思考和总结的成果。这些小论文为他们今后从事数学研究工作打下基础。难能可贵的是，部分学生的习题课论文中有原创性成果。

（2）讲解习题课的视频。根据学生的习题课讨论，启发学生研读相关的书籍或论文。

（3）竞赛获奖。参加本课程的学生在数学竞赛中有优异表现，每年都有不少于 5 人次获得北京市及以上大学生数学竞赛、丘成桐数学竞赛奖项。

五、课程特色和创新之处

1. 新颖的教学内容设计

数学分析的教学内容，应该说几乎是固定的，教材大多大同小异。然而，正是这种相对固化的教学内容，也阻碍了数学分析与其他数学分支在教学上的联系。这对学生而言，有跳跃感，感觉数学是按"课程"学的，不是按"体系"学的。本研究型课程首先在授课内容上就打破了这种壁垒，下面图1、表1分别显示了数学分析课程与其他课程的联系。

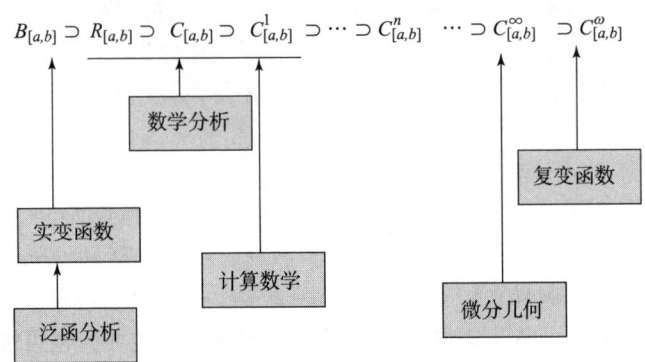

图1 按教学内容的联系

表1 按章节划分的联系

章节	主要内容	引申内容
第一章	函数与极限	分割理论，拓扑学
第二章	导数与微分	微分几何
第三章	微分中值定理	欧拉公式，复变函数
第四章	不定积分	
第五章	再论实数与连续函数	拓扑学，实变函数
第六章	定积分	测度论，黎曼引理
第七章	多变量微分学	微分几何，优化理论
第八章	重积分	
第九章	曲线积分和曲面积分	Lie 群
第十章	无穷级数	计算数学
第十一章	函数项级数	复变函数
第十二章	广义积分，参变量积分	概率论，物理学
第十三章	傅里叶级数	图像处理，泛函分析

2. "提问式"教学

"提问式"教学不是一个新的概念或方法，每位教师可能都会向学生提出问题，进而讲授课堂内容。然而，在何处提问，如何引导学生却是要经过精心设计和思考的。这不仅需要长期的教学经验，同时也对授课教师的科研素质有着较高的要求。如果应用得体,对激发学生的学习兴趣会起到事半功倍的效果。

3. 研究型习题课

研究型习题课以学生讲授为主。因此,学生一般会认真选择授课的问题和解答方案,进而对此问题有更深刻的认识。同时,鼓励小组讨论,这使得北京理工大学数学学科每年都有一批本科生热烈地讨论数学分析,起到了很好的传、帮、带的作用。近年来,在大学生数学竞赛(数学类)每年都有我校学生进入决赛,最好成绩是全国第三名;丘成桐数学竞赛进入团队决赛,进入团队决赛的高校只有 5 个。就在最近,阿里巴巴全球数学竞赛公布了初赛成绩,我校学生在入围决赛的人数上排名第 14 位,这个成绩超过了很多 A 类数学学科高校(如图 2 所示)。

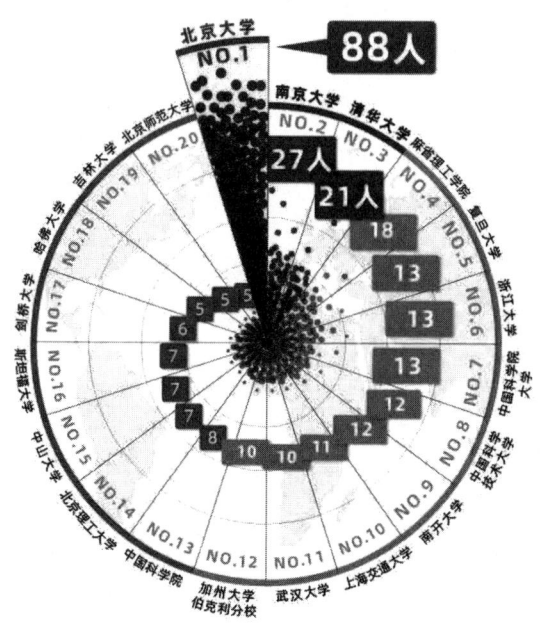

图 2 第二届阿里巴巴全球数学竞赛入围决赛选手高校分布图
(图片来源:"阿里巴巴达摩院")

六、课程教材

课程以高等教育出版社的"数学分析教程"为主要教材;同时采用两本主要的辅导用书:一本是美国的热门教材,Pugh 的 *Real Mathematical Analysis* 教材,另一本是苏联的优秀教材,Zorich 的 *Mathematical Analysis*。

"数学建模"研究型课程案例

——从理论到实践,培养科学素养和创新能力

授课教师:王宏洲　李炳照　李学文　姜海燕

开课单位:数学与统计学院

一、课程概要

数学建模(课程设计Ⅰ)是一门以数学专业低年级本科生为教学对象,以案例教学为载体,以研究型教学为目的,专注于培养学生运用数学方法发现、分析、解决实际问题能力的课程。课程的教学目的是激发学生的实践创新热情,培养学生的科技创新精神和科学素养,帮助学生初步掌握科研探索的基本方法、思维方式。

课程的教学模式比较灵活,结合运用了讲授、讨论,以及探索性研究等多种方式。课程内容由6个模块构成,分别是数学建模方法论、微分法建模、微分方程/差分方程方法建模、稳定性方法建模、优化与运筹方法建模、不确定性方法建模。其中方法论模块主要介绍数学建模的基本方法、思维模式、经验教训等;其他模块由相应数学方法的多个数学建模案例构成,主要介绍这些数学方法用在何处、如何用、为什么适用,同时还在案例的基础上提出实践训练问题,供学生进行课堂讨论和研究探索。

二、课程教学目标及预期学习成果

1. 课程教学目标

数学建模是衔接数学与实际问题的桥梁,也是利用数学解决现实问题的关键,开展数学建模教学不仅可以帮助学生初步掌握科研探索的基本方法,还有助于激发学生学习数学基础课、专业课的热情。近年来,国家大力提倡"大众创业、万众创新",北京理工大学也鼓励教师通过教学改革培养学生的创新创业精神、意识和能力。因此,《数学建模(课程设计Ⅰ)》课程的总体教学目标是帮助学生建立基于数学方法发现、分析、解决实际问题的能力,培养学生的科技创新精神和科学素养,并在各级各类数学建模竞赛中取得好成绩。

2. 预期学习成果

本课程的预期学习成果体现在四个方面：

（1）了解专业课程的背景和主要应用领域。学生应了解不同数学分支的历史发展脉络，在现实中的主要应用领域、应用对象和应用目的。给定不同的现实问题，学生有能力选择恰当的数学方法，按照相应数学理论的原理建立数学模型并加以分析、求解。

（2）掌握科研创新的基本方法和思路。学生应掌握利用数学建模进行科研探索的基本方法，以及科学收集数据、整理数据和分析数据、建模分析等知识。学生通过课程学习，能够独立发现有现实背景、有研究价值的问题，通过查阅文献等方式了解已有研究方法、研究思路和相关数据等，运用数学建模方法来分析、解决问题。学生的学习成效基于研究论文评价、大学生科创项目申报和学科竞赛获奖情况等体现。

（3）初步具备研究跨学科的复杂问题的能力。具体表现是了解各种数学方法的基本原理和分析、求解方法，能够参照学术文献，围绕现实问题开展创新性探索。给定现实问题，学生应能够自行提出假设、建立数学模型并进行量化分析、求解，最后撰写成完整的研究报告。这方面的能力主要通过数学方法介绍、案例讲解、大作业演练来培养。学生学完课程后，能够在教师的帮助下对现实问题进行量化分析和评价，并撰写相对规范的学术研究论文。学习成效评价通过大作业、期末考试来实现。

（4）做深做实数学基础能力。学生应掌握各级各类数学建模竞赛的情况，历年竞赛所涉及的问题类型、数学方法、算法等。这些都属于学生的数学基础能力，通过从理论到实践的学习和演练，可以做深做实这些能力。学生学完课程后，能够掌握常用的数学方法、算法，用数学的观点来看待、研究现实问题。学习成效评价通过校内赛、全国大学生数学建模竞赛的结果来检验。

三、课程内容及教学策略

数学建模（课程设计Ⅰ）课程的内容都是围绕教学目标、预期的学习成果来组织的，对应关系可如图1所示。

1. 促进专业学习

包括数学专业在内的理科专业学生，在四年学习中会接受多种数学理论的教育，受课时所限，教师不可能在每一门课程当中详细介绍理论的实际背景和应用领域，这在一定程度上影响了学生的学习兴趣和知识面。本课程的一个重要预期学习成果就是弥补专业课程在这些方面的不足。

本课程在内容上，按照初等数学、微积分、差分方程/微分方程、概率论与统计、最优化方法、数值计算等数学课程（数学分支）为主线来划分大的单元，

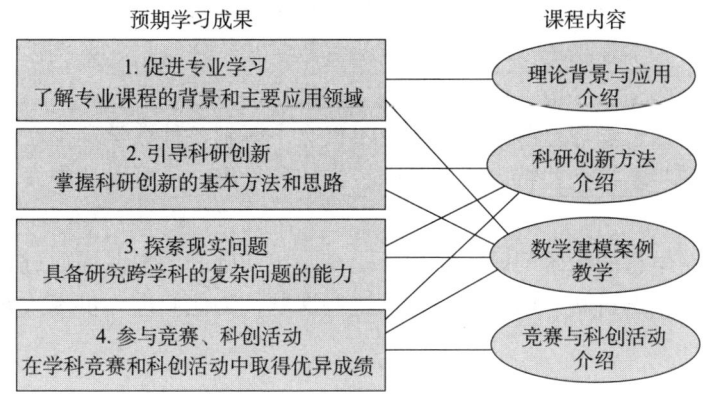

图1 预期学习成果与课程内容的对应关系

每个单元内部填充数学建模案例。在每个单元的开头,会详细介绍相关案例中涉及的数学理论产生的历史背景,简单介绍其主要结论和方法等,使得学生即使尚未学到本课程,依然能理解接下来将介绍的数学建模案例;在每个单元案例的选择上,争取做到有深刻的现实意义、有继续研究的空间、有清晰的内在逻辑,使得学生能够很快理解问题,并有兴趣进行进一步的研究;在每个案例的讲解中,注重遵循实际问题本身的内在逻辑、专业课程中对相关数学方法的介绍方式来组织内容。

通过上述内容和形式,本课程做到了帮助学生在实际应用中更深刻地理解理论知识,在理论推演中更全面地掌握实际应用。

2. 培养科研创新意识

本课程在内容上,设计有"从数学模型开始科研探索"环节。这一部分的讲解从如何发现有意义、有价值的问题出发,完整介绍了认识问题背景、了解研究思路、明确研究目的、创新解决问题的整个过程。这个过程每个研究生都在导师的教导下经历过,也是学习者转换为研究者必须具备的思路,不过本科生却没有接受这方面的完整教育。

除了这一独立的教学环节,本课程在后续的案例讲解内容和次序上,也完全遵循上述整个过程,从而帮助学生掌握科研创新的基本方法和思路。

此外,本课程还设计了三次大作业,第一次作业要求研读学术文献、撰写总结报告;第二次作业要求改进文献中的数学模型,独立撰写数学建模论文;第三次作业由教师命题、学生检索文献并撰写数学建模论文。通过三次大作业,引导学生切实掌握发现问题、检索文献以了解问题、用数学方法解决问题的综合能力。

3. 探索现实问题

如今每一个需要精确、量化研究的学科都离不开数学,因此无论是实验设计、数据处理、逻辑论证还是宏观/微观分析等,都会涉及数学建模问题。数学建模本身就是跨学科的，本课程的教学内容也是跨学科的。

在内容上，本课程中涉及的基本方法有数学和软件编程，案例涉及物理、计算机、生物、医学、环境、经济、管理等，而且都是开放性、可以继续深入研究下去的问题。通过学习这些案例，学生不仅会了解到各种数学理论在各个学科的应用情况，初步掌握一些特定问题的研究方法和思路，还可以从中发现自己感兴趣的切入点。

要研究跨学科的学术问题，学生还是有一定基础的。本课程通过各个学科领域的数学建模案例讲解，引导学生进入这些课题，为他们进一步深入研究奠定了基础。

4. 团队合作、科创实践

本课程的目的是提高科学素养、培养创新能力，从这个角度出发，学科竞赛和科创活动成绩虽然不能完全展现本课程的学习成果，但也是一个可以做横向对比的指标。

在我校的数学建模课群中，有专门面向竞赛的数学建模竞赛辅导课程，在数学建模（课程设计Ⅰ）课程中，也有专门的竞赛介绍环节，包括竞赛概况、竞赛规则、基础知识、往年赛题等。

四、课程考核办法及教学效果

数学建模（课程设计Ⅰ）课程的考核综合考虑大作业情况、期末开卷考试情况，以百分制计分，两个分数在总评成绩中各占50%。

1. 大作业

大作业主要用于考核科研创新能力、探索现实问题能力、参与学科竞赛和科创活动的能力。本课程的大作业共有3次，每次提交作业时，要求每一个（组）学生在课堂上讲解自己的作业，并接受教师和同学的提问。三次作业在内容上保持明确的递进关系和互补性，大作业综合评分取三次作业的平均值。

（1）第一次大作业是自行查找学术文献，并撰写一份文献综述报告。要求每人独立完成，文献必须是当年发表的，避免抄袭往年作业。报告的内容要求：必须说明文献中所含数学模型的背景、模型假设、数学框架、求解办法、求解结果；评价文献中数学模型的优缺点；提出自己的建模思路和依据。

评价标准：能够根据个人理解来总结、解释文献中的数学模型，而非复制原文的，评价中等，打分区间在60~75；能够对文献中的数学模型进行有理有据的评价，正确分析其优缺点，评价中上，打分区间在76~85；能够在文献模型、思路的基础上，提出自己的设想，并且能够清晰地讲解自己的想法，较好地回答师生提问的，评价优异，打分区间在86~100。

（2）第二次大作业承接第一次大作业，要求沿着第一次作业的建模思路，切实建立模型，计算结果，撰写完整的论文。此次作业允许3人以下组队完成，也可以抛开第一次作业，自行查找课题完成一篇数学建模论文。此次作业属于自由探索，目的是让学生体验从发现问题、了解问题、提出想法到实现想法、总结成论文的全过程。

评价标准：能够写出完整论文，有完整数学模型和论述说明的，评价中等，打分区间在60~75；对问题有比较详细的分析，体现出自己的观点和想法的，评价中上，打分区间在76~85；对问题的把握准确、思路清晰，所采用的数学方法和求解过程有一定水平，并且能够正确解答师生课堂提问的，评价优异，打分区间在86~100。

（3）第三次大作业是预定课题，要求学生针对限定课题，自行查找文献，提出想法，完成数学建模论文。与第二次作业不同，第三次作业预先设定了明确背景、明确目的，要求学生3人以下组队解决问题，撰写论文。

评价标准：能够围绕课题给出解答，写出完整论文的，评价中等，打分区间在60~75；对课题中的相关因素考虑得比较周到，对问题的解答比较完善的，评价中上，打分区间在76~85；对课题中的相关因素考虑周到，能够用比较深刻的数学方法解决问题，并且能够正确解答师生课堂提问的，评价优异，打分区间在86~100。

2. 期末考试

期末考试是对本课程4个学习成果的综合评估。考试采取开卷考试，试题分三类。

第一类是简答题，考查学生对所学过的建模方法的认识，体现专业学习能力。

第二类是计算题，考查学生对数学方法与现实问题结合的解决能力，体现专业学习能力、探索现实问题能力、参加学科竞赛和科创活动的能力。

第三类是建模实例，考查学生将现实问题归纳为数学问题的能力，是本课程4个学习成果的集中体现。能够提出假设、建立数学模型的，评价中等；能够参照课堂上讲过的思路合理建立模型的，评价中上；能够根据具体问题建立考虑周到、有针对性的模型的，评价优异。

五、课程特色和创新之处

数学建模（课程设计Ⅰ）既是数学专业的实践应用课程，也是学科知识竞赛的能力培养课程。因此在教学内容上注意从易到难、循序渐进，每年都更新讲义中的案例、大作业题目，并针对这些新案例编写新的解决方案，始终以最新的实际事件来培养学生分析问题、解决问题的能力。在教学内容、教学方法、信息技术应用等方面取得了一系列成果。

1. 教学内容常变常新，接触学科前沿，激发学生学习兴趣

在教学内容的组织上，注重三个结合：全面的基本方法、案例介绍与适当的理论纵深讲解相结合，经典方法、案例与最新的热点问题研究相结合，科技创新思维、方法介绍与学科知识竞赛相结合。

以微分方程方法建模部分为例，按照教学计划，数学专业将在本课程之后开设常微分方程课程，因此在本课程介绍微分方程方法及数学建模案例时，学生还没有学过相关知识。在这一部分，课程首先介绍微分方程理论主要针对哪些现实问题，也就是微分方程理论的产生背景；然后按照差分、差商、微商到微商与变量的比例关系顺序介绍建立微分方程模型的思维过程，这是常微分方程课程中不会提及的，却是连接微分方程理论与现实问题的关键环节。至于具体的微分方程求解、计算等内容，建议学生自行研读教材。

这一部分的重心在于后续的系列数学模型案例介绍，会讲解来自种群生态、社会经济等领域的建模实例，以真实案例帮助学生了解微分方程理论的广泛应用。案例从最简单的指数增长模型开始，逐步增加实际因素、数学元素，步步深入地介绍线性常系数微分方程、非线性微分方程、时滞微分方程、脉冲微分方程等的应用案例。在案例背景上，从经典人口模型延伸到消费品销售、微信朋友圈的信息传播，以及近年美国大学生数学建模竞赛中出现的非洲埃博拉病毒疫情等。

从基础课程到学术前沿，从经典案例到近期热门话题，本课程在内容组织上注重常变常新，一方面可以帮助学生了解学科前沿课题，另一方面也能通过身边的热门话题吸引学生的学习兴趣。

根据多年的教学实践经验，本课程任课教师在 2013 年主编并出版了教材《数学建模方法进阶》。教材从介绍文献检索开始，帮助学生掌握发现问题、解决问题的基本思路和方法；随后通过大量实例来说明如何在学习学术文献的基础上取得自己的研究成果。教材中还注重通过一些简单数学模型案例来介绍数学建模的基本方法，以及各个数学分支在现实中的背景和应用。在内容组织上采用由易到难、循序渐进的原则，从最简单、最常见的案例到较为复杂、涉及深刻数学理论和思想的案例，从而帮助本科生、研究生了解科研工作的一般规律。该教材在出版后，每年都用于数学模型课程的课堂教学环节，取得了良好的教学效果。

作为数学模型课程教学和竞赛的辅助教材，本课程教学团队还先后编写出版了两本《数学建模优秀论文精选与点评》，以原汁原味的数学建模竞赛优秀论文、赛题解析、优秀论文点评等帮助学生建立分析问题、解决问题以及撰写学术论文的能力。

2. 注重素质教育、能力培养

在教学方法上，注重以提高大学生科学素养、培养创新精神为目标，调动多方面教学、科研资源来培养学生的创新能力。比如以数学模型案例教学来介绍基本方法和应用,通过分析和求解来介绍算法、编程计算,通过介绍教师科研课题来吸引优秀学生参与高水平的科研探索。

目前本课程已经建立了一套行之有效的模式,从基础知识、理论应用、到发现问题、分析问题、解决问题,都有专门的教学模块和训练。

比如在本课程的"从数学模型开始科研探索"环节,首先介绍如何发现问题,鼓励学生用数学的观点来观察世界,启发学生自行探索发现有意义、有价值的问题;其次介绍如何建立研究思路和目标,引导学生有意识地阅读学术文献;再次鼓励学生在研读文献的基础上,提出自己的创新想法;最后介绍怎样才算创新,特别是如何基于数学建模方法进行创新。

经过上述内容的讲解,学生将初步掌握科研创新的基本方法。随后再辅以若干简单的案例示范,以及大作业,构成了该部分内容的学习成果巩固和检验环节。如图2所示。

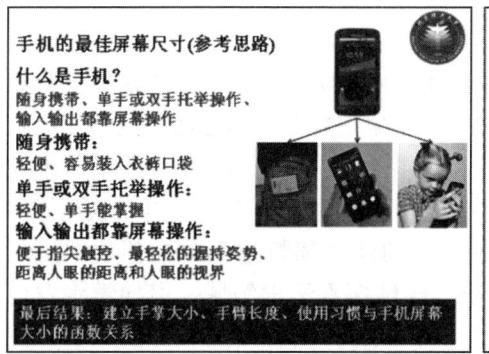

图 2　简例与大作业

为督促学生切实掌握科研创新的方法,课程将第二次大作业设计为自行查找课题,研读文献,设计数学模型,并参照文献格式撰写完整的学术论文。第三次大作业设计为命题研究,每年都会选择部分最新的科研课题作为题目,要求学生从若干个题目中选出一个课题开展研究。下列为2016年第三次大作业的题目:

(1) 良乡校区2017年寒假结束后开学,一个月后,一名假期曾赴韩国游玩的2015级数学学院本科生因发烧住院,被确诊患中东呼吸综合征(MERS)。请评估此时可能被感染的人数,并制定现阶段最佳的防控策略。

(2) 预测上海市固话用户今后5年的数量变化。

(3) 假设手中有100万元,准备选择5只基金来投资。参考其2015、2016年的收益、投资情况与未来的风险,决定投资分配比例。

(4) 北京理工大学为学生提供收费的邮箱服务,毕业后邮箱被清除。每个学生名义上可以获得很大的存储空间容量,但由于实际上绝大多数人远远达不到这个容量，所以学校并未按此配备存储设备，而是根据每个人的实际使用情况，按需扩充容量，直到达到个人被授予的容量上限。请调查周围同学的邮箱使用情况，根据我校学生的总人数，确定邮箱服务按需提升容量的策略（初始使用给予多少空间，占用多少空间后扩展到多大空间）和应配备的存储设备总容量。

（5）北京理工大学良乡校区计划用 WiFi 信号覆盖整个园区，如何部署 WiFi 热点，才能以较低的成本提供尽可能好的服务？需考虑到用户规模、建筑的影响等。

（6）数学学院准备评选 2017 年度三好学生，请你制定一个量化的评选方案。

（7）文本信息有自动化的分类算法，那么能不能设计一个图片的自动识别分类方法？建立模型描述你的设想。

（8）在目前经常有人投喂的情况下，估计良乡校区北湖鱼群的最大容量是多少？

上述题目中，MERS 是当年生物数学领域的热点课题，图片的自动识别分类是图像识别、AI 领域的前沿课题。

在教学实践中，将教学重点放在帮助学生了解数学建模的基本方法、思路和常用的数学理论工具方面；在课堂教学之余，学生只要有好的想法、能够完成较好的论文，都能及时得到教师的帮助和支持，学生开展科技创新活动都能得到及时帮助。与此同时，以公开研究课题的形式，吸引学生基于数学建模方法开展创新研究活动，并尝试撰写研究论文。在课堂上向学生和教师双向推荐学术讨论班，由经验丰富的教师指导学生阅读文献、尝试探索学术领域，引导学生发现问题并用数学建模方法分析和解决问题，并尝试将科研项目引入课堂教学，把一些科研项目的分支问题抽取、提供给学生，作为开展科研探索的一类可选课题。

比如在课堂教学中，向学生介绍了"地区中小学校校车配置及运行规划""太阳能发电设备发电量预测""在线论坛短文本聚类分析"等研究项目，并引入优秀的学生承担数学建模、计算、编程等任务。实践表明，学生的创新能力非常强，做出了巨大贡献，并发表了多篇学术论文。

3. 运用信息技术丰富教学手段、提升教学质量

本课程早在 2004 年就自制了电子课件，此后每年都以板书结合投影的方式进行课堂教学。目前使用的教材、电子课件均为自主制作，强调文字、图片、视频、音频相结合，每年都会根据近期的热点话题更新案例，激发学生学习兴趣。

目前已经形成了完备的电子课件体系，其中包括 14 个单元的《数学模型》课件，教学团队共同制作的 15 个主题的《透过数学看世界》课件、12 个单元的《数学建模竞赛培训》课件。

2013 年在学校的支持下，教学团队建设了"北京理工大学数学建模科技创

新平台",每年利用此平台向学生提供电子课件,完成校内数学建模竞赛的报名、论文提交、论文评阅,组织数学建模全国赛和美赛的培训、报名等工作。

鉴于目前在线的数学计算应用、数学建模论文和文献资料、开放课程、视频公开课等资源非常多,合理运用这些资源,可以让更多学生更快地掌握数学建模的基础知识和基本方法。本课程也在课堂教学之余,向学生推荐了全国大学生数学建模组委会制作的数学建模 MOOC,教学团队也自行制作了《数学实验》MOOC、《线性代数》MOOC 等资源,已经投入了实际应用。实践证明,这些手段可以在一定程度上弥补课时的不足,帮助积极性高的学生充分利用碎片时间来学习。

4. 与学科知识竞赛形成良性互动

本课程可以帮助学生掌握数学建模竞赛的常用方法和思路,数学建模竞赛也会吸引学生认真学习本课程,形成了良性互动,并获得了校内外的一致好评。2009 年,本课程教学团队获得北京市级教学成果二等奖 1 项,2013 年获得北京市级教学成果一等奖 1 项。2011 年、2016 年获得北京市教委颁发的"北京市大学生数学建模与计算机应用竞赛优秀指导教师"称号,2011 年获得全国大学生数学建模竞赛组委会颁发的"全国大学生数学建模竞赛优秀指导教师"称号。

组织学生参加各级各类数学建模竞赛,是对本课程学习成效的客观检验,也有利于学生实际验证自己所学的经验、方法、理论,进而激发学生学数学、用数学,运用数学建模方法开展科研探索的兴趣和热情。因此,竞赛实际上是本课程的补充和延伸。2013 年,本课程教学团队指导学生参加全国大学生数学建模竞赛,夺得本科组唯一的"IBM SPSS 创新奖"。2016 年获得北京市教委颁发的"2011—2015 年大学生数学建模竞赛优秀组织学校"称号。

在多年教学实践和教学改革研究中,教学团队积累了丰富的经验和成果,这些成果一部分融入了自编的教材、电子课件,另一部分总结成了教改论文公开发表,其中 5 篇探讨了数学模型课程教学和基于数学建模思想培养大学生创新精神,2 篇介绍了对文科大学数学教育的一些思考。

2018 年,任课教师受邀参加"全国数学建模研讨会(青岛)"并做了报告,报告内容发表于《数学建模及其应用》杂志。在制作、使用 MOOC 的过程中,教学团队对其应用方式和组织模式进行了深入的研究,认为现有的 MOOC 运行方式不够灵活,有关设想已经总结为 2 篇论文,分别在 2018 年、2019 年发表于《北京理工大学学报(社科版)》。

本课程的教学工作和成果取得了良好的声誉。2017 年以来,北京建筑大学每年都会邀请课程教学团队为其学生进行全国赛、美赛的培训(如图 3 所示)。

2018 年以来,湖北汽车工业学院也专程派师生到我校访问,参加教学团队组织的全国赛集训。

图 3　在北京建筑大学讲座

六、课程教材

［1］王宏洲，李学文，董岩，李炳照．数学建模方法进阶［M］．北京：清华大学出版社，2013．

［2］姜启源，谢金星，叶俊．数学模型［M］．5 版．北京：高等教育出版社，2018．

"数学物理方程与特殊函数"研究型课程案例

授课教师：闫桂峰　张琼　陈晔悭　姜海燕

开课单位：数学与统计学院

一、课程概要

"数学物理方程与特殊函数"是在微积分、普通物理和复变函数等课程的基础上，为了解决具有物理背景的偏微分方程问题而逐步发展起来的一门交叉学科。数学物理方程描述了自然界大量物理现象，通过对数学物理方程的研究，人们有效地解决了许多重要的理论问题和应用实践问题，它是基础学科和工程技术界的一座桥梁，是理工科学生深入学习专业知识和奠定科学研究基础的必不可少的工具。本课程一直以来都是我校电子、通信等专业本科生的重要基础课，课程的目的除了巩固和深化在大学数学课程中的数学知识，为学生学习后继专业课程提供必要的数学基础和工具，还包括了对学生应用数学工具解决实际问题进行初步的训练。无论从大学数学教育的作用考虑，还是从课程结构和特色来看，数学物理方程是最能体现OBE理念的课程，它把培养学生的工程创新能力和适应变化的能力作为首要任务。国家教学名师李元杰教授曾说过："'数学物理方程与特殊函数'的教学质量是关系到理工科本科生能否成为创新人才的重要条件之一，也是各高校提高本科生教学质量的关键指标。"因此，开展数学物理方程课程的研究型教学研究是非常有必要的。

二、课程教学目标及预期学习成果

1. 课程教学目标

数学物理方程与特殊函数课程的总体教学目标是促使学生建立基于数学、物理方法，发现问题、分析问题和解决实际问题的思维，培养学生的科技创新精神和科学探索的素养，提高学生解决工程问题的能力。

2. 预期学习成果

（1）理解从实际问题到数学物理方程的建模方法。课程通过大量生产、生活中的实际问题，介绍三类典型方程及定解条件的导出，通过这些实例的学习，学生能够领会并掌握从实际到理论，宏观到微观，具体到抽象的数学物理方程的建模方法。对于给定不同的现实问题，学生有能力选择恰当的数学方法和物理学定律或原理建立数学物理方程模型，描述现实中千变万化的物理现象，并对模型进行定性和定量的分析。这方面的能力主要通过学习数学物理方程理论的发展历史、典型方程的推导案例来获得。

（2）具备较强的数学推理能力、计算能力和物理演示能力。数学物理方程课程的主要内容是关于定解问题的常用的求解方法、分析比较和物理解释，通过课程的学习，学生不仅可以学会求解典型问题的各种解析方法和数值方法，而且有能力分析数学物理方程解析解的存在性、唯一性、稳定性，分析数值解的误差、稳定性等性质。更进一步地，能够解释通过数学建模和数学求解得到的数理方程定解问题的解的物理意义，从而实现从实际问题到数理理论的抽象，然后再从理论到现实的回归；掌握利用数学物理知识进行精细化科学研究的基本方法，以及科学地收集数据、整理数据和分析数据、建模分析等知识。数学物理方程定解问题描述的是实际问题，因此它的解应该能够解释所表示的物理现象，经过课程可视化的训练，学生可以利用数学软件采用动画或者图像演示数学物理方程定解问题的解，并解释不同条件之下解的差别。这方面的能力主要通过数学物理方程定解问题方法的学习、计算机程序的编制、大作业演练来培养，能力水平通过大作业、期末考试来检验。

（3）具备精准研究复杂问题的能力。数学物理方程课程的学习使得学生学会求解数学物理方程定解问题的各种数学方法的基本原理、计算过程和结果分析，能够参照学术文献，围绕现实问题开展创新性探索；给定现实问题，学生能够自行提出假设、建立数学物理方程模型并进行量化分析、求解、解释。这方面的能力主要通过数学物理方程定解问题的求解方法的介绍、案例的讲解、大作业的完成来培养，能力水平通过提交研究报告、编程大作业来检验。

三、课程内容及教学策略

1. 内容

从 2013 年开始，在我校研究型课程教学改革项目的支持下，数学物理方程课程在教学理念、课程内容和教学方法上做了很多改革工作，形成了一整套适合 OBE 理念的教学内容，具体内容如下：

（1）数学物理方程的基本概念和典型方程的导出。基本概念包括线性方程、非线性方程、方程的阶数等；典型方程如弦、杆、膜的振动，电磁场方程，热传导方程，反应扩散方程，静电场的势方程等的建立与定解条件的提出。

（2）数学物理方程定解问题的 4 种基本解析方法——D'Alembert 法、分离变量法、积分变换法（Fourier 变换和 Laplace 变换）、Green 函数法，两种常用的特殊函数——Legendre 函数和 Bessel 函数，以及差分法（数值方法）。

（3）理论知识。内容包括线性方程的叠加原理，数学物理方程定解问题的解的存在性、唯一性和稳定性，调和函数的性质，Sturm – Liouville 方程的本征值理论，以及数值方法的误差分析等。

（4）计算机应用。数学物理方程定解问题是一类非离散的复杂的数学问题，运用计算机来处理这类数学问题是非常必然的。另外，因为数学物理方程定解问题描述的是现实中的具体问题，所以它的解（不管是解析解还是数值解）应该能够清晰地反映物理现象或过程，因此，使用计算机可以将抽象的、用数学符号表示的解经过可视化的表达呈现出来成为研究型课程的一个重要内容。

根据我校的人才培养目标，课程组对课程的预期学习成果进行详细的分析，对课程的教学内容进行了优化设计，使得课程的每一种预期学习成果都有相应的教学内容与之对应，形成清晰的映射关系，并且保证让学生在学习过程中明白这种关系，有目的地学习。课程内容与预期学习成果的对应关系如图 1 所示。

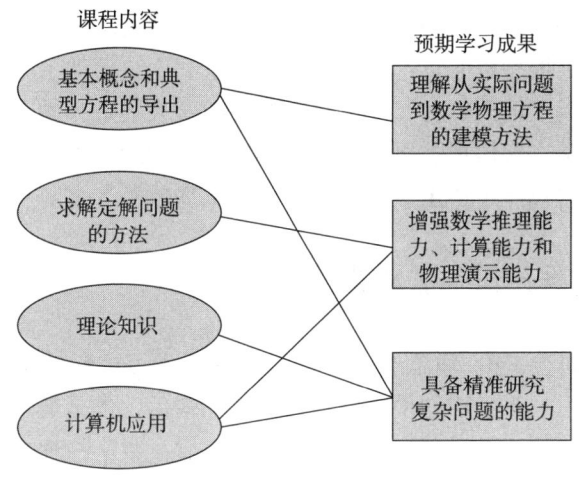

图 1　课程内容与预期学习成果的对应关系

2. **教学策略**

科学安排的内容体系是保证学习效果的基础，现代化的教学方法是帮助学生消化课程内容的有力武器。课程组在多年实践的基础上总结出一套行之有效的教学方法，对照 OBE 理念，从需求目标出发，反向设计课程教学方法，根据学生志趣和预期学习效果的达成要求调整教学的模式，提高了课程的学习效率和效益。

（1）基础知识的补充。数学物理方程课程的学习对理工科学生来说，一直是比较困难的，究其原因主要是数理方程的建立和求解过程需要运用大量数学、物理的基础知识，而其中部分内容是其他课程不太强调甚至忽略介绍的，如常微分方程解的性质与结构、傅里叶分析、拉普拉斯变换、傅里叶变换等，部分学生掌握相对薄弱。因此，在授课过程中教师会引导学生对这些内容环节进行回顾与拓展，这样学生不仅能够顺利进入数理方程课程的学习，同时对基础性课程内容的理解有了进一步的加强。

（2）烦琐的理论推导的弱化。在对重要的知识内容增加力量的同时，在保证数学知识严密性的基础上，尽可能减少繁冗的理论推导。如三维波动方程的泊松公式的导出，整篇的数学公式推导让学生听起来很头痛，在课程中教师引导学生将学习重点放在泊松公式的物理意义及其应用上面，这样学生在知识衔接上更加顺利，避免因基础知识不扎实影响对新知识的消化吸收，同时也降低了课程的难度，增加学生的学习兴趣。

（3）强调可视化。按照传统思路的理解，学生感觉数学物理方程是一门深奥、烦琐、难以琢磨的课程，数学物理方程定解问题不仅推导、求解过程繁冗复杂，而且得到的结果也那么复杂，不是级数就是积分表达式，理解都很艰难，更妄论解释、说明物理现象。因此，课程组在课程中贯彻落实了可视化教学，借助计算机软件将大部分结果用动画、图形和图像的形式展示出来，学生可以利用这些动画、图像更好地理解所学内容。同时也要求学生自己动手完成部分计算机模拟工作，一幅幅真实的图像对照一个个复杂的数学表达式，学生再也不会一脸茫然了。这样的教学方法体现了以学生为中心的教学理念，可以最大限度地提高学生学习的意愿，使每一个学生尽力达成学习的预期成果。

四、课程考核办法及教学效果

科学安排的符合 OBE 理念的内容体系是保证学习成果的基础，现代化的教学方法是促进学习成果形成的手段，那么剩下的最后，也是最重要的一个就是如何设计考核评价体系，衡量预期学习成果的达成度。数学物理方程与特殊函数课程的考核综合考虑小论文、计算机模拟大作业、期末闭卷考试的情况，以百分制计分，三个分数在总评成绩中各占 20%、20%、60%。

1. 小论文

作为数学老师，经常会被学生问"我学这门课有什么用"？对于大学一年级的学生，教师会耐心地分析数学课程对他们的后继课程学习、未来科学研究的作用，但是对于学习数学物理方程的大学二年级的学生来说，这个问题是需要他们自己回答的。因此，在开课三周之内，教师会给学生布置题为《数学物理方程与我的专业》的小论文，要求学生在三周之内，通过查阅文献，请教专业教师或同专业的研究生，在充分了解数学物理方程这一数学分支的历史、发展和趋势的基础上，结合自己的专业特点，完成一篇字数不少于 1000 字的小论文。小论文包括两个部分：一是通过自行查找文献，撰写数学物理方程的文献综述报告，如某个结论的发现推广过程，或者某个公式的由来等；二是数学物理方程知识在其专业中的应用。论文虽小，但是作用显著，大部分学生通过论文写作对自己的专业和数学物理方程课程都有了更深入的了解，明白了课程的预期学习效果，增加了学习课程的兴趣和主动性。经授课教师和助教的批阅，选出优秀的小论文供全体同学阅读、学习。

2. 计算机模拟大作业

计算机模拟大作业可以用于评估3种学习成果的达成情况。在课程过半时教师发布多个计算机模拟大作业题目，学生可以按照自己的意愿，选择题目，自己或者与其他不超过三位同学组成小组，完成一篇涉及实际问题的论文，并提交详细的研究报告。大作业要求针对实际问题建立合理的数学物理方程的模型，利用计算机进行计算、分析、绘图等，并撰写研究报告、论文来阐述自己的观点、论据和计算结果，报告的内容要求必须说明题目中的数学物理方程模型的背景、假设、数学框架等。

3. 期末考试

期末考试是对本课程学习成果的综合评估。考试采取闭卷考试，试题分三类。

第一类是简答题目，考查学生对所学过的数学物理方程的典型模型和定解条件的掌握，以及将现实问题建模为数学物理方程问题的能力。

第二类是计算题，考查学生对数学物理方程定解问题的解决能力，要求学生掌握4种解析方法的基本原理、适用范围、求解过程和解的分析。

第三类是证明推导问题，是课程3个学习成果的集中体现，要求学生能够根据所给条件，提出假设，参照课堂上讲过的思路合理推导所要的结论。

通过以上考核方法，使学生在学习了数学物理方程与特殊函数这门课程后，不仅明白了本门课程与其专业实践的关系，而且掌握了将实际问题抽象成为数学模型的基本方法和过程，学会了利用计算机进行仿真模拟，同时熟悉了相关的数学原理的应用和推广。

五、课程特色和创新之处

经过研究型课程建设对数学物理方程与特殊函数的一系列改革与创新，包括调整教学内容、改进教学方法和教学手段、改革评价考核方式等，课程更加符合 OBE 教学理念，确保学生取得预期的学习成果。

1. 重构教学内容

数理方程所研究的问题大多是由物理、力学中的实际问题所导出，自然既与这些实际问题所使用的数学方法又与学生学过的各门数学课程有着密切的联系，因此本课程涉及内容繁杂，许多学生学习这门课程会感到有一定难度。因此在教学内容安排上应尽可能以经典内容为基础，适当取舍，依据少而精的原则，精心筛选，合理组织，避繁就简，突出重点。基于以上考虑，课程组将教学内容按照由浅入深、由具体到抽象、由特殊到一般的原则来组织，使学生能循序渐进地掌握课程内容，对重点知识注重理论导出、方法的应用，强调其应用条件。对部分传统内容进行了优化调整，增加了一些基础知识的补充，如对常微分方程解的性质与结构、傅里叶分析、拉普拉斯变换等这样一些重要的但大部分学生掌握相对薄弱的环节，进行了回顾与拓展。在保证数学知识严密性的基础上，减少部分烦琐的理论推导，如三维波动方程的泊松公式的导出过程，将重点放在了泊松公式的物理意义及其应用上面，这样既使得学生在知识衔接上更加顺利，避免因基础知识不扎实影响对新知识的消化吸收，也降低了课程的难度，增加学生的学习兴趣。

2. 将数学建模思想融入课程教学

作为联系基础学科与工程技术的桥梁，数理方程课程的首要任务就是使学生理解，所谓的数理方程就是用数学语言来描述和表达有关物理现象和实际问题的道理，掌握以实际问题为背景建立数学物理方程模型的基本方法和具体步骤。课程组一直坚持以学生为中心的理念，贯彻理论联系实际的教学方针。为此，课程组参考物理、工程技术方面的书籍，补充大量工程技术知识，提供了很多优秀的教学案例，在教学过程中，注重传授数学思维，使学生在学习知识的同时，锻炼了数学逻辑能力。在数理方程的导出、求解、分析时，都特别注重数学、物理思想与工程背景的结合，引导学生将数学建模的思想应用到学习中。增加课内讨论和课外建模仿真探究，引导学生注重数学理论知识的同时，关注数学知识的应用，增强学生提出问题、分析问题、解决问题的能力。在课程教学中尽力减少数学形式的抽象感，采用贴近生产生活实际的描述和形象生动的类比方法，淡化理论，强调直观。如在讲解一维波动方程定解问题的分离变量法时，除详细介绍方法的原理、步骤、公式外，还特别强调问题的解的物理意义，结合弦乐器的发声原理，解释"基音""泛音"的构成，分析弦线长度和粗细的变化、弦中张力的大小对音调的影响，使学生用看得见、听得着的方法学习深奥的数学物理方程知识，既有趣，又有用；同样将二维波动方程对应于鼓面的振动，三维波动方程对应于声波的传播，给学生留下了深刻印象，感受到数学应用的魅力。又如介绍格林函数法时，将该方法类比于高等数学中"牛顿－莱布尼兹"积分公式和格林公式等，使学生理解数学上"内部问题边界化，高维问题低维化"的思想，使抽象的调和函数的基本积分公式更加容易被接受。与此同时，要求学生在学习中也要坚持联系实际，每个章节都补充了数值实验和仿真的实践题目，要求学生有选择地完成。

3. 通过可视化提升学习效果

近年来，可视化技术得到了迅猛发展，并引起了广泛重视，越来越多的教师开始研究并应用可视化技术于课堂教学中。

可视化教学方法具有直观、趣味性强等特点，在数学物理方程的教学过程中，采用可视化方法使得在单调的公式推导与定理证明的教学模式中加入了由色彩亮丽的图形、图像及千变万化的影像展示的元素，让传统的教学内容充满了新意，使学生兴趣盎然。

例如讲解一维无界弦的振动时，传统的方法是首先利用变量替换将波动方程化为容易求得通解的形状，然后再利用初始条件确定通解所包含的任意函数，从而导出著名的达朗贝尔公式。这一求解过程巧妙简捷，所得结果公式也对称美观，从数学的角度看来堪称完美。但是，无法避免的问题是，这个公式十分抽象，其物理意义不甚明白。传统的教材里给出了简单的示意图帮助学生理解，但是遗憾的是示意图是简单的、静止的，很难说明波的传播这一动态的过程。于是课程组将书中的抽象例子具体化，利用 MATLAB 编程生成动画，使得学生可以看到运动的画面，将鲜活的图像留在头脑中。如图 2 所示。

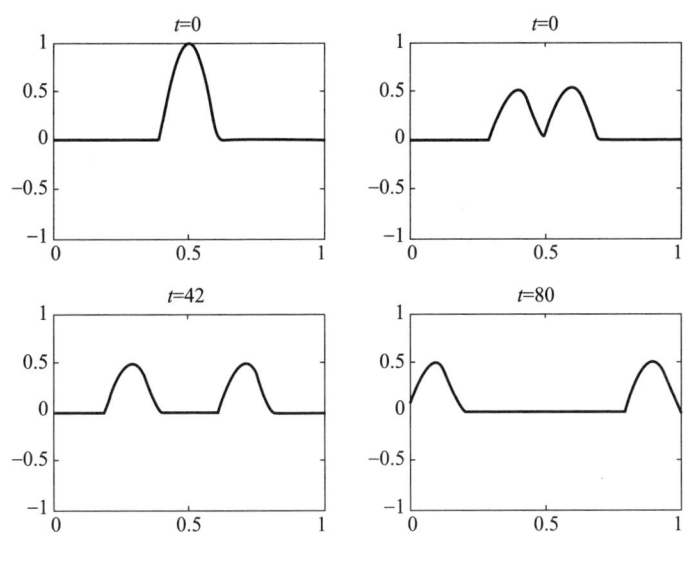

图 2　无限长弦的振动

紧接着，在介绍半无界弦的波动（反射波）问题时，仍将这一思想贯穿其中，用动画表现了波的传播、反射过程，使得学生不仅从数学上掌握"延拓"这种重要的数学方法，而且明白"半波损失"这一不易理解的概念，起到了事半功倍的效果。如图 3 所示。

再如在讲解分离变量法时，为了更加清楚地展示振动波的固有频率与正弦外力的频率之间的关系，课程组提供了一个弦的共振问题的案例。

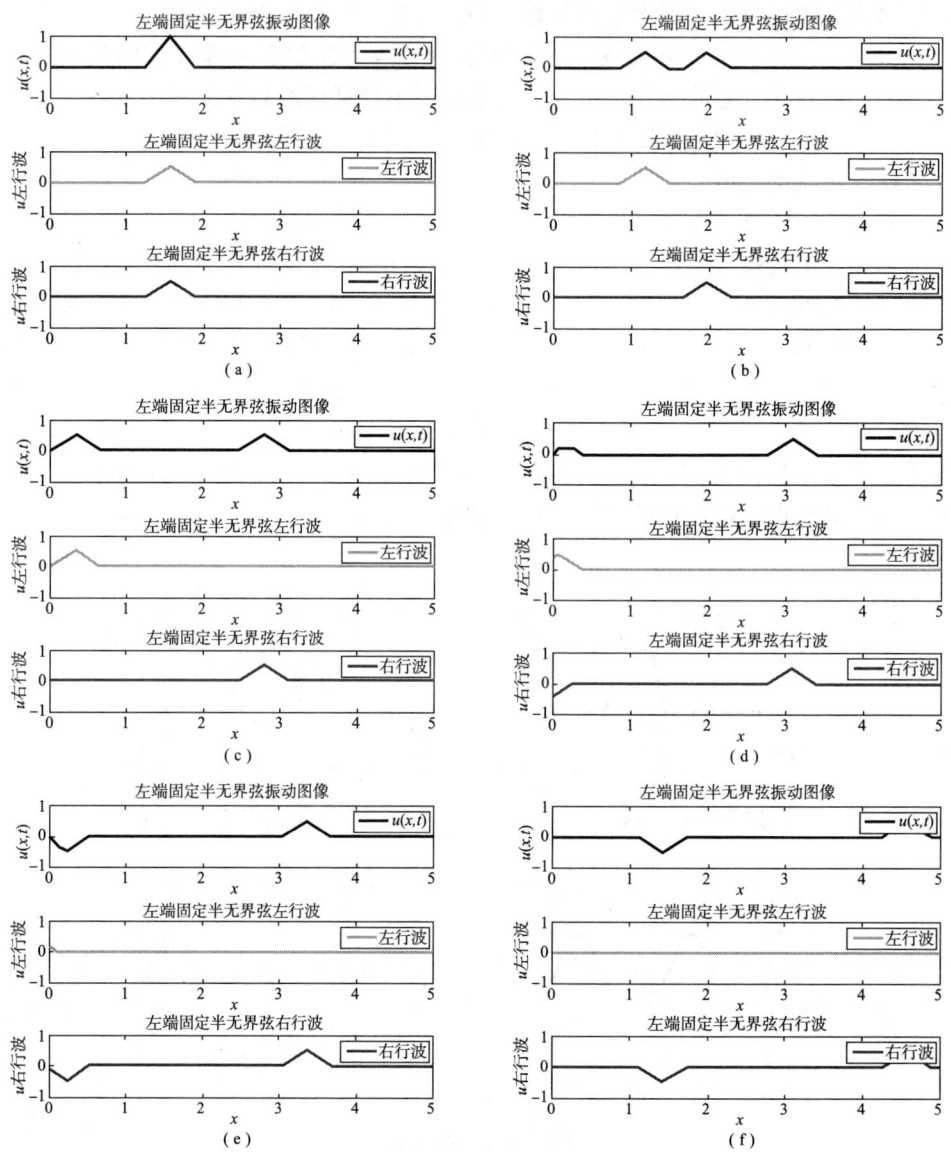

图 3 波的反射

(a) 初始时刻；(b) 开始振动；(c) 开始反射；(d) 半波损失过程；(e) 反射结束；(f) 反射波传播

已知两端固定弦在外力作用下做强迫振动，则其满足如下定解问题：

$$\begin{cases} \dfrac{\partial^2 u}{\partial t^2} - a^2 \dfrac{\partial^2 u}{\partial x^2} = A(x)\sin\omega t \quad (0 < x < l, t > 0), \\ u|_{x=0} = 0, u|_{x=l} = 0, \\ u|_{t=0} = 0, \dfrac{\partial u}{\partial t}\bigg|_{t=0} = 0 \end{cases}$$

其中 $A(x)$ 为已知函数，外力频率 ω 为大于零的常数。求解该问题并讨论 ω 的数值对弦的振动的影响。

用分离变量法给出定解问题的级数解：

$$u(x,t) = \sum_{n=1}^{\infty} \frac{l\alpha_n}{an\pi} \sin\frac{n\pi x}{l} \int_0^t \sin\omega\tau \sin\frac{an\pi(t-\tau)}{l} d\tau$$

$\omega_n = \frac{an\pi}{l}$ 称为弦的固有频率。当 $\omega \neq \omega_n$ 时，计算可得 $u(x,t)$ 的表达式。当 ω 趋于某个固有频率 ω_k 时，根据罗必达法则，有：

$$u(x,t) = \left(\frac{\alpha_k}{2\omega_k^2}\sin\omega_k t - \frac{\alpha_k}{2\omega_k}t\cos\omega_k t\right)\sin\frac{k\pi x}{l} + \sum_{n \neq k} \frac{\alpha_n}{\omega_n(\omega^2 - \omega_n^2)} \times$$

$$(\omega\sin\omega_n t - \omega_n\sin\omega t)\sin\frac{n\pi x}{l}$$

上式第一项振幅为 $\left|\frac{\alpha_k}{2\omega_k^2}\sin\omega_k t - \frac{\alpha_k}{2\omega_k}t\cos\omega_k t\right|$，它是时间 t 的线性函数，t 越大，其值越大，这种现象称为共振。

取 $a=1, A(x)=2, l=1, \omega=3\times3.1415$，用 MATLAB 画出级数解的前 20 项部分和在 $t=0, 15, 45, 75, 105, 135$ 时的图像，结果如图 4 所示。从中可以清晰地看到振动波的振幅随时间增加而增大。

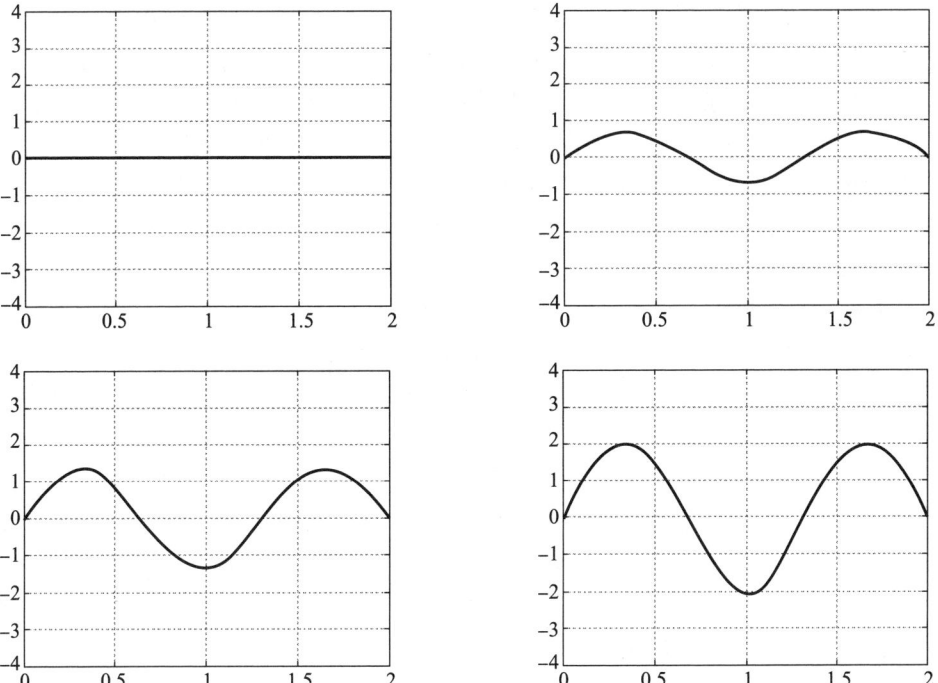

图 4　共振

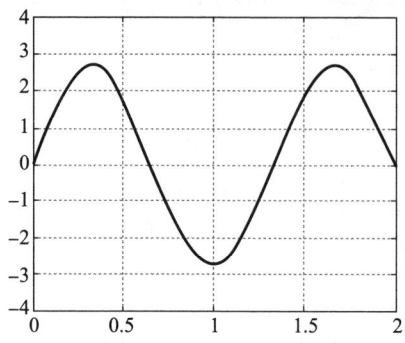 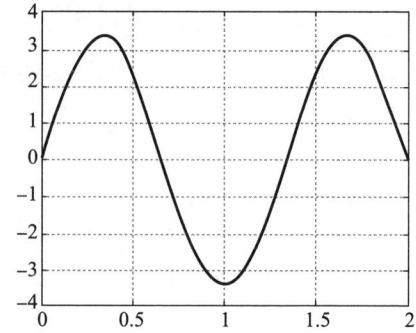

图 4　共振（续）

引入了可视化方法能促进学生进一步理解方程所描述的物理现象，使数学物理方程定解问题的解更具直观性。

4. 以学生为中心，因材施教

目前，数学物理方程与特殊函数课程采用的是大班授课的形式，每个教学班人数超过 100 人，由 3~4 个自然班构成，因此学生的层次有所不同，如果对所有学生都做同样的要求，就会出现饥饱不均的现象。因此，我们在内容选择和教学形式上都体现一定的弹性，注意不同层次学生的要求。例如在分离变量法的教学过程中，基本要求是掌握方法的基本原理和步骤，会用该方法求解边界条件相对简单的三类典型方程的定解问题；但同时也要求学生了解这一方法的物理背景，能够正确解释级数解的物理意义；更进一步地，鼓励学生思考方法的一般性原理，自己归纳出不同边界条件对级数解形式的影响，对层次较高的学生还建议他们考虑级数解的收敛性等理论性问题。数学物理方程课程内容前后联系非常紧密，对于基础薄弱的学生课前要求其预习相关的内容。如在讲授格林函数法前，要求学生根据自己的程度复习高等数学中的相关知识点，要熟悉梯度、散度、方向导数等概念，掌握曲线（面）积分公式等，这样可以缩短学生起跑线间的距离，节约课堂教学时间，提高效率。对于基础好的学生指导他们在完成课程要求的情况下，阅读课外书籍，思考更多问题，获取更多知识。

5. 开展数学建模和数值模拟

利用我校数学建模基地作平台，课程组经常组织学生开展与课程相关的数学建模和数值模拟活动。经过这些实践活动，学生得到了数学物理方程理论知识和计算机编程、计算机仿真结合的训练，提升了提出问题、分析问题、解决问题能力，保证了学习成果的落实。

6. 改进课程考核方法

在课程学习中，学生要完成小论文一篇，计算机数值模拟大作业一份，这两个成绩计入平时成绩，占期末总成绩的 50%。自己动手建模、计算解决实际问题，新的考核方法使学生的学习积极性与自主性得到了极大的提升。

六、课程教材

闫桂峰，张琼，姜海燕. 数学物理方程与特殊函数 [M]. 北京：电子工业出版社，2013.（北京理工大学"十二五"规划教材）

OBE 理念下"普通物理Ⅲ（电磁学）"研究型课程的实践

授课教师：胡海云　韩俊峰　开课单位：物理学院

一、课程概要

普通物理Ⅲ（电磁学）是应用物理学本科专业学生必修的一门重要基础课。电磁学是物理学的一个重要分支，研究电、磁运动的基本规律以及电磁相互作用的规律。电磁学的发展不仅与人们的日常生活和生产技术有着十分密切的关系，而且也是电工学、无线电电子学、电子计算机技术以及其他新科学、新技术发展的基础。这里我们着重从场的观点阐述静电场和稳恒磁场的基本概念、基本规律和基本定理，揭示电磁感应现象的物理本质，最后介绍电磁场理论的初步知识。教学中特别注意从电磁现象的观察与实验来分析、综合物理现象，提出基本概念，并阐明物理规律。本课程将为应用电磁学知识解决实际问题打下基础，是电动力学、量子力学等课程的先导课，也是北京理工大学物理学硕士入学考试的专业课之一。

电磁学的历史悠久，应用广泛，充满活力，在物理学及其教学中占有重要地位。特别是作为物理学中发展较为成熟、体系较为严谨的子学科，电磁学初步揭示、体现了自然界的高度对称、和谐与统一，体现和汇集了物理学综合、归纳、逻辑推理、近乎完美的公理体系、富于创造性的科学假说、见长于近代科学的实验方法等许多精华，电磁学的发展史还内含着丰富的哲学思想和原理。因此，电磁学具有在培养学生科学思想、科学思维、科学方法、科学精神、科学审美、科学哲学等方面的特殊教育功能和人文价值，对学生今后的学习、工作有着深远的影响。

二、课程教学目标及预期学习成果

1. 课程教学目标

（1）知识方面：使学生全面地、系统地学习和掌握物质电磁运动的基本概念和基本规律，深刻认识电磁现象的基本性质，为学生今后的学习和工作打下扎实的理论基础；使学生了解电磁学发展史上某些重大发现和发明的物理思想和实验方法；了解电磁学的发展与其他学科的关系，努力培养学生的辩证唯物主义世界观，提高科学素养。

（2）能力方面：运用现代教育观点和现代教育方法选择并组织课程内容，培养学生的创新能力和运用数学知识以及物理情境解决电磁学问题的能力，培养严密的思维能力，并形成终身学习的能力。通过电磁学课程的建设，为学生创建一个具有实际操作意义的自主学习体系。

2. 预期学习成果

（1）能够系统深入地掌握电磁学的基本现象、基本概念和基本规律。

（2）具有一定的分析和解决电磁学问题的能力，为后继课程的学习奠定扎实的理论基础。

（3）了解电磁学发展史上某些重大发现和发明过程中的物理思想和实验方法，了解电磁学的发展与其他学科的关系等，具有辩证唯物主义世界观。

（4）具有运用数学工具的能力，能运用数学语言表达物理思想和进行逻辑推理，进行基本概念、基本规律的数学表述与论证，能运用微积分方法对连续分布的场强、电势和电流的磁场求解，以及对推理得到的数学结果进行物理理解并应用等。

（5）具有科学思维能力，了解物理学的研究方法，依据对现象及已知结果，通过类比、猜测、假设提出新的概念和规律，具有一定的独立分析问题和解决问题的能力。

三、课程内容及教学策略

1. 课程内容

电磁学研究电磁场的基本性质、运动规律及其与带电物质之间的相互作用。其侧重于从电磁现象的观察与实验中提出电磁场的一些基本概念，总结出实验定律，由实验定律在特殊条件下导出静态场积分形式的场方程，再介绍随时间变化的场，最后归纳出麦克斯韦方程组的积分形式。

本课程讲授以"场"为主线，讲述电磁学理论，主要介绍电磁场的各种实验现象和定理，通过实验规律的总结，得到麦克斯韦方程，利用积分变换得到微分形式的麦克斯韦方程。由于开设本课程的应用物理学专业都开设电子线路类课程，所以本课程对电路部分安排较少课时，重点放在增加或扩充现代电磁理论的内容，扩充技术应用方面的知识。

2. 教学策略

（1）注重互动课堂、自主探究与演示实验、课外设计相结合。总结并实践了"四位一体"的教育新观念：以物理现象为出发点；以学生兴趣为导引；以师生讨论为手段；以科学创新为核心。结合教学开展形式多样的创新实践活动，培养学生创新意识和创新实践能力。牢固树立学以致用的思想，使学生对电磁学知识学而能用、学而知用、学而敢用。例如，迅速估算、迅速判断是科学家、技术专家和工程师面对评估新思想、新技术与新的研究方法时使用的重要技能，在我国传统授课方式中往往不会将这一技能作为课程教授，团队教师通过设计研究型课堂，介绍电磁学的一些基本思想、技能并使用它们来解决实际问题。例如：将学生分成4~6人小组，让学生观察悬线下小磁铁的摆动情况，根据所学的电磁学和力学知识进行讨论，提出设计方案，将所在处的地磁场估算出来。

（2）注重科学和工程前沿与电磁学原理相结合。在教学中，注意根据教材内容、专业特点、学生情况，介绍物理学与日常生活，物理学原理在科学技术与工程技术中的应用，近代物理的重要发明，物理前沿及其进展，着重培养学生的科学态度、研究物理问题的科学方法、爱国主义情操、勇于探索、善于创造等方面的素质。

例如，随着计算机相关技术的发展，数值模拟的作用越来越大，它在难以得到解析解的地方可以算出数值解，在条件苛刻或者难以处理的地方能给出模拟图像，大大促进了现代物理学的发展。Python作为一种免费、易学易用的高级程序设计语言，具有大量的第三方库，非常适合用来做科学计算、数值模拟等工作。由于其学习成本极低，所以它也非常适合基础物理教学以及本科生使用。作为课程教与学的拓展，教师指导课程学习的学生使用Python语言与VPython库对电四极子、平行板电容器的电场线、圆电流、亥姆霍兹线圈、不同匝数的螺线管的磁感应线和回旋加速器加速过程等进行了三维立体的模拟演示。

（3）积极开展研究型案例教学。团队教师在教学中注意结合自己所承担的科研课题，理论联系实际，把电磁学的最新进展如高温超导、纳米科技、巨磁阻效应等带到了电磁学的课堂，提高学生对课程的兴趣。

团队教师还通过新颖的例题，将电磁学基本原理与超导磁悬浮高新科技相结合，引导学生利用学过的理论知识分析超导磁悬浮原理，并进一步通过视频，为学生展示在演示实验中难得一见的超导磁悬浮、磁悬挂等试验。此外，通过上海磁悬浮列车的介绍视频，进一步让学生了解和思考与超导磁悬浮不同的电磁力磁悬浮方式的优缺点，现代化多媒体的教学辅助手段与传统教学的紧密结合，全方位立体化地充分调动起学生学习和开展研究的积极性。团队教师还紧密结合物理学发展最前沿，配合2007年诺贝尔物理学奖巨磁阻效应，引入了对磁阻效应及巨磁阻等新概念的介绍，通过视频展示和磁介质材料性质分析，结合计算机信息存储介质的发展历史，为学生生动展示了物理学发展的最新成果及其对我们身边生活所产生的巨大影响，使学生直观而深刻地认识到物理学新成就对于科学技术发展的重大意义。

（4）线上线下混合式教学。研究型课程是当前课程教学改革的一个主流方向，是培养人才创新能力的重要途径。然而对于理工科基础物理课程而言，听课人数多，内容跨度大，在这样的课堂教学中如何渗透研究型教学，调动学生积极性，主动探求知识，一直以来都是教学改革的难题。团队教师充分发挥在线公开课 SPOC 效能，让学生通过网络资源平台在课下学习一些内容，课堂时间则根据课程内容要求设置问答和点评讲解等环节，增加师生互动，激发学生学习的积极性和主观能动性。通过课后完成大作业，培养学生的科学精神和创新思维，并给学生尽可能的展示机会。例如，图 1 的演示装置是 2016 级本科生李健（1120162634）和董俊余（1120162629）自制的特斯拉线圈并在课上给班上同学们展示放电现象。

图 1　2016 级本科生李健（1120162634）同学在展示其自制的特斯拉线圈

四、课程考核办法及教学效果

1. 课程考核办法

普通物理Ⅲ（电磁学）课程坚持对学生进行全面多方位的考查，目前成绩由下面几部分组成：

（1）平时作业成绩（13%）。一般分为 13 次作业，每次作业为 1 分，评分以答题的规范性、整洁性、正确性、交作业的及时性为依据。

（2）SPOC 在线学习成绩（12%）。由学生完成爱课程"中国大学 MOOC"平台上北京理工大学开设的 SPOC 课的成绩得分来核算。培养学生自学能力与正确的思维模式，可对知识点进行复习、提升与拓展。

（3）其他如课堂测试或课堂讨论表现等成绩（3%）。每次课抽出几分钟的时间，进行课堂讨论或测试，正确引导学生探索式思维方式和研究性学习方法。

（4）大作业（5%）。为加深学生对课程知识的理解及电磁学新效应、最新发展动态的了解，激发学生的学习兴趣，开阔学生视野，提高学生发现问题、分析问题、解决问题的能力而设置。

（5）期中考试（2%）。阶段性的考查，让学生了解自己的学习状态，以便查漏补缺。

（6）期末考试（65%）。综合全面地考核学生。自2016年，每次期末笔试试题中考试均设置一道能力挑战题，已坚持4年。这类题用于着眼于课程中的电磁学基本原理，使科学前沿问题明晰化，用以引导和考查学生的研究能力等。例如金属管探测仪的设计、通电螺旋管内等离子体的运动等，在一定程度上体现挑战度。

课程有完整的用于测评每一条预期学习成果达成情况的支撑材料，包括作业、试卷、雨课堂测验、小论文、SPOC学习记录等。

2019年，鉴于大学物理AⅡ电磁学的内容与应用物理学专业的普通物理Ⅲ（电磁学）课程有2/3的内容相近，本课程期末考试65%的知识点与大学物理AⅡ年级统考相同，且考教分离，以体现课程的高阶性，并检验和对比课程的教学效果和学生的学习质量。

2. 教学效果

本课程2019年秋季学期被校教师发展中心推荐新入职教师作为观摩课程，多名教师先后到课堂听课。

本课程近三轮次学生评教分数分别为：96.857、97.062、98.070。

（1）2012年，任课教师获北京市高等学校教学名师奖。

（2）任课教师两次（2014年、2007年）在校"我爱我师"活动中入选"最受学生喜爱的十佳教师"。

（3）2019年，任课教师获得物院之星——最美教师称号，是物理学院全体本科生评选出来的结果。

学生们评价：胡海云老师讲课生动，不拘形式。胡老师的课堂是最吸引人的地方，胡老师经常在课堂上给大家带来一些有趣的实验，使同学们沉浸在课堂中，既加深同学们对知识的理解，也激发大家对科研的兴趣；在同学们心中，胡老师犹如一名技艺精湛的舞者，在自己的舞台上散发着魅力，诠释着一名物理教师独有的美丽。

（4）2018年，任课教师获得首届物院之星——物院园丁称号，是物理学院全体本科生评选出来的结果。

（5）2017年，任课教师获北京理工大学第二届迪文"课堂教学类"优秀教师奖。

（6）2009年，任课教师获北京理工大学第四届T-more优秀教师BIT奖。

（7）2019年，任课教师获教育部在线教育研究中心授予的"智慧教学之星"荣誉称号。

（8）2016年，任课教师被学堂在线授予2016年度MOOC2016年教学先锋。

（9）任课教师两次被爱课程网"中国大学MOOC"授予优秀教师（2014—2015，2016年度）。

五、课程特色和创新之处

本课程以训练科学方法和培养能力为中心，结合教材内容和专题讲座等形式，对学生进行科学方法（如数学方法、实验方法、模拟方法、类比方法、科学假说等）的训练；推行"研究性教学"，从教学科研领域挖掘课题开展科研，引导学生参与科研项目，教给他们查阅文献、设计与进行实验的方法与思路，指导学生撰写科技小论文，发挥学生特长。课堂教学采用启发式、渗透式、讨论式、研究式、参与式等多种教学方法，为适应计算机的应用与发展，打破用解析法求解电磁场的传统模式，引入和讲授近似求解和数值求解的实例，让学生主动参与教学过程。用英语书写讲课的主要标题与副标题及定理、定律，以便向双语教学过渡。

1. 教学方法综合化

实施基于雨课堂或慕课堂、SPOC 的混合式教学。通过雨课堂或慕课堂在课堂上实时答题、弹幕互动，为传统课堂教学师生互动提供了完美解决方案。SPOC 把传统教学的优势和网络化教学的优势结合起来，二者优势互补，从而获得更佳教学效果。

2. 教育理念现代化

开展了教学互动，推动教学改革。通过教师引导，学生思索、探究、交流与互动，激发学生对课程的兴趣，拓宽学生的视野，培养学生学习的主动性、主体性和学习能力，培养学生全面的科学素质和良好的学科知识结构，了解科学研究的要素，培养科研创新的意识等。

3. 信息技术与教育教学深度融合

近几年，团队教师有计划地学习新时期的教育思想和教育理论，进而指导本课程的教学研究工作，基于 MOOC 连续两届开设了 40 学时的 SPOC 课程"2017 年春普通物理——电磁学""2018 年春普通物理——电磁学"，在课外学习与课堂教学间建立沟通桥梁，让课堂互动永不下线。

大学物理 AⅡ电磁学部分的课时为 40 学时，与应用物理学专业的普通物理Ⅲ（电磁学）课程有 2/3 的内容相近，正是团队教师参与国家精品在线开放课程（包括"大学物理——电磁学"和"大学物理典型问题解析——电磁学"）慕课教学，从而使得教学质量相互促进。

《大学物理——电磁学》新形态教材由高教出版社于 2017 年出版，配合慕课教学，通过二维码与网上资源库的教学视频等资料链接；2019 年，该教材先后被评为兵工高校精品教材和北京理工大学精品教材。

2019 年，进一步优化教学设计方案，完成数字课程《大学物理——电磁学》，由高教社和高教电子影像出版社出版。

4. 构建紧密联系物理前沿与工程实际的教学体系

从课程授课对象、课程定位、教学目标等方面入手，对教学进行改革，突出研究型教学，解析科技创新案例中的原创性思维方法，开展与美国耶鲁大学、俄亥俄州立大学的教学合作，编写和翻译出版了如下系列精品教材并建设了适应研究型教学的高素质师资梯队：

（1）胡海云、吴晓丽、王菲译，艾伦·詹巴蒂斯塔、贝蒂·麦卡锡·理查森，罗伯特 C. 理查森著，物理学：卷 2（电磁学、光学与近代物理），机械工业出版社（ISBN：978-7-111-41991-4）2015 年 8 月出版。

（2）刘兆龙、吴晓丽、胡海云译，R. SHANKAR 著，"十三五"国家重点出版物出版规划项目、耶鲁大学开放课程：基础物理Ⅱ电磁学、光学和量子力学，机械工业出版社（ISBN：978-7-111-80824-0）2018 年 12 月出版。

5. 培养学生的科学研究素质

普通物理Ⅲ（电磁学）课程设置了学生研究型小论文或自拍物理摄影作品或自制物理原理微视频等一个大作业必做项目。大作业占期末电磁学总评成绩 5%，主要有以下三种类型：

（1）研究型小论文。研究型小论文要与本学期所学的普通物理Ⅲ（电磁学）课程内容相关。具体论文题目可由学生自己选定，建议学生对实际生活中遇到的、本专业中涉及的物理现象进行研究，对目前所了解到的物理前沿问题进行独立思考，提出见解。

（2）物理摄影作品。自拍的物理摄影作品需要与本学期电磁学知识相关，可上交有明确主题的组图，摄影作品需要附上 1000 字左右的介绍说明，以阐述物理学原理为主。

（3）物理原理微视频。自制的物理微视频需要与本学期电磁学知识相关，视频作品需要附上 Word 剧本或 PPT 介绍。

六、课程教材

1. 选用教材

赵凯华，陈熙谋. 电磁学 [M]. 4 版. 北京：高等教育出版社，2018.

2. 参考书

[1] 赵凯华，陈熙谋. 新概念物理教程——电磁学 [M]. 2 版. 北京：高等教育出版社，2003.

[2] 贾起民，郑永令，陈暨耀. 电磁学 [M]. 3 版. 北京：高等教育出版社，2010.

[3] 梁灿彬，秦光戎，梁竹健. 电磁学 [M]. 3 版. 北京：高等教育出版社，2012.

"物理科研实训"研究型课程案例

——以培养新时代创新人才为目标的研究型课程教学实践

授课教师:"物理科研实训"课程组 开课单位:物理学院

一、课程概要

"物理科研实训"是研究型课程教学改革项目"基于凝聚态物理前沿的研究型实验课程"的建设成果,经过前期项目研究,于2014—2015学年第二学期开始教学实践。教学实践第一阶段以专业实验课"近代物理实验"中新增的高端选修研究型实验项目的形式面向应用物理专业大三学生开设,作为对以验证性为主的"近代物理实验"普通实验项目的补充。经过两年的试运行后,以"物理科研实训"为课程名称单独建课,列入了2016年版本科生教学计划,课程性质是面向应用物理专业学生在第六学期的专业必修课,课程类别为实验实践训练课程,课时为32学时,是以培养创新能力为目标的高端模块课程。课程组包括十几位授课教师,均为从事物理实验方向一线科学研究的物理学院教师。授课内容为课程教师从自己前沿课题中分离出的小型研究课题或专设的与自己研究方向有关的小课题,授课方式采用学生分组进入实验室开展课题研究,教师全程指导,自己自主实验过程,期末完成论文和学术答辩,课程全过程贯穿以培养学生初步的学术研究能力为目标的研究型教学模式。

二、课程教学目标及预期学习成果

1. 课程教学目标

物理科研实训课程是为实现培养新时代下的创新人才这一目标而开设的研究型课程,通过本课程的建设,希望能够给已接受了一、二年级基础课程和部分专业课程学习的大三学生以基本的科研实验训练,经过为他们所能够接受的层次所设计的小型科研项目的完整训练经历,使学生了解科学研究工作的思维方式和基本方法,初步掌握科学研究的基本技能,为大四的毕业设计(论文)及毕业后的进一步深造和一线实际工作打下基础,同时培养学生的科学意识和科研素养,激发科学研究兴趣,提高科研创新能力。本课程的建设将显著改变应用物理专业人才培养在实践教学上以验证性实验为主的局面,给学生创造更多的自主学习、动手实践和接触科技前沿的机会，培养学生在研究中学习知识的能力。

2. 预期学习成果

学生在本课程中将接受基本的科研过程训练，了解科学研究的一般方法和范式，初步建立科学研究的思维方式。在完成本课程的研修后，学生将能够：

（1）开展专题调查研究，查阅汇总相关文献，分析论证研究思路，制定研究方案，初步具有科研信息获取与应用的能力。

（2）操作科研仪器，获取和处理实验数据，讨论和分析实验结果，初步具备科研实验和科研合作的能力。

（3）撰写开题报告和科技论文，进行简单的学术报告，初步具备学术交流和学术表达能力。

（4）形成科学的思维方式，初步具备科学研究的基本方法和基本技能，为毕业设计（论文）及实际工作打下基础。

（5）具备基本的科研素养，产生科学研究兴趣，提升科研创新能力，增强团队合作能力。

三、课程内容及教学策略

为使学生能够实现课程预期的学习成果，课程组对教学内容进行了统一的设计，每位教师均按统一的教学内容要求落实到具体的课题指导上，保证学生接受课题训练内容虽然不同，但是达到的预期学习成果相同。课程对应的教学内容与预期学习成果间的支撑关系如表 1 所示。

表 1　教学内容与预期学习成果的支撑关系

教学内容	预期学习成果
学习科技文献的检索、阅读、翻译、归纳、整理、分析和综合，撰写开题报告。	（1）、（3）、（4）、（5）
学习科研仪器的操作，搭建和调试实验装置，获取和处理实验数据，讨论和分析实验结果。	（2）、（4）、（5）
撰写学术论文，汇报研究工作。	（3）、（4）、（5）

每名学生感兴趣的学科方向，以及对学科方向的了解程度是不一样的，课题的要求和难度也不完全一致，受仪器限制，可接纳的学生数量也有不同，因此在课题的选择上，课程既照顾学生的兴趣爱好，又兼顾课题的容纳人数，采取按照学业成绩顺序优先选择课题的方式，确定好课题学生名单后再进行分组。

针对各项预期学习成果，课程组按照课程学习的全过程各环节，召开多次教学研讨会议，制定了详细的教学方法与策略，每位授课教师与学生定期面对面开展指导，学生进入实验室在教师指导下亲自动手完成实验，在开题报告、数据分析、学术报告、论文撰写各关键节点统一时间与标准要求，保证每名学生都能得到严格正规的科研实验训练。

课程采取的教学方法与策略是：在教师指导下，根据给定的题目，在图书馆数据库中查阅相关文献资料，了解本专业研究领域的发展动态，在充分调研及资料查阅的基础上，针对研究内容制定出切实可行的研究方案，并对各方案中所选定或制定的技术路线进行论证。有的课题是教师为学生单独提出的小型研究课题，教师指导小组学生在固定时间专门集中研讨文献，交流阅读总结，讨论实验方案，如俞文凯老师指导的课题"赝热光鬼成像"；有的老师给出的课题是自己研究工作的一部分，如路翠翠老师指导的课题"基于优化算法的片上全光纳米器件"，于是她就将课程学生加到自己的研究生组会中，针对实际研究中遇到的问题，在和研究生的思想碰撞中提高课程学生的学术眼界和研究能力，在本科阶段就尝试进入科研状态中。表 2 列出了 2018—2019 学年第二学期本课程开设的课题名称。

表 2　2018—2019 学年第二学期课程开设课题

序号	课题名称	指导教师
1	小型纠缠源实验	曾天海
2	赝热光鬼成像	俞文凯
3	低维材料的低温输运特性及测量	韩俊峰
4	磁控溅射技术制备薄膜材料及表征	衡成林
5	单光子亮度的空间光调制技术研究	张安宁
6	基于关联探测的恒星测距方法研究	张安宁
7	微流控芯片的制作	熊小路
8	基于优化算法的片上全光纳米器件	路翠翠
9	光纤振动传感感知技术	彭祖林
10	基于 Saganac 干涉型光纤麦克风模型及新型分布式光纤传感技术	彭祖林
11	纳米等离激元手性光学性质研究	王荣瑶
12	微纳光电器件制备	杨盛谊
13	MoSe2 的制备、表征和晶体管构造	吴汉春

本课程是一门实验课程，课程教学希望学生能够在实验训练中操作部分科研仪器，能够获取和处理实验数据，讨论和分析实验结果，初步具备科研实验和科研合作的能力。课程采取的教学方法与策略是：在教师指导下进入科研实验室，学习和掌握实验所用科研仪器的设计原理、使用方法、操作规程和注意事项，根据研究方案的技术路线，搭建相应的实验装置并进行调试，准备实验样品并进行测量，获取实验数据并进行处理和分析，与同组同学、研究生学长和导师讨论和分析实验结果，科学地得出结论。实验仪器是必不可少的教学条件，对于课程教学内容所涉及的大型贵重实验设备，有的是利用现有学科实验室设备条件，比如

衡成林老师利用现有实验室磁控溅射镀膜设备指导学生开展"磁控溅射技术制备薄膜材料及表征"课题研究(如图1所示),熊小路老师利用微纳技术重点实验室现有超净间条件和紫外光刻设备指导学生开展"微流控芯片的制作"课题研究等,有的是利用创新平台建设经费新进的实验设备,如韩俊峰老师用新购置的探针平台指导学生开展"低维材料的低温输运特性及测量"课题研究(如图2所示),曾天海老师购置搭建光学实验平台指导学生开展"纠缠光和双缝量子成像"课题研究等。在实验中,学生要全面了解实验设备的操作和使用,自己取得实验数据,学生在要求课时之外往往会主动付出更多的实验时间,以求得高质量的完成实验,获得令自己满意的实验结果。学生是以小组为单位开展研究的,一个小组的人数从2人到4人不等,学生在实验中分工协作,共同商讨解决实验中遇到的困难,这也极大地锻炼了学生的团队合作能力。科研性质的实验有时并不会按预想的一帆风顺地进展,实验中遇到的挫折和失败也很好地锻炼了学生的毅力和抗挫折能力。

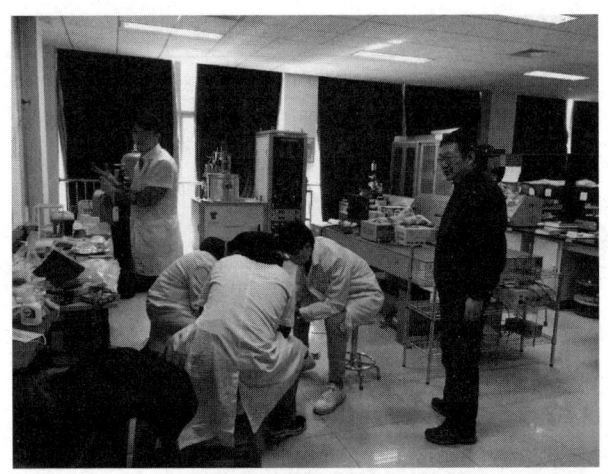

图1　衡成林老师指导学生实验

图2　韩俊峰老师指导学生实验

在科学研究工作中撰写学术相关文档和进行学术交流也是学生必须要具有的重要能力，学生平时独立撰写学术文档的机会比较少，本课程把这方面能力的训练也作为重要的一环开展教学。在教师的指导下，学生将文献调研资料和研究思路、研究方案按照标准格式要求撰写成开题报告，课程组给学生指定统一的开题报告模板，学生将取得的研究结果按照标准格式撰写成学术论文，并以PPT的形式，在期末做正式的口头学术报告，并接受课程组答辩教师的提问和点评。答辩时以小组为单位进行一个课题的汇报，小组同学协作共同完成汇报PPT，为使每一名学生都有汇报的锻炼机会，规定了小组汇报时组内同学做好分工，每一名同学都要承担汇报的一部分，小组的同学接力完成汇报（如图3所示）。

图3　学生在结课时做学术报告

四、课程考核办法及教学效果

课程对学生采用过程性考核方式，对每一名学生按照开题报告、平时表现、学术论文、学术报告等课程进展的四个阶段，以优秀、良好、中等、及格、不及格五个等级评定，由四个阶段的成绩汇总为最终成绩，学生需要在每一阶段都按照指导教师的要求认真去完成，才能完成和达到本课程的考核要求。对于学术报告部分，采用现场答辩的形式，共同完成一个项目的所有同学共同准备一个报告PPT，并在汇报时分工，每位同学都要担任一部分的口头报告，答辩委员会由多位指导教师组成，听取报告并向学生提问，根据学生的报告情况和回答问题情况给出每位同学的学术报告部分成绩。

对于预期学习成果中"文献调研及研究方案设计能力"的达成情况，以开题报告完成情况为考核标准；对于预期学习成果中的"实验操作及数据分析能力"的达成情况，以完成指导教师安排的具体工作情况为考核标准；对于预期学习成果中的"学术报告能力"的达成情况,以学术答辩情况为考核标准;对于预期学习成果中的"撰写学术论文能力"的达成情况,以学术论文完成的情况为考核标准;对于预期学习成果中的"科学素养、合作精神"等精神品质层面的达成情况,以平时的表现为考核标准。

对于课程整体的培养效果,以学生的读研、出国深造、就业等情况,在后续学业中的科研表现,以及正式发表的 SCI 和核心期刊论文情况作为评价指标。据截止到 2016 年年底的不完全统计,经过科研实训指导的学生发表学术论文 22 篇,其中以第一作者发表论文 18 篇,国外 SCI 论文 14 篇,包括如 *Scientific Reports*(影响因子:5.23)等高影响影子的顶级期刊,获得授权实用新型专利 2 项,数据都远超课程开设之前。

以 2018 年毕业的 2014 级 16 名接受科研实训指导学生为例,学生通过科研实训得到了良好的学术研究能力训练,反过来也促进了专业课程的学习和成绩的提高,并通过科研实训中取得的学术研究成果,获得了去国内外名校深造的机会,他们的毕业去向基本上是读研和出国深造,如表 3 所示。学生在评教中对于课程给予充分的肯定,感到虽然课程的要求很高,自己也付出了很多精力,但经过课程的训练,自己的收获是很大的,学到了科学研究的方法,自己的学术能力得到了提升,对于物理知识的认识也更加深刻了。根据物理学院毕业生去向数据的统计,2014—2016 年毕业生国内深造的平均百分比是 34%,出国深造的占 15%,而 2017—2019 年毕业生国内深造的平均百分比是 44%,出国深造的占 21%,均有近三分之一的明显提升。

表 3 2014 级参加科研实训的 16 名同学毕业去向

姓名	指导老师	毕业去向	单位
李成翊	衡成林	读研	北京大学
张成艺	衡成林	读研	中国科学院大学
张涌	杨盛谊	出国	美国加州大学圣地亚哥分校
吴优	宋新兵	出国	瑞典乌普萨拉大学
康健	宋新兵	读研	南京理工大学
王晶	宋新兵	读研	中国科学技术大学
郭广泽	宋新兵	就业	中美高校教育文化交流协会
计润达	史庆藩	出国	美国密西根大学
郭琪琪	韩俊峰	读研	北京师范大学
原梦菲	韩俊峰	出境	香港大学
王家舒	韩俊峰	出国	美国圣母大学

续表

姓名	指导老师	毕业去向	单位
李炳霖	韩俊峰	读研	中国科学院大学
杨志涛	韩俊峰	读研	北京大学
李龙飞	韩俊峰	读研	北京大学
张舒童	韩俊峰	读研	北京大学
王玉鑫	王志	出国	美国佛罗里达州立大学

五、课程特色和创新之处

本课程基于培养"领军领导人才"的理念，在学院全力支持下，集合十几位教师的努力进行建设，课程的特色和创新点概括起来可归纳为以下几点。

1. 提出超前的课程建设理念

本课程的建设目标着眼长远未来，紧密结合我校培养各行各业"领军领导人才"的人才培养目标，抓住新时代人才最重要的特征——创新能力作为发力点，挑战当前课程建设中的重点和难点，以金课为建设标准，提高课程的难度和要求，建立了研究型的实验课程"物理科研实训"。本科生阶段在传统观念里是一个学习常规课程的阶段，学习的知识都是固定的，遇到的问题都是有确切答案的，面对前沿科学领域的未知问题还没有足够的知识储备和现成的研究思维和能力去解决，他们还只能是以听课为主，即使引入研究型训练，也只是在一些离散的点上进行孤立的创新能力训练。在本课程建设中，课程组教师打破这样的传统观念，秉持这样一个理念，即本科生到了高年级阶段所具有的基础已经可以支撑他们尝试进入科研前沿领域了，只要给他们提供一个起点合适、足够宽广的平台和空间，他们就能够激发自身不可限量的潜力，研究型学习的能力可以得到普遍的提升。

2. 融会本—硕—博贯通培养的思想

采取小而精、小而全的课程内容建设模式，使学生在本科生阶段即可接受到学术研究的实验训练，为学生到毕业设计和研究生阶段从一个学习者尽快转变为一个研究者的状态打好了前瞻性的基础，在人才培养体系的建设中体现了本—硕—博贯通培养的思想。有的学生完成"物理科研实训"课程后，在研究中找到了兴趣，打好了基础，后续的毕业设计和研究生（直播生）深造就继续留在了指导教师的实验室，比同年级才进入实验室的硕士同学入门还要早，基础还要扎实，这样连贯地深入同一项研究工作，在硕博阶段也就更得心应手了，也更容易取得比较深入的成果。即使换了一个环境到了不同的院、所、实验室，有了之前打下的学术研究思想和方法，也会更容易上手，因为科学研究的思维方式和方法是相通的。这些学生的研究经历使他们在申请国内外名校研究深造时也受到了导师的肯定和青睐。

3. 有效整合科研资源转化为教学资源

如果开展真刀真枪的科研级别实验训练，其特点决定了不能采取大锅烩的教学模式，必修采取一对一的指导方式，而且不能只给学生传授理论知识，更关键的是给学生进入科研实验室动手操作科研级别实验设备的机会，这就需要投入高昂的设备资源和大量的人力资源，从课程开设上讲是有很大难度的。幸运的是物理学院对于专业学生的培养寄予了很高的期望，希望他们不只是完成一些验证性的实验项目，而是给学生创造更多的实践锻炼条件和机会，打造物理专业的"基础实验—专业实验—科研实验"三层次的实验课程体系，使他们的创新能力能够得到更好的培养，期待未来能够涌现出一批杰出校友。在学院的大力支持下，课题组向学校申请了"物理实验教学与创新平台"建设项目，投入了397万元，购置实验设备。但只有这些还不够支撑专业全部的学生，学院还发动各个学科实验室参与到本科人才培养工作中，出台相关教学支撑优惠政策，整合了学院的先进光电量子结构设计与测量教育部重点实验室、微纳技术中心校级公共平台、原子分子簇科学教育部重点实验室、量子技术中心、静电研究实验室、量子调控与应用实验室等科研平台，将科研资源有效整合转化为教学资源，为课程开始提供了强有力的硬件条件和师资力量支撑。

"固体物理" 研究型课程案例

——新时代背景下基于学生综合能力培养的研究型课程教学

授课教师：王志　江兆潭　吴汉春　开课单位：物理学院

■ 一、课程概要

本课程是面向物理学和应用物理学专业的本科生开设的一门专业课程。固体物理学是研究固体的结构及组成粒子之间的相互作用与运动规律的学科，阐明固体的性能和用途，以固态电子论和固体的能带理论为主要内容，包括自由电子论、晶体结构、能带理论和准经典近似、晶格振动和固体热学性质、输运特性、固体结合方式以及实际晶体中的缺陷、杂质、表面和界面对材料性质的影响等。

课程采用研究型教学模式，整合了传统教学内容，增加了专题讲座和研究前沿介绍、科研方法介绍，采用科学研究的教学思路，加深对物理图像的理解，同时采用科研实习、专题小论文等多种教学方式和考核方式。旨在通过研究型教学的实施，让学生更深更广地掌握固体物理的相关知识，提高自身的科学研究素质和创新能力。

■ 二、课程教学目标及预期学习成果

1. 课程教学目标

通过固体物理学的教学，使学生理解晶体结构的基本描述。固体电子论和能带理论，以及实际晶体中的缺陷、杂质、表面和界面对材料性质的影响等，掌握周期性结构的固体材料的常规性质和研究方法，了解固体物理领域的一些新进展。要求学生深入理解其基本概念，有清楚的物理图像，能够熟练掌握基本的物理方法，并具有综合运用所学知识分析问题和解决问题的能力。

本课程在内容的讲解中增加了研究型教学的内容，包括固体物理的相关研究前沿的内容和意义以及研究方法，固体物理学家的成长经历也会在课堂上进行介绍。本课程一方面旨在使学生牢固掌握相关专业知识，另一方面，通过研究型教

学方法，重点培养学生的研究兴趣，提升科研素质，掌握科研方法，融入理想信念等精神指引，引导学生树立正确的世界观、科学观、价值观，实现"课程思政"。

2. 预期学习成果

（1）学生掌握固体物理的相关知识，深入理解其基本概念，有清楚的物理图象，能够熟练掌握基本的物理方法，并具有一定的运用所学知识分析和解决问题的能力。

（2）学生的理性思维和解决问题的能力，特别是创新能力和科学思维方法得到一定程度的训练；学生在掌握知识的能力、研究的兴趣、探究的方法、思维和辨别能力、快速适应社会的能力等方面有一定提升。

（3）学生形成良好的品质及对新事物新知识的洞察力，学生在课程学习中训练的能力有助于在学生毕业后提升职业竞争力。

（4）学生能够了解和掌握科学研究的方法，具备"问题意识"、批判精神和提出问题、分析问题、解决问题的创新能力。

（5）学生能够在口头和文字方面，都具备较高的语言组织和表达能力。

（6）学生能够对现实中的科研工作有一个多角度的了解。

三、课程内容及教学策略

1. 按照研究型人才的培养目标整合教学内容体系

本课程没有完全按照一本教材的顺序来讲授。在宏观上，主要参考国外 Ashcroft 和国内北京大学阎守胜教授所编写的教材来组织教学内容；在微观上，根据教学设计，有的内容从不同的教材中选取精彩的部分，有的内容是教师自己设计。在相关内容的教学中穿插实验原理介绍，选择介绍的实验都是现代固体物理和材料科学中常用的实验手段，通用性很强，从事凝聚态物理实验研究的学生对这些仪器都会有不同程度的接触。

结合相关基础知识和专题知识的内容，将最新最前沿的研究成果引入课堂。本课程在各部分内容的讲解中增加了研究型教学的内容，包括固体物理学科最新前沿研究成果的内容、最新学术成果的意义、研究前沿成果所采用的研究方法等，世界著名固体物理学家的成长经历等也会在课堂上进行介绍，引导学生了解多种学术观点并开展讨论和质疑，深入浅出，激发学生的兴趣。另外，本课程把相关相近学科的重要知识和结论引入课堂，把不同领域具有共性的问题一起讨论。

2. 采用研究型教学方法

单向灌输式教学方式难以培养学生"研究型思维"和提出问题、分析问题、解决问题的创新能力。本课程在教学中尝试采用基于"问题"的研究型教学方式，主要体现在讲授方式、考核方式以及学生参与研究课题的研讨中。

课堂教学中，全程注重与学生互动。有些内容先设计问题引发学生思考，再进行讲解。例如，为了让学生对科学研究方法有更多的理解，教师仍讲授历史上的 Drude 模型，介绍完当时的研究背景后，提出问题：对电子在固体中运动的电势分布一无所知时，该如何处理？让学生进行简短的思考和讨论后给出 Drude 的做法——把电势看作与位置无关的常数。虽然看起来不合理，但在不知真实情况如何时，科学研究常用的方法就是做最简单的假设。在掌握自由电子费米气模型并了解其局限性后，先让学生思考如何描述固体中大量电子的行为，在与学生共同尝试各种思路后，得出可行的出发点——周期性势场，然后讲述模型出发点的每一种改变导致的推论分别是课程各章的内容，通过这种方式加深了对各部分内容之间的逻辑关系的认识。通过上述这些方法，把科研需要的很多元素都融入教学中，用科学研究的要求组织教学，培养了学生的"问题意识"、批判精神和研究品质。

3. 采用研究型的考核方式

基于研究型教学理念，精心设计平时作业和考试题目，采用和设计一些需要学生主动思考寻找方法的研究型的习题。一些重要的结论，由于课时所限，在一般固体物理的教材里不会涉及的内容，可以布置给学生让学生自己来推导完成。如晶体结构中六角密排结构的四轴表示法与常用的三轴表示法的换算关系，就是作为作业题让学生自己推导解决的。又如为了测试学生对费米能级的理解情况，让学生计算 He^3 的费米能和费米温度，这里借鉴了 Kittel 教材的做法。教学中还拿出科研中遇到的一些可用的具体问题，设计成考查研究思维的开放型题目，让学生根据所学的固体物理的知识给出可能的解决方法和思路。通过作业的形式来对这些进行考核和评价。

引导并鼓励学生积极参与指导教师的科研课题。学生参与课题必须做一个口头报告或提交一篇小论文，口头报告在课堂上进行点评和讨论，小论文进行单独交流。目的在于让学生体会和掌握科学研究的方法，锻炼学生的语言组织和表达能力，并加入学术诚信等教育，这些都是在以后的科研或其他工作中使其更有竞争力的必备素质。用这种方式对其研究工作和能力进行评价。

4. 多角度展示现实中的科研活动

为了让学生对现实中的科研工作和生活有多角度的了解，在教学中设计讲授综合专题——超导物理与应用。在综合专题中，深入介绍超导现象、理论和低温实验，以及超导物理领域研究课题。从问题的提出到历经各种实验验证、到实验成果、到应用等全流程和全方位知识点，使得学生对科研工作有多角度的立体的认识。此外，还由教学内容展开讲述科研工作的其他方面，如科学发现的逻辑、学术不端、研究策略等。通过综合专题的学习，学生对现实科研活动都有了更为丰满和深入的认识。

四、课程考核办法及教学效果

课程成绩由两部分组成，课程内容的笔试和研究型学习的考试各占 50%。研究型学习成绩的评定考虑科研实习过程中的表现、论文写作情况、科研结果等因素，成绩优秀者，必须在口头报告答辩中有良好的表现。

对于学生掌握固体物理相关知识的情况，采用笔试的形式进行考核与评价。笔试中一部分内容也作为研究能力的评价依据。

对于学生研究能力的考核与评价，主要依据研究型作业、口头报告和小论文等。研究型作业中，采用和设计一些需要学生主动思考寻找方法的研究型的习题，以及在一般固体物理的教材里不会涉及的内容，布置给学生让学生自己来完成。口头报告和小论文基于学生参与指导教师的课题，口头报告在课堂上进行点评和讨论，小论文进行单独交流。通过口头展示和论文写作的情况，评价学生的研究能力和表达能力。

五、课程特色和创新之处

1. 研究型教学内容体系

本课程相对于传统的教学，内容上的改进主要包括：加深物理图象，淡化数学推导，按照物理的逻辑来整合传统的教学内容。例如增加固体物理专题和相关的研究前沿介绍、增加现代固体物理研究常用的实验手段介绍等，课程没有完全按照一本教材的顺序来讲授，而是安排 8 个供选择的专题讲座，结合前面的知识讲述其中最重要的结论和应用，将超导物理与应用作为综合专题。专题内容的讲述从固体物理基础知识在该领域的运用开始，深入浅出，过渡到该领域的主要结论、前沿与应用，重在其中的知识要点、逻辑关系、研究前沿、应用前景及需要解决的具体问题等。

在相关内容的教学中穿插实验原理介绍，具体安排为：在讲述晶体结构时介绍 X 射线衍射实验、扫描电子显微镜、扫描隧道显微镜、透射电子显微镜的原理。在固体光学专题中介绍常用的光谱仪，在低维材料与器件专题中介绍真空镀膜技术和微细加工技术，在超导专题中介绍低温实验。除了介绍实验原理，还介绍技术上的进展和突破、仪器的主要技术指标、影响测量结果的主要因素等。

2. 将研究前沿、交叉学科内容引入课堂

结合相关基础知识和专题知识的内容，将最新最前沿的研究成果引入课堂，引导学生了解多种学术观点并开展讨论和质疑，深入浅出，激发学生的兴趣。例如，低维材料与器件的讲述中会讲到纳米材料的物理性质和相关器件及应用；在讲授固体结构、电子态、固体结合等几处都会提到 C_{60}、碳纳米管、石墨烯的介绍和研究；半导体物理中会提到量子霍尔效应；在固体结合中讲授氢键，并把最新北京大学用扫描隧道显微镜直接观察氢键结构的研究结果（发表在2016年的 Science 上）在课堂上展示。这些例子都是研究前沿，但其基本点都能在学习了固体物理的相关基础知识后，通过学生能理解的方式讲清楚，学生对相关研究领域和方法也就有了较深的了解，同时为他们选择攻读研究生的研究方向提供必要的参考依据。

把相关相近学科的重要知识和结论引入课堂，把不同领域具有共性的问题一起讨论。例如在讲授能带理论的紧束缚近似模型时，作为实例，讲述共价键结合，因为两者用到的方法都是原子轨道的线性组合方法。而共价键结合也属于结构化学的内容，因此在讲授固体的结合方式时，讲述结构化学的范式。在半导体物理的讲授中，简略讲授各种微电子器件和光电器件的设计原理和主要应用。这样学生了解并在一定程度上掌握了相关交叉学科知识的同时，也从多角度加深了对固体物理知识的理解和掌握。课程还讲授每年的诺贝尔科学奖的研究工作，虽然有些获奖工作在内容上和固体物理的关系并不密切，但学生可以学习其中的研究方法并了解其重要性、学术意义和应用价值。

3. 采用基于"问题"的研究型教学方法

现代教学理念使我们明确：以往单向灌输式教学方式难以培养学生"研究型思维"和提出问题、分析问题、解决问题的创新能力。基于此，本课程将基于"问题"的研究型教学方式贯穿在讲授方式、考核方式以及学生参与研究课题的研讨中。教学内容中的很多知识点，都通过设定问题来引发学生的思考。另外，在学生参与的科研课题以及教师的科研课题中，选择了一些典型的实验结果，用固体物理的知识进行分析。固体物理前沿研究内容很丰富，教师也尝试了根据研究进展设计开放性研究小课题，分组探索。教师和学生一起发现问题、查找资料、寻找方法。

4. 通过综合专题全面展示现实中的科研活动

物理专业的学生毕业后有半数以上继续攻读研究生，尽管未必以研究为职业，但会参与科研活动。实际上研究型思维有助于在多数职业中提升竞争力。研究型思维和研究能力的培养，只靠学习知识是不够的，为了更好地让学生适应接下来可能会参与的研究工作，课程设计讲授综合专题——超导物理与应用，以期学生对科研工作有多角度的立体的认识。在这一综合专题中，除了相关知识点的讲述，还由教学内容展开讲述科研工作的其他方面。如讲授发现超导电性的背景和过程，让学生进一步认识科学发现的逻辑，以及科学家的眼光和把握机遇的能力在科研工作中的重要性。Josephson 奠定了超导电子学的物理基础，但 Josephson 本人晚年却陷入"超科学"的研究，以此为例展开对这种现象的讨论，让学生明白对权威科学家的言论也要理智对待。2002年超导领域的舍恩造假事件震动学术界，通过这一事件展开讲授和讨论科研论文的审稿制度和运行机制，同时向学生强调必须遵守的学术伦理。简要介绍近几年兴起的铁基超导的研究，并通过科研成果的数据对比让学生感受我国科研的进步与崛起。讲授超导技术及其应用的情况，使学生意识到技术转化为生产力面临的各种问题及困难也是科研的课题。以上这些都是各个领域的科研工作都会遇到的共性问题。通过综合专题的学习，学生对现实科研活动都有了更为丰满和深入的认识。

第4篇
人文与社会学部

"微观经济学（全英文）"研究型课程案例

——基于 OBE 理念的全英文研究型课程改革

授课教师：刘岭　开课单位：管理与经济学院

一、课程概要

微观经济学是一门经济学入门课程，讲授微观经济学的基础知识。这是本科生学习的第一门经济学课程，为经济学、商业或相关领域的研究以及经济分析和思考奠定了基础，这些分析可以贯穿他们的整个教育和随后的职业生涯。本课程从介绍供求关系以及决定市场均衡的基本内容开始，首先介绍了福利经济学及其应用的框架，其次介绍企业及其生产的理论，以及不同市场结构对企业行为的影响。

本课程针对国际经济与贸易全英文教学班开设，该专业自 2008 年开始筹建招生，到目前已经招生 12 届，作为学生进入大学后的第一门全英文授课的专业课，这门课的授课效果直接关系到学生后期学习的专业基础是否牢固，影响他们以后的学习兴趣，其重要性不言而喻。

本课程采用课堂讲授+网络视频的线上线下混合式教学，同时穿插关于时事问题的分析和课堂讨论，此外还有多次小组作业和展示。

作为研究型课程的建设，在原有课程基础上，增加了小组研究项目的环节，包括自主选题、开题答辩、中期考核、结题答辩，项目开展以 4~5 人小组形式，语言为英文，锻炼学生英文应用能力。

二、课程教学目标及预期学习成果

根据国家、学校、学院、专业人才培养的目标，结合微观经济学课程的具体特点，自上而下分解目标，确定微观经济学全英文课程的课程预期学习成果，并结合研究型课程的需要，在其中融入了研究能力的要求。研究能力的加入，一方面可以更好地支撑国际经济与贸易全英文专业的培养目标，另一方面，通过微课题的形式，选择与经济学相关的题目，进行实地调研、收集数据、分析，加深对于课堂相关概念和理论的理解，同时又可以为将来的学习和研究打好基础。

考虑到研究型课程侧重点不是传授知识，而是为了激发和培养能力，特别是研究能力的初步养成，因此在课程学习成果中增加了有关研究能力的相关内容。基于此，根据专业人才培养要求，结合课程具体内容和特点，确定微观经济学的预期学习成果。成功完成该课程学习的学生能够：

a. 描述一般的经济学和微观经济学术语、概念和理论；
b. 解释价格理论、弹性和市场机制；
c. 用供需图分析供求变化对价格和数量的影响；
d. 解释生产者和消费者剩余、市场效率，并用于分析税收和国际贸易；
e. 描述政府在市场中的角色；
f. 分析生产成本，区分不同类型的市场结构，包括完全竞争、垄断、寡头和垄断；
g. 具备一系列技能，用于分析一般的微观经济问题；
h. 运用经济学原理评价一些政策问题；
i. 运用合理的经济推理来分析现实世界的情况和事件；
j. 具备发现—分析—解决基本经济学相关问题，初步开展研究的能力；
k. 具备团队合作和有效沟通的能力。

识记和理解能力：ILOs（a~f）；分析和应用能力：ILOs（c，d，g，h）；研究能力：ILOs（i~k）。

三、课程内容及教学策略

课程内容以及与预期学习成果之间的对应支撑关系，如表1和表2所示。

表1 微观经济学课程预期学习成果与能力对应表

ILOs	识记理解经济学的能力	分析应用经济学的能力	研究能力
a. 描述一般的经济学和微观经济学术语、概念和理论。	√		
b. 解释价格理论、弹性和市场机制。	√		
c. 用供需图分析供求变化对价格和数量的影响。	√	√	
d. 解释生产者和消费者剩余、市场效率，并用于分析税收和国际贸易。	√	√	
e. 描述政府在市场中的角色。	√		

续表

ILOs	识记理解经济学的能力	分析应用经济学的能力	研究能力
f. 分析生产成本，区分不同类型的市场结构，包括完全竞争、垄断、寡头和垄断。	√		
g. 具备一系列技能，用于分析一般的微观经济问题。		√	
h. 运用经济学原理评价一些政策问题。		√	
i. 运用合理的经济推理来分析现实世界的情况和事件。			√
j. 具备发现—分析—解决基本经济学相关问题，初步开展研究的能力。			√
k. 具备团队合作和有效沟通的能力。			√

表2　微观经济学课程内容与预期学习成果对应表

周次	课程内容	学时	作业	ILOs
1	Introduction Ch 1. Ten Principles of Economics Ch 2. Thinking like an Economist	4		a
2	Ch 3. Interdependence and the gains from trade Formulating and clarifying the research topic Writing your research proposal	2 2	布置小组研究、选题	e、 i、j、k
3	Ch 4. The market forces of supply and demand Research design Data collection & analysis	2 2	完善研究方案、修订题目	b、c i、j、k
4	Ch 5. Elasticity and its application	4	Workshop 1 Case Study	b
5	Ch 6. Supply, demand and government policies	4	workshop 2 Case Study	e、h、i
6	Ch 7. Consumer, producer, and the efficiency of markets Ch 8. The cost of taxation	4	Case Study	d
7	Ch 9. International Trade Ch 10. Externalities Ch 11. Public goods and common resources	4	中期检查 Case Study	d、e、 g、h i、j、k
8	Ch 13. The costs of production	4	Workshop 3	f

续表

周次	课程内容	学时	作业	ILOs
9	Ch 14. Firms in the competitive markets	4	Case Study	f
10	Ch 15. Monopoly	4	Case Study	f
11	Ch 16. Oligopoly	4	研究题目答辩	f、i、g、k
12	Ch 17. Monopolistic competition	4	Workshop 4	f

为了帮助学生达成本课程中经济学相关学习成果，教学策略采用课堂讲授+网络视频的线上线下混合式教学，在课堂授课的同时，通过学校的乐学平台提供国外的经济学授课资源，学生可以在课下提前学习，或者课后复习巩固，自己把握学习进度。同时，课堂中组织多次的 Workshop，学生掌握主动权，把控进度，教师或助教在一旁进行辅导，学生在练中学，在练中提升自己的能力。

为了帮助学生具备分析应用经济学的能力，在课堂中组织讨论一些经济学时事问题，进行小组案例作业和课堂展示。通过时事分析，学生可以锻炼应用理论解决实际问题的能力，通过课堂讨论激发思辨能力，通过小组作业和课堂展示锻炼学生的团队合作和沟通协调能力。作为全英文教学班，国际视野、伦理和社会责任感的培养则贯穿在全部的教学环节。

为了帮助学生提升研究能力，在原有课程基础上，增加小组研究项目的环节，包括自主选题（学生从现实中发现经济相关问题的能力）、开题答辩（分析设计解决问题方案、沟通表达能力）、中期考核（文献检索、搜集数据、分析整理等研究能力）、结题答辩（综合评定各项能力的提升），项目开展以 4~5 人小组形式，强调团队合作能力；语言为英文，锻炼学生英文写作、表达能力。具体流程如下：

（1）选题。微观经济学的授课对象为一年级本科生，不适合直接把科研项目抛给学生，因此本课程采用学生结合兴趣、围绕经济学的自主选题形式，经过教师确认，即可以作为研究题目。

（2）开题。为了配合学生研究项目的实施过程，运用北理乐学平台，提供相应的微课题研究辅导，参考 Mark Saunders，Philip Lewis，Adrian Thornhill 的研究方法教材 Research Methods For Business Students，以及相关文献阅读材料及范例，给学生提供全程辅导。对进行每个小组的开题提供建议，对开题报告进行反馈意见，对各项目的进度追踪及反馈。

（3）评价。对研究项目的评价，关注的重点是测定学生通过参与微课题研究，在相关能力方面是否得到提升，是否达成预期学习成果，而不在于其研究能力究竟有多高。对于研究项目的评价，可以采用专家评价+同学自评的模式，专家打分后根据本项目研究中确定的权重计算分值，同学评价可以通过网络进行，两者结合,更加科学合理地评判学生。

(4) 改进。在课程结束后,对学生发放调查问卷,了解学生的主要收获和建议,作为持续改进的基础。

根据课程改革先期试验和学生反馈,研究课题及评价占学生总体评价的比重确定为20%。在课程开始后第2周引入研究方法论内容,学生分小组,选定研究题目,要求限定在经济学领域,第4周进行开题答辩,第8周进行过程检查,第13周进行结题答辩。从选题到研究过程到最终答辩,整个过程都体现学生为中心,教师仅仅提供咨询和帮助。考核的重点在于特定能力是否得到提升,学习成果是否达到。在不同时点对学生的能力进行评价,通过对比来评判学生是否取得了进步。

四、课程考核办法及教学效果

对于课程预期学习成果中的前六条,侧重微观经济学相关知识的理解与掌握,评价方式主要通过网上测试和期末考试环节,考查学生是否掌握相关知识和原理;周测则强调平时的学习过程,为形成性评价;期末考试为综合评价,强调知识的综合理解和运用,为下一步应用分析打好基础。

对于其他的课程预期学习成果所包括的应用知识的能力和研究能力,通过组织学生开展经济学微课题研究,这些以学生为中心的体验使学生能够对选定的主题进行系统的探索或调查,以便对现有的学科知识和学术思想做出原创或创造性的贡献。学生的探索通常是与教师合作或在积极监督下进行的,教师作为经验的共同创造者提供必要的指导、鼓励和支持。对学生的评价模式如表3所示。

表3 对于学生的评价模式

ILOs	能力类别	测试、考试	研究项目(含答辩、书面报告)	考勤、课堂表现	合计
ILOs (a~f)	识记、理解	40	5	2	47
ILOs (c, d, g, h)	分析、应用	20	10	4	34
ILOs (i~k)	研究能力		15	4	19
Total		60%	30%	10%	100%

以对学生的研究能力的测度为例,根据国内外相关的研究和文献,将研究能力的测度确定为从选择恰当研究命题的能力、寻找解决问题路径的能力、信息搜集能力、数据分析能力、选择恰当研究方法的能力、创新能力、行动能力、沟通能力八个方面入手(如表4所示)。调查问卷中针对这些能力,进一步提出更加

细化具体的问题,共计46个,通过李克特五级量表打分,分别针对这八项能力进行评测。

表4 研究能力问题一览表

问题	能力类别
对于不明白的概念或术语,我会查阅百科全书,或者上网搜索。	选题能力
我熟悉一些必要的办公软件的使用。	行动能力
如果第一次信息搜索不成功,我会重新审视我的搜索策略。	行动能力
我会根据进度安排,看工作进展情况进行必要的调整。	行动能力
对于老师或同学提出的批评意见我能够以平和的心态认真考虑。	沟通能力
我能够和同学分工合作,共同完成某项研究。	沟通能力
使用数据库查找资料时,我知道如何将其存储到我的磁盘或发送到我的电子邮箱。	行动能力
我会用自己的语言,记录下一些重要概念。	选题能力
我用收集的各种信息来支持我的观点。	解决问题能力
在研究过程中遇到问题和困惑,我会及时和老师同学沟通交流。	沟通能力
如果条件允许,我可以把研究成果撰写研究论文以供发表。	沟通能力
当课题确定后,我就要考虑下一步的步骤,设计一个研究思路。	解决问题能力
我能够根据研究主题,选择恰当的关键词进行文献检索。	信息搜集
必要时修正最初提出的研究假说。	方法论
我会预先设定需要的信息类型:如书籍、文章、期刊和其他。	解决问题能力
开展一项工作之前,我一般会提前制订计划。	行动能力
完成自己应该负责的部分之后,我会帮助其他团队成员。	沟通能力
我觉得研究题目范围小一些,尽管资料不太好找,但更聚焦,更可能有深度。	解决问题能力
我会提前准备好展示研究成果的PPT,并提前进行演练。	沟通能力
题目确定后我要考虑是否需要进行问卷调查收集数据。	方法论
我可以根据收集的信息,逐步形成自己的结论。	创新能力
我通过将结果与原始假说相关联来解释数据。	数据分析
我知道可以通过哪些途径找到所需的主要科学研究文献。	信息搜集
我理解在研究中"控制"的重要性。	解决问题能力

续表

问题	能力类别
在和老师同学探讨研究中遇到问题的时候，我能够清晰地表达出我的观点。	沟通能力
我将来自一个或多个来源的主要想法结合起来，以形成一个新的想法。	创新能力
我通过获得意见或专家的观点来确认我对某个主题的理解。	解决问题能力
我能够根据研究主题判断是使用量化研究还是质性研究，或两者结合的研究方法。	方法论
我知道一手数据和二手数据的区别。	信息搜集
我能够安排好进行研究的各个阶段，并按时间安排一步步进行。	行动能力
我能把我的研究内容与专业理论联系起来。	选题能力
我能够整理筛选出与目前研究题目相关的文献，进行文献综述。	选题能力
我会使用统计或计量软件，进行数据统计分析。	数据分析
我能协调上课、做研究和娱乐活动。	行动能力
我通过对现实世界的观察思考来确定研究问题。	选题能力
我能够写出符合论文写作标准要求的摘要。	沟通能力
我能根据具体问题，提出明确的研究假说（待验证的观点）。	解决问题能力
我知道可以从哪里获得研究所需要的数据。	信息搜集
限于时间和精力，我只学习与研究题目密切相关的主题或内容。	解决问题能力
我通过阅读作者提到的其他来源来评估内容的准确性。	创新能力
在搜索信息时，我会系统地安排每个项目。	行动能力
我能够通过大量的文献阅读以及平时专业知识的积累，了解现有的成果，寻找研究问题。	选题能力
针对提出的假说，我可以设计实验或理论分析来进行验证。	解决问题能力
我可以将研究结果与本专业领域的"更大图景"相关联。	创新能力
我了解当前本专业领域的主要概念。	选题能力
我通常会评估作者的专业知识，看他/她是否是该领域的合格作者。	创新能力

对于学生能力的评价，可以结合包括授课教师在内的三名教师评价和学生自评进行。

2017级国际经济与贸易全英文教学班（实验组）的学生，在参加微课题研究之后，要求他们与参加之前进行对比，看各项能力如何变化，统计结果如图1所示，可以看出，超过92.05%的学生选择了"进步"或者"进步很多"，

7.95% 的学生选择了没变化。其中沟通能力 100% 学生选择了"进步"或者"进步很多",选题能力和创新能力两项,86.36% 的学生选择了"进步"或者"进步很多",为比例最低的两项。分析原因,可能在于选题是在一开始就完成的,之后对于选题能力确实没有更进一步的锻炼和提高,在这么短的时间内创新能力也很难得以提升。

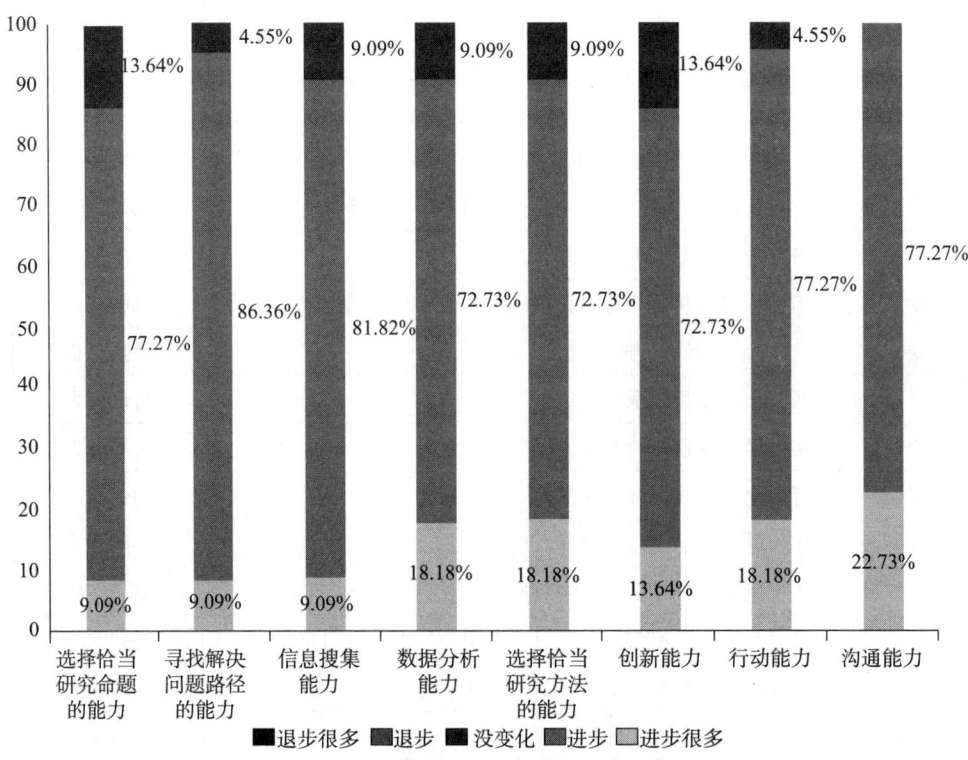

图 1　2017 级实验组研究能力的变化统计

作为本次研究的实验组(国际经济与贸易全英文教学班),与其他学生在研究能力的自我评价方面的对比如表 5 所示。从中可以看出,实验组的各项能力得分均高于对照组,除信息收集能力和数据分析能力外,其他各项能力的差异均在 5% 的水平上显著。可以认为,通过经济学微课题的短暂训练,实验组学生的研究能力还是得到了提升的,这与实验组学生的自我评价结论是一致的。

表 5　2017 级实验组与对照组均值对比

变量	实验组均值	对照组均值	均值差异	p 值
选择恰当研究命题的能力	6.909	6.092	0.817	0.026**
寻找解决问题路径的能力	7.227	6.330	0.897	0.009***
信息搜集能力	7.500	6.550	0.950	0.014**

续表

变量	实验组均值	对照组均值	均值差异	p 值
数据分析能力	6.773	6.284	0.488	0.207
选择恰当研究方法的能力	6.955	6.413	0.542	0.118
创新能力	6.909	5.982	0.927	0.015 ***
行动能力	7.682	6.734	0.948	0.017 ***
沟通能力	7.818	6.954	0.864	0.023 ***

2018级学生参加完微课题研究后的问卷调查显示（如图2所示），91.7%的学生选择了"进步"或者"进步很多"，8.3%的同学选择了没变化。其中沟通能力，100%学生选择了"进步"或者"进步很多"；创新能力，79.17%的学生选择了"进步"或者"进步很多"，为比例最低的一项。

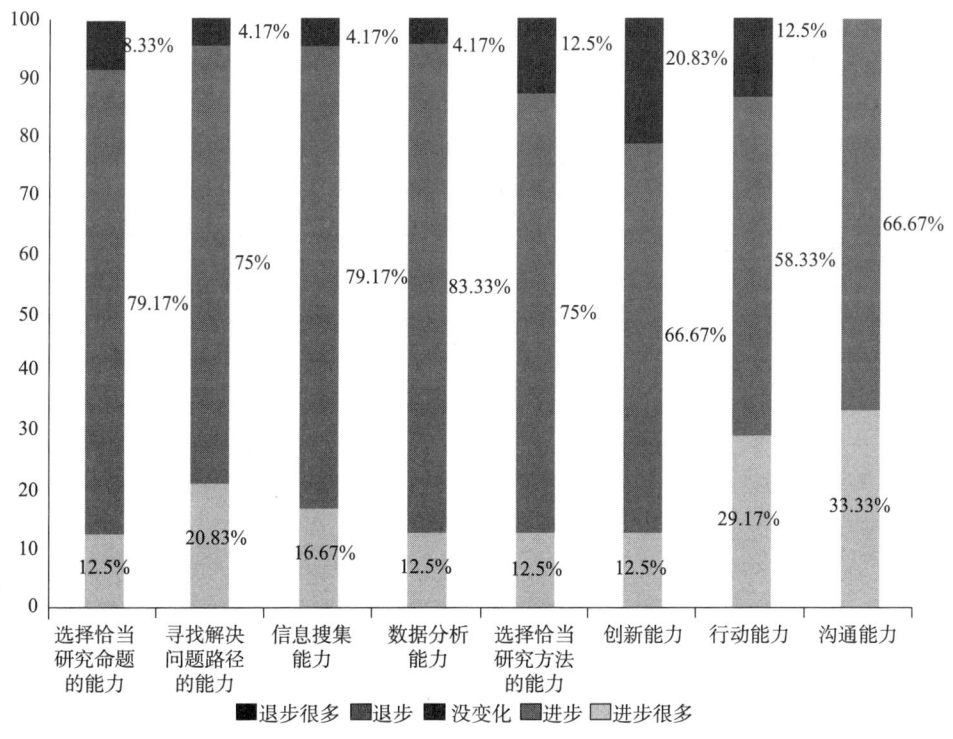

图 2 2018 级研究能力的变化统计

本课程在经济学课程学习成果、培养学生经济学分析能力和解决问题能力的基础上，进一步强化培养学生的初步研究能力。通过对于学生研究能力方面学习成果达成情况的评测，反映出学生的总体研究能力取得了进步。

五、课程特色和创新之处

1. 结合 OBE 理念，设计微观经济学研究型课程

对于微观经济学的课程设计，结合了 OBE 的理念，按照反向设计原则设计课程，自上而下地分解学习成果，课程学习成果支撑上一级成果（如图 3 所示）。学校人才培养的总目标中强调以创新能力和实践能力为重点，培养能够引领科技创新、行业发展、社会进步的卓越人才，高素质拔尖创新人才，具有国际竞争力的高素质创新创业人才。学院相应的人才培养目标是具备扎实的专业基础，具有良好的思辨思维能力、有效沟通能力、团队合作能力，具备国际视野以及正确伦理观与社会责任感的高素质经济管理专门人才。在此基础上，根据人才培养的目标，相应确定微观经济学研究型课程内容，确定学生通过教育过程最后所取得的学习成果。设计过程中体现培养目标、毕业要求与课程体系的对应关系，学习成果的每一种能力都有明确的课程内容或活动来支撑。为了有效地帮助学生取得这些学习成果，确定课程结构、核心知识点、教学内容，设计相应的教学策略；通过合理的评测，让学生了解这些学习成果的达成情况并进行及时反馈。

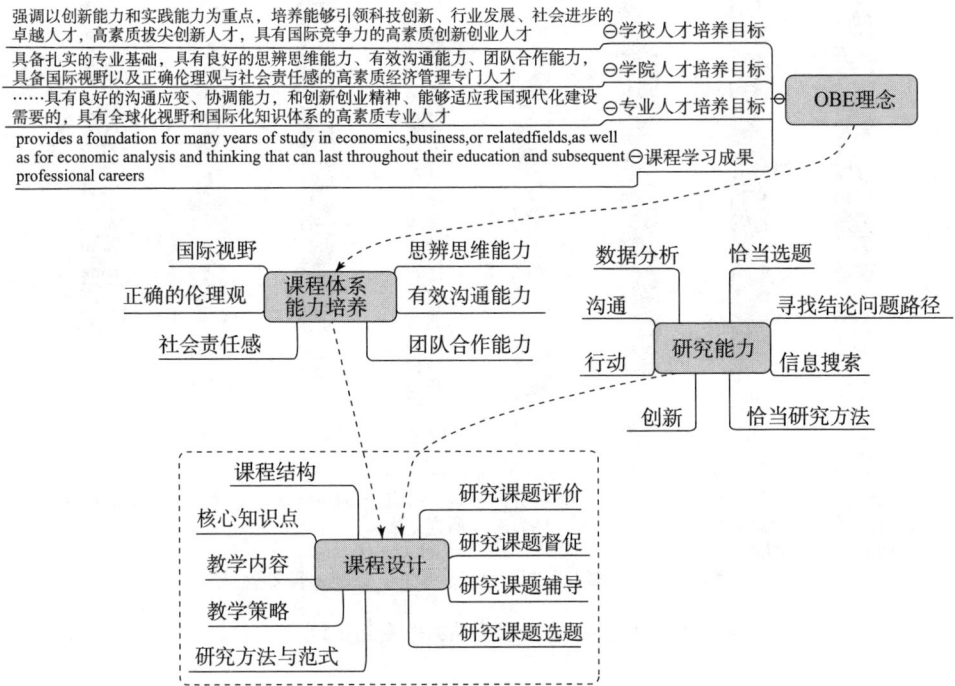

图 3　目标分解过程及课程设计

2. 将研究能力培养纳入课程能力结构与培养教学内容

研究型课程不是以传授知识为主，而是为了激发能力。研究能力是一种综合的能力，可以从不同的维度得以体现。本课程主要通过小组研究项目的形式，学生自主组建研究小组、发现恰当研究问题、确定研究边界、制定研究方案、设计研究方法、落实研究计划、收集数据、分析数据、得出结论与讨论，全程以学生为主体，教师提供协助和辅导，让学生通过微课题锻炼不同方面的研究能力。由于小组内分工和角色不同，不同的学生可能获得的能力提升各不相同，有的学生可能在选题能力提升更大，有的学生可能在研究方法收获较多，有的学生则可能团队合作和沟通能力方面有较大进步。

研究型课程的设计与实施中，不宜把高难度的科研课题作为低年级本科生课程内容，这是揠苗助长。本课程中采取的策略是学生自主发现问题、提出问题、确定选题，教师需要把控的是选题是否可行，是否超出学生能力和时间的制约，对于研究方法提供指导。通过开题答辩、中间检查、结题答辩等形式，对于不同时点上的研究能力在不同维度上进行测度，评估学生在研究能力方面学习成果的达成情况。

3. "全英文+低年级"的研究能力培养模式

本课程在国际经济与贸易全英文教学班中教授，授课对象也就决定了培养特点：全英文+低年级。作为全英文授课的一部分，所有微课题的选题、开题报告、中期检查、最终答辩都采用英文，学生的研究方法辅导材料也是英文原版，这样有助于学生接触原汁原味的研究方法体系，强调了英语的应用性，即应该作为获取相关知识和学以致用、表达自己想法和思想的手段和工具。在低年级，特别是一年级学生中进行研究能力培养，更有利于学生尽早地接触科学的研究方法，掌握基本的研究思路，对于以后从事科学研究打下深厚的基础，也有利于学生参加各类创新创业竞赛，服务于国家创新创业的战略大局。

六、课程教材

[1] N. 格雷戈里·曼昆. 经济学原理：微观部分［M］.6 版. 北京：清华大学出版社，2020.（清华经济学系列英文版教材）

[2] 西方经济学编写组. 西方经济学（上）［M］. 北京：高等教育出版社，2016.（马克思主义理论研究和建设工程重点教材）

"国际商务环境(全英文)"研究型课程案例

——全英文研究型课程的实践创新

授课教师:李京 开课单位:管理与经济学院

■ 一、课程概要

国际商务环境(全英文)课程是国际经济与贸易全英文专业的一门重要专业课程,开设于第三学年第六学期,授课对象为"国际经济与贸易"全英文专业的学生,含留学生与临时国际交换学生。作为本科高年级学生在完成基础课程之后的一门应用研究型课程,课程采用国外知名原版教材,课堂授课语言为英文,课程讲授当代国际商务环境构成及其影响作用,以及企业应如何认识环境并适应环境的变化,加强对学生进行国际商务环境分析的训练,帮助学生掌握国际商务环境的分析方法,研究和分析环境动态,并根据研究结果做出科学的国际商务战略决策。国际商务环境(全英文)采用讲授与研讨结合的方式进行课程改革与建设,已经在国际化课程目标、研讨型内容设置、现代化课程平台等方面取得了一定教学成果。教学大纲中的课程简介如图1所示。

Course Description:

This research-oriented course in international business environment will introduce students to all areas of international business and the environment within which business transactions take place. The challenge is to compete successfully in the global marketplace as it exists today and develops tomorrow. The main topics covered in this course shall provide students with an understanding and appreciation of the following,

- Evolution, definitions, patterns, forces, and linkages of international business.
- Importance of International business in the global economy.
- Theories of international business, trade, and investment.
- Importance of regional economic integration and emerging markets.
- Legal, political, economic and cultural environment of global business.
- Basic skills of operation, management, and control of global business.
- Contemporary issues in global business and their implications.

图1 国际商务环境教学大纲中的课程简介

二、课程教学目标及预期学习成果

国际商务环境课程定位于用研究型学习方式开展教学,并作为专业国际化方向建设的核心课程之一,努力与国际接轨。课程注重研究型课程理念,包括:培养学生的科研兴趣和创新能力,关注问题的分析解决,面向真实的国际商务环境;多样化的学习模式,如文献调研、访谈与问卷调查、小组讨论与展示,以及利用网络资源;注重研究过程评价,对于研讨过程和研讨结果均给予考核评价,以达到激励和约束的课程学习效果。课程培养学生的综合能力,包括知识与转换能力,文献与数据查找能力,利用理论知识解决实践商务问题能力。教学大纲中设定的课程学习效果如图 2 所示。

Course Outcomes:

After completing this course, a student should be able to:
- Understand the process of globalization and the implications of globalization for business firms and their managers.
- Explain how and why the world's countries differ.
- Present a review of the economies and policies of global trade and investment.
- Examine the different strategies that businesses can adopt to compete in the global marketplace and enter specific foreign markets.
- Explore the role played by marketing, operations, and management within an international business.
- Follow the direction of building socialism with Chinese characteristics and the road to reform.

图 2　国际商务环境教学大纲中的课程学习效果

以上课程学习效果可以总结为课程预期学习成果(ILOs1~ILOs3),它与教学内容的匹配如表 1 所示。

ILOs1. 知悉和理解国际商务环境的构成与变化;

ILOs2. 理解和掌握国际商务环境分析的理论与方法;

ILOs3. 分析、解释国际商务环境变化的影响与企业国际化发展策略制定。

表 1　国际商务环境教学内容与 ILOs 对照表

学时	教学内容	ILOs
4	Lecture 1　The International Business Imperative	1
4	Lecture 2　Trade and Investment Policies	1、3
4	Lecture 3　The Theory of Trade and Investment	1、3
4	Lecture 4　Politics and Law	1、2、3

续表

学时	教学内容	ILOs
4	Lecture 5　Economic Integration and Emerging Markets	1、2、3
4	Lecture 6　The Corporation：Ownership，Governance，and Sustainability	1、2、3
4	Lecture 7　Organization，Implementation，and Control	1
4	Lecture 8　New Horizons	2、3

三、课程内容及教学策略

1. 课时分配

国际商务环境课堂教学共32学时，分为8个专题单元，每个单元课堂安排4学时。在每单元的4学时课堂安排中，有2学时由教师主讲理论教学内容，并引导和布置本单元的课后研讨问题，根据具体学习内容不同安排有资料查阅、问题研讨、小组讨论、小组展示等调研任务；另外2个学时以学生汇报交流研讨为主，但是由教师进行引导和提示，并进行分析总结，提出改进建议。

国际商务环境课程的学生自主课外学习时间共72学时，即每1学时的课堂内容配套2学时的课外准备。

2. 课程内容与教学安排

课程内容和周计划教学安排如图3所示。

Lecture One The International Business Imperative 第一讲国际商务概览（4学时）
1. The need for International Business
2. A definition of International Business
3. New challengers for International Business Managers
讲授2学时，问题研讨2学时
Lecture Two Trade and Investment Policies 第二讲国际贸易与投资政策（4学时）
1. The global economic crisis and lessons from the depression
2. Rationale and goals of trade and investment policies
3. Changes in the Global Policy Environment
4. Policy Responses to Changing Conditions
5. A Strategic Outlook for Trade and Investment Policies
讲授2学时，问题研讨2学时
Lecture Three The Theory of Trade and Investment 第三讲贸易与投资理论（4学时）
1. The Age of Mercantilism
2. Classical Trade Theory
3. Factor Proportion Trade Theory
4. International Investment and Product Cycle Theory

图3　国际商务环境课程内容和周计划教学安排

5. The Theory of International Investment
讲授 2 学时，问题研讨 2 学时
Lecture Four Politics and Law 第四讲国际政治与法律环境（4 学时）
1. The Home – Country Perspective
2. Host – Country Political and Legal Environment
3. Managing the Risk
4. International Relations and Laws
讲授 2 学时，问题研讨 2 学时
Lecture Five Economic Integration and Emerging Markets 第五讲经济一体化与新兴市场（4 学时）
1. Levels of Economic Integration
2. Multilateralism and Regionalism
3. The Domino Theory
讲授 2 学时，问题研讨 2 学时
Lecture Six The Corporation：Ownership，Governance，and Sustainability 第五讲企业所有权、公司治理和可持续性（4 学时）
1. Ownership and the Corporate Objective
2. Corporate Governance
3. Corporate Responsibility and Sustainability
讲授 2 学时，问题研讨 2 学时
Lecture Seven Organization，Implementation，and Control 第七讲企业的组织、实施与控制（4 学时）
1. Organizational Structure
2. Implementation
3. Controls
讲授 2 学时，问题研讨 2 学时
Lecture Eight New Horizons 第八讲国际商务新视角（4 学时）
1. Globalization and Friction
2. The Future of International Business Management
3. Careers in International Business
讲授 2 学时，问题研讨 2 学时

图 3　国际商务环境课程内容和周计划教学安排（续）

3. 教学策略

（1）明确国际商务环境全英文研究型课程的教学目标和教学体系，制定了理论学习和研究讨论相结合的课程大纲、课程内容以及相应的研讨方法和具体研讨问题，以及课程考核的详细标准。学生了解课程总体内容、结构与要求后，尤其是关于全英文研究型课程的特点后，能够更好地参与到学习与研究中来。

（2）建设国际商务环境研究型课程平台，学生可以获得教学资源、案例、研讨问题并与教师进行交流。研究型课程需要丰富的课外阅读材料、具有思辨特征的研究问题，课程平台可以高效地针对时间要求发放材料，并指导学生提交个人、小组研讨中的材料。

（3）注重研究型教学与全英文课程的课堂效果实现。根据课程体系和研讨任务的要求，教师对于给定的问题进行背景介绍和相关理论的概述，布置研讨任务，并罗列阅读文献和网络资源，由学生进行课后查阅、分析以及小组讨论，准备研究报告并在课堂上进行研讨汇报，教师进行引导和分析总结。查阅和阅读的主要文献来自国际经济与商务的国际组织官方网站、学术文献以及重要国际商务企业的官方网站等，课堂语言采用英文，因此能够实现提高全英文课程的授课效果，对于课程与专业的国际化建设具有重要的支持作用。

以上教学策略在于提高国际经济与贸易专业学生的综合研究和实践能力，促进本专业的国际化发展。通过研究型课程的建设和教学实施，缩小目前课堂教学模式与国外知名大学国际经济与贸易方向课程模式的差距，促进本专业培养目标与国际接轨。

四、课程考核办法及教学效果

课程考核（LA）与课程预期学习成果对照如表 2 所示。

表 2　国际商务环境课程考核与课程预期学习成果对照表

ILQs	LA1 Individual Participation	LA2 Essay Question Discussion	LA3 Group Project	LA（N） Essay	Total
ILOs1	6	8	4	10	
ILOs2	2	8	8	20	
ILOs3	2	4	8	20	
Total	10	20	20	50	100%

国际商务环境课程考核包括四部分，即课堂参与、研讨问题、小组项目和个人期末论文，分别占课程成绩的 10%、20%、20% 和 50%。每项考核活动中都分布了不同权重的教学 ILOs 目标，因此，课程的评价方法与标准可以完成对于学生在研究型课程中的表现与成果评价。此外，这种评价标准和系统也极大地提高了学生的研究、学习积极性，更加主动地参与到课程中。

具体组成部分如下：

（1）个人参与。包括课堂考勤与提问，检查学生的学生态度、准备情况和参与情况。

（2）个人研讨报告。注重文献查阅、独立思考与学术写作的综合能力检测。

（3）小组报告。注重团队合作的综合性研究项目，检查团队报告的逻辑性、思辨性和内容的全面性。

（4）期末论文。以案例分析或小论文的形式，综合考核学生对于国际商务环境分析的运用、研究发现、分析能力等。这种方法旨在考核学生对国际商务环境概念、理论与方法的理解和应用，根据所学知识，对国际商务环境及其变化的具体问题进行调查、分析和研究，并提出自己的观点。每位学生的研究问题和具体分析均有所不同，因此没有固定的标准答案。期末论文的评分标准也采取灵活、定性的多指标评判标准，以"优秀"为例，评价标准如图4所示。

A mark of 45 or over will be awarded for an outstanding piece of work, that exhibits most of the following：

After completing this course, a student should be able to:
– Is very well written in good, clear English and is well laid out, with evidence of care and pride being taken in the work.
– Provides evidence for some first – hand and extensive second – hand reading of the relevant literature.
– Demonstrates a good knowledge and understanding of the subject matter.
– Is structured in a logical and coherent manner and flows together well.
– Is well reasoned with statements being fully supported with evidence and logical argument.
– Makes good use of relevant diagrams charts and tables, where appropriate.
– Is carefully focused throughout on the precise question/questions asked and is not side – tracked into discussing other matters.
– Provides a balanced presentation of arguments.
– Reaches intelligent conclusions that flow logically out of the arguments built up throughout the essay.
– Shows some evidence of independent thinking and critical appraisal of other arguments or evidence.

图4　国际商务环境期末考核论文的评价标准——以"优秀"为例

五、课程特色和创新之处

本课程旨在提高学生在国际商务环境的研究分析能力和实践能力，实现全英文专业教育和研究型课程的双重目标。课程特色在于研讨资料的立体化设计、复合型问题的综合设计，以及学生实践研究目标的实现。

1. 课程研讨资源的立体化设计

在原版教材的基础上，课程资源来自多种国际商务组织官方网站与年度报告，这种即时全面的信息来源为教学提供了最直接的研究素材与查询示范。例如，课程指导学生访问以下国际组织官网、阅读报告并自行查阅数据材料，如表3所示。

表3　国际商务环境课程教学资源示例

序号	资源名称	来源	教学应用
1	Word Trade Report	WTO	获得官方年度报告
2	World Investment Report	UNCTAD	获得官方年度报告
3	World Trade Statistical Overview	WTO	了解官方年度数据
4	国际企业案例视频	多种来源	丰富的即时信息与企业案例
5	CCPIT	中国贸促会	中国贸易促进的具体实践
6	EU	欧盟官网	区域经济一体化的实际信息

2. 研究型讨论问题的综合设计

研究型课程不是单纯地布置问题，由学生自行回答，这种方式容易出现学习研究的盲目性，学生不知所措，进而降低学习满意度与学习动机。本课程科学安排个人预习—教师讲授—小组讨论—教师反馈与总结—提交研究报告的教学过程，有机联系教与学的关系。科学设计问题的步骤，在适当时候合理给予资源帮助和方法协助，是本课程非常注重的一个问题。例如：

设计研讨问题：①Are regional trading blocs damaging to global economic welfare? Give reasons for your answer. ②Under which circumstances might regionalism be preferable to multilateralism as a policy for achieving multilateral freer trade?（课程第5讲）

第一步，解释和布置问题。告知学生这是一个复杂的综合性问题，不可能直接阅读寻求答案，只有分析报告，无标准答案；引导学生理解题目含义：即探讨"区域贸易协定对全球经济福利的影响，包括促进与抑制方面"和探讨"区域化与全球化的关系，以及促进全球化实现的区域贸易协定条件"。

第二步，提供和复习所学的基本理论工具，做好研究铺垫。包括：区域经济一体化的理论；以欧盟为例，欧盟官网的相关信息与政策；WTO官网中关于区域贸易协定的有关信息，特别是约束成员国参与不同区域贸易协定的基本要求。

第三步，安排学生自行研究讨论。包括个人阅读准备、小组协作研讨。

第四步，学生汇报讨论进展和困惑，教师进行答疑、解释和启发观点。

第五步，教师引导和启发问题的逻辑性分析、资料来源、新知识点，并总结同类研讨问题的关键点；各组发言汇总后，进行评价，并梳理本题目的思路、研究的严谨观点、如何辩证思维，介绍有影响力的专家论文。

第六步，布置书面报告，同时检查学生的学术书写能力。

至此，学生对于研究问题的探索经历了思索—训练—总结—提高的完整阶段，对于相关研究问题形成一套有效的方法。

3. 研究型课程的教学效果

学生在每章节对应不同的教学和研讨目标提升了学习阅读能力、文献资料查找能力、研究分析能力、团队合作能力，提高了学术英文书写的水平。在国际化教学改革中，全英文教学与研究型课程的结合有助于取得突破性的教学成果，此成果不仅改进了培养目标中关于国际化视野与辩证性思维的内容，更加提高了学生主动思考、逻辑性思维与研讨的能力，对于理论与实践结合应用的能力有了极大提高。学生提高了专业领域实践研究的兴趣，提高了文献与信息收集的能力，建立和形成了辩证思维，提高了口头、书面表达的逻辑性和学术性。通过教学应用实施，全英文研究型课程的教学目标得以实现，学生在教师引导下，按照教学大纲和章节内容完成研讨问题和案例分析，提高了研究能力和自主学习能力，并且在小组讨论和课堂展示中提高了沟通能力和团队协作能力。

例如，课程实践"Our Company"小组项目，经过2周的预留准备、阶段性指导与示范，课堂展示中学生能够紧密结合国际商务环境，特别是经济环境、技术环境的变化，设计新的商务模式，制定新颖的国际商务分析策略，如图5所示。

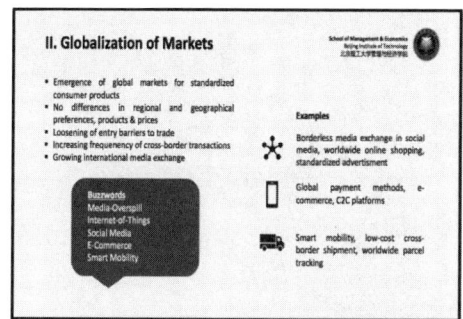 

图5　国际商务环境课堂研讨活动展示

国际商务环境课程自2009年开设以来，学生评教反馈优秀。2015年获得北京理工大学T-more研究讨论型课程奖；2016年获得北京理工大学"迪文优秀全英文教学奖"（如图6所示）。"国际商务环境"全英文研讨型课程，促进了国

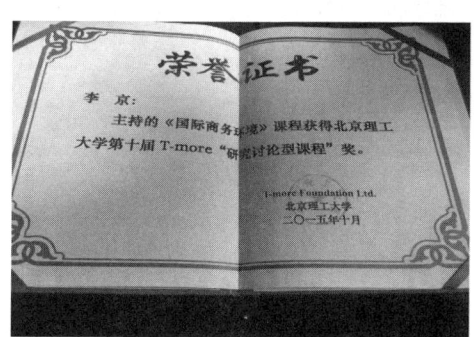 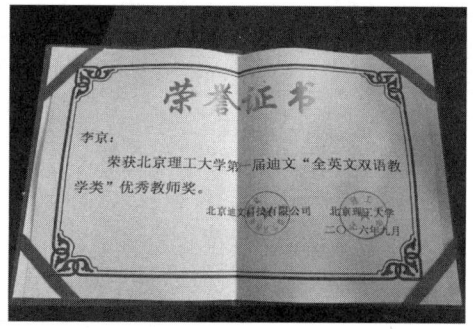

图6　国际商务环境课程获奖

际化教学模式的建立和专业教学效果的提升，本专业建设项目获 2012 年北京理工大学教学成果二等奖。全英文研究型课程教学改革成果的推广应用提高了国际经济与贸易专业学生的综合研究和实践能力，促进本专业的国际化发展。通过研究型课程的建设和教学实施，缩小目前课堂教学模式与国外知名大学国际经济与贸易方向课程模式的差距，促进本专业培养目标与国际接轨。

基于产出导向的"营销原理与决策模拟"研究型课程教学

授课教师：杜向荣　刘瑞红　　开课单位：管理与经济学院

一、课程概要

营销原理与决策模拟是一门建立在市场营销学、现代管理理论基础上的应用性课程，是面向全校本科生的公选课程之一。

本课程是在"大众创业、万众创新"时代背景下，针对培养复合型人才而开设的，重点讲授市场营销原理及其决策的知识，教学模式以"原理+模拟"模式为主，在掌握营销基本原理的基础上，提供以情景模拟为手段，让学生在复杂的模拟现实环境中应用学到的各种理论知识，充分体验企业从市场调查、竞争分析、营销战略制定到具体的营销组合策略决策的全部过程，熟悉和了解企业营销决策的全过程。

教学过程注重培养"新工科"学生创新思维能力、明辨思维能力和团队合作精神；同时，注意引导学生密切结合新时代中国特色社会主义发展与改革的大背景，认识到企业营销活动应当在营销伦理的规范下开展，企业应当时刻铭记营销道德，履行社会责任，为推动社会进步做贡献。

二、课程教学目标及预期学习成果

1. 课程教学目标

营销原理与决策模拟是一门应用性很强的课程，旨在培养面向未来、适应时代、理念先进的创新型人才。教学过程体现"以学生为中心"，自主、参与、互动、体验式、个性化学习。通过学习市场营销基础理论和实务应用等知识，提升学生团队合作能力、知识迁移与应用能力、逻辑思辨能力与创新决策能力。具体目标如表1所示。

表 1 课程目标

课程目标	具体内容
知悉和理解核心知识点。	能够系统地诠释现代营销学的基本内容体系和原理,能够按照理论体系剖析案例并完成书面分析报告和进行成果展示。
能够分析问题和解决问题。	发现和分析企业营销活动中存在的问题;能够在营销决策模拟中产生新的广告创意,提出创新性定价策略,完成新产品或服务开发及渠道创新设计。
拥有评价现象与进行营销策划的能力。	拥有评价营销活动中的各种现象的能力;具备批判或支持某种观点的能力;拥有针对企业具体情况进行营销策划和执行的能力;具备自我反思的能力。
具备沟通与团队合作能力。	与团队共享资源,共同制定企业营销战略,组织实施营销策略;个人对团队做出贡献并具备与他人互动的能力。

2. 预期学习成果

课程围绕营销知识应用能力、创新思维能力、批判思维能力和团队合作能力的培养展开。到本课程结束时,学生将能够:

(1)解释市场营销的基本含义和内容。知悉和理解营销的基本概念和特征、现代营销理论的内容体系;区别营销、销售、推销、促销等概念。

(2)评估营销环境和市场机会。比较、分析宏观环境和微观环境对企业营销的影响;评价环境给企业带来的机会和威胁;通过分析竞争和竞争态势,明确企业自身的优劣势;通过进行营销调研可以描述市场特点并完成消费者画像。

(3)分析评价消费者购买决策过程。分析、评估影响消费者购买行为的各种因素,描述消费者购买行为特点,解释消费者购买决策过程,判断消费者购买动机和购买行为类型。

(4)计算和预测企业销售量或销售额。基于一定的数据基础,通过建立模型并结合定量分析方法,对企业未来销售量或销售额进行预测,为营销决策提供依据。

(5)有效地与他人沟通和合作。课程按照小组的形式展开,每个成员具有明确的团队目标,非常好地完成团队分配的任务,实现团队资源共享和有效授权、成员之间角色互补并能够良好地沟通和帮助。

(6)针对竞争态势提出有效营销策划方案。将在市场细分、目标市场选择和市场定位的基础上,针对不同竞争者和用户需求特点提出企业整体营销策略并付诸实施,在策划过程中能够体现出一定的创新思维能力和批判思维能力。

三、课程内容及教学策略

1. 课程内容设计

营销原理部分主要讲授现代营销学最基本的知识体系,简单说就是以"STP + 4P"为主线展开,前提基础是市场研究,重点是营销环境分析、竞争分析和购买行为分析等。决策模拟是将学生分为不同的团队,每个团队模拟一家手机生产企业的营销管理团队,团队成员通过分工合作,利用 Mobile Challenge 的模拟课程网站,管理一家手机生产销售企业的各项营销活动,做出营销决策。如表 2 所示。

表 2 课程内容体系构成

营销原理	知识点	模拟决策项目	具体内容
第 1 章 营销概论	营销内容体系与营销观念	决策指南文献阅读	结合案例理解传统营销观念与现代营销观念的区别,明确现代市场营销理论内容。
第 2 章 市场研究	营销调研与购买行为分析	完成营销调研活动	设计问卷,完成消费者关于手机购买行为调研活动,并形成调研报告进行展示汇报。
第 3 章 营销战略	市场细分目标市场市场定位	营销战略决策(STP)	将消费者市场细分为个人用户、高端个人用户、商务用户、高端商务用户。决策者需要根据每个细分市场人群的不同消费心理、消费行为特征和产品需求、各个细分市场的大小和成长空间,选择本企业为之服务的目标市场,并且从便携性、待机时间、信息处理、娱乐休闲等维度进行公司产品定位。
第 4 章 营销策略	产品决策渠道决策价格决策促销决策	产品决策	1. 确定手机生产平台:平台分为普通手机和智能手机两种,前者成本低廉,功能相对固定,而后者基于更强大的操作系统,可安装扩展软件获得更多的功能。 2. 确定产品款式:款式包括经典款式、折叠款式和滑盖款式三种。 3. 确定产品特性:包括便携性、待机时间、信息处理、娱乐休闲等性能水平。 4. 管理品牌组合:制定品牌组合策略,包括改进现有品牌,或者推出新品牌,或者品牌升级等。

续表

营销原理	知识点	模拟决策项目	具体内容
第4章 营销策略	产品决策 渠道决策 价格决策 促销决策	价格决策	结合三种渠道的经营模式和盈利期望的不同，根据目标销量预测水平，制定销售产品的建议零售价格。同时需要结合每个渠道的零售折扣，明确最终消费者的购买价格。
		渠道决策	根据不同细分市场的特点从手机专卖店、电器连锁和百货公司三个销售渠道中选择本公司的渠道。同时要根据每个渠道的特点确定渠道利润率水平。
		促销决策	以广告投放为例来进行促销决策，通过广告的投放来提高相应品牌的知名度，除决策投入多少广告费用之外，还需要明确这些费用如何划分到各个细分市场的消费者身上。此外注重广告的诉求点与定位目标的契合程度，明确广告诉求是便携性、待机时间、信息处理、娱乐休闲还是价格。

2. 课程内容与预期学习成果的对应

课程内容中的营销原理主要是初步培养学生对营销知识的理解和应用能力；在营销组合策略学习中重点培养学生创新思维能力和一定的批判思维能力；营销决策模拟重点培养学生运用营销理论指导实践的知识应用能力。如表3所示。

表3 课程内容与预期学习成果的关联

课程内容		营销知识应用能力	批判思维能力	创新思维能力	团队合作能力
第1章 营销概论	市场营销含义	I	R	I	R
	市场营销体系				
	营销观念的提出				
第2章 市场研究	营销调研方法	I	I	I	P
	营销环境分析				
	购买行为分析				
	竞争分析				
第3章 营销战略	市场细分	P	P	I	R
	目标市场选择				
	市场定位				

续表

课程内容		营销知识应用能力	批判思维能力	创新思维能力	团队合作能力
第4章 营销策略	产品策略	R	P	R	R
	价格策略				
	渠道管理				
	整合营销传播				
第5章 决策模拟	模拟企业分析	R	R	P	R
	模拟团队组建				
	模拟决策过程				

I：初步培养（Introduced）；P：实践应用（Practice）；R：加强培养（Reinforced）。

3. 教学方法设计

营销原理教学方法设计主要是运用文献阅读和案例分析，采用课堂讲授方式完成；决策模拟部分都是采用模拟体验企业营销决策不同岗位角色和同伴学习法完成。此外，小组讨论教学法广泛应用于决策模拟中。如表4所示。

表4 预期学习成果与教学方法衔接匹配

预期学习成果	教学方法					
	文献阅读	案例分析	课堂讲授	小组讨论	同伴学习	体验学习
营销知识应用能力	√	√	√			
批判思维能力		√		√	√	√
创新思维能力		√		√	√	√
团队合作能力		√		√	√	√

4. 教学案例

以某电商平台的营销活动作为案例，组织小组讨论，具体问题包括：
a. 评价电商平台的创新模式（创新思维能力培养）；
b. 评价电商平台的某些做法（批判思维能力培养）；
c. 限时完成小组报告并展示（团队合作能力培养）。

结合课程中的模拟决策，进行讨论，具体问题包括：
a. 分享本小组（模拟公司）的营销决策心得（创新能力培养）；
b. 分析现实中真实的成功案例（批判思维能力培养＋创新能力培养）。

四、课程考核办法及教学效果

1. 课程评价方案

课程考核主要以过程考核方式为主。考核内容包括营销原理的核心知识点和模拟决策过程与结果，这样可以更好地从预期学习成果的四个方面对学生的综合能力进行量化评价。评价的方式主要采用直接测量，具体形式有营销决策模拟报告、以小组为主的作业、调研报告、案例研究等成果PPT展示。评价主体包括个人自评、学生互评和教师评价。课程预期学习成果评价方式的构成及其权重如表5所示。

表5 预期学习成果评价方式的构成及其权重

预期学习成果	评价方式			
	模块知识点测试（30%）	营销模拟决策结果考核（30%）	团队课堂展示（20%）	课堂表现与大作业（20%）
营销知识应用能力	√			√
批判思维能力		√	√	√
创新思维能力		√		√
团队合作能力		√	√	√

2. 评价量表开发

量表开发围绕课程目标设计，学生通过分组将自己完成的调研报告、案例分析报告、营销策略及营销模拟决策报告向全班同学和教师进行展示。本次总共设计了四个评价量表，以团队合作能力评价量表为例（如表6所示），展示要求超越简单的工作汇报和总结，展示中应当体现出每个人完成的工作内容和工作质量以及个人对团队做出的贡献，需要体现团队资源共享及成员在相互协作方面的表现，还需体现成员有哪些互动行为并回答现场同学及教师提出的问题，每个学生都要参与展示。如表6所示。

表6 团队合作能力评价量表

团队合作能力	优秀4	良好3	中2	不合格1	评分
个人工作质量与贡献程度	非常好地完成了团队分配的任务，正确把握要求，观点合理正确，个人陈述有条理。通过PPT完整展示了结构和观点。	正确地按照要求完成了团队分配的任务，观点合理正确，个人陈述有条理但不全面。通过适当PPT展示了结构和部分观点。	基本按照要求完成了团队分配的任务，观点合理，个人陈述缺乏条理。通过PPT展示了部分观点。	不能按照要求完成团队分配的任务，个人陈述缺乏条理。对团队几乎没有贡献。	

续表

团队合作能力	优秀4	良好3	中2	不合格1	评分
团队支持程度	具有明确的团队目标，实现资源共享和有效授权，成员之间角色互补并能够良好地沟通和帮助。	有明确的团队目标，基本实现资源共享和有效授权，成员之间角色互补但不完全，必要时互相帮助。	团队有目标，基本实现资源共享和部分授权，成员之间有沟通和必要的互相帮助。	团队目标不明确，资源无法共享，成员之间沟通困难，没有必要的互相帮助。	
与他人互动	能够平等地实现双向或多向互动交流，表述清晰易懂，保持眼神交流和适当的身体语言，正确回答他人提出的所有问题。	能够实现双向或多向互动交流，表述清晰易懂，有眼神交流和身体语言，基本正确回答他人提出的所有问题。	有一定的双向互动交流，表述清晰易懂，有眼神交流和适当的身体语言，能基本正确地回答问题。	无法实现双向互动交流，表述不清晰，没有眼神交流和适当的身体语言，不能正确回答他人提出的问题。	
综合评分（均值）					

课程经过三个学期的运行，针对2017、2018、2019级本科生，按照50人上限选课。学生专业覆盖面非常广泛，涵盖了航空航天与武器类、车辆工程类、信息科学技术、生物工程、自动化、理学与材料、设计学、外语类、经管试验类、社科试验类和中外会计等。学生在运营模拟企业的过程中，能够做到灵活应用学过的市场环境分析、购买行为分析、竞争分析、营销战略、营销组合策略等理论知识，并根据具体竞争情境做出相应的营销决策。作为课堂延伸，有一些学生还参加了国际企业管理挑战赛，进一步提升了他们对营销管理知识的认知和学习，从学生的反馈情况看，总体上认为课程对于目标的完成效果非常好，满意程度很高。通过教学内容和方法的改进，学生认为课程在初步培养创新思维能力、批判思维能力、团队合作能力和系统思维能力培养方面的关联程度较高，而决策模拟在实践应用和加强培养方面具有非常高的关联性。

3. 学习收获反馈

学生对课程学习情况的评价和收获情况将通过调查问卷的形式完成，问卷针对学生对课程总体满意度来设计，并结合开放式问题完成。如表7所示。

表 7　课程满意度调查问卷

序号	评价项目	满意程度				
		非常同意	同意	一般	不同意	很不同意
1	本课程激发了我对营销学的兴趣和热情。					
2	能够正确运用营销原理与方法，准确诊断企业营销决策中常见问题。					
3	能够使我在营销决策中产生创新性产品创意、广告创意或者其他方面的创新。					
3	具备评价营销活动中的各种现象，批判或支持某种观点的能力。					
4	能够与团队共同制定营销战略、组织实施营销策略、共享资源。					
5	能够系统地诠释基本营销原理、剖析案例、书写报告、展示成果。					
6	课程推荐的文献资料对我学习有很大帮助。					
7	课程教学中选用的案例对我学习有很大启发。					
8	课上和课下的小组讨论对学习很有意义。					
9	模拟决策使我体验到了企业真实的经营实践。					
10	角色扮演使我感受到了企业真实的经营决策。					
11	其他同学的营销决策结果对我有很大的启示。					
12	各章的模块测试对我巩固知识点帮助很大。					
13	团队成果课堂展示对我能力提升意义很大。					
14	营销决策模拟的过程对我吸引力很大。					
15	团队营销决策模拟的结果对我很重要。					
16	案例分析报告大作业对我学习有重要意义。					
17	我对本课程持续改进和提高充满期待。					
18	对课程目标的总体评价：					
19	希望课程继续改进的地方：					

五、课程特色和创新之处

1. 新的教学理念

本课程是以 OBE 理念为核心，同时参照 EQUIS 国际认证标准和 AACSB 国际认证标准和理念,通过对这些国际理念对课程标准和教学的要求进行梳理和对比研究,结合我校新工科建设要求而开设的素质教育课程。

2. 新的指导思想

本课程坚持"思政进课堂"的指导思想,在教学过程中围绕知识点将课程思政元素有机渗透到教学内容中,并布置适当的思政教育课后延伸任务。以营销原理部分的第一讲"营销观念演变与发展"教学为例,教师围绕课程设计的思政教育主题元素"改革开放中成长起来的中国企业",收集整理了青岛海尔、联想集团等企业奉行现代营销理念而取得巨大成功的案例,同时结合互联网时代的创业成功案例的商业形态,在教学过程中,有机地将这些元素融入了课堂,不仅丰富了课程教学的内容,也使学生对营销学在国际国内的演变与应用有了更加直观的认知,在提高专业知识学习的同时,有效地渗透了爱国主义教育,把改革开放为中国企业引入现代营销观念开始,直到中国培育了众多世界级企业的历程直观地予以呈现。

3. 教学改革创新

(1) 整合了优势课程资源。本课程整合了管理学院两门营销专业优势课程,一门是专业核心课程市场营销学;另一门是营销决策模拟。市场营销学课程是校级精品课程和近5年学校重点支持的研究型建设课程;营销决策模拟是专业必修实训课程,以此课程教学训练为核心支撑的我校学生团队,曾在国际企业挑战杯(GMC)大赛中多次获奖。本课程是将这两门优势课程整合为一门课程:营销原理与决策模拟,课程属于面向全校本科生进行高水平素质教育的课程。

(2) 集中了优秀教学团队。市场营销专业面向本科生、双学位生、全英文教学班、留学生、学术研究生、MBA学生、博士研究生等各层次学生开设。多年来形成了一支优秀的教学团队,团队共有8位教师,其中教授2人、副教授4人、讲师2人。在一线课堂,团队教师讲授市场营销和营销决策模拟课程时间最长的达30年,最短的也已有10年,积累了丰富的教学经验。

(3) 线上线下融合教学。线下教学主要是在课程进行,内容主要是营销学原理,不仅仅是基础知识的传授,同时对于营销学知识的具体应用做了明确的指导。在课堂上针对某一知识点的应用或者经典案例组织学生分组讨论,并进行小组汇报,使学生能够参与到团队活动中,并积极发表自己的意见和看法。

线上教学开展是将学生分为不同的团队,每个团队模拟一家手机生产企业的营销管理团队,团队成员通过分工合作,利用 Mobile Challenge 的模拟课程网站,管理一家手机生产销售企业的各项营销活动,做出营销决策。不同团队模拟的企业在同一个市场中竞争,他们运营的企业在初期的状况都是一样的,经过若干回合的竞争,会出现不同的运营结果。最终以股价指数作为评价指标,影响股价指数的因素有累计利润、销售额、市场占有率、技术水平等多项指标。

线上线下融合主要是将营销原理在模拟决策中如何运用作为重点学习内容，在若干模拟决策回合结束后，组织各个小组讨论、汇报和教师点评等活动，让学生在互动和合作中提升知识应用能力。通过新颖的教学结构以及教学模式对学生的学习兴趣进行激发，提高学生教学过程中的学习效率以及教学质量。在线上线下融合教学的过程中，交互式的学习方式以及交流方式，可以使学生更加便捷地对营销原理进行主动的探究和分析；同时教师也可以在线上教学平台中进行辅助性教学，对课堂教学中所存在的不足进行全面的补充，提升管理学原理课程的整体教学效果。

（4）注重学生能力培养和提升。课程面向全校本科生开设，服务学生范围涉及面广，为全校各学院本科生提供选择的空间和平台。从目前运行情况来看，学生专业构成主要以工科类为主。从学生反馈情况看，课程有一定的影响力，学生对于创新能力、批判思维能力和团队合作能力培养目标的达成有一定的认可程度。课程对于工科专业学生培养市场研究、购买行为分析等营销管理与决策能力有明显的提升作用。

4. 课程设计的独创性

（1）明确的预期学习成果。课程设计明确了预期学习成果，在教学过程中注重基本能力的培养。营销知识及应用能力：注重培养学生市场研究、剖析案例、书写报告、展示成果方面的能力；批判性思维能力：鼓励学生评价营销活动中的各种现象，合理批判或支持某种观点；通过在市场研究中发现机会和营销决策中构建独特盈利模式并产生新创意、开发新产品等活动培养一定的创新思维能力；在线下线上融合教学过程中贯穿了对学生团队合作能力的培养。

（2）课程持续改进与提高。基于 OBE 理念与原则，按照其倡导的学生中心、产出导向、持续改进三个核心理念，参照 EQUIS 和 AACSB 两项商学院的国际认证标准中对课程建设的具体要求，设计了课程持续改进与提高实施方案。基本思路如图 1 所示。

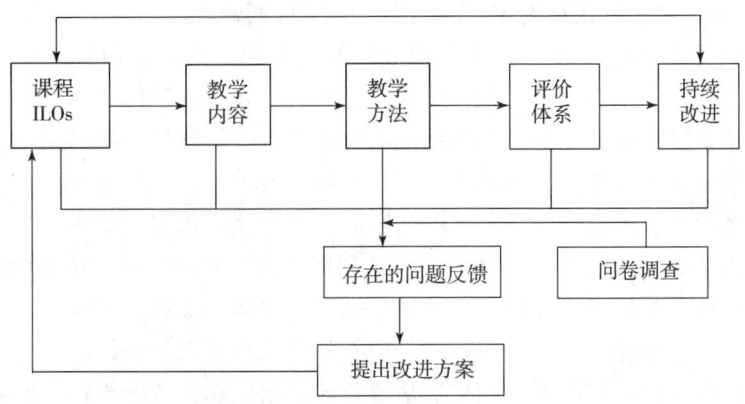

图 1　课程持续改进与提高流程

教学质量的持续改进贯穿于教学运行的始终。本课程的持续改进形成闭环反馈，在教学过程中针对每个模块进行问卷调查，获取学生对课堂教学评价的一手资料。根据问卷调查获取的信息，教师团队着手设计课程持续改进方案，教师会有针对性地调整教学目标、教学内容、教学方法、评价量表，从而不断地提升课堂教学效果。

（3）配套系列教材支持。近年来，团队教师已经出版《市场营销管理》（1~4版）《市场营销学》《市场营销学·习题·案例·经典推介》《服务营销理论与实务》《服务营销管理》《销售管理》《市场营销案例》《电子商务与网络营销》《品牌战略》（译著）《零售学》（译著）等10部规划教材，有力支撑了课程的教学和人才培养。

（4）基于过程的考核方式。课程考核主要以过程考核方式为主，针对营销知识应用能力、批判性思维能力、创新思维能力、团队合作能力四个预期学习成果设计了评价量表，采用个人自评、教师评价和同学互评方式完成；针对学习内容的考核形式有营销决策模拟报告、以小组为主的作业、调研报告、案例研究等成果PPT展示。

六、课程教材

[1] 王月辉，杜向荣，冯艳. 市场营销学［M］. 北京：北京理工大学出版社，2017.

[2] 王月辉，杜向荣，冯艳. 市场营销学·习题·案例·经典推介［M］. 北京：北京理工大学出版社，2018.（北京理工大学"十三五"规划教材）

"中国社会问题研究"研究型课程案例

——通专融合背景下研究型课程设计与实践

授课教师：郑佳然　开课单位：人文与社会科学学院

一、课程概要

中国社会问题研究是人文与社会科学学院开设的专业选修课程，每年秋季学期开设，为32学时2学分的课程，至今已开设7年。本课程在2017年以前只面向本学院经济系和社会工作系大四年级的本科学生；自2017年起，本课程申请作为"通专融合类"课程，面向全校学生开放，截至2020年全校共有近千人选修本课程。

在教学模式上，本课程不断进行教学改革尝试，由传统的课堂面授教学逐步转变为以小组为单位、结合慕课（如图1所示）的混合式研究型教学模式。在课程内容上，课程采取专题式教学法，选取与大学生生活密切相关的五至六个专题作为课程内容，包括"女性社会问题""老年人社会问题""青少年社会问题""网络社会问题""大学生心理健康与自杀问题""贫困问题"等。

图1　中国社会问题与当代大学生慕课

本课程较为注重培养学生对社会问题的独立思考与分析能力，强调学生以团队合作的方式积极参与社会实践与调研，并在教师指导下撰写符合学术规范的调研报告。此外，由于课程的授课对象为即将步入社会的成年人，所以课程更为关注对学生社会责任感的培养，通过在课程中渗透思政元素，使学生能够将个人的生存发展与祖国的前途命运紧密结合在一起。

二、课程教学目标及预期学习成果

中国社会问题研究研究型课程的总体教学目标是：使学生能够敏感地察觉到周边社会的一些现象与问题，对其进行独立思考，并运用正确的社会科学研究方法对某一具体社会问题进行更加深入的调查与研究。

课程的预期学习成果为：通过课程学习，非社会学专业的学生也能表现出对周边社会热点事件的敏感性，能够将个人问题与社会生活联系在一起，并能够正确运用社会学相关理论分析某一具体社会问题，以团队合作形式开展社会调查，选取正确的社会科学研究方法，并合作完成符合学术规范的社会科学类实证研究报告。

首先，培养学生对社会问题的敏感性。通过课程学习，预期使学生增强对身边社会热点事件和问题的认识，培养关注社会问题的习惯。其次，培养学生理论分析能力。通过研究型课程的学习，预期使学生能够了解、理解一些相关社会学理论，并能够在分析具体社会问题时运用所学理论。最后，培养学生的实践能力和合作能力。通过课程学习，预期使学生合作完成社会实践调研报告。不同专业和年级的学生需要在课程中分工协作，在看到社会问题后能够合理拟定一个主要的研究问题，并在可行范围内运用正确的研究方法进行设计，开展调研。在实践过程中，要求学生各尽其能、团结合作，共同完成针对社会问题的调研，并共同撰写研究报告。

三、课程内容及教学策略

中国社会问题研究现作为"通专融合类"研究型课程，面向全校学生开放，课程进行了如下的安排与设计：

首先，采用同伴教学法和过程教学法带动学生进行生生互动、互相学习。课程内容选择与大学生生活密切相关的社会问题（如现有专题包括：老年人社会问题、女性社会问题、青少年社会问题、网络社会问题、大学生心理健康问题、贫困问题等）进行专题式教学。学生任选其中一个专题作为自己的项目领域，同一领域的学生组成一个大的团队。如此保证原本一百余人的大课堂被很快划分为5~6个问题组。问题组的设定并非实质性的分组，只是为了便于学生能够针对不同专题提出更多需要深入研究的具体问题，并互相启发学习。学生会在课堂教学中写下自己感兴趣的具体社会问题，并给出自己的观点。教师对其进行分类，并让相同问题组的学生阅读其他同学提出的问题并进行评论。从2019年中国社会问题与当代大学生慕课课程完成录制并上线后，学生改在线上的讨论区探讨不同领域的研究问题。其最终目的在于为社会调研拓展思路，通过学生之间的互动互助，拟定具体的研究问题，并在互动中组建更小的项目调研团队（每个项目调研团队不多于5人）。这种同伴教学法将会应用于整个社会调研的过程中，团队成员将共同进行资料查询、理论学习、社会调研乃至论文撰写，生生互动贯穿整个研究型学习的全过程。

其次，在教学过程中布置学生开展社会调研，并以学生完成符合学术规范的社会科学调研报告为考核方式，锻炼学生的分析能力、实践能力与合作能力。在学生进行社会调研的过程中，教师全程参与指导，鼓励学生充分利用课程教学产出成果，很多学生也借此次调研进行"大创"或"世纪杯"的项目申报，并获得奖项（如图2所示），因此，学生学习也更有动力。

图2　学生课外学术竞赛获奖作品汇编

此外，作为一门哲学社会科学类课程，本课程积极贯彻落实"课程思政"教学理念，在教授过程中紧密落实习近平总书记在全国教育工作大会、哲学社会科学工作座谈会等会议上关于高校教育教学改革"要坚持把立德树人作为中心环节，把思想政治工作贯穿教育教学全过程，实现全程育人、全方位育人"的重要讲话精神，切实践行"课程思政"。比如，在课程内容中，除了向学生讲授社会学相关理论，教师对社会问题的深层次原因及其影响也进行客观分析，并结合政府的政策文件进行解读，引导学生对社会问题有正确的分析，理解国家的政策布局以及对解决社会问题所做的努力。在授课过程中有机融入社会主义核心价值观的引导，及时纠正学生面对社会问题可能出现的困惑与个别极端的看法。在制作中国社会问题与当代大学生慕课时，为了更好地将"价值观引领"与"理论讲授"有机结合,邀请马克思主义学院教师参与课程共建,在每一章社会问题的课程内容之中加入习近平对相关问题的重要论述以及新时代中国特色社会主义相关制度建设党政文件,使思想政治理论课程在专业课程中也进行有效延伸。

最后,为了不断建设课程,使之更容易被"95后""00后"的大学生所接受,每次结课时教师都会积极征求学生的课程反馈,并邀请学生对课程的专题选择、内容设置、师生互动、研究指导、考核形式等各方面内容进行批评提议,以此不断完善课程。

四、课程考核办法及教学效果

中国社会问题研究这门课程采用多元化评量方法对学生进行考核评价,如定性评价与定量评价相结合,学生自评、互评与教师点评相结合,过程性评价与结果性评价相结合。在评量过程中注重对学生分析能力、实践能力与合作能力等综合能力进行考查。课程以研究小组合作完成社会调研报告的方式考核,并将对学生课堂参与的评价和调研过程中的过程性评价共同纳入评价指标。学生期末总评成绩由平时成绩(50%)和结课论文成绩(50%)共同构成。学生平时成绩包括出勤(10%)、课堂参与(20%)和慕课学习(20%)。其中,课堂参与为学生在课堂中进行小组展示或者针对某一感兴趣的社会热点问题进行讲述。对于一些有争议的社会问题,教师将组织学生在课堂上进行辩论。在此过程中,学生需要正确运用相关社会学理论对问题进行分析,教师根据学生的汇报对其进行打分。慕课学习要求学生在课前自行学习相关内容,并完成对应章节的章节测验。这两部分主要考查学生对理论的识记、理解和应用能力。结课论文成绩包括团队调研报告评分(30%)和个人表现评分(20%),其中个人表现评分又由学生自评和团队成员互评共同构成。在这部分考查过程中,论文的完成质量是一方面考量,而小组成员在团队中扮演的角色及其贡献是另一个重要考量。因此,这部分考查设置了团队成员互评这一环节,注重对学生的团队合作能力进行测评。

由于课程的预期成果是使学生在开展社会调研中能够运用课堂中讲授的社会学理论,并能够合作完成符合学术规范的社会科学研究调研报告,所以在对学生的预期学习成果进行评价时会重点从"理论运用"和"方法运用"两个方面进行考查。对于学生"理论运用"的考查,主要是通过慕课中的测验考查学生是否能够准确识记相关专题中涉及的基本概念和理论要点,并将其运用到自己的研究中;而对于"方法运用"的考查,主要是看学生是否能够在社会调查中选择恰当的社会学研究方法回答自己的研究问题,并制订合理可行的调研计划。

在课程学习后,非社工专业的学生基本能够对社会科学研究方法有总体的认知,能够通过团队实践运用至少一种社会科学研究方法开展社会调研,并完成学术规范性较强的社会科学实证调研报告。很多理工科学生也在课后主动邀请授课教师作为自己的"大创"项目指导教师,在课程实践作业的基础上继续修改完善,以此申报"大创""世纪杯"等大学生课外学术竞赛项目。学生对课程的总体评价为优秀(如图3所示)。其中,学生谈及最多的学习收获就是通过亲自开展社会调研,更好地理解了社会学的研究视角,并开始习惯运用社会学理论分析社会现象了。比如,一组结合女性社会问题的内容进行了"新媒体背景下网红经济现象"的研究,在结课汇报时,她们说:"以前总觉得性别不平等问题已经是过时的问题了,女性主义理论也过于抽象,对现代生活没有太大的意义了;但后来通过我们自己做研究时才发现,当代社会对两性的要求与期待还是存在很大差异的,女性成为网红更多需要付出'出卖'自己身体及姿色的代价,而男性只要有钱、事业有成,就更容易无须其他条件而在互联网中成为网红,并由此获得经济收益。这其实就是当代社会的性别不平等。可见,女性主义赋权理论在当代社会依然适用。"

6	通过这门课真的学到了很多
7	挺好的
8	挺好
9	没建议,很好
10	老师作为剑桥大学的博士,见识很广,眼界很宽,我们收获很大,课下也经常帮助我们。
11	老师真好,学识渊博,赞!
12	老师人特别好
13	老师人很好,赞
14	老师人超好,讲课很有趣,收获大。
15	老师讲课十分认真细致
16	老师讲课内容贴近生活,内容丰富多样,拓展了视野。
17	老师讲课很好,讲课非常的认真仔细而且内容非常的丰富,我感觉自己收获很多,建议老师多鼓励学生与您交流。
18	老师很认真负责,想要把课上的有意思。
19	老师很厉害,上课也很有意思,还学到了不少的东西
20	老师很好讲的很清晰
21	老师很好
22	还行
23	很有收获,很喜欢郑老师!
24	很喜欢郑老师!
25	很好的老师
26	很好
27	好老师
28	好棒
29	好棒!!!!!
30	好
31	非常非常赞,风范真的令我敬仰。
32	不错

图3　学生期末评教(部分)

五、课程特色和创新之处

中国社会问题研究课程突出"以学生为中心""课程思政"的理念，课程内容贴近当代大学生的现实生活，为全校学生提高社会科学研究素养服务。基于研究型课程的教学方式不仅有助于激发学生在团队合作中互相学习，强化对社会问题的理解和应用能力，也有助于打破传统教学中教师角色较为单一的特点，促进教师积极参与到与学生的互动及合作学习过程中，以便教师及时发现学生存在的问题，不断调整、更新教学策略与方案。

中国社会问题研究课程有以下三个特色与创新。

课程特色之一就是紧密联系当代大学生的现实生活，在课程中充分尊重学生的个性发展，使不同专业、不同思维方式的学生在课程中都能够有所收获。其实，在社会科学类课程中进行研究型教学的实践就是让学生在进行团队研究中充分表达自己的观点，使学生也能够尊重多元价值观，并能够从多个角度中厘清自己的观点。

通过这几年的课程开设，教师发现，当代大学生关注的社会问题也愈发具有时代特色，自媒体、娱乐与消费主义、人工智能等已成为越来越多学生感兴趣的"时髦"问题。比如，前几年的学生在选择"女性社会问题"时进行的研究还是诸如"大学生对家务分工性别差异的认知状况研究""女性工作家庭冲突管理研究"和"大学生生育意愿研究"这样较为宽泛的研究话题，这一两年学生在选择"女性社会问题"进行研究时拟定的题目则更为具体、聚焦，也更富有个性，如"'90后'女性员工职场性别歧视经历及应对策略研究""女性主义视角下的饭圈文化研究——基于女大学生'死忠粉'的质性分析"和"社会性别视角下对'直男'的行为和经历的探究"等。随着学生选题愈发个性化，教师在指导项目时面临的压力也将更大。因此，充分发挥学生的主动性，使之能够自己去学习所需理论，引导学生在不同专业同伴合作过程中相互学习更显得尤为重要。在此研究型学习过程中，学生真正成为学习的主导者，而教师则更多扮演了引导者与辅助者的角色。

课程特色之二是将价值观教育有机融入专业教育，在哲学社会课程中落实课程思政。在价值观念日趋多元的今天，学生既需要对社会矛盾和问题怀有科学批判精神，又需要具有分辨是非、善恶美丑的能力，学会运用马克思主义的世界观和方法论去认识世界和改造世界。马克思主义的立场、观点和方法是马克思主义科学思想体系的灵魂，可以说，当前社会发展取得的一切成就，都是正确运用马克思主义科学思想方法和工作方法分析问题、解决问题的结果。因此，在讲授我国社会问题的过程中，教师强调树立辩证思维，坚持和运用辩证唯物主义分析当代我国社会中出现的各种矛盾与问题，从纷繁复杂的事物表象中把握本质、掌握规律。同时，还要强调树立历史思维，坚持历史唯物主义的原则和方法，善于从历史中获取智慧，联系 5000 多年中华文明史来思考中华民族的前途命运，联系 500 年世界社会主义发展史来认识社会主义运动的前进方向，联系中国近代以来 170 多年奋斗史来理解中华民族伟大复兴的正确道路，联系 90 多年革命建设改革的历程来把握党的历史方位和历史使命，联系"两个一百年"奋斗目标来把握党和国家的光明前景。

  课程在讲授社会学理论时，更加立足于我国国情，关注本土社会学学科的理论发展。特别是在运用理论分析社会问题时，教师有意识地用马克思主义的立场、观点和方法，分析事物的前因后果、内在联系、发展规律，注重在潜移默化融入思想政治教育。比如，在分析某一社会现象时，教师注重引导学生以辩证唯物主义和历史唯物主义的原则和方法为指导，深入理解社会系统的运动和发展是一个自然的历史过程，社会物质生活过程决定社会精神生活过程。在帮助学生理解新时代我国社会主要矛盾变化时，应从马克思关于生产力与生产关系、经济基础与上层建筑的变动关系原理出发，剖析社会发展过程中遇到的问题及其党和国家制定的相关政策法规，努力做到"既讲清'怎么看'又说明'怎么办'，把党和政府的政策措施讲清楚，把对群众的利益安排讲明白"。

  课程特色之三是加强实践育人与课程育人有机结合，通过设置志愿服务和社会调研等实践环节，进一步培养学生运用马克思主义的立场、观点、方法认识国情，了解社会，观察民生，科学分析各种社会现象与问题，加深对党的理论、路线、方针、政策的理解，树立和巩固科学的世界观、人生观、价值观。学生在进行社会调研的过程中可以进一步了解国家和社会需求，激发其刻苦钻研、服务国家和人民的热情，增强使命感和责任感，真正实现专业知识与价值观念的同步提升。

大类培养背景下的"法理学"研究型课程

授课教师：于兆波　齐延平　陈姿含　开课单位：法学院

一、课程概要

　　法理学是法学理论的简称，是法学专业核心课程之一。法理学从宏观的、总体的角度研究法律现象，是法学的一般理论、方法论和意识形态。法理学的研究对象是法理，或法之道理、法之原理、法之公理、法之为法的合理性等。讲授法理学应贯彻社会主义核心价值观，使学生能比较系统而深入地掌握法理学的基本概念、基本理论和基本知识，掌握法律学习的基本方法，为学好民法学、刑法学、行政法学等部门法学打下良好基础。同时，本课程还训练学生的法律思维方式，提高其分析法律问题的能力，树立起正确的法律意识和法治观念，具备一定法律素质，形成一定学术研究能力，培养卓越法律人才。

　　北京理工大学现实行大类招生和大类培养改革，法理学在大一年级第一学期开设，听课学生为法学、经济学、社会工作三个专业，48学时，3学分。

二、课程教学目标及预期学习成果

1. 课程教学目标

　　在国家层面，我国提出了全面推进依法治国，要求推进法治队伍正规化、专业化、职业化，要求创新法治人才培养机制，形成中国特色社会主义法治体系、学科体系、课程体系，培养造就熟悉和坚持中国特色社会主义法治体系的法治人才及后备力量。习近平同志指出："要加强对中国特色社会主义国家制度和法律制度的理论研究，总结70年来我国制度建设的成功经验，构筑中国制度建设理论的学术体系、理论体系、话语体系，为坚定制度自信提供理论支撑。"[①] 这为法理学研究型课程提供了极好的战略机遇和国家背景。法理学研究型课程的教学

[①] 习近平：《坚持、完善和发展中国特色社会主义国家制度和法律制度》，载《求是》2019年第23期。

目标，是在为国家培养高素质的法律专业人才和法治研究型人才的大目标下，首先为学生学好部门法学打下理论基础，还为学校精品文科大类（非局限于法学，还包括经济学、社会工作等）学生训练法理思维。

加强法学理论研究，全面推进依法治国，是当前我国法学界探讨的热点课题，也是我国法理学研究型课程教学的难点和重点。在宏观层面，新形势新要求下，法理学研究型课程必须能够具有中国意识，具有社会科学的情怀，具有"双一流"高校的研究水平；应创造条件，营造氛围，适应精品文科大类培养的要求；优化法理学研究型课程教学环境，规范团队教研管理制度，实行动态管理，制订教研规划，建立团队成员学术档案。在微观层面，法理学研究型课程应倡导改革，重视方法，推进大类培养模式融入课程之中，使之成为一门优秀的社会科学课程，服务于社会科学体系下法治人才培养。

2. 预期学习成果

学生学习法理学之后，能坚信法律之上有"法理"，能提高法理水平，能在深厚法理基础上分析法律现象，独立完成2000字以上有深度的法理学论文。该预期学习成果具有可评测性，符合学校及专业人才培养目标，对标学校"十三五"规划，服务"双一流"建设，配合学校大类培养方案改革。当然，作为理论学科的法理学不应追求百分百的可评测性，否则将过犹不及，失去研究型课程的价值。

学生学习法理学之后，为学好部门法学打下基础。就全国高校法学教育体系而言，无论法学本科专业是法学、知识产权还是犯罪学，法理学都要作为基础课和必修课，换言之，建设好法理学研究型课程，学生的受众多，影响大，可直接提高教学质量。在法学领域，几乎没有任何一门课程的基础性和专业性可与法理学相比较。具有了法理学的功底之后，民商法、诉讼法、环境法等专业课的学习与研究必将更上一层楼。

学生学习法理学之后，能树立法治思维和运用法治方式，具备一定独立思考的能力。在目前我校人文社科大类培养背景下，法理学研究型课程的开设，对于学习人文社会科学的学生提升综合素质，培养法学学习兴趣和具备基本法治判断能力，对于学生就业竞争力和未来成才具有潜移默化和十分深远的影响。无论学生将来专业确认至经济学、社会工作，还是坚守法学，也无论将来成为企业家、政治家、法学家还是其他人员，法理、研究、独立思考、法治思维、法治方式等要素必将伴随其成为卓越人才，为国家和社会做出贡献。

学生学习法理学之后，能够理解并掌握法学方法论，了解法的起源、发展和当下法律职业，理解并掌握法的运行、法的价值、法与社会之间的复杂而动态关系，牢固掌握法的本体论方面的基础知识。在此基础上，具备分析法学现象的法理能力和研究能力。

三、课程内容及教学策略

1. 课程内容

法理学研究型课程立足于马克思主义理论研究和建设工程教材,将导论和十六章内容大体上分为六编:法学导论编、法的本体编、法的起源和发展编、法的运行编、法的价值编和法与社会编,在整个过程中穿插着思政责任点和社会主义核心价值观内容,并将党的全面推进依法治国的内容贯彻到其中,与时俱进,与时代同步。在第一编法学导论中,主要讲授法学研究与法学教育、法学的历史、法理学概述等;在第二编法的本体中,主要讲授法的概念、法的渊源、形式和效力,系统而深入地讲授法的要素、法律体系,掌握权利和义务、法律行为、法律关系、法律责任、法律程序;在第三编法的起源和发展中,主要讲授法的起源、法的历史类型、法律发展、法制现代化;在第四编法的运行中,主要讲授法的运行概述、立法、守法、执法、司法、法律监督、法律职业;在第五编法的价值中,主要讲授法的价值,包括法与秩序、法与自由、法与效率、法与正义、法与人权等;在第六编法与社会中,主要讲授法与经济、法与政治、法与文化、法与法治国家等。

教学内容来源上,既重视法理学的马克思主义理论研究和建设工程教材及经典教材,又强调与时俱进;既强调法理学学科的政治性,也强调法理学学科的学术性;既强调借用教材来推进教学,更强调教师自身的研究成果之课堂运用;既强调教师的讲授,更强调学生的积极主动,特别是能够独立地进行学术研究。在教学时间安排上,遵循学校的规定进行课堂教学,但同时强调教与学、课堂与课后、理论与实践是紧密结合的,其前进之步伐是不停歇的,必须树立起终身学习理念,学习法理学永远在进行中,没有休止符。在教学手段上,重在优化提升,应以学生为中心,特别是以学生满意度为基本标准而进行教学手段的评判,不得以改革之名而弃掉受学生欢迎的教学手段,主要采用课堂讲授、课堂讨论、课后查找资料、论文撰写、论文点评与师生交流、读书会等传统的、行之有效的教学方法和手段。

更加突出核心问题,引导学生思考什么是法——了解法学的研究对象和对研究对象的考察方法,了解法学的历史,尤其是中国法学的历史;什么是法的本质——掌握法的本质,尤其是马克思主义法学的产生和发展,对法的本质性界定;为什么要法治,如何走向大国法治——走进新时代,面对新问题,中国特色社会主义思想明确全面推进依法治国,总目标是建设中国特色社会主义法制体系、建设社会主义法治国家。这一过程,不仅仅是基础理论的学习,了解法学发展历史的过程,更是加强对全面推进依法治国基本方略的理解和学习,是对立法、执法、司法、守法、法律监督等法治运行的全面掌控,让学生将课堂知识,尤其是对十九大精神的学习进行深化和巩固，结合自身，关注社会，树立起正确的价值观和人生观，树立起正确的法治意识的过程。

2. 教学策略

教学策略之上应有哲学理念，一是对标同行，二是以学生为中心。首先要对标北京市，乃至全国法理学同行，介绍、推广我校法理学研究型课程的大类培养教育教学理念、方法和经验。其次要以学生为中心，持续提高学生的学术能力和研究能力。在"消费者为上帝"的市场经济背景下，在"一切为人才培养服务"的高校里，在注重成果导向教育理念下，学生的学术能力和研究能力、学生对于教育质量的认可度和满意度是一切教改成败的最终试金石。

以预期学习成果为导向，培养学生独立完成2000字以上有深度的法理学论文，重视法理学研究型课程的研发和持续改进。面向学生和学校与学院的教学督导组，在公开透明背景下关注和监督课程是否存在过多非研究型成分，关注教学内容、策略和教学过程中是否存在不利于预期学习成果达成的问题和瑕疵，既自顶向下进行研究型课程的倒推设计，将人才培养体现在课程里，又自底向上进行反馈式评价，持续关注培养目标的达成度、持续改进。

在课程评价上，课程针对每条预期学习成果设计了具有可操作性的评价模式和评价标准，并实施了预期学习成果评价；课程有完整的用于测评每一条预期学习成果达成情况的支撑材料（包括但不限于作业、试卷、测验、论文、研讨记录、答辩记录等）。

在教学模式上，教学内容具有先进性、科学性，及时反映本学科领域的最新科技成果；使用先进的教学方法和手段；相关的课程大纲、教案、习题、实验指导、参考文献目录等上网并免费开放，实现优质教学资源共享；建设或使用精品教材，以马克思主义理论研究和建设工程教材作为制定教材和基础参考资料，将其体系和内容吃透，利用好，同时包含多种媒体形式的立体化教材与参考文献，提升学生的学习能力，为自主学习和讨论提供丰富的资料；实行成果导向教育改造，以学生为中心展开课程建设，以学生的认可度和满意度为标尺来衡量课程建设质量。积极利用高新技术，促进管理体制和运行机制创新，切实做好团队建设过程中有关信息的采集、整理、报送工作，真实、完整、及时地在课程平台上发布；不断强化教学团队的通信功能、资料功能、交流功能等，实时宣传、推广团队建设的经验和体会，接受教育部及同行的监督和检查，促进本团队成员之间、本团队与海内外同行之间的教学研讨及经验交流。

课程基于评价形成了持续改进的措施并进行了实践，课程对持续改进措施的效果进行分析，有完整的教学文档提供支撑。在目标引导层面，业已形成具有传承，且具有创新精神的授课团队，以培养高素质人才为目标，以提高学生竞争力为重点，整合现有教学成果，增强科学研究的学术含量，加大教学过程中使用信息技术的力度，教学与科研紧密结合，大力提倡和促进学生主动、自主学习。

四、课程考核办法及教学效果

1. 课程考核办法

法理学研究型课程的考核包括平时考核、期中考试、期末考试,分别占总成绩的10%、20%、70%。平时考核和期中考试注重课堂发言、课堂讨论和做学术小论文;期末考试采用闭卷考试的形式,题型包括概念题、单项选择题、多项选择题、简答题、论述题、分析题等,重点在于后三种,即简答题、论述题和分析题。特别是分析题,重点考核理论功底和研究基础。只有理论功底深厚了,才能分析得深且透;只有研究基础扎实了,才能高且远;再加上将来的专业知识,必将以理服人、以研究而胜人、以专业卓越而高人。

2. 教学效果

法理学是法学专业的理论性课程和方法论课程,历史上教学效果显著。法理学课程于2009年获北京理工大学校级(本科)精品课。法理学是我校第一个法学专业硕士点,设立于2003年,积累了丰富的教学经验,积极进行了教学改革和创新,产生了一系列教学成果,如支撑法理学这一必修课的立法专题选修课已经获得研究生院的精品课程(2015年)。

法理学教学效果体现在学生理论水平、研究能力提高上,体现在部门法学学习优秀上。法理学被称为法学中的哲学,其重要性不言而喻,其教学效果的价值不可估量,能促进学生理论水平和研究能力的大幅提高。法理学是法学专业的原理性、方法论课程,是所有法学研究的基础。法理学研究型课程对于分流之后法学专业学生学好民法、刑法等部门法和民诉、刑诉等诉讼法学具有基础作用,不但法学学习优秀,而且可推进法治国家、法治政府和法治社会一体建设。

法理学教学效果体现在树立法治思维和运用法治方式上,体现在培养出独立思考的卓越人才。法理学研究型课程的教学效果与其说在于当下,不如说在于未来;与其说在于教学评估的显性指标,不如说别忘记隐性指标;与其说是"毕其功于一课程",不如说是自始至终培养高质量人才。大类培养下的法理学研究型课程培养的是理论素养和研究能力方面的通才、全才,侧重于树立法治思维和运用法治方式,也是不断增加专业知识和进一步自学能力的偏才、怪才,侧重于独立思考的卓越经济学人才、社会工作人才。独立思考的卓越人才与终身学习和终身教育的社会相契合,不能局限于特定模式和传统模式下的人才培养,异"才"纷呈才是大类培养下的法理学研究型课程的终极教学效果。

五、课程特色和创新之处

讲授好大类培养背景下的法理学研究型课程,讲授者仅具有高学历、高职称以及法学专业精深、讲授经验丰富不见得讲好法理学研究型课程，而应在此基础上研究好实行大类招生、大类管理和大类培养的学生需求，研究好学生未来专业分流的走向（分流至法学、经济学、社会工作等专业），以学生为中心而非以讲授者为中心，自身首先受到大类培养的教育，重新总结讲授经验等，才能讲好法理学研究型课程，培养出卓越人才。

1. 课程特色

课程特色在于处理好"分"与"合"的关系，重点在合。既考虑分析至细的法理学课程，更关注密切结合的法理学研究型课程，做到课堂教学与实践基地密切结合、法学专业与其他文科专业密切结合、法治思维与科技思维密切结合。

（1）课堂教学与实践基地密切结合。更加突出课堂教学特色，体现在"1+3+1"模式中：一个特殊的教学场地，三种密切结合的教学方式，一个持续提升的课后作业。具体而言：除却传统的教室，前往实践教学基地法院或者检察院（通常前往北京市房山区人民法院）进行身临其境的司法与诉讼体验，能够让学生提升兴趣，且切实了解我国的司法状况和法律的实施，树立对立法、执法、司法职业规划的憧憬与守法的意识。通过在实践教学基地视频教学与角色扮演式互动讨论，如播放微电影等手段，以展现我国法律的渊源、程序、权威等本体论问题，以及法的运行、法与社会互动性问题，然后与学生进行问答，让学生在讨论中，深刻地体会依法治国的内涵、目标以及作用和价值。课堂绩效考查的特色，布置课后作业——对法学知识的学习，是一个持续的关注与提升的过程，课后作业的布置，也是通过小论文的形式增强学生文献检索、知识梳理的能力，强化师生法理学学习的体会，也关注现实问题，关注专业素质的提升。

（2）法学专业与其他文科专业密切结合。法理学研究型课程的学习与讲授应当与经济学、社会工作等密切结合，大类培养高素质的社会需要人才，打造大类招生、大类管理和大类培养背景下的全新型人才。在深刻认识来自不同专业不同背景和未来不同面向学生的特点，从教育目标、教学方法和预期学习成果等多个方面调整固有的教学方法，让法理学的课堂充分适应大类培养的环境。同时，在全面推进依法治国的基本方略指导下，增强大学生的法治意识和法治思维，是提升学生综合素养的要求，也是推动全面建设特色社会主义事业的要求。

（3）法治思维与科技思维密切结合。法理学研究型课程要为中国教育走向世界奠定必要的基础和前提，要助力于复合型人才的培养。这种人才应兼具法律思维和科技知识，既懂科技又精通法律，既可在国际法律议题上争夺话语权，也能为企事业单位提供高科技法律服务。正是在法治思维与科技思维密切结合指引下，于科技与法律的跨领域有机整合上，在理工类大学中，构成了法理学研究型课程的鲜明特色。

2. 课程创新之处

大类培养背景下的法理学研究型课程，针对学生短板，科学设置讲授内容，注重培养学生研究能力。刚入学的大学生对法学理论和知识的了解极为有限，十二年小学和中学的应试教育使他们形成了思维定式，记忆和重复成了他们的看家本事，这也是他们大学学习的短板。针对这种情况，需要教师设计、指导和启发。教师精心筛选一些学生已有理论基础、但又似是而非不善于运用的话题，启发学生发现问题，发现自己的能力，寻找和运用适当的方法，开始自己研究的初步尝试，比如《正义女神之困惑》《当美女遇到野兽》《正当防卫的限度》《正当防卫与生命的至高无上》等。这些话题打开了学生的思路，引发了学生的兴趣，也督促他们迈出了研究型学习的最初步伐。

大类培养背景下的法理学研究型课程，其创新之处在于：

（1）处理好"定"与"变"的关系。坚持应当坚持的，改变可以优化提升的；既保持法理学学科体系的稳定性，又积极满足大类培养的学生需求。

第一，面向法学专业建设不变，坚定地维护这一点。以研究型课程建设不变，坚持法学专业的纵深发展。大学第一年的第一学期是大学法科学生学习的起始阶段，也是理解和接受社会主义法治理念的起始阶段。从某种意义上说，此时谈"研究"及出成果还为时尚早，但是研究型学习必须从这时开始。起始阶段的学习往往形成和培养学习的习惯和能力，直接影响着后续学习的条件和质量。第二，学生的研究型学习是一个很艰巨的事情，单靠一门课，难以给学生足够的刺激、鼓励和成长的机会，需要课程的合力、教师的合力，以及后续各门课的接力。第三，将此课程群的建设作为孵化器，锻炼教师，培养学生，为全面的、持续的研究型课程建设创造条件。

（2）坚持人才培养第一观念。大学使命千条万条，有《高等教育法》等法律规定，也有国家政策等的积极倡导，但坚持人才培养第一的观念始终不会变，也不应变，虽然在不同时代和不同形势下大学使命有所侧重。学生的需求就是法理学研究型课程设计和改革的重点。既坚持课程学习，也坚持要求学生进行学术阅读、学术思考和特定意义上的学术写作，使之成为终身学习、终身教育的习惯，坚持下去，必成人才。为此，设置了《法学原著选读》《立法学》等外围课程（课堂），教师自发组织了学术名著读书会、知识产权读书会（课外）等，既有学生阅读并写作读书笔记，也有教师引导并师生相互交流。

坚持人才培养第一观念，直接体现为学生继续攻读硕士、博士学位。本课程的三名讲授者都具有博士学位，其中两名为教授、博士生导师，已经自然形成了一个优秀的教学与科研团队。所带的博士生、博士后为法理学研究型课程的助教，直接服务于大类培养背景下本科生的课堂和课外学习。

（3）师生共同进行大类培养理念更新。师生共同、由教师引导和带动教学理念更新。教师思想理念的转变是第一位的，要把本课程建成不仅是法学背景下的法理学课程，而且是包含有法学在内的精品文科基础上的法理学课程，不仅是精品文科基础上的法理学课程，而且是面向学术研究和学术思考、具有法治思维和法治方式的法理学研究型课程。

（4）有明确的工作思路和恰当的方法。包括：促进教学理念的更新及落实，进行教学过程的全程改革，引导学生多读书（以教材为基础，扩展阅读法学著作和论文）、勤思考（独立思考，不人云亦云；善于发现问题、提出问题和尝试解决问题）、常写作（课内、课外）、勇于辩论（课内、课外），作为独立的主体，自主学习，参与式学习，独立式写作。课堂教学以阅读为基础，教学活动以讨论式进行，教学任务以自学与课堂研讨两种方式完成，严格批阅、点评和交流学生的学术论文。

六、课程教材

［1］法理学编写组．法理学［M］．北京：人民出版社，2012．（马克思主义理论研究和建设工程重点教材）
［2］张文显．法理学［M］.5 版．北京：高等教育出版社，2018．

基于学科交叉与融合的"科技日语"课程体系建设

授课教师：谭峥　郭玉杰　　开课单位：外国语学院

一、课程概要

科技日语课程面向日语专业高年级学生设置，借助我校深厚的理工科资源，采取讲授和实践相结合、线上和线下相结合的方法，使学生初步了解基础性科技领域相关知识，知晓先进科技领域的发展动态，掌握科技日语的词汇、语法、专业术语等基础知识，以及科技日语翻译方法和技巧，提升资料查找、信息总结、学术汇报的应用能力，为今后从事科学研究或进入企事业单位工作打下基础。

具体教学实施方法以预期学习成果为主线，围绕预期学习成果展开学习、指导、完成、评价、反馈、总结。

授课特点是以学生为中心，改变学生角色；将教材内容按照几大模块"案例化"；在教师的引导下，由学生自己梳理任务，提出问题、分析问题与解决问题；结合本课程的特点加强学生理论思维与实践训练。与此同时，加强教学理论与教学实践的联系，依托工科实验室和车间基地，借助科技公司校友之力，进一步训练学生运用理论解决实际问题的能力。

二、课程教学目标及预期学习成果

1. 课程教学目标

本课程总体目标体现为人才培养的社会效益。实施的直接目标是：构建跨学科、有特色大文科课程体系，依托我校理工科资源，培养能适应社会需求的复合型人才。

本课程在学科交叉融合的基础上，通过一个学期的学习和实践活动，达到以下目标：

（1）知晓现代科学的基础知识、高科技领域的发展现状以及日本产业特点；通过学习提升科学素养，了解科技发展过程中的科学思想、科学技术的社会功能。

（2）掌握科技日语的词汇、语法、专业术语等知识，学会科技文体的日语书面表达，掌握基本的科技日语翻译方法和技巧。

（3）能够用日语撰写或表达符合基本规范和要求的科技类内容，能够掌握独立检索和查找资料并汇总的能力。

2. 预期学习成果

到本课程结束时，学生将能够：

（1）理解基础材料知识、产品加工设备及技术，知晓包括汽车、通信、能源、发电、生物、人工智能等在内的科技领域的基础知识、原理和方法，并能用日语和汉语对其进行表述。

（2）掌握500个以上的科技日语词汇，能对日语科技文章中出现的汉字词、多义词进行准确理解和翻译；对大量的外来语词能够查找到其对应的源语词，实现多手段分析查阅专业词汇。

（3）能够阅读并理解科普类日语文章或日语科技文献，掌握其中常用、特有的语法知识，并能用合适的汉语进行翻译。

（4）用日语撰写符合基本规范和要求的科技类读书报告，有效表达科技类学术观点和总结研究结果。

（5）掌握科技类论文和相关信息的检索途径，自主使用机器翻译法获取前沿信息，并对其进行分析，培养和提高学术研究能力。

三、课程内容及教学策略

1. 课程内容

课程中的模块包括机械、计算机、能源、汽车、生物、人工智能等。具体内容包含以下十大方面：

（1）课程导论。明确本课程讲授内容和方法、学习方法、授课目标、预期成果和考核方式等。

（2）基础材料及制造技术。包括基础材料的内容、特点、使用领域和新材料的使用，金属材料和树脂材料等的加工设备、技术、方法等。

（3）计算机技术及通信产业特点。包括计算机的组成、互联网产业及使用现状等。

（4）发电及日本能源产业。包括传统发电方式的优缺点及存在的问题，新能源发电的优缺点及存在的问题，可再生能源和日本的最新能源利用等。

（5）汽车构造及产业概况。包括汽车的基本结构、工作原理、动力系统及日本汽车行业的特征。

（6）生物医学。包括酶工程、发酵工程与基因工程、疾病治疗等。

（7）海洋技术与空间技术。包括海洋探测技术、日本的海洋资源开发情况。

（8）人工智能和无人机。包括人工智能的基本原理和中日两国最新发展现状，无人机的利用和前景。

（9）科技日语翻译方法。包括科技类日语文献的阅读和翻译技巧等。

（10）科技日语文献检索与活用。有技巧地利用互联网和数据库查找资料，并有效利用日本科技类文献。

如表1所示，在第一堂课向学生明确课程的定位、教授方式、时间分配、考核方式后，板块2~8以科技领域类别分类学习，对应预期学习成果的（1）、（2）、（3），板块9对应预期学习成果（4），板块10对应预期学习成果（5）。

表1　课程内容与预期学习成果的对应支撑关系

课程内容	1.导论	2.材料和制造技术	3.通信	4.能源	5.汽车	6.生物	7.海洋	8.人工智能	9.阅读翻译	10.文献检索
预期学习成果		（1）、（2）、（3）							（4）	（5）

2. 教学策略

科技日语课程教学实施过程以预期学习成果为主线，以教师与学生的第一次课的预期学习成果认知为起点，围绕学习成果展开学习、指导、完成、评价、反馈、总结。具体根据相关理论，按照下列8个步骤实施：①达成协议；②围绕预期学习成果的教学；③发布正式的学习成果要求；④答疑与辅导；⑤学习成果评价与改善；⑥及时的过程反馈；⑦总结性回顾；⑧记录。

以科技日语第5个模块"汽车产业"为例，教学策略如下：

（1）达成协议。课程第一节课，任课教师向学生讲解"科技日语课程规范"，并发电子版给学生，要求学生打印出来夹在教材里，作为日常学习的参考。课程规范是基于美国学历资格框架成果导向而编制的，不但明确了该课程在整个专业人才培养课程体系中的性质与定位，也明确了课程的主要教学目的与内容，更重要的是明确了课程的预期学习成果以及教学与考核评价方式。这是学生更为关注的内容。同时，任课教师在介绍预期学习成果时，对于其中涉及的一些课程术语可以进行简单的讲解，以激发学生的学习兴趣。

（2）围绕预期学习成果的教学。教师讲授该模块前，再次强调本模块对应的预期学习成果，以及学生达成预期学习成果的情境、教学的方式以及考核的形式（可以提醒学生对照课程规范加深理解）。

在讲授过程中，知识点与技能点围绕预期学习成果及其如何完成。教师要在对教材内容理解透彻的基础上，结合学习情境，围绕"学生如何完成学习成果"这一主题对教材知识结构重新编排，并在课程讲义中呈现出来。例如本模块涉汽车的相关部件和运转机制，采用了调研学习的方式让学生自主预习，学生自主查找资料，形成对该产业的笼统认识，小组讨论后形成 PPT 发言。北京的汽车产业链比较完善，汽车零部件企业众多，还有大型的汽车配件交易中心，为学生调研学习提供了良好的条件。日语系联系韩国现代汽车公司和我校机器装配车间参观（如对发动机仿真模型的观察），开阔了眼界，熟悉了应用场景，不仅在知识方面有了积累，在沟通交流了解社会方面也有所锻炼，为学生综合能力的提升创造了条件。

以小组为单位采取案例/模块学习、调研学习、研讨学习、角色扮演学习（模拟科技公司日常会议场景）、自主学习、现场学习（参观汽车制造场和车间等）、讲座学习（主要是聘请在科技公司工作的校友讲座）和网络学习等多种方式，让学生充分地参与到学习中。

学习方式可以多样化，但在学习中要形成成果，并为学生营造展现成果的平台。在课堂上给学生机会来展示小组的学习成果，通过形成学习报告材料或者 PPT 及微视频的课堂展示，让不同小组之间互评互学，提高学生学习的主体地位。对于没能在课堂上进行展示的成果可利用微信群、QQ 群或学校的课程中心等平台进行分享和交流。成果展示环节使得学生不能应付了事，通过分享和交流形成一个互相学习的良好学习氛围。

（3）发布正式的学习成果要求。本模块授课结束时，任课教师及时发布正式的预期学习成果要求（此时预期学习成果已经融于具体的学习任务情境中），并进行答疑。在科技日语课程汽车产业模块教学实施中，有一次以"研究型大作业"为考核方式的学习成果展示。

（4）答疑与辅导。在学生完成学习成果期间，任课教师给予学生必要的指导。教师可以与学生约定见面答疑的时间、地点，也可以通过微信、QQ 等工具进行在线答疑。当教师发现某一个学生提出的疑问，可能成为全班大多数学生的疑问时，在班级微信群发出提示或者在课堂集中讲解。教师在答疑时，重点在于引导学生思考与分析，而不直接告知答案。

四、课程考核办法及教学效果

考核评价体系和预期学习成果达成的依据包括以下 4 个部分：①学习成果评价。学生提交书面调研成果，并在课堂进行分享和展示，教师点评和学生互评，形成成绩记录（包括调研成果质量和展示质量）。就学习成果或特定课题进行课堂讨论，形成成绩记录（包括小组讨论时的参与热情、发言次数、发言质量等）。课上检查预习情况，形成记录；课后布置作业，教师进行评阅。学习成果达成依据为：调研成果展示评价表；课前预习效果评价表；课堂过程成绩统计表表；书面作业。②过程反馈。课堂展示即时点评和互评；书面作业评改结果通过课上或线上教学平台第一时间反馈给学生。③总结性回顾。课程结束时学生对已经完成的学习成果进行概括性回顾。④记录。学习成果的展示，依据可为电子文档、照片、视频等。

针对以上4部分，以"汽车产业"模块为例，具体说明课程考核评价体系和预期学习成果依据。

1. 学习成果评价与改善

教师依据课程规范或具体学习任务书上的评价标准对学生提交的学习成果（书面作业、展示、测试等）进行评改或评价。对需要课前预习部分，采用小测试（主要针对词汇部分）或利用教材中的提问项目进行检查，记录成绩。对布置的翻译等学习任务，注释错误的原因，反馈改正意见或建议，然后发回给学生重新完成。若有发现共性问题则在课堂上统一讲解。

给学生布置课前调研课题，如"新能源（如氢能源）汽车发展现状""你所了解的中日汽车企业"等，开展小组讨论，组员均发言，最后由小组代表总结发言。其他小组进行补充，相互学习，教师进行点评，提出建议。课后学生对学习成果进行修正与完善，再次提交教师评阅。为激发学生的修改积极性，以修改后的成果成绩为准。

组织学生参观汽车制造企业，完成参观报告，提交教师评阅，计入成绩。

2. 及时的过程反馈

每次学习成果的评改成绩，会及时录入课程过程成绩统计表，并向全班同学公布，以利于学生及时了解学习效果进展并自己掌控学习努力程度。成绩包括小组讨论时的参与热情、发言次数、发言质量，还包括研究型大作业的完成度，以及参观活动和线上提问的参与度等。

3. 总结性回顾

学生完成课程的各项学习成果，是在学期过程中随着课程教学进度而逐步完成的，属于形成性评价。为了避免学生"过后就忘"，增强学生对所学知识的长期记忆，在课程结束时要求学生对已经完成的各项学习成果进行一个总结性的回顾。比如本模块关于汽车，其实是学生很感兴趣的话题，也有很多自己的观察和思考。

针对本模块的学习成果，学生要思考并回答下列几个问题：你完成该学习成果的主要收获是什么？描述你是如何在该学习任务中让自己做得更好的？通过该学习任务，你学会了哪些"关于如何学习和做事"？通过学习该任务，你认为在今后职场或生活可以有哪些应用？这次学习经历是否使你产生一些新的兴趣点或观念，为什么？对于该学习成果，你认为还有哪些更好的考核方式，为什么？

总结性回顾既可以巩固所学知识点与技能点，促进了学生所学与所用之间的联结，还可以培养学生的自我反思习惯。另外，总结性回顾还从学生的视角对课程预期学习成果设计进行了评价与建议，为任课教师对课程诊断与改进提供有效的参考。

4. 记录

对所有学习成果的展示，教师要求学生提供纸质版和（或）电子版（如电子文档、照片、视频等），以备存档。存档的学习成果一方面是便于学校管理层或第三方的鉴定评价，另一方面也可以作为教师的教学资源库素材或者进行课程诊断与改进的参考。

从学习效果和反馈来看，成效良好。

（1）对课堂教学的观察。通过在课堂现场的回顾分析，在对课堂教学的观察上，可以发现，在专题内容学习中，由于安排了课前学习活动的抽检环节以及课堂任务的安排，所以学生在每个阶段的学习都非常认真。由于每个学生都得到了任务的分工，所以每个人都在按照自己的分工进行着相关活动，在遇到困难的时候，也及时向教师提出问题，疑惑得到了及时的解决。同时，师生之间、生生之间的交流也得到了加强。

此外，由于是文科生学习理工科相关内容，并且教师布置了相关学习任务，因此，在教师巡视过程中，几乎没有发现学生在做与课堂活动以外的事情。

（2）对学生技能掌握情况的观察。在关于学生对专业性较强的科技知识掌握水平的评价方面，为了能更好地进行教学效果评价，在学习活动结束之后，向学生发放课程调查问卷并进行相关统计分析，具体如下：针对日本国立研究开发法人科学技术振兴机构给出的"非金属矿物循环资源回收技术"部分内容，要求学生书面翻译并口头陈述梗概。"精通""掌握""了解""不会"四个等级的累计人数分别为以下数据（如表2所示）。

表2　对学生技能掌握情况的统计

题目	精通	掌握	了解	不会
非金属矿物循环资源回收技术	2（5.40%）	13（35.14%）	19（51.35%）	3（8.11%）

可以说本课程的教学对促进学生学习、提升学生的学习技能能起到良好的效果。

本课程在培养学生语言知识、科技知识水平的同时，还重视学生个人能力的培养，具体内容如图1所示。围绕个人能力的其他能力的培养方案还在探索当中，但从学生毕业后的反馈来看，有八成以上的毕业生认为科技日语课程对所从事工作十分有帮助。

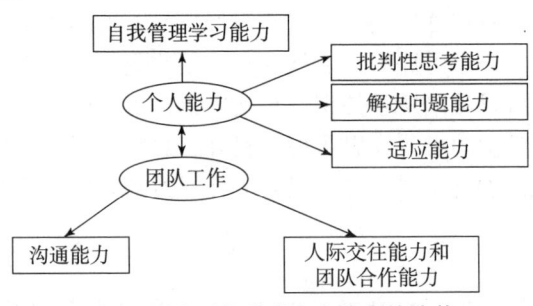

图1　课程重视学生个人能力的培养

五、课程特色和创新之处

20世纪90年代开始兴起了以成果为本的教学理念,最早在美国、英国、澳大利亚、新西兰等地实施并取得了较好的反馈。以成果为本的教育理念,可为多样化的高等工程教育体系提供一个可操作的质量控制平台,使多样化和高质量得到有机统一。成果导向教育理论认为,人类潜能是可测量的或可论证的。成果导向教育的设想是所有的学生都能学好,且在学校中的表现是多样化的,应给予足够的时间、指导与机会来掌握并表现他们的能力。

科技日语课程以高级日语、现代科学技术、日汉汉日翻译为基础,是日语语言在社会活动中的重要应用,有助于培养文科学生的理科思维、工科思维和实践能力,为更高层次的人才培养和从事科技类相关工作打下理论基础。

科技日语课程的特点决定了本课程引入研究型教学模式的必要性,在研究型教学中,师生在课堂中完成良好的互动。一方面,在预期学习成果的指引下,教学从根本上做到了为学生服务,课堂以学生为中心,教师发挥主导作用;另一方面,在互动探究式课堂的环境氛围中,学生勇于发问并提出见解,学生的潜力因而得到挖掘,课堂也异常充满活力。

与传统授课方式相比,研究型科技日语课程在课程要素中的对比如表3所示。

表3 传统课堂与研究型课程对比

项目	传统课堂	研究型课程
教师	知识传授者、课堂管理者	学习指导者、促进者
学生	被动接受者	主动研究者
教学形式	课堂讲解+课后作业	课前学习+课堂探究+课后巩固
课堂内容	知识讲解传授	问题探究
技术应用	内容展示	自主学习、交流反思、协作讨论
评价方式	传统纸质测试	多角度、多方式

具体来说,首先让学生在课前利用丰富的网络教学资源和协作学习平台,在教师的指引下,按照一定的专题/案例,比如"5G""电动汽车""环保",阅读相关的资源,尝试对知识进行理解。其次,在学生学习后,在实际课堂中,学生进行学习测试并提出疑问,师生或生生对主题内容进行分析与讨论。通过课堂中的讨论,可以加深学生对这些知识的理解,对知识进行内化,从而在教师的引导下,帮助学生形成认知、态度与价值观等,帮助学生驾驭多元的科学知识。这个过程可以用图2来表示。

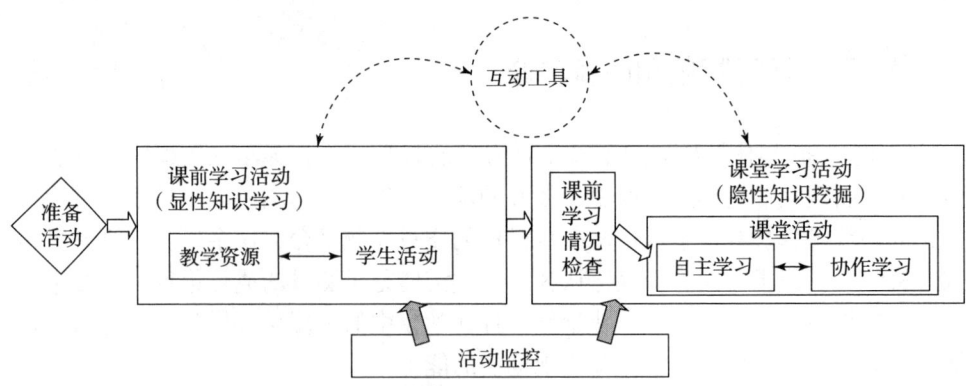

图2 科技日语研究型课程学习模式①

科技日语课程的特色和创新之处主要表现为"研究性""实践性""发展性"三部分。

(1) 研究性：学习成果为起点的课程理念。

研究型课程主要是在学生发现问题和提出问题的基础上，探究问题和解决问题。在实施时，要以问题为起点，让学生明确任务，发挥问题对学生学习过程的引导作用。

传统的教学偏重于教学内容和教学方式，注重的是教师的"教"，对于学生能力的形成和培养更多的是强调教师的教法，忽视了学生的主体性。比如以往对于"通信行业日语"这一部分的讲述基本包括通信类词汇的中日互译、通信行业的沿革和应用等，学生学完后既不清楚自己到底了解了多少，也不知道这些知识有什么用处。而研究型课程没有统一课程内容，学生根据自己的水平在教师的指导下，选择自己感兴趣的研究议题，课程内容具有开放性。比如对于"通信行业"这一部分，学生可以选择"5G"这个案例，在之后的学习过程中通过大量的文献、新闻、科普文章、视频讲解等逐步了解"5G"的发展背景、基本概念、网络特点、发展历程、关键技术、社会评价和中日两国发展区别等，甚至对其中某一环节有兴趣的话，还可以更深入地探讨。

这样也就形成了研究型课程的重要特点：跨学科性或综合性。研究型课程的开放性使学生摆脱被动、封闭的学习环境的禁锢，以主动积极的姿态去探索、去尝试、去谋求个体创造潜能的充分发挥，也更适合当代学生学习的特点。

(2) 实践性：学生为中心的授课方式。

首先明确，在科技日语课程教学过程中，学习是以学生为中心的，学习是个性化，能满足个体需要的；另外，学习是以议题或案例为中心的。

当学生敲定自己要探讨的议题后，就可以开始协作学习。协作学习是一种通

---

① 李宏敏. 基于翻转课堂教学理念的课程设计与开发——以《学习科学与技术》课程为例 [D]. 桂林：广西师范学院，2013.（检索自"万方数据"）

过小组或团队的形式组织学生进行学习的策略。科技日语课程一般3~5人为一个小组,小组成员的协同工作是实现学习目标的有机组成部分,小组协作活动中的个体可以将其在学习过程中探索、发现的信息和学习材料与小组中的其他成员共享,甚至可以同其他组或全班同学共享。学生为了完成一个共同的学习目标而以小组形式一起学习,有利于促进学生高级认知能力的发展,有利于学生健康情感的形成。

这也可以说是一种"团队学习",团队成员的目标一致,并且知识共享。这也符合当代社会知识流动的趋势。

具体来说,本课程的教学设计中,在课程开始的时候,教师便指导学生根据团队合作的原则,在班级内组成不同的学习小组,各小组选择自己感兴趣的科技类议题,开展小组研究性选题的协作学习活动。此外,在之后的学习活动中,均按照该分组开展协作学习活动。在这个阶段中,学生将进行合作式学习、角色扮演、调查研究等项目,其中也会穿插项目实践(以课外为主)、阶段成果汇报交流、组间互相提问(互动教学法)等。

总体教学活动设计如图3所示。

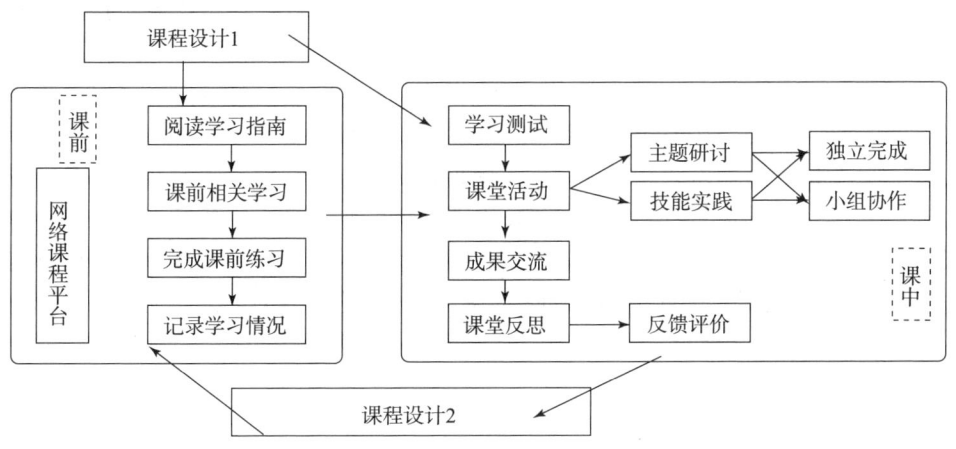

图3 课程总体教学活动设计①

a. 课前,学生登录网络课程教学平台,阅读学习指南,对相关主题内容进行学习,根据教师给出的学习任务,进行相应学习活动,并在这个过程中,记录自己遇到的难题,可以通过教学平台发布自己的难题,或者在课堂中提出。学生的这些相关学习活动,在网络课程学习平台会有相应的记录情况。

b. 课中,教师可以先对学生课前学习情况进行了解,如查看课题准备情况、查看提交的作业等。在接下来的课堂中,有针对性地进行课堂教学活动,加深学生对主题内容的理解,并结合真实情境进行指导。

---

① 李宏敏. 基于翻转课堂教学理念的课程设计与开发——以《学习科学与技术》课程为例 [D]. 桂林:广西师范学院,2013.(检索自"万方数据")

c. 课后，师生共同对该主题内容的学习进行学习反思，根据反馈的效果对课程进行进一步的优化设计，如课前学习资源的增减、课堂教学活动顺序的安排、教学活动时间的长短等，以提高本课程教学效果。也就是图3中"课程设计2"既是"课中"所指，也指向"课前"。

研究型课程突出学生在受教育中的中心地位。本课程尽量以学生的"自由选题、自主探究和自由创造"为宗旨，让学生在研究和探索中始终处于中心地位，去发现问题，解决问题。在授课方式上采取开放、互动形式，一方面建立自主学习的支撑体系，使学生方便地获得重要的参考书籍和文献，另一方面鼓励学生上网搜索科技社会焦点问题（如"电动车环保吗""核能发电的功过"等），并将自己搜集到的一些有关前瞻性的问题带到课堂上共同讨论。

（3）发展性：以"创造"和"再生"为宗旨的评价体系设计思路。

应该说，学习过程是沟通交流的过程，学习者之间是协商的、合作的，学习是具有创造性和再生性的，学习是可以随时随地进行的过程。所以，建立较为完善的学习评价机制也是本课程追求的目标之一。传统课堂上，出勤、平时作业和期末的一纸试卷决定了学生的总成绩；在科技日语课程中，评价体系包括对课前任务完成的评价、课堂学习过程的评价（包括自我评价、小组评价、组间评价）、课后任务评价，形式包括小组汇报PPT、课外讨论视频等，有时连小组报告人的服饰、神态、语速语调也包含其中。

对学生的评价是多元和综合的。本课程在设计时考虑到的因素有如下几个方面：通过学生的反馈，看课程学习目标是否清晰明了，是否具备可行性与可测量性；课程教学活动是否服务于课程学习目标；课程教学活动是否有效，学生参与积极性如何；课程中的评价方法是否得当。通过这些指标的答案，回过头来修正教学活动，形成一个闭环，可以说是自我成长、自我再生的可"循环式"的课程设计（如图4所示）。

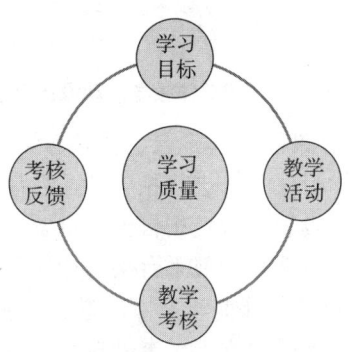

图4 "循环式"的课程设计①

---

① 《"预期学习成果"理念对课程设计、课堂教学以及教学考核方法的影响》，香港理工大学教学发展中心孙建荣。（检索自"百度文库"）

六、课程教材

郭玉杰. 科技日语 [M]. 北京：北京理工大出版社，2020.（北京理工大学"十三五"规划教材）

基于学生中心的"北京历史地理"研究型课程探索

授课教师：张祖群　张帆　于小川　黄晓云
开课单位：设计与艺术学院

一、课程概要

北京历史地理课程是面向本校设计与艺术学院环境设计（文化遗产与现代设计方向）专业本科生开设的核心专业课程之一。课程教学采取"课堂核心章节讲授＋课堂案例分享与讨论＋实地田野考察"相结合的教学模式。

课程安排一般在2周之内，分8次课，每次3课时，合计32课时。其中：1~6次课为教室上课，主要进行课堂核心章节讲授＋课堂案例分享与讨论；第7次或第8次组织到某博物馆、文化遗址点进行历史地理移动课堂。

北京历史地理课程内容主要分六章。为保证学生学习质量与效果，师生双方投入时间为课时量3倍左右。

二、课程教学目标及预期学习成果

1. 课程教学目标

（1）课程教学目标之一：学生获得北京史地三种学术能力。

基本知识掌握能力：通过本课程，学生掌握空间格局、时间变迁和时空交织三种情形之下的北京历史地理知识，能够把握北京在燕蓟时代—北方军事重镇时代—五都时代三个重要时空范畴的文化变迁，了解相关典型北京文化遗迹。

学术写作与实地考察能力：通过本课程，学生能够对北京核心城区和三山五园典型的北京历史地理文化遗迹形成初步印象，掌握和积累相关史地文献材料，能够在课余进行相关历史遗迹考察；能够就某一北京历史地理专题，综合运用基础知识与实地考察，撰写实地考察报告，印证或补充经典北京史地内容。

自主学习能力：通过本课程，学生将北京史地兴趣转换为内在学习动力，克服困难，勤勉自律，培养北京历史地理自主学习和终身学习习惯。

基本知识掌握能力是最基础层次的,学术写作与实地考察能力是进一步层级,自主学习能力则是基于前两者的综合的较高层次能力。

(2)课程教学目标之二:推进文化遗产专业教育+通识教育融合。

将文化遗产的通识教育在北京理工大学校内分三个层次:

第一层次:文化遗产研究是环境艺术专业(文化遗产与现代设计创新方向)(本科、硕士专业,博士方向)的核心主干课程与学科基础。

第二层次:作为设计与艺术学院5个专业(工业设计、产品设计、视觉传达设计、环境艺术设计、文化遗产与现代创新设计)的本科生,都要根植于文化遗产根底,保持历史的敬畏感、厚重感与神圣感。设计艺术学只有根植于文化遗产,才可以更加有效沟通历史、现在与未来,连接左和右。

第三层次:作为以军工(理工)为特色的北京理工大学,具有浓厚的红色基因,还需要培育一种文化基因,它形成教师与学生对这一片神奇的土地最基本的文化认同。通过本课程拓宽大学生文化素质教育。

通过北京历史地理教学活动使环境设计(文化遗产与现代设计方向)专业本科生掌握文化遗产专业知识,提升获取史地资料能力,掌握分析北京史地思维。同时,作为通专融合课程,使得专业以外本科生初步获得文化遗产专业知识,初步提升获取史地资料能力,感受北京历史地理博雅之美。

2. 预期学习成果

(1)学生能够系统掌握北京历史地理课程核心知识。

通过本课程,学生能够掌握北京历史地理课程相对独立和完整的概念、原理、方法等理论知识体系。

通过北京历史地理核心章节和案例的研习,学生能够拓展北京历史地理如中轴线申遗、三个文化产业带、旧城整体保护等方面理解的深度和广度。

学生能够初步具备北京历史地理思维,能够以北京史地为基础,进行跨学科复杂问题相关的项目或案例的初步探索。

表1　北京历史地理课堂核心章节知识与学生掌握程度

章节	内容	学生掌握程度	学生掌握层级
第一章	历史地理思维与北京研究	理论了解	一级
第二章	北京历史地理(空间格局)	理论识记	二级
第三章	北京历史地理(时间变迁)	理论识记	二级
第四章	北京历史地理:时空交织	理论分析	三级
第五章	北京历史地理实地调研(文化遗产博物馆田野实习)	学术实践	二级
第六章	北京历史地理串讲与学生结课作业展示	理论与实践结合	三级

(2) 学生能够客观准确观察与分析北京古都与文化遗产。

通过本课程，以学生为实践主体，让学生参与《北京四合院的故事：与某主人访谈的整理与旅游思考》（参与度较高，40%）、《乡土北京：角落里发现北京的真实美》《荒冢残阳：北京周边文物古迹旅游寻踪》（参与度较高）、《北京某遗产旅游仪式的人类学记录与感想》《逝去的繁荣：北京某一类（个）文化遗产价值重新认识及旅游产品初步设计》《废墟的残美：北京历史地理中某一类（个）文化遗产原真性与旅游表现》《我与北京历史地理有个约会——他者的眼光》（参与度较高，60%）、《我者的眼光、舞台真实：北京历史地理的舞台性与原真性矛盾与克服》《关于北京城墙存废问题的讨论》（参与度较高，60%）、《浅议房山区地理因素在历史发展中的影响与作用》《朱祖希先生对北京历史地理研究贡献》《北京城市中轴线的历史地理追溯》《白天鹅颈上的金项链——北京城墙与城门的历史地理探析》（参与度较高，50%）等讨论，推进师生课堂互动，学生能够客观准确观察与分析北京古都与文化遗产，能够理解和认同北京历史地理。

学生在学习完北京历史地理课程后，能够以北京历史地理视角观察某种文化遗产现象，初步具备文理交织、史地纵横的学术视野，能够掌握分析北京古都与文化遗产问题的能力。

(3) 通过"线上＋线下"学习方法，学生能够获得三种层级能力。

根据本课程评价结果，以 ILOs 为核心，进行"设计、实施、评价、改进"等环节的持续改进，并有完整的、连续三个轮次的课程教学文档作为支撑。根据北京历史地理课程大纲、PPT、参考资料、教学视频等，设定"线上＋线下"相结合的混合型教学方式。

学生能够多谱系参与"线上＋线下"学习，在学完北京历史地理课程后，能够加深对于北京历史地理知识的理解，获得基础知识、资料分析与学术报告撰写、自主终身学习能力的提高。

(4) 实践"实事求是，不自以为是"的朴实学风。

本课程着力于让学生实践"实事求是，不自以为是"的朴实学风，关注对选课学生文化素质教育潜移默化的影响，将教学与研究内容有效结合。学生学有所获，内化于心，达成预期学习成果。学生学完北京历史地理课程后，不是课程的终止，而是进一步获得自主学习与终身学习启示。学生在课堂知识学习、能力训练与态度浸润中，具有学习获得感。具体而言，体现在三个方面：

知识——学生在课程完成时，应该了解和理解北京空间格局、时间变迁、时空交织、侯仁之与梁思成两位北京史地名家等内容。对应五章的 100 余个知识点能够识记。

能力——学生在课程完成时，能够运用 6 W，即为什么（Why）、做什么（What）、什么人（Who）、什么时候（When）、什么地方（Where）、怎样做

(How)框架，分析经典北京史地事件。

态度——学生在课程完成时，态度端正，对北京建城史、北京建都史、五都时代文化变迁、中轴线申遗、北京三个文化带、北京城市副中心等要有明确辨识，对这些核心主题的看法和经典学术主流观点保持一致。

3. 预期学习成果与层级目标

在北京历史地理课程的教学中，使学生了解、熟悉、掌握以下几点：

预期学习成果层级1：在每个章节后面开列有关本章节的参考阅读书目，要求学生通过练习初步掌握查找所需书目的方法，并能从所查到的书目中得到更多的知识。

预期学习成果层级2：要求学生能够认真听讲，认真做好每堂课的笔记，能够与教师多交流，在课堂上主动向教师提问，并回答教师的问题，熟悉基本章节的基本知识点。

预期学习成果层级3：了解并掌握北京历史地理的基础知识，包括历史地理学的一般常识、概念和它的研究对象及其构成、历史地理学的学习方法、与历史地理学有关的历史常识及著名历史地理学家、学习北京历史地理应该注意的问题等。

预期学习成果层级4：通过学习，学生能够了解北京历史地理发展的学术脉络，对北京历史地理及其古环境有初步理解，学生能把今天看到的北京地理状况与历史时期地理问题产生联系，具有北京史地时空交织的思维。

预期学习成果层级5：通过掌握相关的历史地理学和北京历史地理知识，介绍部分历史地理学的理论与方法，培养学生对历史地理学和北京历史地理的兴趣，培养学生自主学习与终身能力。

三、课程内容及教学策略

1. 课程内容

课程主要分为以下六章：

第一章　历史地理思维与北京研究

第二章　北京历史地理：空间格局

第三章　北京历史地理：时间变迁

第四章　北京历史地理：时空交织

1. 北京历史地理与北京建筑史的交集（侯仁之与梁思成）；
2. 北京城墙，城门格局与文化遗产；
3. 北京城市中轴线与文化遗产；
4. 北京胡同，历史街区与文化遗产；
5. 时空交织：紫禁城（故宫）案例分析。

第五章　北京历史地理实地调研（文化遗产博物馆田野实习）

1. 例如：史家胡同博物馆＋东四历史街区＋王府井古人类博物馆文化遗产＋历史地理背景；

2. 教师补充现场讲解，布置学生实地找文化遗产实物与回答问题，大约1小时；

3. 学生现场画艺术概念图，大约1小时。

第六章　北京历史地理串讲与学生结课作业展示

2. 教学策略

（1）将教师讲授与学生自学相结合，采取多样化教学方式，使得学生在课程学习中真正受益。包括：①教师讲授必要的基本知识；②教师指导并要求学生阅读若干种专著；③教师指导学生撰写读书报告；④要求学生围绕某一个研究课题查找参考书目。

（2）将最新的科研成果、行业技术引入课程，将理论学习与项目研究深度结合，以专题讲授、问题研讨、项目研究、报告答辩、论文撰写等形式开展基于学生团队项目的研究型教学。每一学期，课程的经典内容会保留2/3，结合最新学术前沿会增加北京中轴线的时空梳理与申遗讨论、北京三个文化带与三条线路文化遗产汇聚等内容；世界遗产鉴赏部分会增加良渚遗址申遗与文化公园建设、海上丝绸之路申遗与文化解读等内容；古都与文化（遗产）部分则会增加中原地区古都与边疆地区古都的关系、黄河流域古都与长江流域古都的关系等内容。经典文化遗产内容当然会保留，但是教师更注重挑战自己，教学相长，在新文化遗产案例分享中和大家共同进步。

例如，课程第三章讨论小议题：梁思成的悲剧是个人的悲剧还是民族的悲剧？吴良镛先生说："从1949年起，梁先生潜心投入建国后的专业工作，参加新中国的建设，不过48岁，这样一个饱学之士，充满激情地放手工作的时间不到5年特别是最后带着困惑和痛苦死去，不能不说是一场悲剧……"

在教学策略上设置小讨论：学生（甲）认为梁思成的悲剧既是个人的，也是民族的。学生（乙）认为在当时的北京城，为了不阻碍城市经济的发展，大力发展交通业，导致一些牌楼城墙拆除，这种行为违背了城市景观规划原则。学生（丙）认为我们只能从影片中领略当时北京城的文化，这些永远地给后人留下了遗憾。学生之间先是观点不统一，尔后趋向一致，认为梁思成的悲剧也是民族的。

同样，课程第四章讨论小议题：对故宫作为政治文化符号的看法。在教学策略上设置小讨论：故宫作为一个政治符号不仅是对历史的见证，更多的是对后人的警示。故宫原来的紫禁城，这座拥有着六百年历史的宫殿，辉煌过衰落过，经历了六百年的风吹雨打，依然向后人展示了它的威严与庄重。

（3）善于使用教学小花絮，合理采取教学策略。在课程的核心章节分析与案例讨论中，采用辽金元明清不同时期的北京古城变迁图，分析其历史变迁与北京城墙轮廓变化，最后引注"梁—陈"方案的讨论。学生积极性很高，讨论很热烈。教师最后点评学生讨论：我们国家有多少留存的文化遗产，因为当年人们无意识的不为，而非有意识的不能为，而得以幸存至今？有多少文化遗产，如果渡过"历史三峡"，留存至今日，本无愧于世界文化遗产称号，却在改天斗地的"壮举"中被化为历史的尘埃？

提倡选修北京历史地理课程同学做手绘手抄笔记，以动手写动手画的教学策略最大限度调动学生的学习积极性。如图1所示。

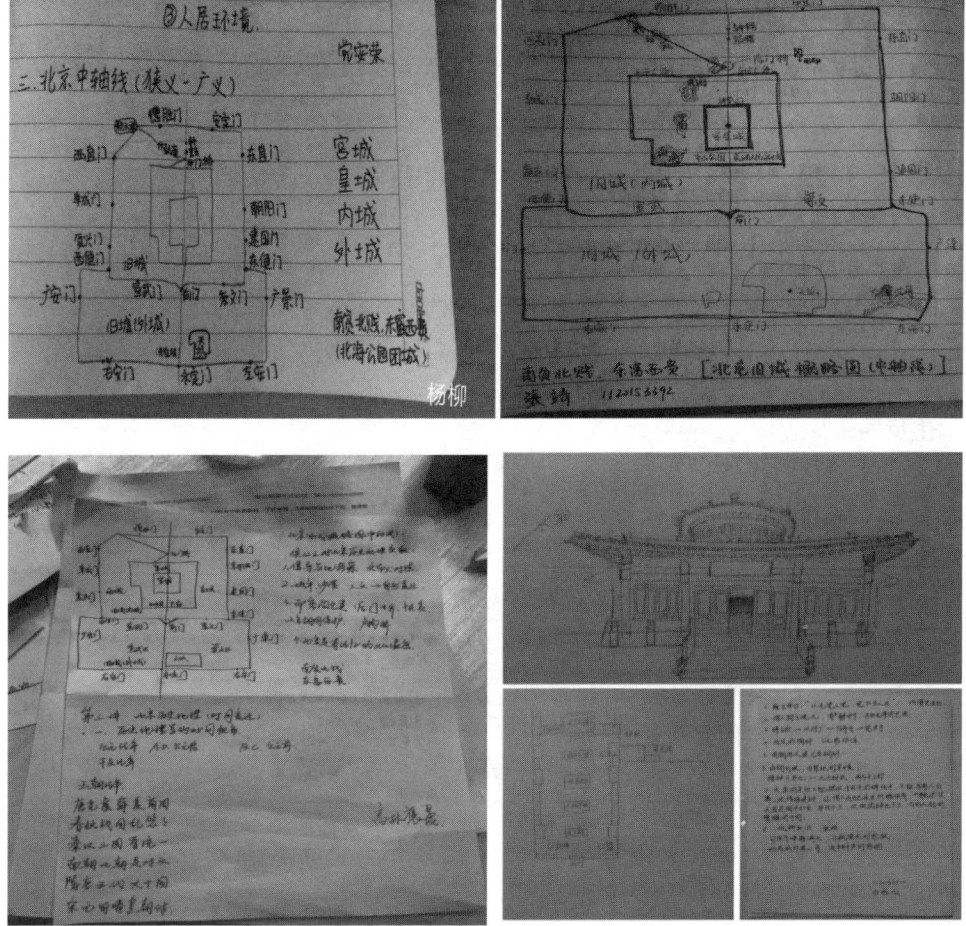

图1　学生笔记示例

四、课程考核办法及教学效果

1. 课程考核办法

课程针对预期学习成果进行考评设计,依据教育心理学研究成果,设置科学合理的考核评价体系。

小组(或个人)考察报告或综述占主要考核部分,涵盖本次课程80%的知识点。

分数构成:平时考勤30%+平时课堂小作业20%+结课大作业展示50%。

平时考勤:8次课程全到同学,平时考勤得满分;随机抽查3次,无请假手续同学,酌情扣除平时考勤分。

两次平时小作业(或回答问题):根据文献引注格式、阅读深度、阐述清晰、学术思想理解等给予相应评定,优秀同学该项可以得满分。

结课大作业展示:要求运用历史地理的某种理论,进行文献追溯与回顾+实地考察,根据文献引注格式、阅读深度、阐述清晰、学术思想理解等给予相应评定,优秀同学该项可以得满分。

2. 课程教学效果评价

(1)学生整体完成"课堂学习+小作业+结课作业"良好。尤其是博物馆移动课堂调研,学生认真听讲解,并且按照教师的提示完成问题总结与画图;最后的结课作业,认真找材料分析,教师提出修改意见之后,学生进行二次修改,学生反映极好。

(2)通过课程的讲授,使学生掌握北京历史地理课程内容的基本原理,培养对于北京历史地理与文化遗产的鉴赏和研究能力,欣赏北京古都与历史地理的博雅之美、艺术之美。体现"认真+严谨+专业"的教学特色,让学生在教师课程分享、讨论、参与北京历史地理中获得专业认知,提高能力。

(3)每一届学生对课程的评价都在95分以上,满意度较高。学生提出合理完善意见,课程组认真吸取并改进。

具体课程教学目标与教学效果评价如表2所示。

表2 课程教学目标与教学效果评价

课程教学目标	教学效果评价			
	不及格	及格,中	良	优
1. 知悉和理解北京文化事项、历史地理、北京史等专用概念和内涵	1. 完全不知道北京文化事项、历史地理、北京史知识,有	1. 对北京文化事项、历史地理、北京史等基本信息、核	1. 对北京文化事项、历史地理、北京史等基本信息和	1. 对北京文化事项、历史地理、北京史等基

续表

课程教学目标	教学效果评价			
	不及格	及格，中	良	优
2. 能够解决北京历史中时间脉络与节点、空间区划与文化谱系，对北京历史地理的时空交织进行展望 3. 掌握/拥有北京历史地理知识分析能力，形成理性分析文化遗产史与文化思潮的行为习惯/意识 4. 能够在课堂知识学习、能力训练与态度浸润中，使得学生获得北京史史地文化遗产的家国认同、伦理情怀	碎片化的理解；	心过程能理解，但不完整； 2. 完全没能力解决北京历史地理问题。	核心过程能完整理解，但不系统，存在断点； 2. 整体上具备运用北京历史地理思维分析问题的能力，但缺乏系统性。	核心过程能完整理解，但不系统，存在断点； 2. 整体上具备运用北京历史地理原理，分析解决北京史地相关问题的能力，有一定的系统性，但系统性方面存在断点。	本信息和核心过程能完整系统地理解； 2. 具备运用北京历史地理原理，深入分析解决北京史地问题的能力，撰写优质北京历史地理考察报告。

五、课程特色和创新之处

1. 课程的教育理念

教育理念一：在教学中，文化遗产的分类体系与管理体制的不一致会对北京文化遗产的遗产教育意义是否能够得到充分发掘产生影响。通过对北京理工大学文化遗产文化素质教育个案的教育发掘，最终能够进行遗产传承的类型概括，从而实现高校文化遗产教育与传承的相统一。

教育理念二：在教学中，通过"非遗教育者共同体"与"非遗学科共同体"培养通识性非遗教育人才和专业性非遗教育人才，希冀走出一条中国本土的非遗保护道路——建构非遗教育共同体（马知遥，常国毅，2019）。

教育理念三：在教学中，在高校传承与推广非物质文化遗产有利于弘扬传统文化，提升学生对本民族文化的认同感；有利于提升学生的审美品位，促进素质教育；更有利于拓展学科特色，培养学生的创新精神和职业能力（伊彩霞，2019）。在文化不断碰撞演化发展的进程中，各族群的文化彼此影响、相互碰撞、相生相融（李冬颖，2020）。

2. 将课程内容与提高学生文化素养相适应

北京历史地理这门课程主要教授以北京地区为主体区域的历史地理内容，包括北京历史自然地理和北京历史人文地理两大部分。各部分又分若干章节,如果时间允许,还将介绍与北京有关的历史地图和北京历史地理文献等相关内容。鉴于学生都是艺术类高考考生,文史基础较差,在绪论中还要适当介绍一些历史地理学的基本概念、学科属性以及研究方法等理论问题。要求学生在掌握历史地理学的基础上学习以今天北京地区为主、当然也包括周围在地理区位上与之紧密联系的若干区域的历史地理内容,了解北京地区历史时期地理环境、人文地理格局的变迁概况。让学生初步认识北京历史地理的基本特点,从而达到对北京历史的沿革和未来的发展有更深刻的理解与认识。

3. 实行案例教学,将理论与实践相结合体现创新

加强案例教学,在文化遗产实践中加强对北京历史的认知,检验学生对具体史地问题判别能力、学习效果。

案例1:2018年学生在大钟寺实践学习(如图2所示)

移动课堂预案:大钟寺博物馆馆方专业讲解,大约1小时;教师补充讲解,布置学生实地找文化遗产实物与回答问题,大约1小时;学生画大钟寺艺术概念图,大约1小时。

对照馆藏文物与图片,选择10个具体问题找寻答案。

小组问题讨论,合计3个问题。

画图题:①对照原觉生寺的寺庙布局,画出大钟寺平面结构示意图。②画出"华严觉海"大钟楼的外观结构图或钟楼内部结构示意图。

图2 大钟寺教学实践案例场景

案例2:2019年学生在北京古代建筑博物馆实践学习

移动课堂预案分三部分:1:30分,博物馆馆方+志愿者老师讲解;2:50分,教师补充讲解,并安排学生画图、回答问题;3:00—4:10,学生实地找文化遗产实物与回答问题,完成作业后自行离馆。

教师的补充讲解:九坛八庙历史地理背景。先农坛是以农立国,农耕中国的典型遗产例证。建筑是一部凝固的史诗,让历史变得可触可感。要分清楚三个层次:建筑、历史街区、古镇-城市(古都)。

根据问题寻找实物图片回答,合计10个问题。

画图题，合计 3 个问题。

4. 将教学研究有效融合，教学相长，互为促进，体现创新

（1）按照方法创新、理论创新来安排与设定教学内容、主要研究内容，采用实地考察、问卷调查、专家访谈、文献分析多种研究方法相结合。本课程研究理论与实践相结合，最终研究可为政府部门的文化遗产、遗产教育、遗产传承等提供更为合理的措施、制度、政策性依据。

（2）在教学中，通过北京文化遗产个案的教育发掘视角来进行遗产传承，有别于艺术设计学、旅游管理、考古学与博物馆学、民俗学、文化人类学的视觉。文化遗产教育的个案是一种基于实践的实证性研究，而旅游管理、考古学、博物馆学、民俗学、文化人类学则多是理论性的论述和研究，个案的发掘是对理论的运用、检验，甚至是一种促进，是将其最终推广的必经途径。

（3）在教学中，进行北京两种不同类型的文化遗产的遗产传承途径差异性、机理揭示。物质文化遗产与非物质文化遗产由于其本身形态的不同，也造就了其传承途径的差异性，物质文化遗产注重一种实体性、技术性、标准性，而非物质文化遗产的传承则注重的是传授性、延续性、技艺性。对这二者内在机理不同的研究，是本课程深入研究以及区别化研究的基础。

（4）在教学中，探讨北京不同类型的文化遗产的教育实施途径。遗产传承最根本的是不同教育措施的实施，保护传承、文化遗产旅游景点的经济反馈、产业化运作、艺人传承、博物馆（传习所）展示传承、与中小学教育（例如夏令营）结合之传承、走进高校（科研院所）传承等，都是传承教育的途径。

六、课程教材

[1] 侯仁之. 北京城市历史地理 [M]. 北京：北京燕山出版社，2000.
[2] 韩光辉. 北京历史人口地理 [M]. 北京：北京大学出版社，2006.
[3] 侯仁之. 北平历史地理 [M]. 邓辉，申雨平，毛怡，译. 北京：外语教学与研究出版社，2013.
[4] 张妙弟. 蓟草集：张妙弟文集 [M]. 北京：学苑出版社，2015.
[5] 唐晓峰. 给孩子的历史地理 [M]. 北京：中信出版集团，2018.
[6] 张祖群. 研读北京：北京遗产旅游与文化创意产业协同研究 [M]. 北京：首都经济贸易大学出版社，2014.
[7] 张祖群. 新文化地理学：点线面维度的文化管理研究 [M]. 北京：光明日报出版社，2013.
[8] 张祖群. 旅游与文化地理学随笔 [M]. 北京：民族出版社，2011.
[9] 张祖群. 古都遗产旅游的文化空间类型研究 [M]. 北京：经济管理出版社，2014.

"计算机辅助设计"研究型课程案例

——新工科背景下以计算思维和应用能力为培养目标的研究型课程实践与探索

授课教师：李光亮   开课单位：设计与艺术学院

一、课程概要

计算机辅助设计是高等院校工业设计、产品设计专业的必修专业基础课程，适合于工业设计专业、产品设计专业。本课程解决的问题是掌握工业设计CAD方面的先进理论和技术，对CAD技术在造型设计、机械设计、动画展示设计与加工制造中的应用具备充分的认识与基础应用能力。

本课程对培养学生的复杂曲面三维建模能力、动画表现能力、三维审美能力，为企业培养专业人才起着至关重要的作用。课程包括曲线的绘制、曲面的建模、三维实体的搭建、贴图以及材质的制作和动画制作渲染等。工业设计演示动画就是把工业品的设计过程、创意特点演示、技术原理、产品功能、产品结构、机械原理等用三维动画及影视后期软件立体呈现出来，这种直观、形象、喜闻乐见的动画视频表现方式在实际应用中有较大的意义。

在工业设计的人才培养中，计算机辅助工业设计是设计灵感表达的重要手段之一，它能够较好地弥补手绘表现的不足，更好地展示产品功能及人机关系等，有利于设计师与用户沟通与交流，缩短产品设计周期。

二、课程教学目标及预期学习成果

1. 课程教学目标

通过计算机建模、计算机材质设计、渲染动画技巧的深入研究和学习，掌握较高的计算机设计表现能力；结合产品造型设计方面的实际作业，掌握并发展应用这些技术进行设计、表现、沟通的能力；通过设计作业，培养形态与色彩的塑造与运用能力，以及运用工业设计方法解决实际设计问题的能力和多媒体动画展示能力；培养学生设计创新实践能力，特别是计算机工业设计复杂曲面三维建模能力和动画展示能力。

2. 预期学习成果

（1）能够全面了解各种工业设计三维建模和展示动画设计的方法与策略；

（2）能够建立非常逼真的三维造型；

（3）掌握计算机建模和渲染等技术，能利用计算机展示复杂的加工工艺效果，不同肌理的质感与细节；

（4）能够通过计算机辅助设计，合理准确地表现技术产品的色彩、光泽、粗细度等；

（5）能够通过计算机辅助设计合理准确地表达装饰图案设计中贴花彩绘等技术。

三、课程内容及教学策略

1. 课程内容

计算机辅助设计是工业设计专业的核心课程，主要学习工程软件和渲染软件。课程用计算机建模与渲染表现产品外观设计、材质设计、色彩设计、产品结构设计以及产品设计人机工学等知识要点，强化学生利用计算机进行工程技术方面的能力，在产品开发流程中主要进行计算机产品外观和结构设计、动画展示和设计表达。在课程项目式教学开展中，以案例形式、以引入校企合作和设计竞赛方式进行。

2. 教学策略

（1）在工业设计领域中，快速、优质地表达设计思维是我们追求的目标，同时也符合新产品开发周期不断缩短的市场要求。利用三维软件强大、精确的三维建模能力和机构动画能力，结合渲染软件快速、优异的渲染引擎和视图动画制作能力，能够有效提升产品设计的三维表达能力，还能够为结构设计、工艺设计、样机模型、市场宣传推广等产品开发阶段提供有力的支撑。

（2）在现代的数字化设计制造系统教学中，针对曲面造型较为复杂的产品，从设计教学到加工教学的每一环节，均采用准确的三维数字模型进行传递。计算机三维模型可以准确地使其设计思想贯穿到最终的产品中。三维数据模型的建立可方便地生成不同的平面效果图及三维动画造型，不但可以用于产品工业设计前期的评审，而且可以广泛地应用于产品工业设计后期的宣传、推广及营销的各个方面。

（3）数字化的工业设计教学使产品设计的各个环节更加高效、严谨。尤其是三维的产品数字化管理，使设计与工程生产之间的信息传递更加准确，设计意图得到了很好的传达，同时也为后期的宣传做好了准备，缩短了产品开发的时间和周期。

(4) 产品三维演示动画是通过对产品进行建模、动画的方式进行创作，从而能够更好地向合作人、投资者、用户展示产品的形态、结构、功能的一种方式，在工业设计领域有着广泛的需求。然而，学生使用软件的差异较大，导致目前产品三维演示动画的流程种类繁多，且大都效率低下、效果不佳。本课程教学总结和归纳了目前三维产品演示动画的制作流程，以及每种流程在制作效果、所需成本上的优势和不足，这对后续的研究具备理论参考价值。同时，提出了一套三维产品演示动画制作流程，这套流程具有较高的效率和效果。

四、课程考核办法及教学效果

1. 课程考核办法

基本思路：考核方式分为三项内容，平时成绩、期中成绩、期末成绩。本课程计算机技术内容较琐碎，需要记忆的知识点较多，为了提高学生学习兴趣，提高了平时成绩在考核中的比例。诸如建模方法、材质、贴图以及灯光等琐碎的知识点比较枯燥缺乏趣味，特别在平时成绩中加入了线上课堂讨论环节并加入直观生动的过关测试，增加学习的趣味性，改变学生以往学习习惯，引导学生自主学习，加强了团体协作能力。期中、期末考试题目含有一定比例综合性和与计算机设计和实践等相结合的应用型题目，侧重对学生进行对理论知识的综合应用能力和运用所学知识解决实际问题能力的考查。

改革方案：实行组合成绩的考核方式。改革后的本课程总成绩由两部分组成，即：总成绩＝平时成绩（30%）＋平时小作业成绩（20%）＋期末大作业成绩（50%）。

(1) 平时成绩（30%）由以下几部分组成：

a. 出勤率：主要目的是加强对学生平时学习的管理和督促。占平时成绩的40%。

b. 课后作业：通过课后作业使学生对所学知识进行复习，加深印象。占平时成绩50%。每一章讲授结束，适当留课后作业，根据作业完成情况给分。课后作业为补充课后思考题，通过课后作业，帮助学生复习本章内容，以期更好地掌握本课程。

c. 课堂讨论：本课程将利用线上的时间对课程中某一知识点进行讨论。要求学生利用课余时间，查阅相关计算机设计技术资料（包括期刊、文献和相关论文及书籍），将课本上的知识点与课后获得的知识融会贯通，扩展学生知识面，使学生对所学内容有更深刻的认识。在此过程中，强化学生对枯燥的计算机理论知识的理解，充分发挥学生的想象力和的创造力，调动学生的学习积极性，培养学生的团队合作精神。讨论过程中，加强对学生引导。这部分成绩在平时成绩中占10%。

（2）平时小作业成绩（20%）+ 期末大作业成绩（50%），其中的题目含有一定比例综合性和与计算机建模和实践等相结合的应用型题目，侧重对学生的计算机理论知识的综合应用能力和运用所学知识解决实际问题能力的考查。

2. 课程教学目标达成

总的来说，学生通过学习该课程可以逼真地模拟产品设计的场景，模拟出产品的真实质感及形态，并且可以根据需要方便地生成各种视角、各种不同材质及色彩的产品效果图。若加入路径及动作设置，便可制作出产品的动画效果，模拟产品的运动及功能。这些效果图、动画演示可以被广泛地应用到营销推广活动中，将其最吸引人的造型及卖点展示出来，以推动产品的营销宣传。具体地说具有以下三个特点：

（1）借助三维建模与动画技术，可实现产品的平面、立面、三维模型以及场景动态漫游的立体表现，能使学生获得对空间尺度、照明、色彩等变化的身临其境的真切感受。

（2）结合三维建模与动画的表现手段，在其虚拟现实的表现能力上面做文章，变抽象形态为可视的动态形象，将系统各部分的工程结构、外形、材质、运动等表现出来，并模拟出真实的动态效果，实现用科技影视手段将其通行原理描述清楚的目的。

（3）组合运用视频合成、工业设计、三维动画、图形处理等专业软件，就可以突破以写实见长的传统视频表现手段的局限，突破数字及文字单维表现力的局限，创建多维信息环境，不仅具有很强的艺术魅力，帮助学生提高感性和理性认识，深化概念并萌发新意，启发学生的创造性思维，而且较以往传统的视频表现手段具有更强的前瞻性。

五、课程特色和创新之处

1. 课程特色

课程特色总体归纳为"一中心、两用、两提高"。"一中心"以学生为中心，"两用"是用好互联网线上教学，用好线下课堂教学，"两提高"是提高教学质量，提高学生计算机三维建模实际应用能力。

课程在设计应用过程中的具体特色：

（1）计算机辅助设计通过创建三维立体模型、模拟材料与纹理、照明，以及渲染出图等系统化的过程设计，不仅可以真实地看到预览效果，而且更容易对设计作品进行多元化的美学风格设计。在创作过程中，可以在计算机中对点、线、面进行自由调整，随时在前视图、俯视图、侧视图和透视图中修改参数，设计出风格多样的艺术设计方案。

（2）在计算机三维软件中将材料赋予产品设计方案，并将装饰图案或纹理赋予恰当的作品位置，最后通过模拟背景、光源、环境等设计流程，实现了艺术作品视觉美学效果在不同场景下的预览、观看和整体调整。可以想象，通过学习计算机三维设计软件的系统化，为设计方案的美学风格多元化提供了相当多的便利。

（3）经过课程学习，学生拓宽了美学设计创新视野。利用计算机辅助设计几乎可以设计出任何造型美感的艺术作品，不仅可以设计出批量化生产的规整性的产品，而且更重要的是，即使艺术性美感很强、表面穿插关系很复杂的艺术造型，计算机辅助设计也相当出色。计算机辅助设计重新诠释了传统设计中的基本器型美学因素（构图、线条、色彩、工艺等），为设计专业学生的艺术创作提供了新的视角和解决方案。

总之，利用好互联网线上下资源实现工业设计、产品设计专业计算机三维建模教与学的渐进性、同步性、多元性，提高学生学习自主性、拓展性、开放性，从而达到提高教学质量是本课题教学的重要目标。

2. 课程的创新之处

（1）方法和内容的创新：

①混合式教学改变了传统的讲课式、演示式或模仿式实验教学方法。采用如任务驱动式、项目案例式及讨论启发式等现代化教学手段进行教学，改变以往"以教师为主体"的教学模式，强调"以学生为中心"的实验教学理念，目的在于激发学生自主学习和科学探究的主观能动性，快速掌握计算机辅助工业设计的三维建模的难点重点，培养学生发现问题、分析问题和解决问题的能力，提高学生实际三维建模能力以及创新思维能力。

②本课程主要是以课堂教学结合网络教学与互动解决实验方式开展，不受场地等因素限制。采用理论结合案例的教学方式，运用多媒体教学手段，强调对学生实践能力的培养，提高了学生学习兴趣和分析判断能力。

③刺激学习需求，激发学习兴趣。学生的学习兴趣对激发他们的学习动机、调动学习积极性起决定作用。一旦激发了他们的学习兴趣，就能唤起他们的探索精神和求知欲望。而计算机辅助工业设计集文字、图形、音频和视频等多种媒体于一体，线上和线下有机结合，给学生一种耳目一新之感，使表现的内容更充实，更形象生动，更具吸引力。

④教师课前深入研究并进行深入的教学设计。该教学模式由四部分组成：课前准备、课前设计、课堂设计、课后练习。线上课程教师要制作课程资源。

⑤突破传统高校学习重讲授、少互动的教学模式。利用互联网平台进行课后计算机辅助设计教学补充学习，扩大学生学习资源的范围，并同时插入各种优秀的学习视频资源，让学生有机会接触到更多教学资源。学生学习的自由度得到提高，学生学习的主观能动性加强。从师生双方来说包括以下两点：

a. 对教师而言，教学作用不仅仅在于前台，幕后也需要花费较多时间和精力。在课堂上，作为指导者、组织者和咨询者，指导学生沿着正确的学习途径进行学习并随时解决学生在学习中遇到的问题。课后教师需建立自我网络储存库，不断更新已有知识体系，广泛了解信息来源，准备充足的教学资源，并及时迅速提出学习的向导途径。

b. 对学生而言，学习方式自由灵活。学生可以在任何时间任何地方展开学习，并可以更有效地分配学习时间，最大效率地利用碎片时间来提高自己的知识储备。其次，计算机辅助工业设计三维建模过程步骤多、方法复杂，学生很难一次完全听懂课程，有了在线课程，在整个课程中如果有一段没有听懂，还可以暂停，学生可以及时查阅资料或者向前重新看一次。而在传统课堂，学生只能将注意力迅速转移到下一部分的内容。所以，在线课程的学生能够更自由地掌握自己的学习时间、学习空间和学习进度。学生可利用在线课程进行预习，重点内容和疑难内容可在线下课堂教学中进行补充教学，加深对知识点的认识。

（2）评价机制的创新：

①教学多元化的评价机制和及时反馈。在线课程的评价方式既包括形成性评价，也包括总结性评价；既有教师评价，也有学生的互评。授课过程中会有提问和随堂测试，课程结束后会有课后测试和期末考核；作业完成提交后，只有对同伴的作业进行评阅后，才能看到自己作业的被评意见，保证了学生互评方式的落实。另外，在线课程平台利用学习分析技术记录学生参与讨论的活跃度、完成作业的时间、同伴互评的参与度以及期末考核的成绩等数据，便于对学生的学习情况作全面的评价以及对学习中的问题进行及时反馈。线下课堂教学课程评价以传统的教师评价为主，线上课程评价与线下课程评价有机结合最后评价结果更客观。

②通过线上线下课程建设探索"翻转课堂"教学模式，创新评价机制。教师在课前提前布置线上课的知识点，让学生课前做好预习准备。之后，学生可以进入在线课程先观看相关知识视频，然后在课堂上侧重师生间深入的分享、探讨和问题的解决。将线上教学与传统课堂相结合，教学线上、线下一体化，在工作任务或者项目教学中理论由浅入深推进，实训让学生反复操作，学生的学习效率更高。在线上、线下一体化的教学中把关键操作制作成在线关键知识点视频，学生在反复操作的训练中如有遗忘，可以自己看在线视频教学，解决教师应接不暇的问题；同时，通过在线教学学生还可以形象地记忆操作过程，更牢固地掌握操作技能。相应的在评价机制方面，以线下考核为主，同时增加了一定比例的分数用于同学之间作品的匿名互评，线上互评是对线下教学必要的有益的补充，这使评价结果更具客观性。

③利用多媒体，激发学生在想象中创新，使评价标准更加具象化。要培养思维的独创性，首先要培养学生的想象力。教师利用现代教育技术的多种手段激发学生丰富的想象力。例如，在计算机教学新内容的引入时，通过媒体播放生动有

趣的生活场景，让学生先想象，各抒己见，给予他们充分的想象空间，最后通过归纳再下结论。教师还多角度地培养学生的想象能力，引导学生从各个方面去思考问题。例如，在学习 A 级曲面内容时，教师展示一些 A 级曲面作品，激发学生的兴趣，让学生自由地设计曲面。学生非常喜欢轻松、好玩又有挑战性的活动，于是纷纷开动脑筋解决自己建模中的问题。这样在愉快的一节课过后，学生不仅学到了东西，还锻炼了想象力，提高了自信心，增强了学习的兴趣。

六、课程教材

［1］李光亮，金纯．Rhino 3D 产品造型与设计［M］．北京：中国水利水电出版社，2012．

［2］李光亮．Rhino 3D 造型基础与进阶实务［M］．北京：电子工业出版社，2012．